上财文库

刘元春 主编

"十四五"时期国家重点出版物出版专项规划项目
近现代西方大国经济战略思想研究论丛

美国重商主义研究

A Study of American Mercantilism

伍山林 著

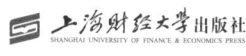

上海财经大学出版社
SHANGHAI UNIVERSITY OF FINANCE & ECONOMICS PRESS

上海学术·经济学出版中心

图书在版编目(CIP)数据

美国重商主义研究/伍山林著.—上海：上海财经大学出版社,2025.1.--(近现代西方大国经济战略思想研究论丛)(上财文库).--ISBN 978-7-5642-4539-9

Ⅰ.F091.31

中国国家版本馆CIP数据核字第2024EH7276号

上海财经大学中央高校双一流引导专项资金、中央高校基本科研业务费资助

□ 责任编辑　徐贝贝
□ 封面设计　贺加贝

美国重商主义研究
伍山林　著

上海财经大学出版社出版发行
(上海市中山北一路369号　邮编200083)
网　　址:http://www.sufep.com
电子邮箱:webmaster@sufep.com
全国新华书店经销
上海华业装潢印刷厂有限公司印刷装订
2025年1月第1版　2025年1月第1次印刷

787mm×1092mm　1/16　23.75印张(插页:2)　438千字
定价:118.00元

总　序

更加自觉推进原创性自主知识体系的建构

中国共产党二十届三中全会是新时代新征程上又一次具有划时代意义的大会。随着三中全会的大幕拉开，中国再次站在了新一轮改革与发展的起点上。大会强调要创新马克思主义理论研究和建设工程，实施哲学社会科学创新工程，构建中国哲学社会科学自主知识体系。深入学习贯彻二十届三中全会精神，就要以更加坚定的信念和更加担当的姿态，锐意进取、勇于创新，不断增强原创性哲学社会科学体系构建服务于中国式现代化建设宏伟目标的自觉性和主动性。

把握中国原创性自主知识体系的建构来源，应该努力处理好四个关系。习近平总书记指出："加快构建中国特色哲学社会科学，归根结底是建构中国自主的知识体系。要以中国为观照、以时代为观照，立足中国实际，解决中国问题，不断推动中华优秀传统文化创造性转化、创新性发展，不断推进知识创新、理论创新、方法创新，使中国特色哲学社会科学真正屹立于世界学术之林。"习近平总书记的重要论述，为建构中国自主知识体系指明了方向。当前，应当厘清四个关系：(1)世界哲学社会科学与中国原创性自主知识体系的关系。我们现有的学科体系就是借鉴西方文明成果而生成的。虽然成功借鉴他者经验也是形成中国特色的源泉，但更应该在主创意识和质疑精神的基础上产生原创性智慧，而质疑的对象就包括借鉴"他者"而形成的思维定式。只有打破定式，才能实现原创。(2)中国式现代化建设过程中遇到的问题与原创性自主知识体系的关系。建构中国原创性自主知识体系，其根本价值在于观察时代、解读时代、引领时代，在研究真正的时代问题中回答"时代之问",这也是推动建构自主知识体系最为重要的动因。只有准确把握中国特色社会主义的历史新方位、时代新变化、实践新要求,才能确保以中国之理指引中国之路、回答人民之问。(3)党的创新理论与自主知识体系的关系。马克思主义是建构中国自主知识体系的"魂脉",坚持以马克思主义为指导,是当代中国哲学社会科学区别于其他哲学社会科学的根本标志,必须旗帜鲜明加以坚持。党的创新理论是中国特色哲学社会科学的主体内容,也是中国特色哲学社会科学发展的最大增量。(4)中华传统文化与原创性自主知识体系的关系。中华优秀传统文化是原创性自主知识体系的"根脉",要加强对优秀传统文化的挖掘和阐发,更有效地推动优秀传统文化创造性转化、创新性发展,创造具有鲜明"自主性"的新的知识生命体。

探索中国原创性自主知识体系的建构路径,应该自觉遵循学术体系的一般发展规律。建构中国原创性自主知识体系,要将实践总结和应对式的策论上升到理论、理论上升到新的学术范式、新的学术范式上升到新的学科体系,必须遵循学术体系的一般发展规律,在新事实、新现象、新规律之中提炼出新概念、新理论和新范式,从而防止哲学社会科学在知识化创新中陷入分解谬误和碎片化困境。当前应当做好以下工作:(1)掌握本原。系统深入研究实践中的典型事实,真正掌握清楚中国模式、中国道路、中国制度和中国文化在实践中的本原。(2)总结规律。在典型事实的提炼基础上,进行特征事实、典型规律和超常规规律的总结。(3)凝练问题。将典型事实、典型规律、新规律与传统理论和传统模式进行对比,提出传统理论和思想难以解释的新现象、新规律,并凝练出新的理论问题。(4)合理解释。以问题为导向,进行相关问题和猜想的解答,从而从逻辑和学理角度对新问题、新现象和新规律给出合理性解释。(5)提炼范畴。在各种合理性解释中寻找到创新思想和创新理论,提炼出新的理论元素、理论概念和理论范畴。(6)形成范式。体系化和学理化各种理论概念、范畴和基本元素,以形成理论体系和新的范式。(7)创建体系。利用新的范式和理论体系在实践中进行检验,在解决新问题中进行丰富,最后形成有既定运用场景、既定分析框架、基本理论内核等要件的学科体系。

推进中国原创性自主知识体系的建构实践,应该务实抓好三个方面。首先,做好总体规划。自主知识体系的学理化和体系化建构是个系统工程,必须下定决心攻坚克难,在各个学科知识图谱编制指南中,推进框定自主知识体系的明确要求。

各类国家级教材建设和评定中,要有自主知识体系相应内容审核;推进设立中国式现代化发展实践典型案例库,作为建构自主知识体系的重要源泉。其次,推动评价引领。科学的评价是促进原创性自主知识体系走深走实的关键。学术评价应该更加强调学术研究的中国问题意识、原创价值贡献、多元成果并重,有力促进哲学社会科学学者用中国理论和学术做大学问、做真学问。高校应该坚决贯彻"破五唯"要求,以学术成果的原创影响力和贡献度作为认定依据,引导教师产出高水平学术成果。要构建分类评价标准,最大限度激发教师创新潜能和创新活力,鼓励教师在不同领域做出特色、追求卓越,推动哲学社会科学界真正产生出一批引领时代发展的社科大家。最后,抓好教研转化。自主知识体系应该转化为有效的教研体系,才能发挥好自主知识体系的育人功能,整体提升学校立德树人的能力和水平。

上海财经大学积极依托学校各类学科优势,以上财文库建设为抓手,以整体学术评价改革为动力,初步探索了一条富有经管学科特色的中国特色哲学社会科学建构道路。学校科研处联合校内有关部门,组织发起上财文库专项工程,该工程旨在遵循学术发展一般规律,更加自觉建构中国原创性自主知识体系,推动产生一批有品牌影响力的学术著作,服务中国式现代化宏伟实践。我相信自主知识体系"上财学派"未来可期。

上海财经大学 校长

2024 年 12 月

目 录

表目录 / 001

图目录 / 001

序章　直面选择性传播 / 001

第一章　美国重商主义研究三问 / 005
　第一节　为什么要研究美国重商主义 / 005
　第二节　为什么能研究美国重商主义 / 010
　第三节　如何研究美国重商主义 / 016
　本章小结 / 024

第二章　作为参照的英国重商主义 / 026
　第一节　英国前经典时代的重商主义 / 027
　第二节　英国经典时代的重商主义 / 042
　第三节　英国后经典时代的重商主义 / 061
　第四节　英国重商主义分期问题 / 067
　本章小结 / 071

第三章　美国重商主义生成背景 / 072
　第一节　英国重商主义政策的影响 / 072
　第二节　本土两种流行经济学说 / 082

第三节　关于美国发展的战略预想　／091
　　第四节　重要商业文件与政治文件　／094
　　本章小结　／103

第四章　美国重商主义传统：道路与理论　／104
　　第一节　美国立国方略之争　／104
　　第二节　美国经济战略框架　／115
　　第三节　美国重商主义者概览　／126
　　第四节　代表人物与主要思想　／128
　　本章小结　／169

第五章　美国重商主义传统：政策与评论　／171
　　第一节　重商主义政策方向　／171
　　第二节　从大陆扩张到商业扩张　／178
　　第三节　关税保护政策及演进特征　／190
　　第四节　自由贸易还是关税保护：若干争论　／209
　　本章小结　／215

第六章　美国重商主义新形态　／216
　　第一节　从传统形态向新形态过渡　／216
　　第二节　经济保护多样性及战略考量　／227
　　第三节　贸易政策观念及演变　／243
　　第四节　经济扩张与军事保证　／247
　　第五节　美元霸权本质与"双赤字"特征　／257
　　本章小结　／270

终章　美国重商主义与世界格局演变　／271

附录1　美国重商主义形态演变概览　／282

附录2　美元霸权生成逻辑解构与批判　／299

附录3　大战略视野下的美国重商主义　/ 314

附录4　直面美国对华制裁与理性反制裁　/ 329

主要参考文献　/ 342

人名对照　/ 364

后记　/ 366

表目录

表 1.1　美国发展与重商主义分期　/ 024
表 2.1　英国重商主义分期：若干陈说　/ 068
表 3.1　杰斐逊与汉密尔顿早期观点比较　/ 090
表 4.1　若干国家海外殖民地与本土面积比较　/ 116
表 4.2　1859—1913 年美国商品进出口及与国民收入之比　/ 125
表 5.1　各大国 1880—1914 年战舰吨位　/ 181
表 5.2　1880—1945 年美国海军费用及在联邦支出中的占比　/ 182
表 5.3　1841—1865 年美国金铸币及相关数据　/ 187
表 5.4　1841—1865 年美国各类商品贸易差额　/ 188
表 5.5　美国与欧洲其他国家的关税率　/ 208
表 6.1　1924—1941 年美国关税与商品进出口　/ 218
表 6.2　1971—2010 年美国实际 GDP 与人均实际 GDP 增长率　/ 231
表 6.3　"301""232""337"等条款的来源、目的、主要管理机构　/ 238
表 6.4　中东主要武器进口国的进口规模及主要出口国在其中的作用　/ 252
附录表 1　美元霸权与经典重商主义比较　/ 308
附录表 2　美国八种大战略的比较　/ 328
附录表 3　2019 年全球半导体制造能力分布　/ 336
附录表 4　2019 年以来各个季度全球智能手机主要供应商市场份额　/ 338

图目录

图 1.1　经济思想、经济政策与经济表现之间的关系　/ 017

图 2.1　中世纪晚期英国羊毛与呢绒出口的动态变化　/ 030

图 2.2　1661—1755 年英国关税收入及在财政收入中的占比动态变化　/ 057

图 2.3　英国重商主义分期和传统分期之间的比较　/ 070

图 3.1　1640—1780 年美国人口规模和人口结构　/ 074

图 4.1　美国模式与英国模式基本特征对比　/ 116

图 5.1　美国总关税率与纳税商品关税率动态变化　/ 196

图 5.2　美国关税、关税与其他税收在财政收入中的占比　/ 200

图 5.3　关税政策促进产业发展的路径　/ 202

图 5.4　美国所有商品、半制成品与制成品征税广度动态变化　/ 204

图 5.5　美国与英国"总关税率"动态变化(1796—1913 年)　/ 207

图 6.1　布雷顿森林体系作为美元霸权和美国霸权的支撑　/ 221

图 6.2　美国 1940—2008 年国防预算及占 GDP 和联邦财政支出的比重　/ 253

图 6.3　1949—2018 年美国军事支出(2017 年美元)及占 GDP 比重　/ 254

图 6.4　2002—2017 年美国三大军火生产商武器销售额　/ 255

图 6.5　美国大炮与黄油生产可能性曲线及变动　/ 256

图 6.6　美国 1951—2010 年财政赤字率与货物贸易逆差率变化　/ 264

图 6.7　2002—2018 年中国和日本所持美国长期国债规模　/ 267

附录图 1　牙买加国际货币体系下美国国际金贸大循环的主体　/ 301

附录图 2　全球主要国家和地区芯片制造份额预估　/ 336

序 章

直面选择性传播

　　选择性传播弥漫于西方社会科学大厦和主流舆论场真可谓久矣！而其背后，又有着深厚的战略逻辑支撑。乔姆斯基（Noam Chomsky）和弗尔切克（Andre Vltchek）指出，在对民主和自由一片称颂的背后，近代以来欧美对弱小民族的欺骗、战争与杀戮，被有意或无意地隐藏起来了。[①]

　　与之类似，在经济思想史等领域研究中，特别是就美国立国以来经济战略的精神本质而言，绝大部分西方论著主要强调自由和竞争的作用，似乎遵守自由竞争和自由贸易等原则是美国实现崛起和维持强大的不二法门；这样的说教似乎还得到了其他国家知识界和舆论界的认同。然而，这是一种选择性传播。我们必须直面这样的选择性传播。

　　稍具体地说就是，从经济思想史角度来看，在美国建国之后迄今的200多年里，经济自由主义观念一直居于主流地位；从经济政策史角度来看，建国之后的美国一直以经济自由主义为指导而与重商主义无涉，因为重商主义只是一个历史范畴，主要存在于18世纪及以前大约300年里的西欧国家；从经济史角度来看，美国经济崛起仰仗的是经济自由主义，重商主义对它未曾产生过积极的影响。

　　但是，我们在本书中将要表明：只要直面选择性传播，揭示美国经济战略与政策思想史中的重商主义，就会发现上述观点全部都是错误的；并且，诸如此类认识上的偏差和对历史的误读，将对人们理解和评判美国过去与当下的经济战略和经

[①] 诺姆·乔姆斯基和安德烈·弗尔切克：《以自由之名：民主帝国的战争、谎言与杀戮，乔姆斯基论美国》，北京：中信出版社，2016年。

济政策等产生严重的误导。不仅如此,其中的历史虚无主义观点,除了通过政策工具而变成美国施展"踢掉梯子"[李斯特(Friedrich List)所说]的策略外,还会使得贝洛赫(Paul Bairoch)所说的作为经济学发展的毒瘤的非历史主义得不到清理,进而既对广大发展中国家的政策选择和发展模式产生误导,又把人们对经济学的理解和发展引入一条没有坚实的历史基础和没有太大的实践价值的偏路。很显然,对于此种危险,有必要给出明确提示。

有鉴于此(当然还包括其他缘由),我们在一级学科"理论经济"当中的二级学科"经济思想史"下,于2017年提出申请并且承担了国家社会科学基金项目,即"美国重商主义传统与新形态研究(2017BJL021)"。围绕这个选题,我们在《财经研究》《国际贸易》《求索》《经济思想史学刊》《文汇报》,以及 *World Review of Political Economy*、*China Economist* 等学术期刊上发表了一系列论文。现在,我们通过本书,对本项目研究做一简单总结。

在本书中,序章对本项目研究的学术取向做了简要概括;第一章针对美国重商主义研究阐述了三个具有基础意义的问题,说明这种研究为什么是必要的和可能的以及如何进行研究。第二章的任务则是为研究美国重商主义建立一个学术参照,那就是西欧,特别是英国的重商主义。但是,对于英国重商主义,我们认为有必要根据国内外最新研究成果,对它做出全新的概括和总结。由此可以说明,我们确实能够对美国建国以来影响其经济发展的思想和政策以重商主义为主线展开研究。但是,我们要更新观念。如果我们仍然固守经济思想史传统教科书对重商主义的界定,认为它在斯密(Adam Smith)1776年出版《国富论》之后就变成了历史,那是不可能也是没必要对美国展开任何关于重商主义的研究的。在这一章中,我们想要表达的中心思想是:重商主义本质上是国家战略,重商主义政策比重商主义思想的历史要长久得多。

美国建国后之所以走向了重商主义道路,除了接续重商主义在西欧特别是英国的发展和演变这个历史原因外,另一个重要原因是美国独立之后所处的地缘政治环境,使其只有这样进行选择,才能实现美国奠基者想要达成的国家战略目标。其实,美国建成"山巅之城"的第一步是实现国家崛起,达到能与欧洲平起平坐的地位。这就是第三章的内容,同时也为展开后三章的内容确立了叙述的起点。在第四章和第五章中,我们将从战略、政策和评论等角度来研究美国重商主义传统。我们把美国政府成立的1789年至"一战"爆发之前的1913年称为美国崛起时代,据此对美国重商主义传统形态进行多维分析和简要总结。自然地,汉密尔顿(Alexander

Hamilton)的经济发展计划、克莱(Henry Clay)的"美国体系"、长期以来以保护主义作为基本理念遵循的关税政策及其演变等将成为主要的研究内容。这些方面很大程度上决定了美国崛起时代经济发展的方向、速度和模式。美国自1913年崛起后,便进入了一个可称为"踌躇的霸权"的过渡阶段(1914—1945年),此后即布雷顿森林体系时期(它于1971年崩溃了)。越过这个时期之后,美国便进入了完全信用货币时代。相应地,美国重商主义也表现出新形态。在第六章中,我们针对美国重商主义新形态展开分析,所谓"公平贸易""非关税壁垒""美元霸权""双赤字""军工综合体"等与美国经济政策和策略有关的重要问题,将在重商主义视野下逐一揭示其战略意蕴。

美国重商主义诞生于这个国家力图实现崛起,从而在世界格局中取得战略主动和主导地位的时期;延续于这个国家取得霸权地位之后力图按照它的意图控制世界格局的变化的时期。因此,在国际政治经济学视角下考察美国重商主义与世界格局演变之间的关系,是一个必不可少的基础性内容。沿着这个思路进行考察,我们不仅能够为过去200多年世界格局的演变建立一个比较清晰的轮廓,而且可以看到在可以预见的未来,美国对世界格局的变化将产生怎样的影响。这正是本书的最后一章即终章的研究任务。同时,我们还要对全书内容做一个简单总结,对11个重要问题做出概略性回答。

美国重商主义是一个具有鲜明阶段性特征的完整而又独特的体系,其内容庞杂,远非一部探索性著作所能阐述精详的。这部著作的主要目的是尽可能回到真实的历史现场,针对影响美国经济发展的主要学术主张、政策策略等做纯学术的审视。我们希望给读者留下如下印象:重商主义这个标签,不是我们生硬地贴在美国身上的,而是由于美国历史上诸多经济思想和经济政策与西欧重商主义具有本质相似性,形态上具有继起性,尽管发生了一些变异。我们相信马克思(Karl Marx)说过的这句话:"真理是由争论确立的,历史的事实是由矛盾的陈述中清理出来的。"[1]这种清理工作使我们认识到,在美国国内,主流经济学说与现实经济政策在大多数时间里是相安无事地并存着的,前者对后者的影响通常并不总是具有决定性意义(尽管具有阶段性特征);不过,在其他很多国家,主流经济学说却流行了起来,这就使得它在战略上对美国具有了工具性意义,借此可以诱导这些国家按照美

---

[1] 《马克思恩格斯通信集》第一卷,三联书店,1957年,第567页。

国希望的原则制定经济政策。这必然牵涉我们强调的关于经济学选择性传播的问题。①

我们必须指出,对美国建国200多年来的经济思想、经济政策和经济战略做重商主义考察,是冒了一定的学术风险的。一是由于过去很少有学者这样做,因而没有足够的文献可供参考,需要我们在各个方面做出有历史事实和学术依据支撑的探索性工作,其难度可想而知;二是由于重商主义本来就是一个边界没有得到清晰界定的学术范畴,对它的本质的认识和时代的划断等,自斯密以来一直没有定论,难以为研究美国重商主义确定一个公认的参照,因此争论在所难免;三是由于重商主义被主流经济学家污名久矣,在主流经济学中没有好名声,因此对美国有史以来的经济思想、经济政策和经济战略进行重商主义考察,很可能被怀疑为学术动机不纯。诸如此类担心,还可以罗列很多。

我们要说的是,这本书的工作尽管绝大部分是探索性的,但我们已准备好面对各种各样的批评。不过,需要言明的是,我们主要是从经济战略这个以前较少关注的视角来审视重商主义的,而不是从纯粹经济学这个以前格外重视(以至于认为唯其如此,再无其他)的视角来叙述相关经济思想和梳理流派演变的。这应是学术批评和争鸣的基础。在我看来,纯粹经济学只有在探讨某些机制的时候才大有帮助。然而,在现实世界里,经济主体处在制度和竞争当中,也受到诸多复杂因素的影响,因此对于现实世界中经济主体的选择,是难以从纯粹经济学研究(设定相对简单的环境)中得到的经济学知识做出准确预测的;只有本着多学科结合的分析策略,才可能真正理解经济决策、经济模式和经济格局的变化,将国家作为考察对象时尤其如此。

---

① 伍山林:《西方经济思想传播的"选择性"》,《文汇报》2018年3月2日。

第一章

美国重商主义研究三问

第一节 为什么要研究美国重商主义

一、美国重商主义尚未受到应有的学术关注

在主流经济学家看来,美国是一个由自由主义经济思想支撑起来的典型的资本主义经济。这个看法不仅在资本主义国家广泛流行,即使在社会主义国家,也是很少引起争议的。在对人们的观念影响至深的大量经济学教科书中,在对经济政策或直接或间接产生影响的大量经济学论文中,在美国政府的一系列政策性文件中,以及在第二次世界大战结束以后的 70 多年时间里,上述观念几乎已经得到了举世公认。间或也有一些经济史家或经济思想史家根据历史资料,对美国经济的发展战略、产业政策和运行特征等提出一些与众不同的看法[1];但是,与主流认识存在出入甚至发生冲突的观点,即使出现在学术期刊和专著(在教科书中多以比较隐

---

[1] 例如,一些计量史学文献表明,美国 19 世纪后期至 1913 年高关税保护促进经济增长是一个支持"贝洛赫悖论"(Bairoch Paradox)的重要例子。David S. Jacks, New Results on the Tariff-Growth Paradox, *European Review of Economic History*, vol. 10, no. 2, 2006, pp. 205—230. Sibylle H. Lehmann and Kevin H. O'Rourke, The Structure of Protection and Growth in the Late Nineteenth Century, *Review of Economics and Statistics*, vol. 93, no. 2, 2011, pp. 606—616.

晦的方式存在)中,也没有引起学术界和知识界的应有重视,更不用说因此而改变根深蒂固的观念了。

于是,长期以来,历史虚无主义弥漫于对美国经济发展历史的认识和理解中。绝大多数人看到的,仅仅是美国经济发展政策和经济发展过程的一些侧面,某些至关重要的特征或者被视而不见,或者被故意遮蔽了起来。其中,最为突出的表现是:不仅美国崛起时代(1789—1913年)形成的重商主义传统只是偶尔或者零星地存在于美国经济史文献中,而且对于第二次世界大战结束之后的美国经济发展模式和政策体系,也很少有人拿着重商主义的透镜对它做全面系统的检视,以至于其重商主义新形态,长期以来没有得到深刻阐述和完备揭露。[①] 虽然自20世纪70年代中期以来,西方世界也曾出现过讨论"新重商主义"的文献;但是,那些文献的主要目的,并不是揭露美国经济运行当中的重商主义新形态,而是将亚洲(特别是东亚国家)进口替代型快速增长经济体扣上一顶令人生厌的"新重商主义"帽子。

因此,我们可以这样说:到目前为止,学术界对美国重商主义的研究还没有真正展开(甚至是起步),更不用说对它做出系统和深入阐述了。这就留下了一块极其具有开发意义的学术空白。这不仅牵涉到如何评估美国过去200多年的经济政策取向和思想基础的问题,而且牵涉到美国在第二次世界大战结束之后,为什么一方面常常把自由主义经济学说挂在嘴上(比如充当自由贸易的"白马骑士"),采取各种各样的办法要求其他国家予以遵照执行;而另一方面又在自由主义政策和保护主义政策之间相机抉择。

二、重商主义深刻影响了美国的经济发展

然而,与学术界对美国重商主义缺乏系统和深入研究不同的是,美国自1789年成立政府以来至今的230多年里,其经济思想、经济政策、经济模式和经济表现

[①] 欧洲和美国近代以来赤裸裸的暴行和罪恶几乎被西方主流学者和媒体长期视而不见,只有像乔姆斯基和弗尔切克那样的无畏之士,才会勇敢地站出来予以揭露和批判。参见[美]诺姆·乔姆斯基和安德烈·弗尔切克:《以自由之名:民主帝国的战争、谎言与杀戮,乔姆斯基论美国》,北京:中信出版社,2016年。像美国重商主义这样的相对隐蔽的掠夺性发展战略,长期以来被主流学界所漠视,几乎无人对它做过系统和深入的研究,历史的真相被尘封起来了。

等,无论是在崛起时代,还是在"踌躇的霸权"时代,抑或是霸权时代(1945 年至今)[①],都具有浓厚的重商主义意味。这与相同历史时期中的其他国家是存在很大的差异的。在美国经济政策和发展的诸多特征中,最值得关注的其实就是重商主义,或者更准确地说,是具有美国特色的重商主义。尽管美国重商主义与欧洲重商主义在表现形式上存在一些差别,尽管美国重商主义在 19 世纪 20 年代中期以后就一直为美国学界主流所不容(自由主义经济学在学院派学术阵营中变成了主流),但我们要知道的是:主流经济学与政府经济政策思想并不一定是完全匹配的,而美国就是最好的例子。

其实,就重商主义对美国经济发展的影响而言,我们无论怎样强调都不过分。正是由于美国在自己弱小的时候采用了源自欧洲特别是其宗主国英国的重商主义政策,并且在其他一系列战略手段(比如大陆扩张政策)的辅助下,美国经济才快速发展壮大了起来,先是在内战之前建成了相对独立的工业体系,然后在内战之后至 1913 年通过高关税保护等政策走出了一条独特的内需主导型工业化道路[②],从而在 19 至 20 世纪之交一举超越英国而实现了经济崛起,并且为日后取得全球霸权地位打下了坚实的经济基础。美国重商主义与欧洲重商主义的不同之处当然是很多的。比如说,从阶段演进角度来看,欧洲重商主义是从重金主义逐渐演变到重工主义的;但是,美国政府自 1789 年成立之后,其重商主义直接沿袭的是当时在欧洲特别是英国流行的重工主义,而不是重工主义之前的重金主义。由此就可理解:对美国后续经济政策影响至深的汉密尔顿,为什么通过深思熟虑之后会在 1791 年 12 月 5 日推出《关于制造业的报告》[③];美国崛起时代在工业发展与商业发展这两者当中,为什么更加重视前者而不是后者(这固然还有地缘政治因素),为什么美国在外交战略中抱守孤立主义和中立主义原则。

避开 1914—1945 年这个"踌躇的霸权"阶段不谈,就 1945 年之后这个取得全球霸权地位的 70 多年而言,美国经济其实是在重商主义新形态这个大框架下运行的。当然,这个 70 多年又可以分为两个相继的时期,即布雷顿森林体系时期和后

---

① 美国崛起时代指的是 1789—1913 年,美国霸权时代指 1946 年至现在。在这两个时代之间,存在一个美国逐渐完成身份转换的被称为"踌躇的霸权"的过渡阶段(即 1914—1945 年)。参见王立新:《踌躇的霸权:美国崛起后的身份困惑与秩序追求(1913—1945)》,北京:中国社会科学出版社,2015 年,"导言"第 1—12 页。

② 贾根良等:《美国学派与美国 19 世纪内需主导型工业化道路研究》,北京:中国人民大学出版社,2017 年,第 15—46 页。

③ 伍山林:《汉密尔顿经济战略思想:美国经济政策的历史与逻辑起点》,《求索》2019 年第 1 期。

布雷顿森林体系时期。在后布雷顿森林体系时期中,最重要的当然是牙买加体系时期。我们知道,美国取得全球霸权地位的显著标志之一是美元正式替代英镑,获得以"嚣张的特权"作为主要内容的货币霸权地位。就已经运行了40多年的牙买加体系而言,在美国经济运行呈现出来的"双赤字"特征中,就贸易赤字而言,初看起来与欧洲重商主义追求的贸易顺差完全不同,但是仔细区分可以发现,贸易赤字(逆差)其实是美元霸权发挥作用的一个重要支点。[①] 除此之外,尽管在财富观念、货币本位、贸易扩张方向等方面,美国重商主义与欧洲重商主义存在一定的差异,但是就它们所欲达成的关于权力与财富的双重目标而言,以及就它们实现国家战略目标所选择的经济和非经济手段而言,美国重商主义与欧洲重商主义其实又是类似的,以至于我们可以将美元霸权主义视为重商主义的一种歪曲表达,与之相关的经济策略和经济政策等自然也就构成了美国重商(金)主义新形态。这里,在重商主义前冠以"新形态"三个字,绝不是一个无足轻重的形容词,而是对美国经济的政策主张、政策体系和政策实践的一种总体概括。

三、美国重商主义越发危及世界经济发展

美国在重商主义政策支撑下实现国家崛起,并且最终替代英国而取得全球霸权地位,是以英、美之间未曾发生大规模的直接对抗这样的方式完成的,霸权的交接过程并没有落入以战争方式决定大国位次的"修昔底德陷阱"。从这个角度来说,美国在以重商主义方式发展自身经济的过程中,在关键时候避免了一场大规模战争的灾难。不过,对此,我们在一定程度上可以将其理解为历史的巧合。当欧洲除英国之外又出现了一个强大的经济力量,即德国在19世纪后期快速崛起的时候,对于英国来说,这才是出现于自己家门口的、不得不立即直面的重大战略性挑战。这样的地缘政治格局,使得远在大西洋彼岸的那个同样已经崛起了的并且比德国更加强大的美国,反而被英国视为一个其紧迫性居于次要位置的威胁。因此,正当英、德卷入"修昔底德陷阱"而在第一次世界大战这个大背景下苦苦缠斗的时候,远在大西洋彼岸的美国,反而获得了一次"鹬蚌相争、渔翁得利"的机会。待到第一次世界大战结束,美国因为强大的德国极大地消耗了霸权英国的力量,自己反而居于一个比以前更加有利的国际地位了。上述事实与如下认识也是匹配的,即

[①] 伍山林:《美国贸易保护主义的根源:以美国重商主义形态演变为线索》,《财经研究》2018年第12期。

重商主义或者实用主义,顺理成章地变成了国际政治经济学当中理解国际格局演变和发展的一个主要流派,而它的基本点是:民族国家是它的基本分析单位,国家之间处于无政府竞争状态是它的一个关键假设,国家之间利益不协调甚至处于"零和博弈",是一种基本的生存和发展状态。[①]

因此,我们可以推测,重商主义因其具有的内在特性(即作为国家战略的本质),自其出现以来就一直是引发国际争端、国际冲突甚至国家间战争的重要观念、制度、政策基础。从这个角度来说,重商主义与马基雅维利主义是相通的。其实,重商主义与其说是国家层面上的经济学说,不如说是关于国家竞争的战略策略和政策体系。当欧洲的主要大国于14世纪中期至19世纪中期在全球推行重商主义的时候,殖民体制和海外扩张等就成为它们建立、扩大和维护帝国的一种主要战略手段。但是,在20世纪下半叶,民族国家独立已经成为一个既定的前提。在这样的国际政治经济格局下,美国重商主义也就注定只能以新形态出现了。尤其是在牙买加体系下,美国重商主义新形态很大程度上是以美国霸权主义和美元霸权主义等面目公之于世的;并且,美元霸权主义与军事霸权主义等一道(并且大致来说是一明一暗),又成为美国维护霸权地位的两个相互联系的主要支撑。在一次又一次因为美国势力插足而引发的国际危机和国际冲突中,当世界人们深切感受到美国军事霸权对世界格局演变产生赤裸裸的影响的时候,往往忘记了或至少是淡化了美元霸权主义对世界格局演变所产生的潜在的和间接的但同样是重大的影响。在很大程度上,美国正是利用其具有一定欺骗性的重商主义新形态,或者是通过局部动荡塑造有利于己的世界经济格局;或者是诱导其他国家采用自由贸易等新自由主义政策,而自己在着力促成的国际协约中又留有可以惩罚对手的一系列后手;或者干脆将国内法国际化,以维护自己的政治经济利益。特别地,对于世界上与之形成竞争关系的国家,不管意识形态是同质的还是异质的,美国总是以维护自由贸易(更准确地说是"公平贸易")的名义,对竞争对手实施战略打压。由此也就可以清楚地知道美国的战略思维,即只要国际竞争(这里主要是指大国之间的竞争,特别是作为"老大"的美国与其认为的最重要的战略对手,即"老二"之间的竞争)[②]形势需要,美国就会采用一切其认为必要的手段(当然包括具有"零和博弈"特征的重商主义手段)展开国际战略行动。此时,美国重商主

---

① Г.А.德罗波特:《国际政治经济学的几种主要的思想观念》,《国外社会科学》2002年2期。
② 伍山林:《从战略高度认识与应对中美贸易争端》,《国际贸易》2018年第6期。

义本质特征也就暴露无遗了。

既然美国重商主义迄今为止几乎仍然是一块学术"处女地",既然美国重商主义对美国200多年的经济发展产生了重大影响,既然美国重商主义对世界格局的形成和演变至关重要,那么对其进行研究也就是一件意义重大的工作。

第二节　为什么能研究美国重商主义

一、美国重商主义若隐若现

美国重商主义不是一朝一夕形成的,而是在长达200多年的独立、建国特别是发展过程中逐渐形成并且发生一系列形变的。历史固然是一个整体;但是,它又是难得以整体面目示人的。它或者被着意陈列于高堂,供人瞻仰;或者是不经意地蜷缩在某个角落里,等待有缘人光顾;或者是被人撕成了碎片,化作粉末,归为泥土,不留痕迹。一个历史研究者,对于陈列于高堂者,最需要的是毕其学力,调整审视它的角度和眼光,特别是透视其背后的故事;对于蜷缩在角落里的,最需要的是小心地将它捡拾起来,并且与其他可信的材料一起,拼接出一幅尽可能完整的历史图案;至于那些被人撕碎了的,就材料本身而言,唯有遗憾而已,不过,除了遗憾之外,对于它被撕碎的种种因由,却又是有可能和有必要深加挖掘和探究的。

其实,美国重商主义就隐藏在一系列政策性文件中,隐藏在一系列议会辩论中,尘封在为美国实现经济崛起和维护霸权地位而进行思考和筹划的政论家、政治家、战略家的著作中(一部分社会科学家,比如亨利·凯里等也从各自角度做了理论概括[①])。因此,只要细心检阅尚且存世的历史文献,研究素材其实是不难找到的。之所以这样说,主要是由于:(1)在美国,特别是在政治史研究主流和官方正式的文件当中,自由与民主总是被奉为美国的特征和精神,而重商主义(因其强调国

---

① 赫德森对美国将近20位重要保护主义者的生平和思想进行了简要述评。迈克尔·赫德森:《保护主义:美国经济崛起的秘诀(1815—1914年)》,北京:中国人民大学出版社,2010年。

家干预)又常常被错误地理解为是一种与"自由"相违背的观念和政策。① 由此,重商主义不见容于正史或者被一笔带过,也就是再自然不过的事情了。② (2)针对美国,尽管"重商主义"一词用得并不是很多,但是牵涉到国家利益、党派利益和地方利益的时候,特别是在关于议会辩论的记载中,与欧洲重商主义本质相契合的内容又可以说俯拾皆是。(3)但是,在一些学术文献(尽管有限)中,美国重商主义的某些特质还是得到了一定的揭露。③ 这些方面为我们研究美国重商主义从不同层面和不同途径提供了文献和思想素材,尽管到目前为止,美国重商主义在学术层面上还只是一个隐隐约约的存在。

因此,我们研究美国重商主义的时候,必须拨开重重迷雾。除了上面已经提到的外,其他方面还包括如下数端:首先是我们接下来将要详细展开的比照对象,即欧洲英国重商主义究竟具有怎样的特质。特别是除了将贵金属视为财富和追求贸易顺差这两个基本点外,欧洲特别是英国重商主义是否还具有更加重要的特质。其次是对于重商主义时代,我们需要在尊重历史的基础上,突破经济思想史教科书中的一些传统认识。经济思想史教科书中的一个传统观点是,重商主义盛行于16—18世纪欧洲(西欧)的主要国家。这给人的初步印象是,针对欧洲之外的国家以及针对15世纪以前和19世纪以后的情形,已经不宜再谈什么重商主义了。即重商主义是一个具有明确的地域性和历史性的范畴。其实,这种传统观点的生成,乃是对欧洲或者英国重商主义做了机械的和片面的概括和理解的结果,需要我们做出必要的学术修正。再次是正如现有文献所说的那样,欧洲或者英国重商主义就它的形态演变而言,先是表现为重金主义,再是表现为重工主义。但是,当美国独

---

① 重商主义与自由并不必然是相悖的。李斯特在1841年对此就做出了重要阐述。他在谈到意大利历史时说:"当我们谈到贸易自由时,我们心目中的自由是与我们谈到宗教自由或内政自由时一样的。因此拥护自由的善意的人们就感到特别需要维护一切形式的自由。因此'自由贸易'就成为一个通俗名词,而对一国范围以内的贸易自由与国与国之间的贸易自由,不加必要的区分了。然而事实上这两者的性质与作用都截然不同,犹如天渊之别。国内贸易方面的限制只有在极个别情况下才与公民的个人自由不相抵触;而在国际贸易方面,高度的保护政策却可以与最大限度的个人自由并行不悖。事实上,最大限度的国际贸易自由,它的结果甚至能使国家沦于奴隶地位,这一点以后谈到波兰的情况时当有所说明。"他紧接着引用并且赞同孟德斯鸠(Montesquieu)说过的话:"商业在自由国家里受到的限制最大,而在专制政体下所受到的限制则最小。"参见弗里德里希·李斯特:《政治经济学的国民体系》,北京:商务印书馆,1997年,第16页。
② 只有针对美国早期历史,才有一些文献将其视为重商主义。王晓德:《美国早期历史上的经济民族主义及其影响》,《南开学报》2006年第1期。Nettels C. P., British Mercantilism and the Economic Development of the Thirteen Colonies, *Journal of Economic History*, vol. 12, no. 2, 1952, pp. 105—114. Williams W. A. The Age of Mercantilism: An Interpretation of the American Political Economy, 1763 to 1828, *William and Mary Quarterly*, vol. 15, no. 4, 1958, pp. 419—437.
③ 贾根良:《美国学派:推进美国经济崛起的国民经济学说》,《中国社会科学》2011年第4期。

立和政府开始运作的时候,欧洲或者英国重商主义正处于重工主义的顶峰,自由主义经济思想尽管已经生成,但还没有发挥太大的实际作用。如果说美国经济发展战略沿袭了英国传统的话,那么美国重商主义形态演变与英国重商主义形态演变具有怎样的异同呢?形态的存续和反转如果存在的话,那又是怎样发生和表现出来的呢?这些都是需要做出正面回答的问题。因此,研究美国重商主义的时候,我们不仅要就美国重商主义本身拨开重重迷雾,还需要将美国重商主义放到整个重商主义发展史中,在对作为整体的重商主义做出深刻理解的基础上,对美国重商主义做出准确的历史定位和特征比对。

二、英国重商主义可作参照

研究美国重商主义时,我们必须对西欧(特别是英国)重商主义在整体上做出全新的概括。如果我们像经济思想史传统教科书那样对欧洲重商主义进行概括并且用作研究美国重商主义的参照,那么非但不可能取得任何进展(因为美国经济发展战略和经济政策主张并不具有传统教科书所说的西欧重商主义经典特征),甚至连对美国200多年的经济战略、策略和政策等冠以重商主义之名,在学理上都不再讲得通,因为美国政府成立的时候,经济思想史传统教科书所说的英国重商主义已成为过去。因此,对本书来说,概括英国重商主义本质特征就是一项基础性工作。

其实,早在地理大发现之前,重商主义在西欧,比如说英国(更不用说意大利等国了)就有一些很值得注意的苗头了,那些苗头在政策上表现得尤其突出。即使是思想苗头,在15世纪的30—40年代,也已经比较系统地出现了。[①] 只是由于自此之后,重商主义政策制定者的眼光越发越出欧洲而延伸至全球,后来的学者才以16世纪之始作为英国重商主义的起点。另外,如果我们将重商主义作为一种学说体系来看待,那么可以这样说:大致到18世纪中叶,它就确实不再取得显著的新进展了,并且在1776年出现了后来大为流行的由斯密加以概括的经济自由主义体系。但是,重商主义更重要的是一种战略与政策体系,并且是关于国家如何走

---

① 正如下一章将要讲到的那样,英国1215年的《大宪章》因确立了财产所有权而在某种程度上确认了商人在政治、经济和社会中的身份。这为日后重商主义在英国流行奠定了法律基础。不仅如此,在作为学说体系的重商主义诞生之前,作为政策体系的重商主义在英国出现差不多已有两个世纪;并且,作为一种政策策略,重商主义还是英国实现崛起的重要保证。参见计秋枫:《近代前期英国崛起的历史逻辑》,《中国社会科学》2013年第9期。从这里也可以看出,作为一种政策体系的重商主义的延续时间,远远长于作为一种学说体系的重商主义的延续时间。

向富强以至于获得权力的战略与政策体系。就此而言,它在英国其实延续到了19世纪中叶。直到英国于19世纪40年代相继调减关税和废除《谷物法》与《航海条例》,才标志着重商主义政策体系不再为英国政府所采用;并且,在采用重商主义政策的500年里,也是英国历经探索和波折,并且逐步崛起为全球性大国和成长为世界霸主的时期。从这个角度来说,重商主义是西欧,特别是英国实现崛起的经济战略思想和政策的综合体。从终点来看,在学说体系层面上,英国重商主义大致止于18世纪中叶;但是,在政策体系层面上,英国重商主义大致延续至19世纪中叶方告终结。这当中大致有一个世纪时差。正是这种时差的存在,使得一部分研究者产生了错乱,以为英国重商主义随着自身学说的停滞和具有体系化特征的自由主义经济学说的出现,无论是在学说层面还是在政策层面都同时变换了旗帜。

既然如此,就作为学说与政策的综合体的英国重商主义来说,它的本质特征又是什么呢?这里初步概括出如下几点。(1)在财富观念上,英国重商主义认为货币即财富;并且,充当货币的是贵金属。因此,对贵金属的追求与对财富的追求,本质上是一致的。(2)无论是从商人的角度还是从政府的角度来看,取得贵金属的渠道无非是开采金银矿、掠夺贵金属和维持贸易顺差(特别是国际贸易顺差)。(3)由于金银矿开采和贵金属掠夺都具有有限性,国际贸易顺差也就成为积聚财富的一种更常规、更重要的手段。(4)为了实现贸易顺差,就需要开拓国际市场,殖民开拓也就具有经济和战略价值。(5)大众农产品质量重、易腐坏从而运输成本和商品消耗率非常高,向外输出质量轻、易保存的工业品和农业制成品(包括药品等),运输成本和商品消耗率相对来说少得多。于是,在国内对制成品进行开发和生产并且低成本地扩大规模,成为促进出口贸易从而获取顺差的重要手段。① (6)在工业品生产中,武器生产与国家权力的获得和保持是密切相关的。一国即使有了大量金银,由于以它换取武器等战略物资时存在不确定性,发展国内工业对加强国家权力来说变得必不可少。在战时尤其如此。(7)发展工业需要采用先进技术、维持产品质量、稳定工人队伍,因此,引进人才、保证竞争、检验质量、保证就业等也就相应地成为不可或缺的政策方向。总之可以这样说,英国重商主义其实关乎国家经济战略,其目的是追求财富和权力。对此,最近有经济学家认为,对于英国重商主义采用战

---

① 在金属货币时代,重商主义必然从重金主义走向重工主义。但是,在信用货币时代,重商主义演进特征不再容易分辨。

略性贸易理论可以做出有益的理解(比如英国与荷兰在东印度的贸易竞争①)。

三、重商主义精神实质未曾改变

当我们从英国重商主义中抽取本质特征并且将它作为参照来检视美国重商主义的时候,在精神实质上这两者并不存在重大差别,尽管某些具体方面发生了变异——有些方面甚至完全对立了。

首先,在整个崛起时代,美国重商主义表现为重工主义的传统形态,它是美国实现经济崛起的战略支撑。英国自由主义经济学在1776年被亚当·斯密体系化②之后不久即传到了美国,早在19世纪20年代在美国就取得了主流地位③,并且这种状态一直延续到现在。因此,大多数心无旁骛的经济学者迷失了自己,想当然地认为在美国作为主流的自由主义经济思想,一定是支撑美国经济崛起的主流思想。其实,这是一种长期存在的误解。有些学者比这前进了一大步,将美国经济崛起的缘由归结为建国之后至第一次世界大战之前采用了具有美国特色的保护主义政策。在一定程度上,这是正确的;但是,如果将眼光放得更长远一些,从美国崛起大战略的高度进行审视,我们就会发现:支撑其经济崛起的,与其说是美国式的保护主义,不如说是具有美国特色的重商主义,因为美国式的保护主义只不过是具有美国特色的重商主义的一个重要组成部分而已。重商主义是英国崛起的战略和政策支撑,对于美国,我们可以这样说:具有美国特色的重商主义是美国经济崛起的战略和政策支撑。

其次,在霸权时代特别是在牙买加体系下,美国重商主义尽管表现为新形态,美元霸权主义作为重商主义的一种歪曲表达,依然是支撑美国霸权地位的政策体系和经济观念,它具有国家经济战略的本质。从国际政治经济学角度来看,美国只有在崛起时代和霸权时代才存在明确的大战略;在1914—1945年这个"踌躇的霸

---

① Irwin D., Mercantilism as Strategic Trade Policy: The Anglo-Dutch Rivalry for the East India, *Journal of Political Economy*, vol. 99, no. 6, 1991, pp. 1296—1314.

② 我们认为亚当·斯密在经济学上的贡献是使自由主义经济思想首次实现了体系化。他尽管也创立了一些新学说,但本质上是一个集大成的人。

③ 可将库珀(Thomas Cooper)在1826年出版的《政治经济学要义》视为自由主义经济学在美国取得主流地位的标志性事件。Cooper T., *Lectures on the Elements of Political Economy*, Columbia: Telescope Press, 1826. O'Connor M., *Origins of Academic Economics in the United States*, New York: Columbia University Press. 1944. 柯柏教材的流行与托马斯·杰斐逊的支持有关。

权"阶段,美国主要采用的是机会主义策略。在大战略意义上,就崛起时代而言,美国利用大陆扩张政策做大自己的疆域,为生产要素规模的扩大奠定了基础。这使美国有条件走出一条内需主导型经济发展道路,而不是像西欧,特别是英国那样,走的是基于殖民开拓的外需主导型经济发展道路。但是,在本质上,英、美崛起道路又是一致的;并且,与英国道路相比,美国道路其实为其后续经济发展打下了更加坚实的基础。因为英国道路开拓的殖民地离母国往往比较遥远,殖民地的历史文化传统尽管与英国文明进行了广泛而持久的涵化(Acculturation)过程,但是与母国相比,终究还是存在重大差异,它们独立建国也只是迟早的事。与之截然不同的是,美国道路是在大陆扩张的基础上采用领土化和人口归化的策略,加入美利坚合众国之后,将受其永久性管辖,并且《美国宪法》规定,联邦政府在各州之上具有垄断的外交、对外经济和军事的权力,对所属各州的治理成本也就因之而大幅度下降了;并且,紧固的法律关系和日益扩大的社会经济空间,使美国逐渐形成了一个以市场竞争为基础的内部经济大循环。在这个经济大循环中,原先处于薄弱状态的工业在高关税保护下得到了持续快速发展的机会和空间。美国内需主导型工业化道路正是在关税保护政策之下,由美国人自己开发和利用国内日益扩大的市场而逐渐形成的。

至于霸权时代,由于地缘政治环境发生了翻天覆地的变化,美国围绕安全与发展这两个方面而构建的大战略,与崛起时代的大战略相比,有了天壤之别。尽管在这个时代,从某些维度来衡量自由贸易得到了更加普遍的遵循,但是美国大战略依然具有浓厚的重商主义意味。比如说,在这个新形态中,与西欧特别是英国重商主义追求贸易顺差完全不同,贸易逆差成了美元霸权发挥作用的一个重要支点;但是,美国塑造了美元即财富的观念,美元成为度量财富的常用指标,美元在外国政府和民众心目中变成了硬通货,依赖美元霸权,美国通过货币输出和资本输入得到了巨量国际铸币税和财政性融资[①],通过汇率操纵使美元成为控制甚至摧毁其他国家的经济的重要手段。除此之外,美国还采取各种各样的出口管制和进口壁垒等保护性政策,以国家安全和"公平贸易"为幌子维护自己的利益。这些方面说明,在

[①] 李翀:《超主权国际货币的构建:国际货币制度的改革》,北京:北京师范大学出版社,2014年,第26—44页。Maria N. Ivanona, Hegemony of Seigniorage: The Planned Spontaneity of the U. S. Current Account Decifit, *International Journal of Political Economy*, vol. 39, no. 1, 2010, pp. 93—130. Vasudevan Ramaa, Finance, Imperialism, and the Hegemony of the Dollar, *Monthly Review*, vol. 59, no. 11, 2008, pp. 35—50.

牙买加体系下,美国重商主义仍然扮演着国家经济战略的角色。

第三节　如何研究美国重商主义

对于如何研究美国重商主义,最重要的一点是一定要有学术勇气。这种勇气主要表现在:(1)敢于怀疑陈说,提出诸如美国经济发展战略也许并不像主流学者告诉我们的那样等颇为尖锐的问题。(2)敢于求证并且提出新说,比如深入美国的真实历史场景,广泛搜集史料并且谨慎地提炼出一些不见容于主流的结论。(3)敢于争论,在争论当中去伪存真,进而形成更加可信的学术判断。除了勇气外,为了研究美国重商主义,我们还需要做到以下几点。

一、以"三史融通"为基础

在任何社会经济生活中,人们感兴趣的主要是经济结果,或者说经济表现。它在图 1.1 中用粗实方框表示。经济表现又可以进一步分为增长源泉、经济蛋糕以及蛋糕分配这三个相互联系的方面。① 为了取得一定的经济结果,身处社会经济运行过程中的微观主体,总是既要考虑政府制定的经济政策(它在图 1.1 中用细实方框表示),又要考虑由各个主体构成的市场状况。对于政府和市场(它在图 1.1 中用粗虚方框表示)这两种介入方式,经济思想(它在图 1.1 中用细虚方框表示)的影响无论如何都不会缺场,它总是要么潜移默化地(主要通过市场中的微观主体)、要么单刀直入地(主要通过政府)起作用。当然,与之同时起作用的,还有其他各种各样的思想,我们统称为非经济思想(它在图 1.1 中也用细虚方框表示)。

在图 1.1 中,我们可以看到与市场和政府这两种介入方式相关的三个子系统。第一个子系统是思想系统。但是,这个系统也不是孤立的,仅对纯粹经济学问题感兴趣,尽管这是它的主体。在现实社会经济中,这个系统不可避免地要受其他思想或非经济思想的影响。第二个子系统是经济政策系统。它是政府从宏观出发,根据经济

---

① 在图 1.1 当中,我们贯彻了如下基本思想,即经济分配尽管在形式上表现为经济蛋糕生产出来之后再按一定规则决定各类经济主体从中究竟能够分得多少利益,但它在本质上其实是与整个经济过程同时决定的。因为微观经济主体在做要素投入,从而形成经济增长的源泉的时候,已经将各种规则都考虑进去了。参见伍山林:《收入分配格局演变的微观基础:兼论中国税收持续超速增长》,《经济研究》2014 年第 4 期。

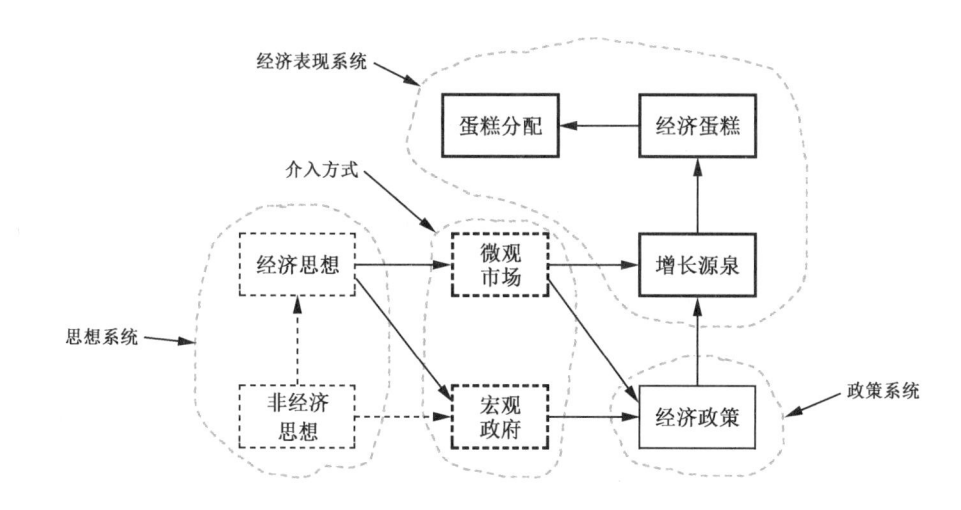

图 1.1 经济思想、经济政策与经济表现之间的关系

思想和非经济思想并且结合当时经济环境,在考虑微观市场基础上做出的一系列制度性和政策性安排。做这些安排时,政府总是希望经济系统能够达成某些预期结果。第三个子系统即通常所说的经济(表现)系统。它直接受微观市场(各种微观主体本着一定的经济思想和禀赋而做出自己的选择)与经济政策的影响,表现为各种生产要素、生产技术和管理方式的配置,它们构成经济增长的源泉,以及由此决定的经济蛋糕和蛋糕分配方式。需要注意的是,上述三个子系统在时间上是发展变化着的,并且在国家之间是存在差异的。因此,我们在历史时空视域下,既要对它们单独地进行考察,又要在相互联系中将它们作为一个整体进行考察。这就意味着即使分别开列了经济思想史、经济政策史和经济史学科,我们也必须本着"三史融通"理念形成一个相互关联的体系。各个学科其实只是侧重点不同而已。①

同样,考察欧美重商主义的时候,我们也必须本着"三史融通"的理念,非如此不能洞悉其本质。例如,如果仅仅对重商主义做经济思想史考察,那么我们可以这样说,它到18世纪后期就不再有突破性的成果出现了;并且,在亚当·斯密《国富论》出版之后,由于一种体系化的自由主义经济思想诞生了,重商主义也就被替代了。从并且也只能从这样的角度来说,经济思想史传统教科书对重商主义结束时间的划断才是正确的。但是,如果我们说重商主义至1776年即告终结,那就显得偏颇了。因为重商主义除了是一个经济思想体系外,更为重要的是它还是一个经

---

① 伍山林:《美国贸易保护主义的根源:以美国重商主义形态演变为线索》,《财经研究》2018年第12期。

济政策体系。在历史上,作为经济政策体系的重商主义,并没有因为亚当·斯密《国富论》的问世而不再客观地存在了。其实,即使在英国,也要等到《国富论》出版半个多世纪之后,国家经济政策才逐渐脱离运行了 500 年之久的重商主义轨道。事实上,通过 19 世纪 20 和 30 年代关于对外经济政策的大争论,英国至 19 世纪 40 年代才逐渐调减关税、相继废除《谷物法》和《航海条例》,自 1860 年与法国签订《科布登—舍瓦利埃条约》才真正转入由自由贸易担纲的自由主义经济状态[①],国际经济格局自此进入了一个全新的时代。

这也就说明:我们考察重商主义的时候,不仅有必要考察重商主义学说,更有必要考察重商主义政策。另外还有一点很重要,在学术自由的国度里,是存在这样一种可能的,即在学术体系中大为流行的经济思想,与真正指导经济政策的制定与执行的经济思想,很大程度上甚至完全并不是一回事。受西欧特别是英国学术思想的影响,从 19 世纪 20 年代中期开始,美国经济学的主流已经归入了自由主义潮流;但是,接续西欧特别是英国重商主义政策的发展,与当时的地缘政治环境相适应,一种本质上无异于欧洲重商主义,但在具体表现上与之又颇有差异的具有美国特色的重商主义,在为美国实现自身(即由美国奠基者设立的)战略目标的过程中逐渐形成了;并且,与一系列特殊性结合起来,重商主义在美国确实开了花、结了果。因此,避开诸如正义、道德、宗教等因素不谈,单从结果上看,我们可以说正是美国的重商主义创造了美国历史。因此,与研究欧洲特别是英国重商主义一样,我们在研究美国重商主义的时候,也有必要本着"三史融通"的理念。单纯考察美国重商主义思想及其演变,单纯考察美国重商主义政策及其演变,或者将两个方面结合起来进行考察,固然也可以获得一些历史启迪,但所得终究是有限的;只有将美国重商主义思想及演变、政策及演变与经济表现及演变结合起来进行综合考察,才有可能对美国历史发展做出如实的观察和深刻的剖析。[②]

[①] Bairoch Paul, Free Trade and European Economic Development in the 19th Century, *European Economic Review*, vol. 92, 1972, pp. 93—119.

[②] 再次,我们提供一个由于违背"三史融通"理念致使对历史做出有些偏颇评论的例子。陶西格(Frank Taussig)是美国著名的关税史专家,就从政治过程等角度考察美国关税史而言,他在美国可以说无出其右。但是,陶西格的关注点主要局限在政治过程、关税政策和经济表现上,他对有关关税的经济思想和作用机制关心得不够,对影响美国经济增长的其他因素关注得也不够。因此,他在分析中并没有真正做到"三史融通",以至于错误地认为保护主义关税对美国产业发展和经济增长并没有产生多少积极作用。参见 Taussig F., *Tariff History of the United States*, New York and London: Rnickerbocker Press, 1932.

二、以国家战略为视角

曾经,重商主义被认为只不过是一种商人常用的指导原则;后来,重商主义被进一步理解为政府的政策观念和政策安排。那时,诸如国家战略或"大战略"这样的术语,还没有被提炼出来。但是,当我们现在从战略学角度对西欧特别是英国重商主义重新进行审视的时候,可以发现,重商主义从一开始就是以国家战略这种身份出现的,只是经济学家关注的主要是其中与经济有关的那个局部或层面而已,这种局限性妨碍了学者们对重商主义做出全面和深刻的理解。

关于重商主义的战略意蕴,有研究者清晰地指出:

> 重商主义时期……政府发展经济的首要目标是赚取足够的金钱来支撑军队,从而保障国家权力,加大领土扩张,反过来再扩展经济贸易,最终取得更多收入。这就要求国家在宏观上把富国战略与强国战略统一起来。在这种时代背景与战略要求下,一些西欧国家采取了经济与军事的一体性政策,在发展经济的同时也考虑了军事方面的需要,达到经济发展和军事壮大两方面的目标。[1]

英国时代是如此,在美国时代,又何尝不是这样。历史学家肯尼迪(Paul Kennedy)分析了近500年来世界大国兴衰的诸种缘由之后进一步总结性地指出:

> 财富通常是支撑军事力量的基础,而要获取和保卫财富,又总是需要军事力量。然而,如果一个国家没有把它的大部分资源用于创造财富,而是用于军事目的,从长远来看,这很可能会导致该国国力的减弱。同样,如果一个国家在战略上过分扩张(如侵占大片领土和进行代价高昂的战争),它就要冒一种风险:对外扩张得到的潜在好处,很可能被为它付出的巨大代价所抵消。如果这个国家正处于相对经济衰退时期,这种困境将变得更加严重。[2]

需要注意的是,在说上面这段寓意颇为深刻的话之前,肯尼迪虽然多少有一些不情愿,但还是把大国竞逐当中的战略选择冠以重商主义的名号。

---

[1] 何正斌、柴煜:《论经济政策与军事政策的一体性——由重商主义的发展政策引出的话题》,《哈尔滨工业大学学报(社会科学版)》2008年第2期。

[2] 保罗·肯尼迪:《大国的兴衰:1500—2000年的经济变革与军事冲突》,北京:中信出版社,2013年,第Ⅶ页。

在与维多利亚时代中期自由主义政策进行比较之后,肯尼迪一针见血地指出,此前英国重商主义措施如保护性关税、先进技术(如纺织机械)出口禁令、王室的各种"优惠待遇"等,总是"强调把国家安全与国民财富联系起来"。[①] 美国重商主义作为英国重商主义在北美洲的接续,从一开始就进入了重工主义阶段,这些措施在美国重商主义政策中都有相应的表现(王室的各种"优惠待遇"除外)。比如,在内战结束至1913年这半个多世纪里,美国采用高关税政策促使美国工业快速崛起,至19世纪90年代即一举超越英国而成为世界第一。工业崛起之后,美国对自己的高新技术和敏感技术,针对特定的对象国采用十分严厉的出口许可制度,以避免技术外溢和扩散。这些方面都体现了重商主义作为美国国家战略的本质。

重商主义政策的一个重要特征是兼顾经济与军事双重目标。其中,经济是发展的重中之重,军事是安全的重中之重,而国家战略刚好是把安全和发展这两个方面结合起来进行长期全面的总体考虑。在这个意义上,重商主义作为国家战略的特质更加清楚地显示出来了。在这一点上,美国重商主义既具有深厚的英国传统,又体现了美国的全面继承和灵活运用。例如,英国在崛起过程中,就是把海军建设与商业发展作为一个整体来考虑的。这里所说的商业,指的是重商主义尤其看重的、获取财富的一种常规方式,即国际贸易,它是连接(国际)权力与财富(这两者刚好都是重商主义的目标)的纽带。17世纪初英国探险家拉利爵士(Sir Walter Raleigh)宣称:"谁控制了海洋,谁就控制了贸易;谁控制了贸易,谁就控制了世界财富,进而控制了世界本身。"[②]这样的思想在美国将军马汉(Alfred T. Mahan)的著作中进一步得到了历史的、军事的和系统的表述。他说:

> 远在左右海上贸易发展与繁荣的根本原则被明察之前,人们就已经清楚地认识到海上贸易对国家财富与实力所具有的深远影响。为了确保自己的人民能够较多地分享这样的利益,人们想方设法地排斥异己,要么通过和平立法的方式制定垄断或对他人明令禁止的条款,要么当上述手段不起作用时,直接诉诸武力。利益的冲突,以及因在商业方面和在遥远的悬而未决的商业区域分割方面,如果不能占有全部份额也要占有更大份额的企图相互抵触而引发的愤懑,导致了战争。此外,由其他原因导致

---

① 保罗·肯尼迪:《大国的兴衰:1500—2000年的经济变革与军事冲突》,北京:中信出版社,2013年,第157页。

② 转引自 Daniel A. Baugh, Great Britain's "Blue-Water" Policy, 1689—1815, *International History Review*, vol. 10, no. 1, 1988, p. 34.

的战争在战争行为与结局上,都因对海洋的控制而受到极大的限制。①

诚然,与英国相比,美国建国之后所面临的地缘战略环境存在着巨大差异;但是,这种差异并没有损害作为国家战略的重商主义在美国的适用性,而只是在具体形式上存在一定的差异而已。因此,与研究英国重商主义一样,在研究美国重商主义的时候,我们也要将考察的场景放到国家竞争大背景下,从与国家战略具有天然联系的经济战略(又包括思想、策略与政策等)的高度,对其进行条分缕析。

三、以精神实质为依归

研究美国重商主的时候,我们既需要以国家战略这样的宏阔视野来展开,也需要以重商主义精神实质为指归。我们在这里说的是:只要将考察时间拉得更长一些,只要从国家战略角度来考虑问题,我们就会发现长期以来存在激烈争论和聚讼纷纭的重商主义研究,将被一条清晰的红线串联起来,形成一幅完整的图案。迄今为止,在著作家心目中,重商主义依然是一个尚未被清晰定义的学术研究对象。例如,在经济学家那里,重商主义主要是斯密等定义的、西欧一些国家曾经采用的国家干预经济(特别是国际贸易等)的手段、政策和策略。② 经济自由主义者认为,重商主义的一切都是错误的和没有必要的,是需要批评的对象,也是完全可以漠视的;但是,国家干预主义者认为,实行重商主义所能得到的好处尽管只限于一国而不会遍及全球,但重商主义中确实存在一些被经济自由主义者忽略了的科学成分。例如,凯恩斯(John Maynard Keynes)在《通论》中说:

> 在当时,政府当局关切贸易顺差实在是一箭双雕,而且也只有这个办法。当时当局既不能直接控制利率,又不能直接操纵国内投资的其他引诱,则增加贸易顺差,乃是政府可以增加国外投资的唯一直接办法;同时,若贸易为顺差,则贵金属内流,故又是政府可以减低国内利率、增加国内投资动机的唯一间接办法。③

尽管已经勇敢地承认重商主义学说中存在着真理的颗粒,但是凯恩斯在《通论》中也仅仅是从经济学角度进行了理解而已。重要的是,单一学科的视角总是受

---

① 艾尔弗雷德·塞耶·马汉:《海权对历史的影响(1660—1783年)(附亚洲问题)》,北京:海军出版社,2013年,第1页。
② 亚当·斯密:《国民财富的性质和原因的研究》(下卷),北京:商务印书馆,1994年,第1—228页。
③ [英]凯恩斯:《就业、利息和货币通论》,北京:商务印书馆,1994年,第289页。

到局限的。与经济学家相比,战略家的眼光要开阔得多。在战略家那里,重商主义即使不能说就是国家战略本身,那也一定是内涵于国家战略的,它主要涉及一个国家在经济与军事之间怎样配置资源,一个国家在制定各种政策的时候,是否兼顾了安全(军事)和发展(经济)两大方面等。很显然,当学说的生成与政策的推出基于国家战略这个高度的时候,政策的一体性(这里指的是制定政策时通盘考虑军事和经济两大方面)将成为一个显著的特征。

四、以历史观照现实

在美国政府成立前,英国的成功经验已经摆在那里一段时期了。从种族和语言等大方向来说,美国人与西欧人特别是英国人的差异是很小的,他们是很容易从西欧特别是英国那里获得各种各样的成功经验的。美国正是由于向西欧特别是英国学习并且领会了包括重商主义精神实质在内的进取性战略,并且将其创造性地运用于美国经济和政治实践,才走出了一条完全不同于英国(外需主导型工业化道路)的内需主导型工业化道路,经过百十年努力,一举超越英国而成为世界头号强国,世界中心随之从欧洲移往北美洲。我们可以这样说,美国是创造性地利用重商主义战略的以历史观照现实的"典范"。

这个"典范"在形成过程中就得到了全面模仿。最突出的例子是日本19世纪末期的崛起。

明治维新后日本快速崛起借助于重商主义道路。不过,日本重商主义道路一方面与英、美、德通过重商主义取得成功的历史经验有关,因为明治维新后不久,日本即积极向欧美学习科学技术和富国强兵之道;另一方面是由于明治维新之前,日本本土已经形成了激进的重商主义,它先是包藏在"海外雄飞论"中,明治维新后则隐藏于"大陆政策"体系内。[①] 日本本土的重商主义在明治维新之前就已产生重要的影响的思想家主要有本多利明(1743—1820年)、海保青陵(1755—1817年)、佐藤信渊(1769—1850年)、佐久间象山(1811—1864年)、横井小楠(1809—1869年)和吉田松阴(1830—1859年)等。明治维新之后,长期担任政府要职的山县有朋(1838—1922年)和伊藤博文(1841—1909年)等(他们都曾是吉田松阴的学生),将

---

① 孙立祥:《"海外雄飞论"的引领与日本扩张道路的选择》,《华中师范大学学报(人文社会科学版)》2016年第11期。

本土的激进重商主义与英、德、美的重商主义结合起来,并且自始至终在政策上加以贯彻和落实。这种结合主要是以岩仓使节团访问美欧这个历史性事件为契机而促成的(大久保利通和伊藤博文都是使节团副使)。借助这个契机,中央集权的明治政府确立了"殖产兴业"和"富国强兵"的基本国策,进而对社会经济发展进行全面和强力干预。在对外战争隐秘逻辑的导航下,日本实现了快速崛起,并且通过甲午战争与日俄战争,一跃成为可以与美欧列强并驾齐驱的东方力量。[1] 另外,欧洲重商主义非对称战略思想(至今未被深度挖掘)在日本重商主义那里,也体现得格外明显。[2]

我们研究美国重商主义(特别是美国崛起时代的传统重商主义),并不是为了满足"恋古癖",也不是为了污名美国历史,而是为了还原美国(及其他一些国家)利用重商主义实现崛起的历史真相,进而有助于理解美国当下政策的历史根源、战略根源以及逻辑根源,并且为后世借鉴提供一定的参考。

五、以科学的历史分期为基础

研究美国重商主义的时候,为了清楚地交代它的特征和演变,并且兼顾上面提到的诸多方面,我们有必要对美国 200 多年的历史进行分期。对于分期问题,我们同意法国历史学家勒高夫(Jacques Le Goff)强调的观点,即要特别注意历史的连续性和断裂处。他说:

> 由于时间是历史的素材,历史首先是连续的。但是它也被许多变化所左右。很长时间以来,专家们就试图标记以及定义这些变化,并且在连续性中将它们分割成诸多的切面,我们先是称它们为历史"年代",随后称为历史"时期"。[3]

但是,在本书后文当中,对于年代、时代、时期这样的用语,我们并不细加区分。正如表 1.1 所显示的那样,对于政府成立之后的美国历史,当我们从国家崛起和霸权维护这样的角度进行分期的时候,是可以把它分为三个时代的,即崛起时代(1789—1913 年)、"踌躇的霸权"时代(1914—1945 年)、霸权时代(1946 年—现在)。

---

[1] 韩东育:《日本对外战争的隐秘逻辑(1592—1945)》,《中国社会科学》2013 年第 4 期。
[2] 非对称战略是指对无主地(如美洲)、羸弱大国(如印度等)以及其他弱小国家的殖民扩张是优先方向,列强之间争夺海外利益是次要方向。
[3] [法]雅克·勒高夫:《我们必须给历史分期吗?》,上海:华东师范大学出版社,2018 年,第 2 页。

但是,当我们对美国重商主义进行分期的时候,主要考虑的是两个时期,即美国重商主义传统形态时期(1789—1913年)和美国重商主义新形态时期(1972年—现在)。这也意味着我们是将1914—1971年当作美国重商主义从传统形态向新形态过渡的时期来看待的,尽管这个过渡时期又可以进一步区分为两个时期,即1914—1945年的经济政策震荡时期,以及此后至1971年的布雷顿森林体系时期。我们认为这样进行时期划分是兼顾了美国历史的连续性和断裂处的。在分期中,我们试图达成如下目的:(1)在时期内部,具有若干相同的特征;(2)在时期之间,特征的差异性相当明显。

表 1.1　　　　　　　　　　美国发展与重商主义分期

分期依据	分 期		起讫年份
追求国家崛起还是维护霸权	崛起时代		1789—1913
	蹉跎的霸权时代		1914—1945
	霸权时代		1946—现在
建立什么样的重商主义体系	传统形态时期		1789—1913
	过渡时期	震荡时期	1914—1945
		布雷顿森林体系时期	1946—1971
	新形态时期		1972—现在

上述分期将成为我们研究美国国家战略和重商主义特征的参考。这里需要预先指出的是:(1)存在两种意义上的过渡时期,但它们在时间上并不一致。(2)对于过渡时期,我们尽管不做重点关注,但这个时期具有承前启后的作用。就美国重商主义而言,传统形态的特征在过渡时期是逐渐消失的,而新形态的某些方面在过渡时期又是开始孕育的。

本章小结

迄今为止,美国重商主义还是一个几乎没有得到应有重视的学术研究领域。但是,历史告诉我们,长期以来对美国经济政策和运行产生了更大影响的,其实是独具美国特色的重商主义,而不是那个居于主流地位的经济自由主义。对于美国崛起阶段而言,这一判断尤其符合历史事实;对于后布雷顿森林体系时代而言,这一判断也具有启迪意义,因为此时的美元霸权主义,只不过是重商主义(更准确地说是"重金主义")的一种歪曲表达而已。同时,对于美国重商主义,我们又是可以进行深入的学术研究的。因为美国建国以来的制度、政策和思想,离我们还不太遥远,它本身也并不是模糊不清的,只不过已经被别有用心地做了选择性或者说战略性传播而已,以至于人们见到的,仅仅是它的一个侧面而非全貌。正是这样的传播,误导了绝大多数人。为了研究美国重商主义,我们除了需要学术勇气外,在方法与视角上我们还需要以"三史融通"为基础,以国家战略为视角,以精神实质为依归,以历史观照现实,并且以科学的历史分期为基础。

第二章

作为参照的英国重商主义

斯皮格尔(Henry W. Spiegel)1971年所著的《经济思想的成长》是一本广有影响的经济思想史教科书。他在论述英国重商主义的时候说:

> 重商主义现在既被理解为一类思想,也被理解为治国经邦的一种实践。第二个方面主要是学经济史的学生感兴趣的。在此处所要讨论的主要是重商主义者的思想。这些思想是在欧洲列强之间对立和战争的背景下发展起来的。从1600年到1667年这段时间里,欧洲只有一年保持了和平。以前只是个死气沉沉的地方的英国,1588年成功地向西班牙无敌舰队挑战。她在17世纪同荷兰较量,然后成了欧洲最强大的商业民族;在18世纪早期,结束了在法国的扩张,然后成为欧洲最强大的军事国家。这样,重商主义思想就伴随着英格兰和不列颠帝国作为一个世界强国并步而起了。[①]

对于上述引文,我在这里要提出四点看法。这些看法与我在本书中想要表达的一些基本观点大有关联。第一点是,对于重商主义,也可理解为治国经邦的一种实践。第二点是,重商主义思想与国家之间的对立和战争深有关联。对于这两点,我在本书中将勉力加以发扬。但是,对于接下来的两点,我将表达不同的看法。第三点是,作者说1588年之前英国在欧洲还"只是个死气沉沉的地方"。从国家竞争和战争角度来看,这样进行评论大抵是站得住脚的;但是,从国家发展和作为思想、战略和政策的综合体的重商主义角度来看,这样进行评论其实割断了历史发展的

[①] [美]亨利·威廉·斯皮格尔:《经济思想的成长》,北京:中国社会科学出版社,1999年,第85页。

内在联系。因为在此之前,英国发展的重要基础已经开始奠定了,重商主义在英国早已经生根发芽了。其实,在英国,重商主义的"花朵",并不是在现代的某一个早晨突然开放的,而是在中世纪的黑夜里就有了一定的萌芽。因此,与经济思想史教科书当中的英国重商主义始于 16 世纪这种传统看法不同,我们要把英国重商主义向前推至中世纪晚期,特别是 14 世纪中叶。而第四点是,作者说重商主义思想伴随着英国作为一个世界性强国"并步而起"。就这一点而言,如果是为了说明英国重商主义促使了英国逐渐崛起进而成长为世界性强国,那么我们是可以同意作者的看法的。遗憾的是,作者的原意看起来并不是这样的。上面这四点,既牵涉英国重商主义分期的问题,也牵涉重商主义与经济发展之间关系的问题,还牵涉重商主义究竟具有何种特质等重大理论问题。本章围绕为美国重商主义研究构建一个英国参照这个中心任务做一些必要的展开和归纳。

第一节　英国前经典时代的重商主义

按照现有文献传统,我们把 16 世纪至 18 世纪视为英国重商主义的经典时代。但是,早在中世纪晚期,重商主义政策和思想在英国就开始了,英国经典重商主义的胚胎也开始孕育了。我们将其称为前经典时代。

一、《大宪章》为英国工商业发展提供了法律基础

到 13 世纪初,英国商业社会已有一定的发展,商人的政治、经济和社会地位需要法律确认。[1] 通过 1215 年《大宪章》,英国社会各界的诉求得到了法律确认。《大宪章》尽管由"失地王"约翰和造反的男爵们在坎特伯雷大主教斡旋下会签而成,商人并未参与其中;但是,商人像"隐形人"一样成为一个重要角色。商人是一个"不在的"影响者。

---

[1] 此前,英国商人社会地位低,但贵族对富裕商人的羡慕在增加。一些贵族甚至参与商业活动。在《大宪章》颁布前,在社会旧躯体中有一种社会经济新形态,即商业社会正在城市发展壮大。在那里,商人、手工业者和仆役(雇工)是三个主要阶层,但也出现了"城市贵族"。他们不一定直接参与城市管理,但拥有大量财富。在商业社会,个人社会地位由财富多寡决定。"在中世纪,只有商业和与商业有联系的金融活动才能向人们提供富裕生活和社会地位迅速升迁的机会。"参见[意]卡洛·M. 奇波拉:《欧洲经济史》,第 1 卷,北京:商务印书馆,1988 年,第 218 页。

在《大宪章》中,与本书论述关系最密切的是个人财产权利和商人法律地位等得到了系统性认可。这种认可既是英国政治、经济、社会发展到那个阶段各方利益平衡的结果,同时也为英国政治、经济、社会的后续发展提供了法律框架。《大宪章》除了贯彻"王在法下"等重要精神外,在总共 63 个条款中,按照欧根(Webe Eugen)的标准,有 8 个条款直接涉及商人、商业和城市,与商业社会有关的,比如关于财产权问题,又有 10 个条款。① 特别是《大宪章》第 41 条明确规定:

> 一切想在英格兰做买卖之商人均可按古老且合法之常例安全无忧地出入英格兰,在英格兰各地暂住并旅行,不论经由水路或陆路,免交一切非法路费,仅战时来自敌对国之商人除外。战事一旦爆发,国内来自敌对国之商人将受到羁押,但不得对其人身或货物施加伤害或损害,直至朕之首席法官弄清楚我国商人在敌对国受到何种待遇。如我方商人在对方安然无恙,对方商人在我方也会安然无恙。②

这就从法律上规定了战时和平时内外商人在英国能够享受的基本并且对等的待遇。另外,众所周知,在《大宪章》颁布之前,英国以国王为首的贵族经常拖欠商人的借款,有时甚至还会赖账。这既与商人社会地位低下有关,同时也是商人在政治舞台已经起了一定的作用的标志。《大宪章》对债务归还等原则也做了详细的规定。这种规定既体现了对包括国王在内的贵族权力的限制,也体现了对商人价值和地位的必不可少的认同。因此,用发展的眼光来看,《大宪章》为未来营造良好的商业环境提供了基本的法律支撑。

二、中世纪晚期③重商主义政策之萌芽

与《大宪章》中确认英国社会各方的法律地位相适应,英国在中世纪晚期已经采用了一系列带有重商主义色彩的政策措施。重商主义在英国的萌芽,既为地理

---

① Eugen Weber, *The Western Tradition*, Boston D. C.: Heath and Company, 1959, pp. 193—199.
② 陈国华译:《大宪章》,北京:商务印书馆,2016 年,第 46 页。
③ 对于中世纪晚期,历史学家因研究主题不同而各有其划分标准。[法]雅克·勒高夫:《我们必须给历史分期吗?》,上海:华东师范大学出版社,2018 年,第 11—20 页。为了研究英国重商主义,本书将 1215—1500 年视为中世纪晚期。将 1215 年作为起点,考虑的是这一年签订的《大宪章》为英国政治、经济、社会后续发展,即摆脱黑暗和走向光明奠定了法律基础;将 1500 年作为终点,考虑的是讨论英国重商主义经典形态时比较方便。到 1500 年,从 1492 年开始的地理大发现的冲击在英国已经有了一定的消化,进而在制度上和观念上酝酿出某些重大突破。

大发现之后英国推行重商主义政策提供了经验基础,也为重商主义思想的体系化提供了实践基础。我们甚至可以这样说,在中世纪晚期,英国在法律、社会、经济、政治、思想等方面已经形成了一个相互关联的大循环:《大宪章》为日益重要的商业社会的发展提供了法律基础;工商业发展越来越成为国王可以依赖的重要政治(特别是财政)力量;国王作为国家名义代表[①],积极地发布一些保护和促进工商业发展的政令;工商业发展与国家权力在彼此需要中相互勾连,为重商主义在英国的出现和发展提供了土壤,同时也初步塑造了重商主义的品质。

我们要注意的是:在13—15世纪,尽管与西欧其他国家相比,英国经济发展水平依然处于落后地位,但商人作为一个社会阶层已经形成了,特别是英国的对外贸易正在不断扩大并且从外国商人手里向本国商人手里收拢。此时,商人的利益与包括国王在内的贵族的利益尽管依然存在冲突(商人的富裕成为土地贵族羡慕的对象),但是国王利用商人获取自己利益的渠道(主要是税收和借款)和其他贵族利用商业获取经济利益的渠道都在不断拓宽。这就使得国家有积极性制定具有特定目标的经济政策。英国针对工商业发展的保护主义观念和政策就这样应运而生了。

在中世纪晚期,羊毛及其相关产业的发展在英国社会经济发展中具有典型意义。从羊毛(作为原料)出口和呢绒(作为以羊毛为原料的制成品)出口的动态变化中(见图2.1)我们可以清楚地看到,自14世纪中期以来,呢绒制造和出口在英国取得了前所未有的增长。这种增长所导致的结果是,不仅英国的呢绒自给率大幅度提高了,而且使欧洲大陆的呢绒生产行业逐渐趋于衰落。事实上,在英国呢绒开始出口之前,英国每年要进口大量呢绒。呢绒进出口的转折在英国发生于14世纪30—40年代。例如,英国原来每年需要进口呢绒1.2万匹,但是到1337年的时候,进口呢绒下降到了0.2万匹。[②] 很显然,呢绒出口的快速增长,并不是英国的生产技术发生了具有突破意义的"内源性"改进所导致的,而是英国采用一系列鼓励呢绒生产和出口的政策所产生的综合结果。其实,在英国取得呢绒出口突破之前,英

[①] 针对中世纪晚期使用国家这个概念的时候,讲的主要是王权。它与民族国家崛起之后的情形是存在差异的。参见钱震旦:《欧洲国家形态的阶段性发展:从封建到现代》,《北京大学学报(哲学社会科学版)》2007年第2期。那时,王权是身居国王职位的人及其领导下的政府机关的权力。参见蔺志强:《1258—1267年英国贵族改革运动》,《历史研究》2004年第6期。在民族国家形成过程当中,国王为了统一权力,曾经利用"城市贵族"对抗其他贵族,城市中的商人阶层和商业社会在民族国家形成中起了重要作用。

[②] Miller Edward, The Fortunes of the English Textile Industry during the Thirteenth Century, *Economic History Review*, vol. 18, no. 1, 1965, pp. 64—82.

国本土的呢绒生产技术仍旧是相当落后的。正是这种落后使得长期以来,一方面,英国生产的优质羊毛尽管具有卖方垄断性,但是它只得以原材料的身份进入欧洲大陆市场,而羊毛制成品,如呢绒的生产主要是在英国之外(比如佛兰德等)完成的;另一方面,英国所需的质量上乘的呢绒,又依赖于从欧洲大陆进口。这种局面使得英国的劳动力很少有机会进入羊毛制成品,如呢绒的生产过程,制成品价格当中的很大部分并不是落地于英国;相反,英国需要花费大量金银,才能从外国人那里高价买回高品质的呢绒。这种局面无论是对英国商人还是对英国财政来说,都是相当不利的。这就使得英王有积极性采用一些可行的手段改变这种不利局面。图 2.1 给出的关于羊毛(作为原料)出口和呢绒(作为制成品)出口的数据从一个侧面反映了中世纪晚期英国工商业结构的变迁。

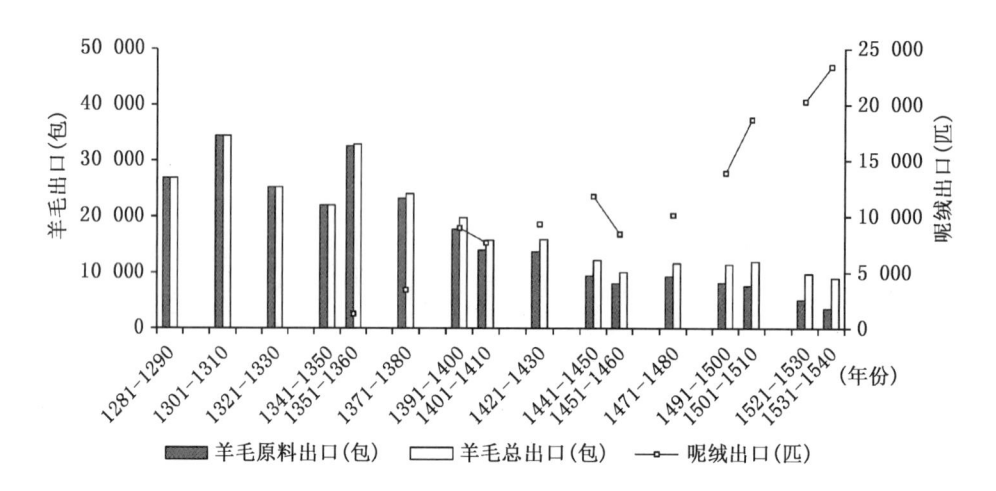

数据说明:每包羊毛重 364 磅,可织法定标准呢绒 4.25 匹。"羊毛总出口"系按这个标准折算得到的结果。

资料来源:陈曦文:《英国 16 世纪经济变革与政策研究》,北京:首都师范大学出版社,1995 年,第 32 页。

图 2.1　中世纪晚期英国羊毛与呢绒出口的动态变化

在中世纪晚期,围绕与羊毛及其深加工和出口有关的工商业,英国采取的主要措施有:

1. 采用保护主义政策

英国在国家层面上对国内工商业进行保护,是与国家经济职能的提升分不开的。早前,工商业活动几乎全部集中在分散的城市,各个城市的工商业管理由城市当局完成；但是到中世纪晚期，工商业发展越来越需要更加宏观的管理。对更大规模和更多种类的工商业的管理，自然落到了超越城市层面的国家的手里；由国家出面，整合城市层面的手工业行会和商人公所曾经采取的一些保护措施和出台一些具有国家宏观意义的新保护措施，也就成为顺理成章的选择。

1258 年，英国颁布了《牛津条例》，比《大宪章》更进一步，明确了"王权在议会之下"，这个条例还为上层市民进入议会开辟了渠道。那时，经济上富裕、具有管理经验和怀有政治欲望的上层市民成了英国社会的中坚力量，资本主义经济方式已开始萌芽了；并且，资产阶级在形成过程中，在政治上提出了自己的要求。在这种背景下，有利于工商业发展的保护主义措施也就出现了。例如，在《牛津条例》颁布之后，英国一次又一次规定：英国生产出来的羊毛，必须在国内进行深加工，而不能以原料形式直接出口到国外；鼓励人民消费本国生产的呢绒，而不是进口的呢绒。与此相适应，其一，英国从 1275 年开始征收羊毛出口税。为了限制羊毛出口，这种税收后来提升到了相当高的程度。例如，"大致说来，百年战争期间，羊毛补助金为每袋 40—50 先令，15 世纪大部分时间里，国内商人为每袋 40 先令，外国商人有时高达每袋 5 英镑，1471 年固定为每袋 76 先令 8 便士。15 世纪后期，国内外商人羊毛关税和补助金的税率分别占其羊毛出售价格的 25％和 48％左右"[1]。除关税以外，英国还采取一系列禁止羊毛出口的政策。其二，英国对呢绒出口采取低关税鼓励政策。这样一来，一方面，英国羊毛出口的减少制约了欧洲大陆生产的呢绒的产量和品质；另一方面，英国生产的呢绒因为含税较少而在欧洲大陆具有了竞争力。其累积性结果就是，欧洲大陆原来具有的呢绒生产和出口优势，在英国保护主义措施的逼迫下日渐衰微了。

有必要指出的是，英国对工商业采取保护主义措施，与其扩展财政能力这个最初的愿望是一致的。初看起来，英国羊毛出口的高关税和呢绒出口的低关税这样一种非对称的关税安排将损害英国的财政收入；果真如此并且不能从其他方面得到足够的补偿的话，国王是没有任何积极性颁布这样的政策的。重要的是，历史事实表明，英国在对羊毛出口和呢绒出口采取不对称关税政策的时期里，根据国家财政需要，还不定期地征收了人头税。例如，14 世纪中后期，"百年战争"对英国财政提出了急迫要求。受 1377 年征收到 22 607 英镑 2 先令 8 便士人头税的鼓舞，英王

---

[1] 施诚：《中世纪英国财政史研究》，北京：商务印书馆，2010 年，第 185－186 页。需要注意的是，这里所说的补助金是关税之外的另一种征税。

理查二世在1379年征收人头税的时候，人们从事的职业也作为估税的重要标准。例如，就工商业者来说，其估税标准是：大手工业主缴纳2英镑，富有的手工业者缴纳1英镑，普通手工业学徒缴纳6先令8便士，大商人缴纳1英镑，富裕商人缴纳13先令4便士，小商人（视情况）缴纳半马克、1/4马克、1先令或6便士。[①]

英国对羊毛出口和呢绒出口采取不对称征税政策的一个重要考虑，是将羊毛深加工留在国内进行，相应地可以培养一大批符合人头税征收要求的人民。正所谓工商富则人民富，人民富则国用足。这个时候，一旦战事或其他方面有非常大的财政需要，国王就可以考虑采用具有广泛税基的人头税来应付。在这个意义上，英国国王对工商业采取保护主义措施，就其实质而言，与其扩展财政能力的初始愿望是完全一致的。尽管如此，即使是关税收入，也为国家财政做出了很大贡献，并且日益成为国家财政的主体。例如，"1374到1375年间，英国国家财政的总收入是112 000镑，其中只有22 000镑来自传统的王室领地收入，82 000镑来自直接和间接的税收和借款。在亨利六世统治的前期，仅关税平均每年就超过了30 000镑，而此时每年的总税收为57 000镑"[②]。

英王颁布针对工商业的保护主义政令和扶植国内工商业的发展，还与另一条取得财政收入的途径有关，那就是借款。为了应付不时之需，很显然借款是一种快捷手段。借款能否成功，固然与国王信用有关，但更为重要的是，是否能够找到合适的借款对象。中世纪晚期，在英国本土工商业势力还比较弱小的时候，英王的借款对象主要是高教神职人员、贵族、汉萨商人、意大利商人、意大利银行，早期主要是犹太人。但是，后来的情形发生了改变。一方面，英国逐渐采用保护国内工商业发展的政策，在促进工商业发展的同时，造就了一批富裕的工商业者，他们（特别是作为集团的他们）手头拥有大量正在寻找合适投资机会的资本。因此，只要国王给出的利息是合适的，并且国王的信用得到了他们的认可，款项的供给就是具有真实的基础的。从需求一端来看，特别是在"百年战争"期间，英王不时需要大量款项以支撑战事的需要。因此，在传统的借款途径遭遇挫折的时候，针对国内工商业者（特别是由他们组成的集团）借取款项也就成为一个可以考虑的选项。起初，这还只是万不得已之选；但是，尝到甜头之后，也就变成了经常选择的途径。例如，在14世纪30年代，英国本土商人尽管总体上还不太强大，但是在1337年，英国最大的羊

---

① 施诚：《中世纪英国财政史研究》，北京：商务印书馆，2010年，第192—193页。
② Postan M. M., *The Cambridge Economic History*, vol. 3, Cambridge: Cambridge University Press, 1979, p. 317.

毛出口商人连同其他 50 名英国商人组成的商人集团在 1338—1389 年为国王爱德华三世(Edward Ⅲ)提供了高达 11.2 万英镑的借款。① 当然,借款商人除了需要国王还本付息之外,还会向国王提出其他方面的要求,比如说羊毛出口垄断权和关税承包权。国王授予这些特权之后,不仅从国内商人那里借到了巨额款项,而且使英国国内商人与外国商人的地位发生了改变。英国商人借助英国羊毛品质优势和利用羊毛出口垄断权,进一步在欧洲大陆开辟市场并且获取了巨大利益。

此外,英国对羊毛出口还采取了集中地(Staple)制度。这对英国财政、国内商人结构等产生了重要的影响。1313 年,英国王室发布了第一个关于羊毛出口集中地的法令。这个法令规定,任何想要将羊毛出口到布拉班特、佛兰德、阿图瓦的国内外商人,都要先将羊毛运至指定集中地,并且外商只能在集中地收购羊毛,违者罚款并且将罚款上缴国库。这种限制外商直接从羊毛生产者手中收购羊毛的做法,对本国商人来说是一个重要的利好。其结果是英国的羊毛贸易逐渐向英国商人那里集中。例如,1333—1336 年,在羊毛出口量中本国商人的占比达到了 75%;而在 1272 年的时候,这个占比仅为 35%。后来,外国商人占比进一步下降。例如,在 1373—1391 年,这个占比为 25.4%,到 1446—1448 年,这个占比下降到了 21.2%,到爱德华四世(Edward Ⅳ)统治末期,这个比例进一步下降到 19.4%。② 当然,采用集中地制度也有利于对羊毛出口征收关税。

总之,在中世纪晚期,英王通过收取关税、通过促进国内工商业发展从而做大人头税的税基,以及通过促进国内工商业发展从而有条件从富裕商人那里借到款项等措施,为实现国家目标打下了新的财政基础。在"百年战争"中,英国凭借充足的财政供给和明确的战略目标,几乎征服了整个法国,崛起为欧洲"一流"国家。只是从"贞德之死"开始,英法战局才发生了趋势性改变,至 1453 年即溃败和完败于法国。随后,英国因卷入长达 30 年的内部残杀,即"玫瑰战争"(1455—1485 年),而逐渐沦落为欧洲"二流"国家。另外,在中世纪晚期的英国,国王与议会在关税立法和征收中的作用,依然没有得到很好的界定。总体判断是:"议会的关税权有名无实,关税主要是国王的一种特权税。"③

2. 颁布引才政策

---

① Ormrod W. M., *The Reign of Edward* Ⅲ, Yale University Press, 1990, p.148. 转引自施诚:《中世纪英国财政史研究》,北京:商务印书馆,2010 年,第 219 页。
② 孟韵美:《中世纪晚期英格兰羊毛贸易的转型》,《安庆师范学院学报(社会科学版)》2015 年第 1 期。
③ 于民:《中世纪和近代早期英国关税性质的演变》,《安徽史学》2012 年第 1 期。

中世纪晚期,西欧呢绒生产主要采取手工技术,机械技术和工厂化生产方式尚未出现。这在当时的呢绒生产中心,比如尼德兰和意大利的佛罗伦萨莫不如是。在这样的生产技术条件下,呢绒生产工匠的经验就成为决定呢绒产量和质量的主要因素。为了发展本国呢绒生产,到 14 世纪的时候,比如 1331 年,英王爱德华三世采取了一系列吸引欧洲大陆呢绒工匠迁移至英国的有效措施。他颁给尼德兰的大呢绒生产商特许状,邀请他们与其雇工前往英国从事呢绒生产;1337 年,又颁布法令,对所有前往英国从事呢绒生产的工匠都提供保护,政府提供最慷慨的优惠和最公平合理的待遇。这些政策颁布之后,连同羊毛出口禁令和出口高关税政策一道,使得尼德兰的大量织工、染工和漂洗工等进入英国城乡,英国呢绒生产技术便在原来比较落后的基础上,一步步注入欧洲大陆的先进技术和丰富经验,毛纺织业发展从此走上了一条快速赶超欧洲大陆的道路,以至于毛纺织业最终竟然变成了英国的"民族工业"。从技术层面来看,一条通过"外源"引入再逐渐"内源"深化的演进方向清晰起来了。从当时的结果来看,就呢绒生产而言,在英国是羊毛成本未曾发生较大的改变,但生产经验和技术快速提高了;在欧洲大陆却是,羊毛成本(特别是采用英国羊毛作为原材料的呢绒生产商因高关税而导致原料成本)剧增而工匠(包括生产技术和工艺)不断流失,以至欧洲呢绒生产中心逐步从大陆向英国转移。这种转移带来的政治、经济、社会和技术方面的改变尽管是比较缓慢的,却是相当深远的。例如,在需要巨大体力的呢绒漂洗环节使用水力作为动力之后,不仅工作效率大大提升了,而且这种提升很好地利用了英国水力资源丰富的自然地理条件,一度使得英国农村成为制呢的主要区域[①],英国呢绒竞争力进一步提升。

3. 授予商业特许权

马克思说:"在今日,工业的霸权带来商业的霸权。在真正的手工制造业时期,却是商业的霸权带来工业的优势。当时殖民制度所起的主要作用即由于此。"[②]在英国殖民制度以及重商主义的发展当中,与西欧其他列强一样,特许公司(Chartered Company)的作用是不能不加以注意的。因为特许公司在做生意的时候初看起来是商业公司,它的员工是生意人;但是,在进行海外开拓特别是殖民活动的时候,它又代表国家。它根据国王授予的特许状,有权在殖民地建立政府和征税、拥

---

① 陈曦文:《英国中世纪毛纺业的迅速发展及其原因初探》,《北京师院学报(社会科学版)》1986 年第 7 期。

② 马克思:《资本论·第一卷》,北京:人民出版社,1963 年,第 831 页。

有军队和舰队、建立法庭和监狱等。这是一种国家的政治和财政利益与公司的经济和发展利益紧密结合起来的特殊的政治经济组织。

英国特许公司的发展,又是与在中世纪晚期就已经出现了的"规约公司"(Regulated Company)颇有渊源的。在历史学和法律文献中,大多将其译为"规约公司"(本文也采用这一译法);但是,在《国富论》中,被译为"管理公司"。它还有其他很多名称,比如说"合组公司""制约公司""契约公司"等。在英国殖民史和重商主义史中,东印度公司当然是鼎鼎有名的。英国东印度公司尽管是一个合股公司,但是它在早期与"规约公司"存在一定牵连,我们甚至可以说它是由下面将要说到的这家"规约公司",即"商人冒险家公司"中派生出来的。英国东印度公司是为了了解和开拓亚洲贸易而于1581年提出立意,并且经过运作在1600年得到女王特许状而正式成立的。

按照亚当·斯密的说法,"设有共同资本,凡具有相当资格的人,都可缴纳若干入伙金,加入组织,但各自的资本由各自经理,贸易危险,亦由各自负担,对于公司的义务,不过是遵守其规约罢了"①。不过,这也只是说其大概。对于"规约公司",英国的"商人冒险家公司"可以说是一个典型。前文已经提到的将呢绒运到欧洲大陆去销售的英国人,在13世纪以后即被称为"商人冒险家"。那时,在英国,呢绒在生产和工艺技术上还没有多少值得称道的地方,只有作为原料的羊毛品质上乘而已。到了英国采取限制羊毛出口政策之后,这些人的日子才更好过了一些。为了避免来自英国各个城市的商人在欧洲大陆因内部竞争而彼此损害利益和形成一致对外之势,1407年这些商人在尼德兰组织起来,并且从国王那里获得了一份特许状。1496年,亨利七世又授权由伦敦"商人冒险家"牵头组建全国性公司。对于"规约公司",它的一个显著特征是与自己的政府存在着千丝万缕的联系。例如,独立经营的各个商家由公司共同起运货物的时候,为了防备海盗,公司往往请自己政府提供护航;在与别国订立贸易合同的时候,公司往往请求自己政府的支持。当然,公司按照特许状的规定,也会为政府尽自己的义务,比如为政府派出的护航舰队提供所需费用等。由于个人利益与国家权力的结合在特许公司中表现得既明显而又直接,因此可以说特许公司是英国推行"重商政策"的急先锋。②

4. 试行《航海条例》

---

① 亚当·斯密:《国民财富的性质和原因的研究》(下卷),北京:商务印书馆,1996年,第295页。
② 何顺果:《特许公司——西方推行"重商政策"的急先锋》,《世界历史》2007年第1期。

理查二世（Richard Ⅱ）统治时期正处于"百年战争"的前半段。尽管英国在1340年的海战中摧毁过法国舰队，但是幼小的理查二世继位后的英法海战，大败于法国舰队并且以丧失制海权而告终。为了应对这样一个危局，1381年英国颁布了其历史上首个《航海条例》。这个条例要求：英国商人必须雇用本国商船运输货物，违法者货物将被全部没收，国王从中分得2/3，举报者分得剩下的1/3。这个法案的目标主要有两点：其一，通过规定本国商人货物由本国商船运输，为本国商船确立稳定的客户，进而发展壮大本国航运。其二，通过发展壮大本国商船运输，为英国海上力量发展壮大打下人与物的基础，即富有经验的水手和运量庞大的舰队，以便实现军事目的。由于事属初创，这个条例中脱离实际（特别是英国船只短缺）和考虑不周的地方也不少，在第二年即做了一定修正。比如身处外国港口的英国商人，在找不到足够的英国船只进行运输的时候，可以雇用外国船只运货。后来又做了一些修改。特别是在15世纪末期修改的比较密集。比如，1485年通过的《航海法》规定，所有从法国进口的加斯可尼酒，必须采用英国船只运输；1487年，进一步规定进口至英国的法国图卢兹木材，必须采用英国船只运输。英国中世纪晚期颁布的《航海条例》为后来成为重商主义支柱性政策的《航海条例》（至1854年才彻底取消）提供了雏形。

三、中世纪晚期英国重商主义思想之萌芽

中世纪晚期重商主义思想在英国的萌芽主要来自两个方面：一是制定与财政保障有关的各种经济政策的时候，相关各方必然基于一定的经济观念。二是对国家命运、前途和道路做出前瞻性思考的时候，思想者必定构想一定的发展战略以达成目标。

1. 与财政保障政策有关的思想萌芽

早在地理大发现之前的中世纪晚期，重商主义的诸多政策在英国就已经次第出现了；不仅如此，重商主义思想必然有了一定的萌芽，因为政策的制定总是基于一定的观念和立场的。可以这样说，工商业发展，特别是国家之间的战争，无论是在政策上还是在思想上都是重商主义的催化剂。

1337—1453年，英法发生了"百年战争"。尽管英格兰在战争结束之后丧失了几乎所有在法国的领地，但是在战争过程中发展出了不少新战术和新武器，英格兰民族主义也随之兴起了。特别重要的是，在战争年代，国家财政势必成为君主关注

的焦点问题,因为充足的财政供给是君主实现目标不可或缺的。例如,在理查二世统治时期,国王曾向伦敦造币所就如下问题征询意见,即应该采取什么样的措施才能使英国逃离财政困境。这里所说的财政困境,指的是由于财政收入不敷支出,以至于需要以财政支出作为支撑的某些国家目标,不能不折不扣地实现。造币所官员给出的回答是:在英国,由于没有金银矿山可供开采,只有从外国输入贵金属这一种办法;为此,有必要使英国从外国购买的商品,在价格上小于外国从英国购买的商品,使贵金属货币从外国流向英国。这样一个建议,不仅提到了后来的重商主义者广为遵循的贸易顺差原则,而且与国家竞争联系了起来;并且,联系的中心环节是货币和贸易,而货币在当时又是由金银等贵金属来担当的。

对于货币问题,英国在中世纪晚期是极为重视的。除了前面列举的各项政策措施都与国家货币特别是财政供给有关外[①],英国还采取了一系列直接与货币有关的保护主义措施。这些措施的基本特征是:限制甚至禁止金银出口,鼓励甚至强制金银进口,使货币(或作为币材的贵金属)最大限度地留在英国。可以这样说,在中世纪晚期,在英王眼中,财政供给是最为重要的,它几乎是实现目标的唯一保障。因此,各种政策无不指向于此。那些有利于工商业发展的政策,也是因为可以服务于国家财政,才在英王的心目中具有了价值。从这个意义上说,在重商主义萌芽时期,一切政策都是以财政为导向的。中世纪晚期,英国频繁地调整货币政策,特别是在 14 世纪下半叶之后,一方面,由于欧洲银矿开采告罄,流通中的货币难以满足"黑死病"之后人口增长和经济发展对货币日益增长的需要,呈现出普遍短缺之势,各国不得不采取货币贬值政策(比如说重铸货币时减低成色等),从而加剧了货币混乱;另一方面,英法"百年战争"等原因致使英国需要大量货币以保证战争对财政的急迫需要。这个时候,英国出台的货币保护政策尤其密集。这些政策牵涉诸如货币汇兑、剪币问题、自然磨损问题、非法铸造问题、造币局管理等,而它的目标又

[①] 这里,我做三点补充。第一,英王关于羊毛和呢绒关税政策的安排,既直接地体现了对国家财政的考虑,又间接地体现了对货币流向的关心。对于前者,我们在前面已做了一定说明;对于后者,可参考下面这则资料。例如,对羊毛出口和呢绒出口采用非对称关税之后,尽管如图 2.1 所示,英国的羊毛总出口趋势性下降了,但是从羊毛总出口包含的价值量来看并不是那样。更重要的是,采取这种非对称关税策略后,英国原来大量进口呢绒从而需要向外国支付大量以贵金属表示的货币的局面被扭转了。第二,那个时候的非对称性关税还表现在:对同一商品(比如呢绒),对国内商人和外国商人征收不同关税。就呢绒出口而言,英国在 1303 年开始对外国商人征收关税,爱德华三世在 1347 年扩大到对本国商人也征收关税。即使在普遍征税后,呢绒出口的关税税率对本国商人和外国商人通常也存在着差别(前者低而后者高)。第三,在羊毛出口方面,很显然英国是知道自己生产的羊毛在欧洲大陆市场上具有不可替代的品质优势的。这就可以解释为什么在需要的时候,英国便对欧洲大陆市场采取垄断性出口控制政策。

是多重的。就结果来说,与欧洲其他国家相比,英国的货币管理还是相对成功的,因为它的币值相对稳定,货币贬值幅度相对较小。① 当然,这就引起了对英国货币的追逐,"格雷欣法则"导致伪币大量出现,打击伪币也就成为英国货币管理的一个重要方面。我们看到的是:1282年,英国颁布了第一个限制金银出口的禁令;1299年,英国颁布了《赝币处理条例》;1303年,颁布了禁止金银出口的禁令;1335年规定,在英国境内,仅允许英格兰、苏格兰和爱尔兰国王发行的货币流通,任何人都不得将货币带到国外去;到1343年,又规定任何人不得以任何方式和以任何理由,将贵金属带出英国国境;1420年、1423年、1429年、1449年等,又对上面的规定加以重申、细化和严化;到1478年,私运金银出口被确定为重罪。② 总之,在中世纪,英王货币治理政策的主要特征是"控制货币的铸造和发行、肃清流通中的国外劣质货币、保持货币的高标准、反对国内贵金属的输出"③。特别重要的是作为一个金银矿藏相当稀缺的国家,那时的英王尽管不能完全控制贵金属的国际流动,但是可以采用一定的经济政策,通过鼓励对外贸易来获得作为币材的贵金属和外国货币。那时,鼓励出口和获取贸易顺差,已经成为保证英国国内货币供给的一个重要途径,而铸币又是(与西欧其他国家相比较)集中地进行的。这就为重商主义思想奠定了政策和观念基础(比如国家有必要干预经济、贸易顺差作为财富的一种重要来源等)。

2. 国家战略构想的萌芽

在真正崛起之前,英国的"国运"呈现出清晰的波浪形特征④,并且每次起伏,都与战争有关。之所以说"百年战争"对英国后续发展的影响至为深远,主要是由于:第一,战争过程唤醒了英国民族意识。当"百年战争"早期,英国几乎征服整个法国的时候,英国民族意识被极大地激发了;当后来溃败并且几乎完全退出欧洲大陆的时候,对英国过去发展战略的反思出现了,英国民族意识从狂热变得理性。第二,对英国发展道路的反思,使一些具有前瞻性眼光的人,以更加开阔的视野构想新的

---

① 与欧洲大陆货币大多分散发行不同,那时英国货币是集中发行从而有利于管制的。尽管从趋势上来看,货币贬值是一个难以逃脱的宿命;但是,对货币进行管制,将影响贬值的速度。历史经验不出意料地显示:"贬值率在政治区域之间是大不相同的。除作为币材的金属短缺之外,主要原因之一是政府对其所授权的造币者没有进行有效的管理。"Pounds N. J. G., *An Economic History of Medieval Europe*, London: Longman, 1994, p. 119.

② 赵绩竹:《英国中世纪晚期保护主义货币政策及影响》,《北方论丛》2012年第4期。

③ 崔洪健:《中世纪英国货币治理问题初探——基于英王货币政策的考察》,《北京理工大学学报(社会科学版)》2014年第6期。

④ 计秋枫:《近代前期英国崛起的历史逻辑》,《中国社会科学》2013年第9期。

发展蓝图；并且，正是他们的前瞻性构想，对英国后来差不多 5 个世纪的政策取向产生了深刻的影响，进而（在长期意义上）使英国成就了"日不落帝国"的伟业。大约在 15 世纪 30—40 年代的时候，一位佚名作者在 The Libelle of Englyshe Polycye（即《英国政策小册子》）的韵文当中（现存 1 164 行）就表达了对多个方面的关切。① 当时，正值"百年战争"战局以圣女贞德之死为契机发生转折的时候，英国人借由欧洲大陆实现帝国梦想的预期看起来即将落空了。那个时候，这篇韵文以文学作品的形式，反映了人们对英国当时政策的失望、对国家发展前途的担忧和对国家发展出路的新构想。其内容和思想概括起来看主要是：

（1）这篇韵文具有强烈的民族主义倾向。这种民族主义倾向，首先表现在对英国当时的经济政策特别是贸易状况非常不满意这一点上。作者认为，与热那亚人不同，威尼斯和佛罗伦萨的大帆船从英国带走的，主要是那些最有用途的商品，比如羊毛、羊毛皮、呢绒和锡等；但是，他们卖给英国人的，主要是香料、红酒等各色商品以及猿、短尾猴等滑稽、琐碎和没有什么用处的小玩意儿，它们既不耐用又非常昂贵。作者将这种以没有什么用途的奢侈品高价与英国有用的商品进行交换的行为当作一种罪行来看待。当然，这样进行归罪是片面的，因为这种罪行归根结底还在于英国的有钱人（主要是富商和贵族）有这方面的需求。需要注意的是，在这种不满的背后，其民族主义倾向的指向却是清晰可见的。作者满怀英国国力成为世界第一的梦想，指出实现这个梦想的途径是英国在贸易上对世界进行控制。具体地说，是作者认为英格兰需要掌控多佛海峡，使自己掌控与西欧的贸易路线，进而控制远程贸易。在此基础上，其他国家将屈服于英国的经济力量，纷纷向英国寻求友谊和表达善意。

（2）这篇韵文把国际贸易作为英国的立国之本。英国地域很小，自然地在开始的时候是想通过进入、占领在其眼中至为广袤的欧洲大陆作为自己崛起的方向的。"百年战争"的前半段虽然闪耀着胜利的曙光，在 15 世纪 20—30 年代之交，却陆续在战场上遭遇一系列失败，以至于此前美好的前景变得暗淡起来。这篇韵文正是在这个背景下写作的。在历史上英国一直受到来自欧洲大陆的力量的威胁。这种历史记忆使得包括这篇韵文作者在内的绝大部分英国人，基本上不再有通过谋求

---

① Warner, George, ed., *The Libelle of Englyshe Polycye: A Poem on the Use of Sea-Power*, 1436, Oxford: Clarendon Press, 1926. 作者华纳在"引言"中说，已知的 9 份手稿与已被毁掉的部分相比，可能是小巫见大巫。

欧洲大陆领土以实现国家崛起的奢望。① 因此，同样自然地，英国需要转移自己的目光，通过海路和贸易来振兴国家。这篇韵文说，英国应该鼓励国际贸易，保有强大的舰队，成为海洋的主人。为此，作为必要条件，英国人首先是要守卫好自己周边的海域，稳固好自己的国土（英伦三岛一体），在此基础上，再把自己具有优势的商品销往各个国家。这里，我们需要注意的是，在作者写作这篇韵文的时候，还要再过半个多世纪，才主要由葡萄牙人和西班牙人完成了对世界历史产生巨大影响的地理大发现。因此，这里所说的国际贸易，还远不是现在所说的全球性贸易。

（3）这篇韵文摆脱了过往一心面向大陆谋求发展的窠臼，而将海洋的重要性提到了前所未有的高度。那时的英国，是一个缺少金银矿山的国家。在这篇韵文写作之前，已经有人认为要通过在对外贸易中取得顺差来充裕英国的币材和国库。首先想到的，自然是与离英国最近的欧洲大陆的国家展开贸易。但是，英国国内贸易在较早的时候主要是由外国人（比如汉萨商人和意大利商人）控制的，英国人从出口（特别是优质羊毛出口）中得到的好处遭到了极大挤压；而欧洲大陆采用英国优质羊毛生产的高档呢绒，又汲取了英国大量金银。为王室财政考虑，英国的愿望是由英国商人直接将英国的优质羊毛卖往欧洲大陆的国家，以充分获得来自这种最具英国特色的商品的价值；或者自己提高生产技术和改善生产工艺，利用自己的优质羊毛生产出具有市场竞争力的优质呢绒，并且将其大量销往欧洲大陆。这样，商品生产与贸易的主要对象便是欧洲大陆。但是，欧洲大陆国家何尝不怀有相似的想法。英国是绝对不可能一厢情愿地实现自己的梦想的。因此，绕过欧洲大陆向更远的地方深入并且展开贸易，便成为一个新的选项。既然如此，英国就有必要利用并且控制海洋，因为海洋是一个联系世界大多数国家的公共领域（通道），并且将其作为国家崛起的基础。至此，海洋对于英国的重要性，也就被提升到了一个前所未有的战略高度。这篇韵文在参考前人的观念的基础上，认为英国应该成为面前那片狭窄的海峡的主人，那片狭窄的海峡既是英国的天然屏障，又是上帝赐给英

---

① 但是，他们依然心存侥幸。例如，这篇韵文的作者就认为，位于法国北部的加来（Calais）这个地方，应该是英国要舍命保住的，就像对爱尔兰和苏格兰一样。这固然是出于在欧洲大陆保有一个重要的贸易据点的考虑；但是，我们也不能轻率地说，这不是想打下一个楔子，在将来某一天，英国可以将其作为占领欧洲大陆的借口。例如，《百年战争》的作者科里就说："到1451年，只有加来仍然在英国人的手中。但是，英国并没有立刻接受，这是它的大陆野心的终结。"Ann Curry, *Hundred Years' War*, New York: St. Martin's Press, 1993, p. 115. 后来，学术界针对这种情形以英国具有"大陆野心""大陆情结""大陆梦想"等概括。重要的是，这种情结是历史地形成的。其主要原因是英国在诺曼王朝和安茹王朝时期，国王认为自己的根在大陆，他们寻求自己的大陆领地的稳固和扩张。

格兰可供进取的莫大恩惠；英国必须首先在平时控制这片海峡,在战时封锁这片海峡,再由此而进,通过海路主导与欧陆的贸易路线,并且将英国优质商品销往世界各国。既然有此认识,这篇韵文的作者对当时英国的状况自然是不满意的。因此,一方面,作者从正面诱导说,英国要保有强大的舰队,成为海峡的主人,并且保护和鼓励与世界各国的贸易；而另一方面,作者又从反面讽刺说爱德华三世时代的海军状况如此堪忧,是不是认为海上没有了英国舰队的身影,才更能显示出王权的威严?![1] 因此这篇韵文也就倡导,要把经济(特别是贸易)与军事(特别是海军)结合起来,对海军在英国国力建设中的地位做了深刻阐述,成为海权论的先驱。《英国政策小册子》的编者华纳爵士在"引言"中开宗明义地说:

> 在15世纪的英语诗中,《英国政策小册子》表达了获得对海洋的控制权在谋取政治与商业优势地位上的意义,这种早期尝试使这篇诗文引人注目。这篇诗文在这个方面的重要性早已被认识到了。[2]

至此我们可以这样说,这篇韵文尽管并没有给出一个完整和严密的分析框架,但是后来力助英国真正崛起的重商主义思想,在其中已经有了一定的系统性的体现。其实,这篇韵文是英国重商主义在中世纪末期已经确立了思想基础的最直接的证据。

总体而言,在中世纪晚期,英国尽管提出和采用了很多带有重商主义色彩的政策,也迸发出了一些重商主义思想的火花,但是体系完整的重商主义思想依然没有形成。尽管这些重商主义政策主要通过财政供给指向了国家战略；但是,在中世纪晚期的英国,仍然没有在思想上形成一套系统的经济发展战略。那时,英国形成系统的经济发展战略的最重要的条件还没有成熟。这个条件是：地理大发现已经完成,并且它的重要性在英国社会各界得到了普遍认同。鉴于此,我们谨慎地将中世纪晚期作为英国重商主义政策和思想的萌芽时期。从这个萌芽时期或者说前经典时代我们可以清楚地看到,正如卢森贝(Д. N. Розенберг)所说的那样,重商主义在一开始的时候就是以"国家政策"的形式出现的。[3]

---

[1] 当然,这并不是说爱德华三世并不重视海军建设,而只是说作者对那时的海军状况深深不满。实际上,在爱德华三世期间,英国的海权认知已经达到了一定的高度。其中,通过海军保护海上贸易成为主要内容。综合来看,爱德华三世是一位勇于改革的国王,被誉为英格兰"呢绒工业之父"。郑如霖：《英国勇于改革的国王：爱德华三世》,《海南大学学报(社会科学版)》1989年第3期。

[2] Warner, George, ed., *The Libelle of Englyshe Polycye: A Poem on the Use of Sea-Power*, 1436, Oxford: Clarendon Press, 1926, p. Ⅷ.

[3] 卢森贝：《政治经济学史》,北京：三联书店,1959年,第39页。

第二节　英国经典时代的重商主义

越过中世纪晚期,进入16世纪之后,在将近300年的时间里,英国重商主义无论是在政策上还是在思想上,都逐渐演变成了一个完整的体系。这就形成了英国重商主义的经典形态。对于这个经典时代的英国重商主义体系,我们可以用经济战略的眼光对它进行审视。它的基本特征是:采用包括保护主义在内的一切措施,促进国内工商业发展;对外贸易被视为国家崛起的生命线,并且主要采取殖民扩张手段开辟国际市场;在通过国际市场完成资本大循环并且从中获取巨量的利益的同时,实现国家的目标和兼顾人民的生活;在所有政策中,最具有代表性的重商主义政策是关税保护、《谷物法》《航海条例》;在所有观念中,最具有代表性的重商主义观念是贵金属即货币,货币即财富,金银流入和充裕是国家富强的基础——因为世界财富是既定的。

一、重商主义思想体系

1.财富观念

脱离中世纪后,欧洲资本主义加速发展,封建社会经济结构加速被打破,逐渐生成一种仅仅由资产阶级和无产阶级构成的资本主义社会。这与资本主义社会之前的阶级社会总是存在多个阶级的状态是很不相同的。[1] 不仅如此,这两个阶级中的任何一个成员,由于种种原因又可能发生阶级流动,成为原来的对立阶级当中的一个成员。这种变化在于他们持有的财富发生了变化。比如说,一个资本家破产之后,就有可能成为无产者,只得出卖自己的劳动力来维持生活;一个无产者,因为某种机缘而获得了一笔财富之后,就有可能将其转化为资本,进而成为资产阶级当中的一员。这样看来,在一定观念中,财富在阶级的决定中起了决定性的作用。一个人之所以成为资本家,是由于他在维持社会生活需要之外尚有可以转化为资本的财富;一个人之所以成为无产阶级中的一员,是由于他除了自己的劳动力这种商品外,已经是一无所有了。

---

[1] 马克思、恩格斯:《共产党宣言》,北京:人民出版社,2014年,第28页。

但是，进入16世纪之后，英国社会还远不是上面所说的成熟的资本主义社会，而是资本主义的发展还处于比较早期的阶段。在这种社会状态当中，封建社会的经济结构一定程度上仍然在起作用；同时，在工商业（特别是商业）上，资本主义因素已经引起了广泛注意。彼时，尽管土地贵族依然是一个普遍富裕和地位高高在上的阶级，但是受到世袭的约束，人们很难进入这个阶级；而在工商业当中，早已出现了一批富裕的商人和手工业者，他们无不是因为将财富转化为资本而致富；并且，这个阶级的进入和退出，全凭是否拥有可以转化为资本的财富。这个时候，一方面，资产阶级与贵族之间的财富鸿沟逐渐缩小了，新生的资产阶级当中的一部分人完全可以获得像贵族一样的令人羡慕的生活（除非某些享受被法律所规定）；另一方面，即使是国王，也开始从新生的富裕（特别是巨富）的资本家那里寻找财政资金的来源了，经济政策也就在一定程度上向他们倾斜，进而使他们的经济地位更快地提升。自然地，这种社会经济地位的提升，必然诱使他们在政治上提出相应的要求。这个时候，在政治上依然具有优势地位的土地贵族们，尽管依然以嫉妒和羡慕的眼光看待资本家；但是，与此同时，他们自己也可能开始打算将一部分财富转化为资本而成为资产阶级当中的一员。即他们的身份兼具土地贵族和资本家的双重特征。正因为如此，他们在政治上是经常摇摆的，在国家经济政策的制定中表现出一系列矛盾的心理：一方面，想力保来自土地的经济（和非经济）利益；而另一方面，又想通过鼓励资本主义发展的政策，以便为自己创造更多更好的发财致富机会。至于无产阶级以及仍然处于封建体制下的穷困阶级，尽管并非完全不可能，但是对于他们来说，成为资本家几乎只是一种奢望。

在这样的社会经济背景下，财富就成为一个维持和改变自己的社会经济乃至政治地位的唯一重要因素。对于这个社会各个阶级当中的任何人而言，无疑都充满了对财富的原始的贪婪的向往。那么，什么是财富呢？通常所说的具有使用价值的东西（即使是商品）就是财富吗？要回答诸如此类的问题，我们只有回到那个社会的历史场景中，才能做出比较准确的回答；而最好的办法，就是考察处于那个时代的社会中的不同阶级的人对财富的看法。看看他们的回答是不是具有一般性内容。

（1）就国王而言，除了满足经常性王室开支外，最重要的需要是预备和筹措战争费用。在那个时代，金银是主要币材（在北欧一些地方，也曾采用铜、铁等作为币材），货币是作为一般等价物而用于方便商品的交易的。那个时候，信用货币还没有真正出现。于是，从王室角度来说，要满足经常性开支和筹措战争费用，其最好的手段是拥有充足的贵金属或者货币。有了这个保证,王室生活就可以随心所欲,通过发动战争扩大领地和树立权威就更有财力保障。在国王看来,金银是约定俗成的币材,可以随时铸造成货币。因此金银等同于货币,货币或金银就是财富。(2)就贵族而言,以土地所有者名义收取地租固然可以采取实物地租方式,但实物具有容易腐烂、占据空间、运输不便、保管成本高等诸多不利属性当中的一种或多种,这就使得它的财富价值往往大打折扣。因此,在金属货币时代,对于他们而言,最有利的方式通常是收取货币地租;只是在突然到来的荒年,对某些农产品来说才有可能是例外。贵族也需要经常性支出以维持与自己身份相符的生活,有时还会发生贵族间的战争。因此,在金属货币情形下,在贵族心目中,也只有贵金属或货币才是真正的财富。不仅如此,正如紧接着就要叙述的那样,当他们对投资感兴趣的时候,就会变身成为资本家,以资本家的眼光看待货币与财富。国王和贵族参与战争是具有不确定性的,由于贵族进行投资之前需要蓄足一定数量有待于转化为资本的货币财富,因此他们总会保存一定数量的货币或贵金属。这些需求对财富的可储藏性提出了很高要求,而贵金属或者说以贵金属铸造的货币刚好具有这种属性。(3)就资产者而言,黄金等贵金属价值量大,携带方便,而且耐久。当贵金属铸造成货币之后,无论是生产要素的购买还是产品的销售,或者说剩余价值的实现过程;无论是自己积累的财富还是将自己积累的财富当中的一部分转化为资本,货币或者说贵金属在其中总是形影不离的。就其他阶级特别是其中的工人阶级而言,在不得不出卖劳动力的时候,为的是获得货币工资并且通过货币支付取得仅仅够维持生存的生活资料。劳动力卖不卖得出去,所获得的货币工资能够买到怎样的消费组合,或者说多少数量的各种消费品,除了几乎外在于自己的商品价格之外,仅仅取决于自己手头究竟有多少可用的货币。因此,就他们而言,也形成了一种货币即财富的世俗观念,货币多少成为决定他们的社会经济状况的几乎唯一的因素。这样看来,在那个时代,重商主义所基于的财富即贵金属和货币即财富的观念,也就并非没有坚实的社会经济基础了。

当然,那个时候的人们之所以钟情于金银等贵金属和货币,也绝不是偶然的,而是具有深厚的历史根源的。首先,社会经济生活仍然处于金属货币时代,信用货币尚未取得重要的地位。其次,他们知道,在久远的过去,即使是像古埃及和古罗马那样的辉煌文明,也是由黄金等贵金属堆砌起来的;而在现代早期,地理大发现之后,对其他国家的贵金属矿山的开采和对金银等贵金属的直接掠夺[①],又成就了葡萄牙和西班牙帝国的快速崛起和辉煌。[②] 这些历史上的经典例子,不能不刺激那些具有帝国野心的政治家,对黄金等贵金属产生无限的崇拜并且不择手段地追逐它。更何况在当时的社会经济生活当中,贵金属作为一般等价物、交易媒介和储藏手段的货币角色,对人们的社会地位和阶层的流动等时时发生着决定性的直接的影响。这就不能不诱使人们产生一种货币拜物教。特别是随着资本主义生产方式的发展,人们的社会地位日益由他们所能支配的货币来决定,这就使得"一切资产阶级关系都镀上了金或银,表现为货币关系"[③]。至于为什么货币与金银联系了起来,马克思的答案是货币天然不是金银,但金银天然是货币;并且,即使到了20世纪上半叶,黄金在社会经济生活中的重要性也没有发生根本性变化。可以这样说,黄金在我们的制度中具有重要作用,它是不可取代的最后的卫兵,它是紧急需要时的储备金。

2.财富来源

财富观念是具有历史性的,它是社会经济生活的一种反映。但是,即使在那个时代,在贵金属、货币与财富之间,也并不能简单地画等号,因为价格的变化使人们发现货币与购买力之间并不是恒定的。但是,无论价格处于怎样的水平,更多的货币总是意味着具有更高的购买力。因此,对于货币的追逐,对于贵金属的追逐,也就显得顺理成章了。但是,以贵金属表示的财富从哪里来呢?这是一个处于金属货币时代的人们必须做出回答的一个重大原始性问题,无论他是国王、贵族、商人、手工业者还是其他平民。

前面已经提到,古埃及和古罗马的辉煌以及葡萄牙和西班牙帝国的崛起等无不依赖于黄金的堆砌和铸造,社会各界的高品质生活的维持也无不以作为币材的贵金属或货币为支撑。但是,也有一些具有冲击力的例子留在人们的脑海中。比如说,盛极一时的葡萄牙帝国和西班牙帝国,并没有因为拥有了大量黄金等贵金属,就永葆自己的帝国宝座,而是像风一样,旋即被后起的并不以掠夺性方式获得黄金等贵金属作为起家基础的新生帝国打败,或者说吹散了。因此,对掠夺性获得

---

① 这种掠夺是至为血腥和残酷的。克劳利(Roger Crowley)说:"葡萄牙人用自己船帆上的红色十字和船上的铜炮宣示了自己的意图。与中国人不同的是,葡萄牙人先发制人地开炮,并且再也不会离开。"[英]罗杰·克劳利:《征服者:葡萄牙帝国的崛起》,北京:社会科学文献出版社,2016年,第8页。
② 张宇燕、高程:《美洲金银与西方世界的兴起》,《社会科学战线》2004年第1期。
③ 《马克思恩格斯全集》第31卷,北京:人民出版社,1998年,第458页。

黄金等贵金属的崇拜,在具有帝国梦想的国王以及为国王出谋划策的人那里,也就开始动摇了。他们知道,这两个帝国的快速崛起,主要是由于发现和开辟了获得金银的两大途径,即在他国大量开采金银矿和直接掠夺金银,以至于在很短时期里就积聚了大量财富[①];而这两个国家的快速衰落,又是由于这两条获得财富的途径不再可行了,因为已发现的金银矿山是有限的,其他国家的可掠夺的金银财富也是有限的,一旦达到了某种程度,这两条富源就会枯竭。对于英国人来说,一个比葡萄牙和西班牙更具有启发意义的例子是,荷兰通过海上运输和国际贸易,在葡萄牙和西班牙之后迅速崛起,并且取而代之。事实上,荷兰对海运的垄断,通过提供运输服务而获得了大量的财富;同时,通过国际贸易,又赚取了大量金银。对于重商主义者来说,这真是一个取之不尽的新富源。英国对于国家崛起的努力,就是从这个口子上进行突破的。

1642—1649年,英国发生了内战。在此期间,荷兰一方面与英国大部分殖民地建立了贸易关系;另一方面,荷兰不仅到英国领海捕鱼,而且将捕得的鱼销往英国市场。这种利益上的侵蚀,迫使英国在原有的《航海条例》(1381年已有先例)的基础上制定新的《航海条例》。1650年,英国禁止外国商人与英国某些殖民地(如美洲的巴巴多斯、弗吉尼亚等)有任何贸易瓜葛,未经英国许可,外国商船不得与英国那些殖民地通商。这个条例既是为了在国内实现政治孤立,又是为了切断荷兰与那些殖民地之间的商贸往来。在劝诱荷兰并入英国未果之后,英国于次年通过了严厉得多的《航海条例》;并且,这个条例所涉及的地域更广,牵涉的面更多。1651年《航海条例》规定:只有英国船只和英国人占多数的船只,才能将外国商品运往英国及其殖民地;唯有英国船只和商品生产国的船只才能从欧洲运送商品至英国及其殖民地;英国船只必须从商品原产地起运商品;唯有英国船只才能与英国各口岸进行贸易;等等。很显然,这样的条例一旦真正落实了,势必对当时的霸权国家,即荷兰的海运和贸易产生重大的打击。这就诱发了1652—1654年两国之间的海战,荷兰因战败而在国际贸易上丧失了霸权地位。不过,取得对荷海战的胜利后,英国人沿着自己在中世纪晚期就已建立的,并且在英荷海战之前更加巩固了的传统,又往前走了一大步——那就是更加着力于发展自己的制造业。

---

① 主流观点认为"西班牙崛起成为一个欧洲强国的一个突出因素,是来自美洲贵金属的输入"。"关于究竟有多少贵金属从大西洋的那一头运到这一头,没有任何可靠的数据,不过塞维利亚海港登记在册的官方数字表明,在1500至1650年间,超过180吨的黄金、16 000吨的白银,从新大陆运到了西班牙。"[英]亨利·卡门:《黄金时代的西班牙》,北京:北京大学出版社,2016年,第90页。

上一节已经提到,在 14 世纪中期,英国保护主义通过提高羊毛出口关税和增加呢绒进口关税以及从欧洲大陆引进呢绒技术人才而发展了本国的呢绒产业。事实上,诸如此类的鼓励工业发展的政策,在英国从来就没有真正中断过;不仅如此,在其中某些时段,这样的政策还得到了特别强调。因此,对于 18 世纪末期开始的工业革命,我们不能认为它是突然之间就出现了的,而应该像诺斯那样,将它理解为是一种逐渐累积而产生的演进的结果。[①] 其中需要特别强调的是,刚好在英荷海战之前不久,一场延续了 100 年的可称为"初始工业革命"的工业革命,对英国后续发展产生了重要影响。英国经济史家奈夫(John U. Nef)说[②],发生于 1540—1640 年的那场"初始工业革命"与通常所说的工业革命相比较,其历史地位毫不逊色,因为它引入了宗教革命之前英国未曾涉足过的一系列产业;将过去在英国很少使用的生产技术,从欧洲大陆引了进来并且投入英国旧有的产业中;发现和应用了一些新技术。从这个角度来说,通常所说的工业革命,从技术发生学来说,既有外源的因素,又有内源的因素,更是累积性技术变迁的成果。至此,我们可以这样说,英国重商主义者对财富来源的认识,到英荷海战结束不久之后,其实就已趋于完整了。其一,像葡萄牙和西班牙那样,通过对他国贵金属矿山和金银的直接掠夺而致富的机会,已经不再有了;其二,通过对荷兰的战争胜利和颁布《航海条例》,可以从世界各地获得海运好处以及贸易利益;其三,通过发展国内制造业并且控制制造业国际贸易,可以将贸易对手的财富收拢至英国。因此,也正如贾根良和张志所说的那样:

> 在增长的框架下分析经济问题的研究思路,使得重商主义者认为财富不仅源于自然资源,更来自创新和生产。他们终于将财富的源泉定位清楚,认识到只有具有规模报酬递增性质的制造业才能成为国家富强的根源。同时,他们也从对外贸易结构和增加货币数量的视角分析如何促进制造业发展。[③]

在那个时代的重商主义者中,意大利人塞拉(Antonio Serra)1613 年对财富来源的说明应该说是相当全面的。他说:(1)境内盛产金银对社会各界都十分重要。

---

① Douglas North, *Structures and Changes in Economic History*, New York, London: W. W. Norton & Company, 1981, p. 162.
② John, U. Nef, The Progress of Technology and the Growth of Large-Scale Industry in Great Britain, 1540—1640. *Economic History Review*, 1934, vol. 5, no. 1, p. 5.
③ 贾根良、张志:《为什么教科书中有关重商主义的流行看法是错误的》,《经济理论与经济管理》2017 年第 11 期。

(2) 手艺人和商业可以获得比农业更加广阔、更加稳定的国外市场,制造业和商业是比农业更加重要的获取金银的途径,商业的扩大将带动本国制造业的发展,进而将制造品销往世界各地以积聚金银。(3) 禁止金银流出只是一种补救办法,重要的是,金银流出能够带回更多的金银,即国际贸易保持顺差。① 与之相比,英国人孟(Thomas Mun)写于1630年前后而出版于1664年的重商主义经典著作《英国得自对外贸易的财富》对财富来源的说明更加专一。他在第二章中说:

> 对外贸易是增加我们的财富和现金的通常手段,在这一点上,我们必须谨守这一原则:在价值上,每年卖给外国人的货物,必须比我们消费他们的为多。②

那么,围绕上述关键点可以采取哪些办法呢?孟接下来提出了12种解决措施。③ 为了后文分析方便,现简述如下:(1) 利用荒地种植那些此前需要从外国购买的各种商品和货物,同时制止这些商品的进口。(2) 注重节约,像其他国家那样,在饮食和服装方面不过多地消费进口货物。(3) 在不影响销售量的前提下,针对外国不可替代的必需品,应该提高英国商品在他们市场上的销售价格;对于竞争性商品,英国应该降低价格以保证其销路——正如在土耳其针对纺织品出口所做的那样。当然,英国应该保证自己外贸商品的质量,让外国人用得放心并且给予重视。(4) 英国货用英国船运输。这样,英国就能从贸易当中得到更多的利益。因为这既可以得到商品在英国的售价,又可以得到商人的利润、保险费以及运费。(5) 节约消费可以增加输出量;如果讲究穿戴的话,可以用本国原料进行生产;富翁的铺张浪费,可以使贫民拥有就业机会;制造供外国人消费的东西,对国家来说更有利。(6) 在英格兰、苏格兰、爱尔兰以及在殖民地如新英格兰、弗吉尼亚、格林兰等,对渔业进行垄断可以开发大量富源和创造大量工作机会,并且增进相关贸易。(7) 对一些可以储藏的商品(如谷物、靛青、香料、生丝和棉花等)设立货栈和开展转口贸易,可以增加航运、贸易、现金和国王的关税收入。(8) 针对偏僻的地区和遥远的国度展开贸易活动。比如到印度收货,再将其销往意大利、法国、土耳其、东方国家以及其他国家。他接着说:

---

① 安东尼奥·塞拉:《略论可以使无矿之国金银充裕的成因》,载于 A. E. 门罗:《早期经济思想》,北京:商务印书馆,2011年。
② [英]托马斯·孟:《英国得自对外贸易的财富》,载于 A. E. 门罗:《早期经济思想》,北京:商务印书馆,2011年,第170页。
③ 同上书,第171—178页。

这可以使我们鼓起勇气,竭尽全力来维持和扩大这一与公共财富、实力和幸福有重大关系的伟大而高贵的事业。(这样地)靠着别国的财物而发了财,与靠着勤劳努力而增多我们自己的资财比起来,并不见得是不光荣和缺乏判断力的,特别是在后者的增进乃是由前者助成的时候,例如我们在东印度发现的情况就是这样,我们由于买卖大量的锡、纺织品、铅以及其他商品,在那些从前并不购买我们的货物的国家里的销售量也日渐增加了。[1]

(9)输出货币换得商品,也是增加财富的一种手段。如果用本国货币先买进外国货,再等待时机将这些货物卖出,从中可以获得利益。(10)对用进口原材料制成的工业品免征出口关税,可以增加国内就业、增加制成品出口、增加国王来自原材料进口的关税收入。这将极大地鼓励国内制造业的发展并且提高对外国制成品的竞争力。[2] (11)除了对国内产品不应课过重关税外,对于在国内销售的和用作转口贸易的商品在关税上也应该采取差别对待的态度,即对在国内消费的进口商品征收较高的关税,对用于转口贸易的外国商品征收较低的关税。(12)对于从事非农工作的富有技艺的人,应该设法鼓励他们积极工作,因为国王和王国的最大力量和财富来源于他们。

二、重商主义战略构架

1. 从孟的措施进行观察

在上述 12 项措施当中,我们需要特别指出的是:第(3)项措施其实已经提出了战略性定价在获取商业利益当中的重要性;第(4)项措施早已有之,目的是从商业活动的整个链条中获得完整的利益,但这又是有严格的前提的,即国家在海运和海军建设上具有优势;第(6)项措施看似理所当然,但这也是有前提的,即英国需要具有足够的海上力量和必要的海权意识,能将竞争者比如当时的荷兰,逐出英国及其殖民地所宣称的拥有权益的海域;第(7)项措施不仅早已有之,而且即使到了现在,也是国家致富的一种途径,但这需要特殊的地理条件作为支撑;第(8)项措施尤其

---

[1] [英]托马斯·孟:《英国得自对外贸易的财富》,载于 A. E. 门罗:《早期经济思想》,北京:商务印书馆,2011 年,第 175—176 页。

[2] 作者在此指出,荷兰人违背他们的荷兰格言,即"自己活着,也让别人能活"。因此,英国人应该针锋相对,维护自己的利益和尊严。

重要,借此可以拓展国际贸易空间,即不再局限于本国与其他国家之间的贸易,而是通过深入其他国家之间的贸易中以获取利益;第(9)项措施说明这个时候的重商主义者,已经意识到货币作为资本在跨国贸易中的重要性,这相当于把货币在国际上当作商业资本来使用;第(10)项措施说明了(针对制成品)征收进口关税的多重意义,其实除保护国内相同产业的发展和为国王增加财政收入之外,还为国家主权找到了一种具体的宣示和实现方式;第(11)项措施说明关税政策是可以灵活运用的;第(12)项措施既考虑了人力资本利用问题,又考虑了产业发展方向问题,还考虑了国家经济和财政及其关系的问题,而这一切都集中到了制造业上。因此总结起来,在孟那里,这些措施主要牵涉到货币的资本化利用、国际贸易的深度开发、海军和海运的发展、国内经济的繁荣与国王财政的保证、关税的灵活运用、制造业的发展等。因此,这个时代的重商主义,与其说考虑的是国家经济战略问题,不如说考虑的是国家大战略问题。这里,权力与财富成为重商主义者关注的焦点,或者说成为追逐的目标。

维纳(Jacob Viner)曾经总结性地指出,重商主义学说的本质可以归纳为如下五个重要方面:

(1)政策应该严格根据国家主义观点来制定和执行,即它关注的仅仅是国家利益。(2)在评估国家和对外贸易政策的任何相关方面的时候,总是将主要注意力放在它对国家贵金属库存的影响上,不管这种影响是直接的还是间接的。(3)在国内缺乏金矿或银矿的情形下,国家的基本目的应该是获得大量出口对进口的差额,并且把它当作使国家贵金属库存不断增长的可行的和唯一的方法。(4)对一个国家"有利的"贸易差额,可以通过出口鼓励和进口限制或者在这些方面间接起作用的其他措施而获得。(5)政治的和经济的对外政策,应用于追求财富和"权力"(包括后来所说的安全)这两个相互协调和彼此支持的不变的国家目标,在财富与权力当中任何一个都可用作获取另一个的手段。[①]

这里,需要补充的一点是,不仅 1500—1776 年间的英国重商主义的本质是这样的,而且(正如上一节表明的那样)在此之前即中世纪晚期的英国重商主义的本质也是如此。鉴于此,我们是可以同意伍德(Diana Wood)给出的判断的:

---

① Viner Jacob, Mercantilism Thought, in Douglas A. Irwin(ed.), *Essays on the Intellectual History of Economics*, Princeton University Press, 1991, pp. 262—263.

中世纪晚期商业体系的基础是渴望发展国家的权力和财富,认为世界的资源是恒定的,通过贸易从一个国家流向另一个国家,一国之所得,即另一国之所失。这样,每一个国家的目标就是维持有利于本身的平衡,而实现这一目标的一些手段是保护国内工业、向贸易商授予垄断权、限制工资、严控原材料出口,伴以强调出口制成品和控制海洋。[1]

2. 重商主义对英国崛起大战略的考虑

自中世纪晚期以来,英国重商主义对国家大战略的考虑究竟是怎样的呢?我们在这里做一简要说明。

首先,要向海洋和贸易找出路。诺曼征服之后,英国人在很长时期里都受"大陆情结"的支配,实现对欧洲大陆特别是对法国的占领进而获得权威的确认,成为挥之不去的"心魔"。但是,"百年战争"终于使他们清醒。英国人认识到,以英国的人口规模和有限国力,是难以永久性地做到这一点的。在当时,英国并不具有实现这一伟大梦想的地缘政治条件。但是,"百年战争"对英国之所以具有深远的历史影响,主要是由于它促使英国人对如下问题做出深刻的反思,即是不是存在着另一条道路,能够成就自己的霸权梦想。我们在上一节对《英国政策小册子》特意进行分析的目的正在于说明,在那个时候,英国崛起大战略就有一个大致的轮廓了。其中最重要的是面向浩瀚的海洋发展国际贸易(特别是远地国际贸易),以此追求财富与权力。

这个大致的轮廓在后来变得越来越清晰起来了。而它的关键之处正在于:对欧洲大陆保持均势,即从原先的谋求领土和权威确认的方向,逐渐转变为通过建立海军优势并且依赖它保持均势的方向;同时,对海外保持攻势,利用海军优势和海运优势,充分发展国际贸易。简而言之,使欧洲大陆国家并且与欧洲大陆国家保持一种对英国有利的均势,自己通过向海洋进取而取得全球霸主地位。与《英国政策小册子》的作者相比,到17世纪初期,拉利爵士针对海权给出了一个堪称格言的表述:

谁控制了海洋,谁就控制了贸易;谁控制了贸易,谁就控制了世界财富,进而控制了世界本身。[2]

---

[1] Diana Wood, *Medieval Economic Thought*, London: Cambridge University Press, 2004, p. 111.

[2] 转引自 Daniel A. Baugh, Great Britain's Blue-Water' Policy, 1689—1815, *International History Review*, vol. 10, no. 1, 1988, p. 33.

拉利的思想在当时是具有普遍性和影响力的。[①] 因为在此之前,葡萄牙和西班牙通过向海洋更深处探寻财富的来源,地理大发现给这两个国家带来了巨大财富,国力得到了巨大提升并且拥有了霸权地位。17 世纪初,以格劳秀斯(Hugo Grotius)的《论海洋自由》等为法律指导原则[②],荷兰通过与葡萄牙争夺海上权力,并且凭借其海上运输能力和国际贸易的开拓,成就了新的世界霸主的伟业。英国后来显然吸取了葡萄牙、西班牙与荷兰兴衰的经验教训,把借助海洋而获得的经济利益提到了一个至高无上的地位。因此,与法国主要从军事角度强调海权的重要性不同,英国是从军事与经济(这里主要指国际贸易)及其相结合的角度强调海权对自己崛起的重要性的。当然,对于后起的英国来说,荷兰的成功经验又至关重要。因此在自己的大战略体系当中,英国将扩大对外贸易当作实现国家崛起的重要战略方向,并且不遗余力地予以执行。这便形成了英国重商主义的一个显著特征;同时,在英国大战略中,对外贸易还发挥了重要的财力支撑作用。例如,肯尼迪针对英国为维持欧洲均势而花费大量财富时说:

> 英国之所以能拿出这么多钱来,主要是因为商业和贸易的日益增长带来了丰厚的利润,特别是有利可图的海外市场的繁荣,容许英国政府以空前规模借债和征税,而不会使国家财政破产。所以,尽管英国在欧洲大陆上牵制干涉"法国力量"是非常花费钱财的,但它往往能保证法国无法对英国海上贸易发动持久的进攻,也无法控制欧洲大陆,这样,它也就无法腾出手来对英国本岛构成进攻威胁。这些必然会使伦敦有筹集战费并

---

① 瓦尔特·拉利爵士(1552年或 1554—1618 年)是伊丽莎白时代著名人物之一,诗人、历史学家、探险家,曾被王室授予探索开发弗吉尼亚的特权,两度前往南美洲探寻"黄金之城"。

② 雨果·格劳秀斯在《论海洋自由或荷兰参与东印度贸易的权利》(上海人民出版社,2013 年)中对当时世界海洋权力格局下争取荷兰海权的主要理由可概括为:"第一,贸易自由是国际法赋予的不可剥夺的权利。对此,他借用了亚里士多德关于贸易权利的自然秩序观。由此,他认为主要由批发商完成的国家间贸易(当然包括海外贸易)位于自然秩序的首位;这种权利是原始的,不能被消灭(除非经所有国家一致同意)。第二,贸易权利不可根据先占资格赋予特定对象。其主要依据是贸易并不具有适当的物理属性,一国对另一国贸易的先占,并不意味着其对另一国后来的贸易具有可以顺延的优势。第三,教皇的裁定认可,并不是贸易权归属于特定对象的理由。这是由于教皇的权力仅限于精神世界,不能延伸到属于世俗世界的贸易权利;而且,教皇的裁定不仅对印度人民是不公正的(他们并不是教皇的臣民),而且对没有参与听证会的其他国家的人民也是不公正的。第四,取得贸易权的时效或习俗,并不是永久地取得贸易权的依据。因为贸易是一种平等地属于大家的公共权利,某国尚未参与东印度贸易,只是由于在当时情势下从事这种贸易无利可图而已,并不是这个国家认可了葡萄牙人的贸易垄断权。因此,通过时效或习俗来宣称葡萄牙人拥有对东印度贸易的独占权,是没有任何意义的。上述 4 个方面结合起来就是:其一,葡萄牙人没有任何公平的依据可以禁止其他国家的人在东印度进行贸易。其二,荷兰人可以采取各种合理手段,比如和平、条约和战争等,来维护自己原本就拥有的参与东印度贸易的自由。"参见伍山林:《贸易自由与自由贸易之》,《文汇报》2016 年 10 月 14 日。

资助其同盟国的需要。地理上的优越性和经济利益结合在一起,使英国得以实行其两面战略:"一面转向欧洲大陆,调整均势;另一面则指向大海,加强其制海权。"①

其次,要将海军建设放到长期战略高度来认识。英国对国际贸易的诉求和冲动,使得建立广大殖民地成为一种现实的选择。这就从三个方面对海军发展提出了要求。一个方面是在国际贸易过程中,需要海军对英国商船队进行大量护卫,以确保其安全;另一个方面是需要海军前出并且到达各个目的地,为武力开辟殖民地在力量上提供足够的支持;还有一个方面是需要强大的海军保护自己的领土,确保英国本土不会受到欧洲大陆国家的威胁。除半个多世纪之前《英国政策小册子》等阐发的海权思想外,从都铎王朝早期比如从 16 世纪初开始,英国就在实际行动上开始了战略大转向,目光已经从欧洲大陆移向了宽广深远得多的海洋及其周边国家。这种转向所导致的积极结果是,原来绝大部分时期里处于欧洲边缘地位的英国,因为海外财富源源不断而逐渐变成了欧洲的中心。这些都是与欧洲的地缘战略环境相匹配的,即英国很好地认识到了自己在欧洲地缘政治环境当中的特殊地位。亨利八世继续沿着亨利七世的战略方向推进,将海洋发展道路稳固了下来。其实,英国只不过是一个岛国而已②,离其最近的,是欧洲大陆的一众国家。因此,只要海军足够强大,英国的陆地防卫就变得轻而易举;并且,有了强大的海军,英国不仅可以消除来自欧洲大陆的威胁,而且可以打造一种随时威胁欧洲大陆的态势,从而有能力在欧洲实施所谓的"均衡"策略——既维持欧洲的国家力量不至于失衡,又保证英国在这种均衡当中处于控制者的有利地位;这就创造了一个基础,即英国完全可以分拨出来一部分海上力量,通过国际贸易特别是与殖民地的贸易来增强国力。由此可见,英国可以利用并且塑造出一种地缘政治环境,使得英国的海外贸易与英国的海军建设走上一条良性循环的道路,成就权力与财富双重目的。由此看来,在英国重商主义中,殖民开拓与海军建设是其中不可或缺的两个重要方面;并且,在英国地缘政治环境下,产生"海军至上主义"并不是没有道理的。对于海军建设的重要性,英语谚语有云:"国旗所到之处,贸易随之而来。"③

不过,上述良性循环的形成并不是一蹴而就的,而是经历了几个发展阶段才最

---

① [英]保罗·肯尼迪:《大国的兴衰:1500—2000 年的经济变革与军事冲突》,北京:中信出版社,2013 年,第 99—100 页。
② 也正是这一点,英国具有荷兰所没有的地理优势。由于地接大陆,荷兰易遭来自大陆的攻击。
③ J. W. 汤普逊:《中世纪晚期欧洲社会经济史》,北京:商务印书馆,1996 年,第 129 页。

终形成的。在早期阶段,英国在海军发展上并不是急于追求军事霸权,而主要是为了维护本土安全,定格欧洲政策。正如肯尼迪所说的那样,在那个年代:

> 英国的欧洲政策正式形成了,这种和平、中立、追求实力平衡的政策,有助于防止任何大陆国家建立霸权或者控制海峡通道。海上安全和欧洲的权利平衡是英格兰的两大政治原则,它毫无疑问地推动了英格兰伟大霸业的形成。①

英国面向海洋追求权力与财富的战略方向确定下来之后,必然遭遇海洋强国和海上贸易强国的一系列阻挠。经过伊丽莎白(1538—1603年在位)的励精图治,特别是在此基础上的后续发展,后起的英国与当时的海军和海上贸易强国荷兰在17世纪中期不可避免地滋生出了利益矛盾,乃至于发生冲突和战争。这种矛盾之所以发生,主要是由于发展海上贸易并且从荷兰人手中分享权利,在英国社会各界得到了普遍关注。正如蒙克在一篇报道中所说的那样:"无论什么原因都无关紧要。我们所需要的是比荷兰现在所拥有的更多的贸易。"②于是,很自然地,英荷海战在1665年6月不可避免地发生了。对于这次在加来海峡发生的"四天海战",荷兰由于不可原谅的失误而导致了失败;由于后来又发生了一连串海战,终于给荷兰带来了战略惨败,对欧洲乃至世界格局的变化产生了长期和转折性影响,荷兰从此就从海军与海上贸易霸主地位上跌落下来。

三、重商主义政策体系

考察重商主义政策时,宜于从流通领域开始而逐渐将目光移向其他领域。对此,我们先来看一看马克思在法文版《资本论》中是怎样说的。他说:"重商主义体系的幻觉是从哪里来的呢?显然是从货币形式赋予贵金属的拜物教性质中来的。而大力夸耀自己的独立思考和不倦地重复对重商主义拜物教的乏味的嘲笑的现代政治经济学,不也同样受到了假象的欺骗吗?"③不过,当我们从流通领域进行观察的时候立即可以知道,在国内进行"贱买贵卖"是绝不可能新增出以贵金属作为担

---

① Paul Kennedy, *The Rise and Fall of the British Naval Mastery*, London: Macmillan Press, 1983, pp. 25—26.
② 转引自[美]艾尔弗雷德·塞耶·马汉:《海权对历史的影响(1660—1783年)(附亚洲问题)》,北京:海军出版社,2013年,第80页。
③ 《马克思恩格斯全集》第49卷,北京:人民出版社,1982年,第198页。

当的货币和财富的。这就意味着讨论重商主义时,我们必须进入国际贸易这个开放经济情形。从这个意义上说,在英国重商主义政策体系中,最重要的政策方向乃是取得贸易顺差。因为唯有如此,贵金属乃至货币和财富才会源源不断地从与其贸易的国家向英国汇集。但是,取得贸易顺差仅仅是一个不变的政策方向,诸多相应政策是围绕着它而展开并且形成体系的。

1. 国内商品生产政策系统

在重商主义政策体系中,一个不可忽视的子系统便是国内商品生产政策系统。就这一点而言,英国与荷兰相比存在明显的差别。荷兰主要是通过海上运输和贸易这种重商主义政策而实现崛起的,英国崛起的一个突出支撑是重视发展国内工业。也正是因为这种差异,才为英国日后成为"日不落帝国"打下了坚实基础。在英国国内商品(指制成品)生产政策协调中,主要包括如下几个方面:

(1) 关于工业品规范和工业促进的政策。

首先是对产品质量进行控制。如1552年通过《布品法规》规定22种毛织品的标准。英国这样做是为其产品在外贸中通过质量保证而建立起良好的质量声誉;如通过《工匠法令》出台管理学徒的制度,为劳动者进入相关行业设立门槛,规定收入,以便保证产品质量。其中特别需要注意的是这个法令保证了劳动者进入某个行业必不可少的人力资本(知识和经验)。"它(指《工匠法令》)规定,如果没有按照一个师傅与学徒间相互义务的正式合同(一式两份的合同)的规定,学徒满七年,任何人都不得在英国从事一种职业。而且,学徒的人数是有限的,或者至少,学徒人数与成年工人的人数之间要保持某种比例。这一学徒条款不仅适用于城市,也适用于乡村;不仅适用于手工业,也适用于农业和商业。"[①]

其次是为改善生产技术而出台一系列政策。生产技术改进主要有两条基本途径:一是内源性的,二是外源性的。上面所说的《工匠法令》尽管保证了产品达到基本的技术和品质要求,但是要在此基础上实现生产技术的不断改进,还需要有额外的激励。那就是在国内对生产技术创新进行鼓励和通过优惠条件从国外吸引技术移民,进而在工艺上和设备生产上获得快速进步。例如,在伊丽莎白时代,英国对具有企业精神和拥有可移植技艺或能引进新制造业的外国人颁发特许状。它的用意是以一定年限的特许专营权换取技术和产业的本土化。这类政策的效果是综合性的,因为它既直接获得了当时英国所欠缺的生产工艺和生产技术,也获得了相应的人力资本,同

---

① 李新宽:《国家与市场——英国重商主义时代的历史解读》,北京:中央编译出版社,2013年,第123页。

时还在英国培养了人力资本,使它们真正落地于英国。因此,奈夫说:

  在16世纪的最后60年里,英国首批造纸厂、首批火药厂、首批火炮制造厂、首批明矾和绿矾厂、首批食糖炼制厂、首批硝石厂,都是从海外引进的。①

(2)就业保证和失业救济政策。

在英国,生产工业品需要大量工人就业于不同的产业。一方面,工人离开农业部门后,需要在工业部门成功地出卖自己的劳动力,以便获得工资进而满足生存需要;另一方面,工人就业后逐渐培育了自己的人力资本(尽管可能是微不足道的),这种资本对于拥有生产资料的资本家来说也是必不可少的,它对资本主义运行来说具有价值;另外,工人作为生命个体,当其生存堪忧特别是处于失业状态的时候,容易出现一些危及社会和资本主义生产方式的反抗行为。于是,英国在资本主义发展以及重商主义形成过程中,总是同时采取就业保证和失业救济等政策。①就业保证政策。从效果上说,劳动者"如果被有序和充分地加以雇用,那么穷人就能成为'一个国家最大的财富'"②。因此,在本节讨论的重商主义时期里,英国通过政策和市场两手策略,针对就业促进而广泛施策。一方面,英国通过内部运作来保证劳动就业。例如,"1575—1576年法令规定每个城市、自治镇和集镇的治安官应为流民提供绵、麻等生产资料,让年轻人和需要工作的人有工可做"③。另一方面,英国通过殖民地开拓,即通过英国产品的外部需求的扩大来保证国内就业,英国逐渐形成了外向型经济(特别是制造业)。例如,1700年,英国工业产值当中就有1/4来自出口。同时,国内需求也因就业扩大和就业保证而得以激活,进而形成了产品需求与劳动就业相互促进的良性态势。当然,这又是有前提的,即英国出口的制造品主要是英国本土生产的,而不是转口贸易。②失业救济政策。如果说劳动就业是资本家和英国的迫切需要,那么剩下的两个方面,即一定程度的失业和失业救济也是资本家和英国的需要。失业的存在对于资本家压低在业工人的工资是一个重要的筹码;因为失业救济对于资本家而言,不仅可以保存劳动能力以供其备选,而且可以降低因失业工人的反抗行为而招致的损失,对国家减少因工人失业而导致的社会问题等大有益处。

---

 ① J. U. Nef, The Progress of Technology and the Growth of Large-scale Industry in Great Britain, 1540—1640, *Economic History Review*, vol. 5, 1934, pp. 11—13.
 ② D. C. Coleman, 1956, Labour in the English Economy of the Seventeenth Century, *Economic History Review*, vol. 4, p. 474.
 ③ 李新宽:《国家与市场——英国重商主义时代的历史解读》,北京:中央编译出版社,2013年,第93页。

(3)国内产业保护政策。

在现在讨论的英国重商主义时代,为了发展壮大国内产业以便扩大就业和增加出口,英国采用了多种多样的产业保护政策。其中,关税保护政策就是重要一环。对于关税保护在英国产业发展当中的重要作用,恩格斯总结道:"现代工业体系……是在保护关税制度的卵翼之下于 18 世纪最后 30 多年中在英国发展起来的。"[1]其实,比这更早一些的时候,关税在英国产业发展中的作用也是非常重要的。在图 2.2 中,列出了英国 1661—1755 年的关税收入及其在财政收入中的占比的(分阶段)平均值。由此可见,在这 90 多年里,英国的关税收入是趋势性上升的;其在财政收入中的占比尽管并没有出现趋势性变化,但一直维持在比较高的水平——即使是在最低的时间段里,这个占比也没有低于 18.9%。在这段时期里,三个低于 20% 的时段分别是 1666—1670 年的 18.9%、1741—1745 年和 1746—1750 年的 19.5%。因此,我们可以这样说,(根据本书后面的定义)在这 90 多年里,除了直接保护作用外,英国关税对国内产业的间接保护作用也是很明显的,即若不征收关税,为了得到同样的财政支出,在其他方面不变的前提下,英国需要大幅度提高对国内企业的征税,从而对国内企业发展产生不利的影响。

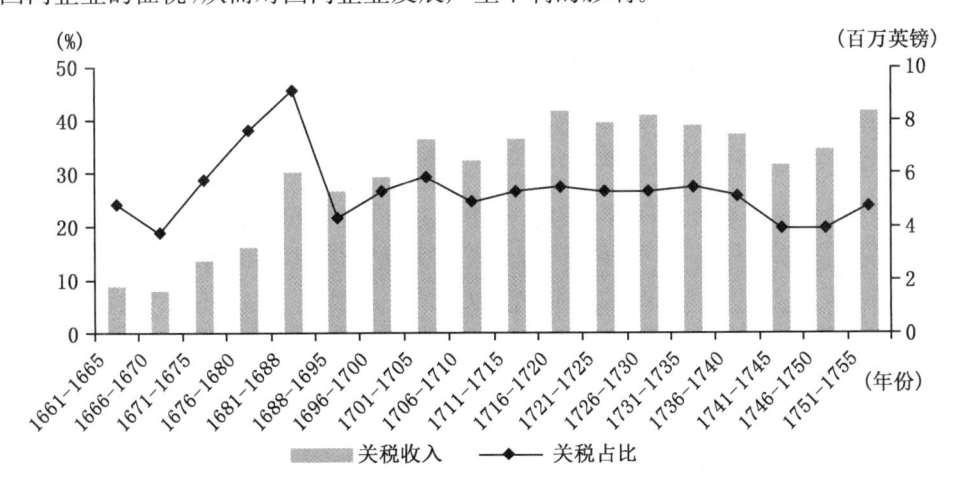

说明:左轴表示关税在财政收入中的占比,右轴表示关税收入。

资料来源:Beckett J. V. and Turner M., Taxation and Economic Growth in Eighteenth-Century, *Economic History Review*, vol. 43, 1990, pp. 377—403.

图 2.2　1661—1755 年英国关税收入及在财政收入中的占比动态变化

---

[1] 《马克思恩格斯全集》第 21 卷,北京:人民出版社,1965 年,第 414 页。

重要的是,英国对国内产业的保护并不局限于关税这一种措施,而是具有多样性的。在英国那个时代,另一种重要保护是专利制度。例如,1624 年的专利法尽管是在中世纪特许制度的基础上产生的[①],但是由于它既从技术产权的角度保证了发明人的利益,又从社会利益的角度保证了技术共享的好处,使得自此之后技术发明在英国成为一种被人热衷的活动,所取得的专利数目呈现出递增的趋势。由此产生的技术创新和积累,为日后工业革命在英国发生并且将英国推上无与伦比的工业强国地位,奠定了坚实的制度基础。

2. 贸易扩展和保护政策系统

英国为了实现战略构想,除了要在国内培育强大工业能力外,还要开拓庞大的外部市场而在出口方面不断取得突破。这就需要一系列政策作为保障。

(1)《航海条例》。

英国 1381 年颁布了《航海条例》。但是,由于运力不足等客观条件和执行不力等主观因素,该条例在英国并没有很好地落实。这种状况维持了很长时间。直到 17 世纪中叶,英国为了适应自己殖民地已有相当发展的需要,也为了对抗当时海上强国即荷兰的影响,于是相继颁布了《航海条例》。例如在 1650 年《航海条例》中英国规定:禁止外国商人与拥护斯图亚特王朝的美洲殖民地的贸易关系;如无英国许可,外国商船不得与它们通商。在劝诱荷兰并入英国无果之后,英国国会旋即通过规定得更加明确的 1651 年《航海条例》。其中最重要的是:唯英国船只才能在英国各口岸进行贸易;将商品运入英国、爱尔兰或英国殖民地者,对亚洲、非洲和美洲而言唯有英国船只或英国船员居多的船只才被允许,对欧洲而言唯有英国船只或商品出产国的船只才被允许;即使是英国船只,也唯有从原产地直接运来者才被允许。这些条例极大地维护了英国的海上利益。这里,海上利益既包括商业利益,也包括与之相关的军事利益,自然会遭到既得利益国的强烈反对。英荷战争即由此而激发。同时,这些条例也包含孤立殖民地和排除他国力量染指自己的殖民地的用意。

(2)特许公司制度。

在英国重商主义当中,特许公司制度将国家力量与企业精神紧密结合起来,成为经济发展战略当中不可或缺的一环。英国的特许公司既是一种具有垄断性质的

---

① 魏建国:《论英国 1624 年〈专利法〉的产生及其意义》,《青海师范大学学报(哲学社会科学版)》2004 年第 2 期。

商业组织，又是一种带有浓厚国家性质的政治组织。① 它主要是由早前的规约公司发展而来的，承担着开拓海外殖民地、垄断殖民地贸易、供养英国商船队甚至海军等重任，是英国重商主义在海外得以徐徐展开的一种重要工具。其中，对于中国人来说，英属东印度公司最为有名；对于美国人来说，独立之前的13个殖民地因获得英王特许而相继开发，令其怀着别样的心情看待那一段历史。在重商主义意义上，特许公司与政治的关系尤其值得强调。这种公司既然获得了国王特许，自然要兼顾国王的利益，比如执行国家海外政策和宣传国家荣誉等。反过来，当这些特许公司在海外获得了殖民地和巨大经济利益并且为国王利益做了一定的考虑之后，又会要求国王进一步给予对自己有利的政策，即在政治上逐步获得话语权，成为左右国家政策的一支力量；并且，这种海外商业和殖民活动，对于英国军力建设也产生了深远的影响——不仅海军成为英国发展之必需和支柱，而且其财政支撑的很大一部分，建立在来自殖民地的商业利益的基础上。也正因为如此，在英国获得特许状的公司不仅被自己而且被当时的社会视为一种高贵身份的象征。它们与普通的零售商截然不同。赫克歇尔（Eli F. Heckscher）引用一位律师的话说："关于国内零售商……我们认为他们处于下等，与商人之名不相称。……然而，商人冒险家是并且也应被视为贵族同伴，无比尊贵，因为他勇敢地在大海上冒险，实现了我们的富有；也因为他是高贵的批发商，使各色人等获得利润，他给我们带来希望。"② 与之对应，获得特许状之后，对于加入公司的人员也有严格的要求。

（3）殖民地开拓政策。

在早期阶段，葡萄牙与西班牙是在各自开拓殖民地这样的基础上崛起的，只是到了后期才发生彼此之间争夺殖民地的情形。与西班牙、葡萄牙不同的是，荷兰崛起于对殖民地的争夺。此后的英国就更是如此了。因此，除了极少数的比如在北美直接开拓的殖民地外，英国崛起主要是在争夺殖民地的过程中实现的。从这个意义上说，争夺殖民地的政策是其重商主义政策的一个重要组成部分。但需要注意的是，英国针对不同的殖民地采取的是因地制宜，从而具有很大差别的政策。例如，对于自己初次开拓和主要由其子民构成的北美殖民地，英国采取了相对宽容的

---

① 东印度公司等获得特许状的公司，"有权管理新发现或侵占的地域，在那里建立法院、制定地方法律、授予头衔、修筑堡垒、调动军队、发动战争，以及与非基督教王公和国家缔结和平，粉碎任何威胁他们特权的东西，逮捕和驱逐未经允许在他们的领地经商的人，在一些情况下，甚至有权铸造货币以供地方流通"。参见李新宽：《国家与市场——英国重商主义时代的历史解读》，北京：中央编译出版社，2013年，第154页。

② Eli F. Heckscher, *Mercantilism*, vol. 1, New York: 1983, p. 379.

和实行内部自治的政策,尽管它也服从于母国的经济和政治利益。对于争夺而来的海外殖民地比如印度,英国采取的是更为决绝和专制的政策。英国人主要控制印度官僚体系中的高级职位,摧毁印度原来具有竞争力的产业,使其仅仅成为英国产品的销售地和农产品及原材料的进口方,完全服务于英国经济大循环的需要。因此,正如马克思所说的那样,对于英国而言,在印度实行那样的殖民政策,是为了实现双重使命①:一方面,摧毁印度旧有的社会结构和生产方式,比如土地制度和手工棉纺业等;另一方面,在将印度转变为为英国服务的殖民国家的过程中,又将其裹挟到资本主义生产方式之下,在印度做了大量投资,比如铁路。前者即破坏作用,在于通过商品输出和资本输出改变印度的社会结构与生产方式,以便英国的产品能够占领印度的庞大市场;后者即生产作用,(客观上)在印度会"创造新的生产力"和"播下新的社会因素",进而使印度能够更好地为实现英国的利益服务。②

(4)出口促进政策。

在英国重商主义政策中,通过进口管制而对国内产业实施保护和对英国产品实施出口促进政策,乃是金属货币时代追求贸易顺差的两个不同方面。这两者也是贯通的。孟说:"若要繁荣昌盛,必须想方设法通过贸易出售多余产品,换回外国货币和我国所需物品。"③就出口促进政策而言,英国很长时间里实施的是奖励政策。维纳说:

> 1673年,对谷物给予出口奖励。但是,这种奖励仅有效运行了大约五年时间;借由著名的1689年《谷物法》,产生了新的出口奖励政策。中间除了几次临时性中断外,这个法案一直生效到1815年。后来,又对亚麻和丝制品、帆布、牛肉、咸肉以及其他商品给予出口奖励。而这些直到19世纪才被废除。④

不过,谷物出口奖励一度导致了争论。

与制成品不同,英国对原材料是限制出口的。英国重商主义者早就强调了这一点。例如,英国重商主义者认为外国人买进廉价英国羊毛并将其作为原材料,加工成纺织品(如呢绒)后再高价卖给英国人,赚取了更多货币。因此,若对原材料进

---

① 郑家馨:《关于殖民主义"双重使命"的研究》,《世界历史》1997年第2期。
② 《马克思恩格斯全集》第9卷,北京:人民出版社,1961年,第247—251页。
③ 托马斯·孟:《论英国东印度贸易》,载托马斯·孟、尼古拉斯·巴尔本、达德利·诺斯:《贸易论》,北京:商务印书馆,1997年,第36—37页。
④ Jacob Viner, *Studies in the Theory of International Trade*, New York, London: Harper & Brothers Publishers, 1937, pp. 69—70.

行控制,不仅在货币上有利,而且可以提供国内就业,发展国内制造业。例如,在1549年,王室颁布严厉法令,对没有特许证而出口了羊毛的人,处以两倍羊毛出口价格的罚款,将羊毛所有者投入监狱。[①] 对半成品或中间产品的出口,英国也做了限制。例如,1512年、1514年和1536年,英国政府多次强调低价向国外出口未经加工的呢绒属于犯罪行为。[②]

第三节　英国后经典时代的重商主义

重商主义自从在1776年遭到斯密系统性批驳之后,作为一种学说,它的流行,由于遇到了新学说的挑战而受到了"致命"影响。但是,这并不意味着自这一年开始,英国经济政策立即发生了转折性变化。事实上,自此之后,英国重商主义政策依然延续了很长时间,直到19世纪中叶,它才系统性地退出英国历史舞台。此前,我们一直强调,重商主义是一个由经济思想与经济政策构成的体系。由此可以这样说,讨论英国重商主义的时候,我们要将它从18世纪末延续到19世纪中叶。由此产生了英国重商主义的后经典时代。这里,1854年是个比较特别的年份。这一年,作为重商主义重要政策的《航海条例》的最后残余,也被英国抛弃了。

一、自由贸易思想早已出现并且引起辩论

其实,在《国富论》出版之前,后世至为看重的自由贸易思想就已经出现了。[③] 例如,巴本(Nicholas Barbon)从贸易利益以及贸易报复出发,反对国家采取禁止一切外国进口货物的法律。他说:"任何国家制定禁止一切外国货物的法律,都会使其他国家也制定同样的法律,后果将是毁掉一切对外贸易。"巴本从货币充裕和国民福利这个角度进一步认为:"阻碍贸易的法律,不论是关于对外贸易或是国内贸易,不论是关于货币或是其他商品,都不是使一个民族富裕、使货币和资本充裕的

[①] 陈曦文:《英国16世纪经济变革与政策研究》,北京:首都师范大学出版社,2005年,第166—167页。
[②] 同上,第109页。
[③] 欧文曾经说:"'自由贸易'一词显然出现于16世纪末,当时议会就外贸垄断问题进行辩论时首次使用了该术语。"参见[美]道格拉斯·欧文:《国富策:自由贸易还是保护贸易?》,上海:华东师范大学出版社,2013年,第60页。

要素。"①重要的是,在斯密之前,对自由贸易进行倡导的远不止巴本一人。例如,奈特(Frank H. Knight)说,比斯密早大约一个世纪,孟、巴本、查尔斯·达维南特(Charles Davenant)、乔赛亚·蔡尔德(Josiah Child)、达德利·诺斯(Dudley North)等人,就把自由贸易的思想阐述得像斯密一样清楚。②因此,说斯密最早倡导了自由贸易思想,乃是一种误传。其实,商人们早就知道,贸易无论是对供给者还是对需求者而言,都带来了利益上的提升(至少是不降低),他们努力促成交易时,从中实现了自己的利益;对贸易权力的垄断,仅仅对垄断权力的授予者和获得者在特定条件下才是有利的。

至于国际贸易学说,在斯密通过《国富论》比较完整地给出绝对成本说之前,也早已有人做出了相似的表述;并且,其表述的完善程度,也并不亚于斯密。例如,马丁(Henry Martyn)早在1701年的时候就发表了《关于东印度贸易的思考》。这本小册子共80页,对英国与印度之间的贸易提出了自由主义主张;不仅如此,他还是从(后来通过斯密成为经典的)成本比较的角度来进行分析的。③他之所以赞同英国从印度进口丝绸和棉纺织品,给出的理由乃是劳动成本在印度更低。他将劳动分工原理运用于国际贸易,认为英国从印度进口棉织品而不是自己生产棉织品,相当于采用了节省劳动的发明或新的生产技术,通过英国生产和出口更多其他商品,可以得到更多棉织品。他还将此观点推而广之,认为即使在考虑航运成本的前提下,英国通过自由贸易也可以从中受惠。例如,他说:

> 我们国内的需求可以借助其他国家的航运交流而得到满足,所花费的劳动会最少、最轻。借此,我们得以品尝阿拉伯的香料,又不需要遭受香料产地灼热太阳的烘烤;我们亮丽地穿着丝绸衣服,可自己的双手从未织造过绸缎;我们喝着葡萄酒,但自己从未种植过葡萄树;我们得到了矿山中的金银财宝,但我们从未挖过矿井。我们不过是扬帆远航在大海,从而收获了世界上每个国家的产出。④

---

① [英]托马斯·孟等:《贸易论(三种)》,北京:商务印书馆,1965年,第119页。
② Knight, Frank H., *On the History and Method of Economics*, The University of Chicago Press, 1956, p. 6.
③ 例如,"他的论述详尽透彻、体系严密,而且最为难得的是,具有锐利的分析性,在对主题的探讨中展示了巨大的清晰度和坚韧性。马丁干脆利落的经济学推论远远超越了自己的同代人,在对自由贸易理由的分析性贡献方面,马丁甚至超越了亚当·斯密。"参见[美]道格拉斯·欧文:《国富策:自由贸易还是保护贸易?》,上海:华东师范大学出版社,2013年,第76页。
④ Martyn Henry, *Considerations upon the East India Trade*, A. & J. Churchill, 1701, pp. 58—59. 转引自[美]道格拉斯·欧文:《国富策:自由贸易还是保护贸易?》,上海:华东师范大学出版社,2013年,第79页。

在这里，马丁描述的是一幅通过自由贸易而实现普遍和谐的画面。这里所说的普遍和谐，包括两层意思：第一层意思是通过自由贸易，各个国家都可以从中受益；第二层意思是通过自由贸易，各个国家中的各个行业的人民都可以从中受益。另外，我们还要注意的是，马丁写作这本小册子的时候，英国依然流行着重商主义。马丁与其他重商主义者不同的是，他强调自由贸易的利益以及隐藏在这种利益背后的经济学逻辑；但是，他与其他重商主义者又是存在某些相同点的，他依然看重贵金属的作用，强调获得金银财宝。这里需要指出的是，马丁是不需要担心金银等贵金属枯竭这样的问题的。因为通过自由贸易，各国可以获得它；国家之间不存在非经济方面的利益争夺，国家无须储备大量贵金属或货币以备不时之需。这样一来，马丁就在目标上与传统重商主义者产生了深刻的分歧。因此，我们可以这样说：正是在英国传统重商主义时代，产生了一种与重商主义思想在本质上格格不入的新学术，即对自由贸易利益的存在性及其实现机制的分析性论证。

但是，在马丁那个年代，自由贸易思想在英国是不可能成为被广泛接受的主流思想的。因为在那个时候，英国在欧洲还有一众强大的对手（特别是法国），英国对于自由贸易还没有战略转型方面的迫切需要。但是，在斯密写作《国富论》的那个年代，社会历史背景和国际格局已经很不相同了，当时已经呈现出了一些具有趋势性的苗头。其中最重要的又是，在重商主义政策等支撑下英国陆续取得了技术突破，有望在不久的将来荣登生产技术最先进国家的宝座。而这个格局一旦形成，对国家贸易理论必将产生新的需求。正是在这样的时代背景下，斯密祖述了在其之前早已形成的国际贸易理论，为英国未来战略性地提供了适合时宜的国际贸易理论。事实上，斯密是达成了自己的目的的。因为，在《国富论》出版不久之后，英国就完成了产业革命，并且借此成就了世界第一工业、经济和国力强国的地位，自由贸易理论所需要的战略条件也就历史地成熟了。同时，也正是在这样的背景下，英国就经济自由主义的自由贸易政策和重商主义的保护贸易政策产生了激烈辩论。

二、贸易政策辩论与贸易政策演变

斯密去世之后的半个多世纪里，在英国，重商主义政策并没有立即终结，而是在贸易保护主义与贸易自由主义的争论中继续发挥作用。在这个时代，贸易学说之间的竞争与英国发展战略之间的转换，成为两个相互关联的大主题；而在这个时代行将结束的时候，关于国际贸易的学说、政策与战略又几乎都停止了争论，走向了自由贸易这个当时看来一定是(而实际上并不一定是)众望所归的终点。

1. 自由贸易理论进展

斯密从绝对成本比较的角度论证自由贸易的可能性和效率优势；但是绝对成本的比较优势是基于苛刻的条件的。这就意味着，即使在这个意义上自由贸易的有效性和存在性能够得到说明，那也并不意味着自由贸易就一定是普适的，因为就成本比较而言还存在其他一些情形。考虑到这一点，李嘉图(David Ricardo)将研究推广到比较成本这个更具普遍意义的情形，证明在比较优势意义上，一个国家生产和出口自己具有比较优势的产品，同时进口另一国家具有比较优势的产品，两国从这样的自由贸易中都可以获益。这个 2×2 模型(即两国两产品模型)固然提供了理论上的完备性；但是，这种完备性在更高维模型中是否存在，受到了质疑。同时，自由贸易总是被先验地假定为各个国家在生产成本的基础上，并不附加诸如关税等人为限制或干扰因素。这也就引出了一个需要研究的政策性问题，即关税在自由贸易中究竟扮演了怎样的角色。沿着这条途径，与李嘉图一道(其实是更早一点，即 1815 年)创立比较成本说的托伦斯(Robert Torrens)做出了原创性贡献，他是从贸易条件角度来进行论证的。从他的论证中，我们既可以看到自由贸易在效率上的优越性，又可以看到引入关税这个政策性因素后，基于贸易条件进行分析可以引出国家干预带来的经济效果。同时，正是由于他的理论具有两面讨好的特征，也就很自然地会被两派(即自由贸易派和保护贸易派)攻击，以至于"在随后近百年里便成了众人羞与为伍的异类"[①]。尽管在那时，人们对贸易条件还没有做出准确定义，但托伦斯的独特之处在于，他发现通过关税政策可以改变贸易条件，特别是通过关税设置可使贸易条件变得对自己有利，进而改变两国的生产结构。这就从一个特定角度论证了关税具有战略意义。同时，他还看到了关税设置的动态效果。他认为一个国家开始提高关税的时候可以引起贸易顺差，进而使贵金属向国内汇集，对国内工资、物价、利润等产生相应的影响。但是，对于一国关税政策，其他国家会根据自身条件和目的做出反应。正因为如此，国家之间应对等地进行互惠贸易，单边优惠和单边征税都是不可取的。针对贸易措施，他说：

> 当其他国家同意按照同等优惠的条件接纳英国产品时，便降低这些国家输入英国产品的关税；当其他国家对英国产品实施禁令或者课以高

---

① 参见[美]道格拉斯·欧文：《国富策：自由贸易还是保护贸易？》，上海：华东师范大学出版社，2013 年，第 135 页。

关税时,则对这些国家生产的输英产品也实施禁令或者课以高关税,只有最基本的必需品除外。①

就英国贸易政策后续发展来说,托伦斯的这种主张并没有被广泛接受和执行。

2. 贸易政策的利益集团纠葛

对于英国贸易政策特别是关税政策来说,利益集团纠葛表现得格外明显。就《谷物法》而言,其目的是在兼顾英国谷物供需的基础上维护土地所有者的利益。但是,这与工业资本家的利益存在冲突,以至于围绕《谷物法》的兴废和修订,两大利益集团各有代理人出面进行宣传、鼓动和抗争。不仅如此,这两种力量发出的不同声音在政策上最终落实到怎样的程度,取决于英国在世界格局中处于怎样的位置,即它与英国经济战略方向及调整是密切相关的。这里,我们且不说谷物尚有剩余的年代英国对其实行(前文已经提及的)出口鼓励的政策,主要强调成为谷物进口国之后英国对进口进行限制的政策。其主要做法是当国内谷物均价低于某个设定的水平时,禁止进口农产品或对进口征以高关税。例如,拿破仑战争和英美第二次战争甫一结束,英国就在1815年再次颁布《谷物法》,规定小麦价格低于每夸脱80先令时禁止进口。这样的法令事关土地所有者、工业资本家和工人的利益,引起了激烈争论,故此后经历了一系列调整,直到1846年才最终被取消。这个时候,英国已不再犹豫,而是坚定地走自由贸易道路了。这个时候废除《谷物法》,英国的目的之一是给出一种"善意",希望以此作为具有吸引力的交换条件,诱使其他相关国家与之相向而行。

需要注意的是:其一,英国之所以在1815年再次颁布《谷物法》,除了与英国财政因战争变得困难有关外,还与当时思想界存在不同认识有关。其中,李嘉图是倾向于自由贸易的;但是,马尔萨斯(Thomas R. Malthus)认为要对谷物贸易采取国家干预的立场。当然,他的意思并不是采用极高的关税使之完全不能进口,而是设立适当的关税对谷物进口予以调节,通过适当保护来维持谷物市场的安全;特别是在对工业品实行保护关税制度的时候,不应对谷物实行自由贸易,否则会伤害农业资本家的投资兴趣,因为一方面不得不以垄断价格(包含关税)购买所需的工业品,

---

① Torrens Robert, *Letters on Commercial Policy*, London: Longman, 1833, p.6. 转引自[美]道格拉斯·欧文:《国富策:自由贸易还是保护贸易?》,上海:华东师范大学出版社,2013年,第138页。由此不禁想起早在1793年,托马斯·杰斐逊在《关于合众国贸易在外国所获优惠和所受限制的报告》中提出的类似政策主张,尽管他没有给出理论说明。参见[美]托马斯·杰斐逊:《杰斐逊选集》,北京:商务印书馆,2012年,第316—317页。

另一方面在出售自己生产的农产品时又不得不接受因竞争导致的极低价格。① 其二,英国重新颁布《谷物法》之后,各个利益集团的活动也就次第展开了。例如曼彻斯特几大工厂主创立反谷物法协会,后来又演变为由曼彻斯特学派[其主要领导人是科布登(Richard Cobden)和布莱特(John Bright)]领导的反谷物法同盟。② 这个同盟组织募捐、举办演说、创办杂志、递交请愿甚至起义(在这个过程中,这个组织以《谷物法》抬高了谷物价格,从而损害了工人和农民的购买力为由,欺骗性地利用广大工人阶级和农民阶级,一度得到了他们的同情甚至支持。但是,认清这些活动只不过是迎合了资本家的利益之后,工人和农民的态度随之发生了改变),通过宣传鼓动以影响政治决策。其三,《谷物法》于1815年重新颁布后面临越发激烈的反对声浪,又是与这段时期里英国工业飞速发展联系在一起的。例如,从英国经济结构变化来看,1811年农业产值的占比为35.7%,居于首位;而到1831年,工业产值便占了首位,达到了34.4%。③ 在经济结构高速变化的过程中,工业中纺织业的发展尤其令人瞩目。而作为上升力量的资本家阶级为了实现自己的利益,需要在海外拓展市场,为自己庞大的供给能力和剩余价值的实现创造市场条件。于是,《谷物法》以及其他妨碍自由贸易的政策也就成为他们的对立面而需要予以推翻。

围绕着利益集团的斗争,在现在讨论的时段内,英国重商主义政策除了以《谷物法》作为它的中心外,主要还有非农商品进口关税和《航海条例》。对于前者,从1842年开始,英国也以比在那之前要快得多的速度降低了,而在阶级利益影响上则是"1842年的关税改革和1846年的自由贸易法使土地贵族直接成为工业资产阶级的牺牲品"④;对于后者,英国在1848年颁布法令予以废除,并且在1854年,其政策残余被彻底肃清了。到了这个时候,英国由于经济和技术的发展,在政策上已经需要摆脱重商主义的束缚而进入新阶段。正是在这种利益要求和战略诉求下,英法1860年签订的《科布登—舍瓦利埃条约》成为英国引领世界第一波贸易自由化潮流的标志。

---

① [英]马尔萨斯:《论谷物法的影响:地租的性质与发展》,北京:商务印书馆,1960年,第18页。
② 郭继兰:《曼彻斯特学派与英国经济自由主义》,《史学月刊》2010年第6期。
③ P. Deane and W. A. Cole, *British Economic Growth 1688－1959: Trends and Structure*, Cambridge University Press, 1969, p. 156, 166.
④ 《马克思恩格斯全集》第七卷,北京:人民出版社,1965年,第516页。

第四节　英国重商主义分期问题

从思想、政策和战略的高度，我们可以认同维纳对重商主义本质的归纳。他说，就重商主义而言：

(1)政策应该严格根据国家主义观点来制定和执行，即它关注的仅仅是国家利益。(2)在评估国家和对外贸易政策的任何相关方面的时候，总是将主要注意力放在它对国家贵金属库存的影响上，不管这种影响是直接的，还是间接的。(3)在国内缺乏金矿或银矿这种情形下，国家的基本目的应该是获得大量出口对进口的差额，并且把它当作使国家贵金属库存不断增长的可行的和唯一的方法。(4)对一个国家"有利的"贸易差额，可以通过出口鼓励和进口限制或者在这些方面间接起作用的其他措施而获得。(5)政治的和经济的对外政策，乃用于追求财富和"权力"（包括后来所说的安全）这两个相互协调和彼此支持的不变的国家目标，在财富与权力当中，任何一个都可用作获取另一个的手段。[①]

以此为准则并且结合前几节的阐述，我们有比较充分的证据对英国重商主义分期问题做出全新的说明。

一、传统分期的不足

传统的经济思想史教科书以及大部分专著主要从思想角度，将英国重商主义时期划定于16—18世纪。表2.1中列出了若干陈说。但是对重商主义分期问题，素有研究的学者有不同看法。例如，戴安娜·伍德认为："中世纪晚期商业体系的基础是渴望发展国家的权力和财富，认为世界的资源是恒定的，通过贸易从一个国家流向另一个国家，一国之所得，即另一国之所失。这样，每一个国家的目标是维持有利于自己的平衡，而实现这一目标的一些手段，是保护国内工业、向贸易商授予垄断权、限制工资、严控原材料出口，伴以强调出口制成品和控制海洋。"[②]另外，

[①] Viner Jacob, Mercantilism Thought, in Douglas A. Irwin, ed, *Essays on the Intellectual History of Economics*, Princeton University Press, 1991, pp. 262-263.

[②] Diana Wood, *Medieval Economic Thought*, London: Cambridge University Press, 2004, p. 111.

怀塔克(Edmund Whittake)认为:(1)可以将英国重商主义的开始时间,向前推一推。他说:"通常将英国重商主义的起点定位于'玫瑰战争'结束至亨利七世继位的 1485 年①;但是,在一些思想表述和政策措施中,在此之前早就带有重商主义的意味了。"(2)可以将英国重商主义的结束时间向后推一推。他说:"直到 19 世纪上半叶,某些主要的重商主义法规才从英国的法令文书中删除,尽管其中某些重商主义法规在此之前早已不起作用了。"(3)因此,从总体上说,英国重商主义跨越了一个相当长的历史时期。他说:"重商主义是一种松散的思想与实践的联结体,它于 1500—1800 年流行于西欧国家及其海外附属国。"②最近,我国也有一些学者不囿于成说,大胆地认为:"作为一种学说,重商主义产生于 15 世纪,全盛于 16 世纪和 17 世纪,衰落于 18 世纪下半叶。"但是,"作为一种经济政策体系,重商主义持续到了 19 世纪 30 年代英国工业革命完成之时"。③ 需要强调的是,他们都从思想与政策两个角度及其结合而对重商主义进行时期划分。角度要是不同,划分结果必然存在一定的差异。其实,单是这种差异就有它的深刻含义。重商主义思想在起初的时候,必然是比较零星的,并且是较少记载的;但是,重商主义政策往往得到了记载,并且因为它影响了经济结果而较易被观察。从这个角度来说,在划分时期的时候,与按照重商主义思想进行划分的起讫时间相比,按照重商主义政策进行划分的起讫时间会具有如下特征:重商主义政策的出现时间,早于重商主义思想的出现时间;重商主义政策的结束时间,晚于重商主义思想的结束时间。

表 2.1   英国重商主义分期:若干陈说

作 者	分 期
李新宽④	1500—1750 年(其中雏形期:1500 年—17 世纪 20 年代;成熟期:17 世纪 20—90 年代;完善期:17 世纪 90 年代—18 世纪 50 年代)
马格努松⑤	17—18 世纪(主要是 1624—1750 年)

---

① 1485 年,贤王亨利七世继位,开辟了长达 128 年的都铎王朝(1485—1603 年)时代。都铎王朝时代盛行的重商主义,为英国后来的崛起奠定了思想和制度基础。
② Edmund Whittake, *Schools and Streams of Economic Thought*, Chicago: Rand Mcnally & Commany, 1960, p. 31.
③ 贾根良、张志:《为什么教科书中有关重商主义的流行看法是错误的》,《经济理论与经济管理》2017 年第 11 期。
④ 李新宽:《英国重商主义思想的分期问题》,《武汉大学学报(人文科学版)》2008 年第 6 期。
⑤ 拉尔斯·马格努松:《重商主义:为中文版而作》,载于拉尔斯·马格努松:《重商主义经济学》,上海:上海财经大学出版社,2001 年,第 1—2 页。

续表

作　者	分　期
马涛①	1500—1776 年
贾根良、张志②	15 世纪—19 世纪 30 年代
Edmund Whittake③	1485 年—19 世纪上半叶

二、新分期及理由

就英国而言,(1)从政策角度考察重商主义的时候,起始时间可以大致确定于 14 世纪 30—50 年代。此前,重商主义政策已经零星地出现了;但是,有两大事件值得我们特别注意。一是有赖于重商主义政策,英国羊绒从 1350 年开始出口了,英国重商主义已经取得了一定的成果;二是"百年战争"于 1337 年开始了,英国重商主义的发展很大程度上是财政压力的结果。但是,比较系统的重商主义思想,是一个世纪之后才比较完整地出现的。它集中体现于 15 世纪 30—40 年代由佚名作者撰写的《英国政策小册子》之中——它确立了英国未来大战略的基本轮廓。(2)从政策角度考察重商主义的时候,结束时间可以确定为 1849 年。在 19 世纪 40 年代,英国终于大幅度降低了进口关税、取消了谷物税等一系列重要的重商主义政策,进入了自由贸易时代。但是,在重商主义思想方面,在 1776 年的时候就被亚当·斯密在《国富论》中严厉批判,重商主义思想此后再也没有什么实质性发展了。因此,就重商主义在英国的结束而言,很显然是基于思想的重商主义远早于基于政策的重商主义的。

对于英国崛起,重商主义曾经起了关键作用。因此,在重商主义被英国放弃之前,必然经历了一个思想交锋和政策辩论时期。可以这样说,《国富论》出版后,在英国工业能力和国力不断壮大的背景下,自由贸易与保护贸易就一直处于思想交锋和政策辩论氛围中。特别是从 19 世纪初期开始,英国工业能力已接近于它的顶峰状态。这个时候,一方面,欧洲很多国家羡慕英国的成功,转而向其学习重商主

---

① 马涛:《经济学范式的演变》,北京:高等教育出版社,2017 年,第 414 页。
② 贾根良、张志:《为什么教科书中有关重商主义的流行看法是错误的》,《经济理论与经济管理》2017 年第 11 期。
③ Edmund Whittake, Schools and Streams of Economic Thought, Chicago: Rand Mcnally & Commany, 1960, p. 31.

义政策,保护自己的制成品市场;另一方面,英国又具有向欧洲大陆倾销其工业品进而侵占其市场的能力。于是,在欧洲关于自由贸易和保护贸易的争论此起彼伏。单就英国而言,正如肯沃德(A. G. Kenwood)和劳赫德(A. L. Lougheed)所说的那样:

> 从十分真切的意义上说,自由贸易学说只是其时代的产物,因为当它成为一个国家的信条时,该国正对自己的实力充满信心,自信能够在夺取市场的斗争中打败所有竞争对手,同时,该国又受自然环境的约束,被迫依赖世界其他地区获取其很大一部分食物和原料供应。①

由此可见,这个时候,英国的对外贸易政策已经发生了方向性转变,既有自身自然资源方面的约束,又有出口需求方面的要求,更有工业生产能力方面的支撑。这种转变是这些方面历史地叠加在一起的时候英国所做出的战略性选择。

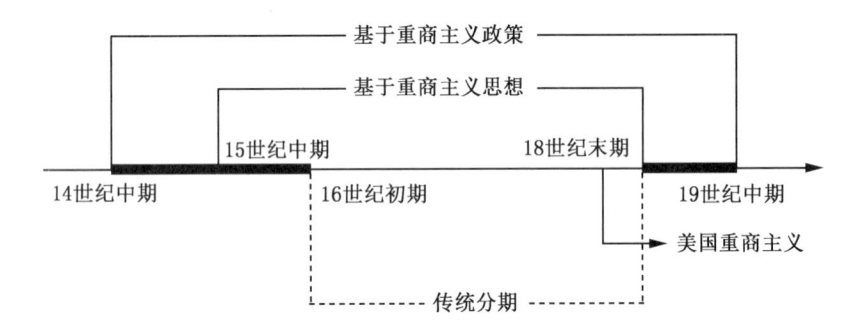

图 2.3 英国重商主义分期和传统分期之间的比较

对于我们所做的英国重商主义分期和传统分期之间的差异,可见图 2.3 中的粗线条部分。在该图中,在横轴上方,是我们的分期;在横轴下方,是传统意义上的分期。因此,在英国,传统分期下重商主义仅通行了大约 3 个世纪;在我们的分期下,重商主义则通行了大约 5 个世纪——它比传统分期多出了大约 2 个世纪。即在传统分期的基础上,向前推了大约一个半世纪,同时又向后推了半个多世纪;并且,我们在分期上之所以做出前推与后推决定,主要是由于英国重商主义政策出现得较早而结束得较晚。此外,我们还可以看到:(1)从时间上看,美国重商主义接续了欧洲特别是英国重商主义,并且从一开始便进入了"重工主义"阶段。(2)英国和美国在一段重叠时期上(美国政府成立的 1789 年至英国开始全面走向自由贸易的

---

① Kenwood A. G. and Lougheed A. L., *The Growth of the International Economy 1820—1960*, London: George Allen & Unwin Ltd., 1971, p. 80.

1849年)都处于重商主义阶段。(3)美国政府成立后,无论是以1763年还是以1776年作为标准,英国经典重商主义已成为过去。这可能是大部分经济学家认为美国与重商主义无关的一个重要原因。

本章小结

本章试图为此后研究美国重商主义建立一个可以比较的参照。尊重英国历史,我们突破经济思想史中一个流行已久的观念,即英国重商主义存在于16—18世纪,进而认为英国重商主义可以向前追溯至中世纪晚期的14世纪30—50年代,向后延伸至19世纪40—50年代。我们这样分期,主要是从英国重商主义政策这个角度进行考虑的。历史分析一再说明,英国重商主义其实是一套关于(国家)权力和财富的经济思想和经济政策体系,它具有浓厚的战略意蕴。英国借助于重商主义体系,从一个欧洲"二流"国家,逐步崛起而成为一个庞大的"日不落帝国"。英国崛起有其特定的地缘政治基础。英国的主要战略是:向外开拓殖民地和发展国际贸易,向内支持和促进工商业发展。这种思路的产生,除了特殊的地缘政治条件和资源结构条件外,英国还从当时先发国家,比如葡萄牙、西班牙和荷兰那里吸取了经验和教训。英国在崛起过程中,从主要竞争对手,比如法国和荷兰那里,或者是直接收获了战争红利(如从英荷海战),或者是从战争挫折中(如百年战争)汲取了战略性教训,并且及时和适当地转换了战略方向。这一点尤其重要。

第三章

美国重商主义生成背景

美国政府成立之后,其独具特色的重商主义并不是凭空出现的,而是具有深厚的历史、思想和战略根源的。这里,我们要研究的是美国重商主义的生成背景(联邦政府成立之前的情形)。为此,我们认为需要对美国独立之前英国在 13 个殖民地实施的一系列政策及其影响做一点回顾,需要对美国独立之后至政府成立之前的若干关键性文件的精神实质做一些说明,还需要对美国奠基者的经济思想和美国将来欲达成的目标等做一点介绍。这一章不仅要起过渡的作用,而且要为说明美国后来为什么选择了那样的重商主义道路埋下伏笔。

第一节 英国重商主义政策的影响

一、英国重商主义政策与美国独立

在展开叙述之前,我们先谈一下美国选择独立建国的缘由将有助于问题变得清晰起来。这里要强调的一点是,尽管英国重商主义政策对北美 13 个殖民地的影响是颇为复杂的,但也只是在"七年战争"结束后,当英国针对殖民地采取激烈政策的时候,才使美国人对英国政策的感受发生了变化。美国人认为,英国的激烈政策对自己未来的(财产)自由会产生巨大隐患,进而形成了"危机"想象。重要的是,力

量与选择有时刚好来自想象。从这个角度出发,李剑鸣认为:

> 建国精英以"自由的危机"为核心的"危机"想象,成为进行革命动员、推进国家建构的主导话语。根据这种"危机"话语,英国对殖民地的征税和其他举措,并非单纯的经济问题,而是对自由的严重威胁。①

对"危机"想象在触发美国独立中的作用进行强调,其背后是具有复杂的历史背景的。例如,在比这要早得多的时候,有人从经济发展中就窥探到了一些殖民地走向独立的苗头。例如,在北美13个殖民地中,新英格兰与其他殖民地相比,已经具有明显的异质性,主要是它的制造业和商业比较突出。1671年,一位英国伯爵说,新英格兰人是:

> 一个人口众多和日渐兴旺的民族,在20年之内,很可能(就是内战或其他事件也不能阻挠他们)变得更加强大和富饶,根本不再考虑保持其对老英格兰的依附。②

这段话,一方面反映了新英格兰当时的实际经济发展情况;另一方面也说明,在英国重商主义政策下,美国经济结构在区域上很不平衡,其中一部分殖民地的工商业依然得到了快速发展。这也就意味着:其一,英国在北美13个殖民地实行重商主义政策,并没有使殖民地走向单一的经济结构和完全扼杀工商业的发展。其二,除宗主国政策的影响之外,对于殖民地产业结构的形成和发展,还存在其他重要的决定因素。利用上面两段引文,我们在这里想要说明的是:英国重商主义政策不仅对殖民地经济的影响是复杂的,而且在激起殖民地人民独立建国的情绪中的作用也是复杂的。对此,经济史家各有自己的判断。其中,阿塔克(Jeremy Atack)和帕塞尔(Peter Passell)兼顾了这两个方面。他们说:

> 对于大多数殖民者的生活,重商主义限制措施所起的直接影响不太大。然而,重商主义的一个基本前提是殖民地应使母国的福利得到加强,而殖民地也正确地认识到《航海条例》是英国对殖民地进行经济剥削的有力工具。殖民者还认识到英国国会不会忽视这一对殖民地进行无限剥削的机会。当然,1776年以后,英国和殖民地双方的态度都开始发生变化。并且,虽然《航海条例》和其他重商主义限制措施并未加速独立战争的到

---

① 李剑鸣:《"危机"想象与美国革命的特征》,《中国社会科学》2010年第3期。
② 转引自 Stephen Innes, *Creating the Commonwealth: The Economic Culture of Puritan New England*, New York: W. W. Norton & Company, 1995, p. 22.

来,但它们有力地象征着埋藏在双方冲突背后的经济差异。[①]

另外,对于北美殖民地内部发展的异质性,我们还可以从人口学角度得到一定的解释。例如,在图3.1中,我们清楚地看到,在制造业相对发达的新英格兰地区,在1780年之前,白人占比一直是相对较高的,黑人占比一直是相对较低的(其比较对象是中部特别是南部殖民地)。这种结果是由资源禀赋、人口流动、产业发展等方面内生决定的。与黑人相比,从欧洲流入殖民地的白人,拥有比较高的文化程度和比较丰富的(手)工业经验。于是,区位较优但自然特别是土地资源较差的新英格兰地区,成为白人聚居从而制造业得到较好发展的地区,而区位较差但自然特别是土地资源较优的南部地区,则成为种植园经济比较发达进而黑人占比较高的地区。由此也可看到,地理因素对社会经济发展的影响是基础性的和长期性的。

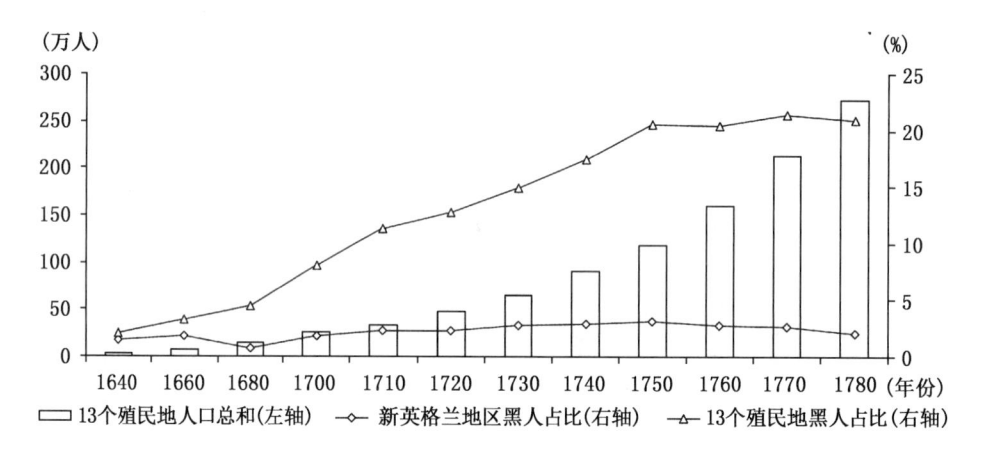

数据来源:作者计算。原始数据来自John J. McMusker and Russell Menard, *The Economy of British America 1607—1789*, Chapel Hill: University of North Carolina Press, 1985, pp. 103, 136, 172, 203.

图3.1　1640—1780年美国人口规模和人口结构

现在,我们可以给出一个粗略的图景,即在美国获得独立前:(1)英国重商主义政策对13个殖民地的影响相当复杂,其中一个方面是这种政策的突然恶化激起了殖民地人民的"危机"想象;(2)这种影响又是具有明显的产业和区域特点的,工商业比较发达的地区成为那时的人们觉得最可能独立的地区。(3)英美经济结构具有明显的非对称性,特别是英国在工商业上对13个殖民地具有比较优势。尽管如此,针对英国重

[①] 阿塔克等:《新美国经济史:从殖民地时期到1940年》(上),北京:中国社会科学出版社,2000年,第76页。

商主义对美国经济发展的影响这个问题,经济学家的看法并不一致。

二、亚当·斯密的两重认识

在美国独立之前,北美13个殖民地早就受到了宗主国英国的重商主义政策的影响。然而,对于它的影响,即使是英国那个时代最重要的经济学家,比如亚当·斯密,也认为它是二重的。斯密一方面认为,英国对北美殖民地确实采用了一系列重商主义政策,但是那些重商主义政策与当时以及以前的葡萄牙、西班牙和法国在它们的殖民地上所采用的重商主义政策相比较,又是相对好一些的。正是这种相对较好的政策,使得北美殖民地的经济快速发展起来。另一方面,斯密又认为美国未来沿着发展农业这条道路前进才是最好的选择,自己垄断性地发展尚且不具有优势的工商业和航运业等,是没有什么必要的。因此,在斯密的经济理论中,其实包含了一种隐蔽的战略意图,它服务于如下战略目的:使具有优势地位的中心国(即英国)永葆优势地位,使具有劣势地位的殖民地(如美国)永远处于外围。这样,殖民地也就成为英国全球经济大循环当中一个可控的和有用的支持系统。

1. 英国重商主义政策乃坏中之最好

在《国富论》中,亚当·斯密是将建立殖民地当作一种重要的重商主义政策来看待的。他认为,如果财富取决于金银,那么一个没有金银矿山的国家,只有通过贸易顺差才能输入金银,从而增加财富,因此重商主义必然主张尽量减少供国内消费的外国商品的输入,尽量增加国内能够生产的产品的输出;并且,相应地,重商主义使国家致富的两大手段是限制输入和促进输出。在促进输出的政策中,就国家间关系而言:一是与主权国家订立对自己有利的通商条约;二是在遥远国家建立殖民地,以至于母国的货物和商人在那里可以享有所需要的特权(特别是贸易独占权)。在美国独立前,北美十三州是英国重要的殖民地。因此,美国发展和走向独立,是可以视为英国重商主义政策的结果的。

采用历史证据进行分析后,斯密一般性地指出,欧洲人在美洲建立殖民地并不是起因于必要,反倒是它所带来的后果具有不确定性。他一方面说:"进步最快的殖民地,要算英国北美洲殖民地了。"另一方面又说:"英国在北美殖民地拥有的土地,并没有西班牙人和葡萄牙人拥有的殖民地的土地好;但是,英国殖民地拥有相对较好的政治制度,有利于土地改良和耕作。"①其一,殖民地的法律规定,土地所有者有义务在限定期限内改良并耕作其中一部分土地,若不履行这种法律责任,则可将土地交予他人。其二,在宾夕法尼亚州,没有长子继承权,土地像动产一样,平均分配给家中一切子女;在新英格兰,仅3省法律规定长子可得双份。其三,英国移民对母国的国防和行政费用没有什么贡献,殖民地的赋税较适中,土地所有者可以得到大部分土地生产物,从而具有生产积极性。其四,与其他殖民地相比,英国殖民地的剩余产品具有更好的市场。即英国并不像其他殖民国家那样,要求殖民地的剩余产品一定要销往母国,而是只对"列举商品"提出较苛刻的要求,处置"非列举商品"的自由度比较大,仅在《航海条例》中规定了运输船只的选择。因此,斯密的总体评价是:

> 关于殖民地贸易,英国的政策,虽然和其他各国一样,受着重商主义精神的支配,但总的来说,不像任何其他国家那么褊狭,那么令人难受。②

由此可见,斯密的意思是:其一,由于英国在北美殖民地采取了比较宽松、比较优越的政策,才使北美殖民地取得了相对来说发展和进步更快一些。其二,建立殖民地并不是一种好的政策选择;只是在这种不好的政策当中,英国的政策比葡萄牙和西班牙以及法国的政策更好一些而已。

2. 重商主义政策使美国专注于农业且未来应该发扬这个优势

为了说明自己构建的自由主义经济学体系具有优越性,斯密在《国富论》中给出了一个与之对立的、可以作为批评对象的重商主义体系。斯密想要说明的是,此前各个国家采用重商主义政策,既不是必要的,也不是高效的;因此,在将来,各国需要抛弃重商主义观念和政策,走向他所说的自由主义经济发展轨道。

对于北美殖民地的发展,除了上面提到的外,斯密还在其自由主义经济思想的框架内,做了一种可以称为理论史学的考察。例如,在论述了如下观点,即一国资本不足以同时经营农业、制造业和出口贸易这三种事业的情形下,这个国家的富裕程度必然还没有达到自然所允许的最高点之后,斯密在《国富论》第二篇第五章中这样说道:

> 英属美洲殖民地,几乎把所有的资本都投在农业上。那里也就主要为了这个原因,才很迅速地日趋于富强。那里,除了家庭制造业和粗糙制

---

① [英]亚当·斯密:《国民财富的性质和原因的研究》(下),北京:商务印书馆,1994年,第143页。
② 同上,第156页。

造业(这种制造业,一定会随着农业的进步而产生,每个家庭的妇女、儿童,都能经营这种工作),就没有制造业。至于输出业和航运业,则大部分由住在英国的商人投资经营。甚至有些省份,特别是弗吉尼亚和马里兰,经营零售生意的店铺和栈房亦为居住在母国的商人所有。……假设美洲人联合起来,或用其他激烈手段,阻止欧洲制造品输入,使能够制造同种物品的本地人有独占的机会,因而使本地大部分资本转投到制造业上,结果将不但不能加速他们年产物价值的增进,恐怕还会加以阻碍;不但不能使其国家渐臻于富强,恐怕还会加以妨害。同样,如果他们要设法垄断全部输出业,结果也许更会如此。①

这段话清楚地表明了斯密的观点,即就英国的北美殖民地而言,财富还没有达到自然所允许的最高点,仍然处于一个比较初级的阶段,即资本主要投在农业上,制造业和输出业还主要依赖于英国资本。这个时候美国人如果想要超越这个发展阶段,其结果是必然损害而不是增进了他们的发展和福利。这又隐含了两重意思:其一,在将来相当长的一段时期里,美国人仍然一如既往地从事农业生产好了,在那个产业上已经具有了绝对优势。过去,那条道路使美国人日趋富裕起来;将来,亦复如此。其二,美国人没有必要去想可以采用重商主义手段,通过保护主义等政策把欧洲特别是英国的制造品排除在外而自己进行生产,那并不是其优势之所在。至于出口贸易,美国人也不用自己进行经营了,由英国人经营就足够了。由此可见,斯密的隐含目的,只不过是在固化英国的优势地位的同时,固化美国的依附状态而已。

不过,话又要说回来。斯密也曾深刻地认识到,即使任由经济自然发展,美国将来也是会走向一个出现都市商业从而对农业产生深刻影响的阶段的;并且,到了那时,都市工商业对农业确实会产生积极影响。例如,他总结性地认为:其一,都市商业的发展,可以为农产品提供巨大的市场。这将通过消费这条途径,对农村的开发与改进起鼓励作用。其二,都市居民获得的收入,通常用于购买农村土地,特别是尚未开垦的土地,从而将资本引入农业。其三,都市商业的发展,将使秩序、好政府等积极因素逐渐深入农村,使农村居民从原来彼此争夺和对上司的依赖中解脱出来,安全和自由都得以增进。因此,对于英属北美殖民地,斯密的真意是其最好沿着自然路径发展。他认为,人为干预以使经济发展的阶段提前,是没有什么必要

---

① [英]亚当·斯密:《国民财富的性质和原因的研究》,北京:商务印书馆,1994年,第336—337页。

且不能获得任何好处的;并且,美国采用自然方式发展经济的结果,对宗主国英国来说是最优的。

三、英国重商主义政策及对北美殖民地经济的真实影响

美国寻求独立的原因固然复杂;但是,打破英国重商主义政策强加在自己身上的枷锁,可能是一个不能忽视的方面。[①] 从经济意义上说,美国奠基者具有这样的判断,即英国在美洲殖民地实施的重商主义政策,对美国经济发展产生了结构性危害。

1. 英国重商主义的主要政策

为了讨论这种影响,我们需要知道英国对北美殖民地究竟采取了哪些重商主义政策。[②] 我们可以这样说,英国对殖民地采取的政策,完全是从母国利益的角度进行考虑的。但是,即使是在这样的原则下采取的重商主义政策,对北美殖民地的影响也是可以分成两个方面的。

就英国对北美殖民地在独立之前所采取的重商主义政策而言,应该指出的主要是:(1)主要服务于王国的商业目的。在美国独立前,英国在北美建立殖民地已有一个多世纪的历史了。这些殖民地,一方面作为英国制造品的销售市场和英国消费品的供给市场而具有重要的经济价值;另一方面,在当时的制度安排下,这些经济交往(当然还包括相关的转口贸易)还会给英国王室增加财政收入。尽管管理殖民地是需要成本的,尽管在斯密看来这种财政贡献对英国来说意义不大,以至于他认为英国可以放弃北美殖民地;但是,由此获得的权力对国王的尊严和荣誉来说是重要的,更何况随着殖民地发展,它的经济和财政贡献可能变大。(2)英国对北美殖民地生产的产品,按照自身利益进行了类型划分。其中,值得提及的是"列举商品",只能经由宗主国才能进入欧洲大陆市场。斯密说:

  列举商品,有两类。第一类,是美洲特有的产物,或是母国所不能生产的产物,至少亦是母国所不生产的产物,属于这一类的,如蜜糖、咖啡、椰子果、烟草、红胡椒、生姜、鲸须、生丝、棉花、海狸皮和美洲其他各种毛皮、靛青、黄佛提树及其他各种染色树木。第二类,非美洲所特有的产物,

---

[①] 王晓德:《美国早期历史上的经济民族主义及其影响》,《南开学报(哲学社会科学版)》2006年第1期。
[②] 王晓德:《英国对北美殖民地的重商主义政策及其影响》,《历史研究》2003年第6期。

母国也能够生产,但其产量不足供应其需要,以至于大部分要仰仗于外国。属于这一类的,如一切海军用品、船桅、帆桁、牙墙、松脂、柏油、松香油、生铁、铁条、铜矿、生皮、皮革、锅罐、珍珠灰。①

很显然,就"列举商品"当中的第一类而言,由于完全控制了它们在英国的市场,它们在英国市场上的价格也就相应地被决定了;并且,当它们被销往除英国之外的(欧洲大陆)市场的时候,又要先运到英国,经英国转口之后才能进入其他市场。这就或者降低了殖民地的这些产品在除英国之外的市场的竞争力,或者因这种转口限制而丧失了本来可以由殖民地得到的那部分利益。就"列举商品"当中的第二类而言,其在英国市场上的讲究也很多。首先,不要妨碍母国同种商品在英国市场上的售卖,即殖民地的产品在英国市场上最多能够获得剩余的市场;其次,在此前提下,殖民地的产品与外国的产品需要在英国的市场上进行竞争。这样,为了保证母国的利益以及兼顾自己殖民地的利益,就要对殖民地和其他外国的同类商品因进入英国的市场而适当征收不同的关税。另外,这种关税安排还有一个目的,那就是对那些在贸易差额上对英国不利的国家的产品,通过有针对性的高关税来抑制其在英国市场上的销售。比如说,对于第二类商品中的生铁和铁条,对来自殖民地的商品征收较低的关税,而对来自非殖民地的外国商品征收很高的关税。因此,这在市场限制上固然是不利于殖民地的,但是在关税设置上,又是照顾了殖民地利益的。(3)在货物出口环节的设置和货物运输手段的选择上,英国提出了一系列特别要求。学者们大多认为,在对美洲殖民地的经济影响最大的重商主义政策中,恐怕要数《航海条例》了。其主要内容是:非英国公民建造或者拥有的船只,禁止与殖民地进行贸易;与殖民地进行贸易的船只,必须雇用 3/4 以上的英国公民作为船员;英国殖民地生产的"列举商品",或者直接运往英国进行销售,即使销往欧洲大陆,也需要经停英国,并且重新装船之后再运往目的地。当然,英国《航海条例》自 1381 年颁布以来并不是一成不变的,而是做了很多的修订的,只是通过垄断贸易和海运从而服务于英国发展战略的宗旨并没有改变而已。(4)限制殖民地与母国形成竞争关系的那些制造业的发展。例如,正如上面提到的,英国是允许北美殖民地生产生铁和铁条并且向英国出口的;但是,生铁和铁条向英国出口的时候,它们所扮演的角色只是原材料;而殖民地使用这样的原材料生产哪怕是铁钉那样的简单制成品,也是被宗主国法律所禁止的。

---

① [英]亚当·斯密:《国民财富的性质和原因的研究》(下卷),北京:商务印书馆,1994 年,第 150 页。

由此可以看到,在英国针对北美殖民地的重商主义政策中,很大一部分是有损于殖民地的经济发展的。如对进口自殖民地的产品征收关税,限制殖民地产品在国际贸易中运输方式的选择,不允许殖民地对原材料进行深加工,经由英国转口和重装再出口的规定增加了殖民地产品的销售成本并降低了它的国际竞争力等;但是,我们仍然要说,英国政策对殖民地经济的发展也是有一定的照顾的。如在关税上,对殖民地的产品和非殖民地的某些外国的产品采取区别对待的办法,认可了殖民地产品的市场地位。然而,问题的关键主要是,美国独立前夕至 1789 年政府成立的那段时期里,美国奠基者对英国重商主义政策的影响究竟是怎样评论的。这必然牵涉两个方面。一是英国的重商主义政策,在美国寻求独立建国的决策中扮演了怎样的角色。对此,上文已经有所提及。鉴于这并不是本书研究重点,此后便不再展开。二是英国重商主义政策对美国经济结构的形成起了怎样的作用。因为美国后来产生的经济发展思想、选择的经济发展战略和制定的经济发展政策,都是以此作为出发点的。

2. 英国重商主义政策的真实影响

英国在北美殖民地实施的重商主义政策对美国经济结构和区域分布产生了复杂的影响。对此可以这样说:英国的重商主义政策使得农业成为殖民地的主导产业;同时,经济结构又表现出了明显的区域异质性。单就休斯(Jonathan Hughes)和凯恩(Louis Cain)指认的以 1607—1783 年作为一个整体的殖民地而言,13 个殖民地之所以产生在那些地方,地理因素起了至关重要的作用。它与是否已经存在或者可以修建港口是联系在一起的,因为这牵涉到是否可以与位居大西洋彼岸的母国方便地建立各种联系,即是否可以方便地对人员与货物进行转运;它也与这些港口或者城镇是否具有大片腹地有关,因为这牵涉到是否可以生产大量的农产品和取得大量的原材料,除供殖民地之需外,还为母国做出贡献。[①] 13 个殖民地相继成立后,也因港口的差异和腹地的差异以及自然资源和气候环境的差异,使得 13 个殖民地在英国重商主义政策的规约下,在产业结构和经济发展方面表现出了明显的差异性。(1)对于中部和新英格兰殖民地来说,工商业已经取得了初步发展。例如,按照布雷顿博(Carl Bridenbaugh)的估计,在北方四大商业城市(即波士顿、纽

---

① [美]乔纳森·休斯、路易斯·凯恩:《美国经济史》,上海:格致出版社、上海人民出版社,2013 年,第 30—31 页。

约、纽波特和费城)中,1/3—1/2 有收入的雇工(有数千人)是手工业者。[①] 这也就说明,尽管英国在殖民地采取了重商主义政策,但是由于各种条件的汇集,一些简单的制造业还是被诱致出来并且扩散开来了。其中,纺织业固然是制造业的重点,但其他行业比如碾磨、皮革加工、木工、蒸馏、蔗糖提纯、造船、纺纱、制帽等,也已有所发展。只不过制造业发展中的很多方面,毕竟与母国的利益相冲突,英国采用重商主义政策进行压制和控制也是具有经济方面的理由的。只不过大致在 1763 年之前,殖民地人民对这种政策的反感并没有明显的和集中的表达;及至"七年战争"结束,英国因财政需要粗暴地加重了殖民地负担,才激起了他们的普遍愤怒,特别是对未来进一步丧失(财产)自由产生了深深恐惧。这里需要提及的还有两点。一是这些殖民地特别是新英格兰的殖民地,贫瘠的土地资源既对其产业发展产生了重要影响,即逼迫它朝着发展工商业的方向前进,同时也因产品的差异性而加强了自己与南方殖民地的商业关系。二是那块土地上的人们,对保护工商业发展这样的政策产生了渴求。(2)与北方相反,南方殖民地的农业条件要优越得多;并且,采用奴隶进行耕作的种植园制度成为重要组织方式。这就造成了下面这样的局面:首先,生产了大量农业剩余,可供出口到外国;并且,殖民地的母国对农产品又有持久的和大量的需求。这就使得北美殖民地,特别是南方殖民地,成为为英国提供廉价农产品的重要基地。其次,自然资源和人地结构决定了在南方殖民地的产业分工中,农业变成了具有优势地位的产业。至于所生产的农作物,那既要看农产品出口市场对它提出了怎样的要求,又要看当时具有怎样的农作物品种资源。最后(并且很自然地),南方殖民地的制成品需求的满足,主要依赖于进口,特别是从母国进口。因此,自由贸易也就成为那片土地上的人们所普遍认同的原则。对于种植园主来说尤其是那样,因为他们自己及其家庭成员的奢侈消费依赖于它,他们的奴隶的一些生存也需要依赖于它。从这个意义上说,南方殖民地对英国重商主义政策的感受与北方是很不相同的。(3)殖民地的经济不仅具有产业差异和区域差异,而且在以《航海条例》为代表的重商主义政策的强制下,贸易方向和贸易结构都呈现出了明显的特点。按照谢菲尔德(James F. Shepherd)和华尔顿(Gary M. Walton)的数据,1768—1772 年间,殖民地对宗主国英国的出口占其总出口的 56%,殖民地自英国的进口占其总进口的 80%。这两个方面,都远远超出了与其相邻的西印度

---

① Carl Bridenbaugh, *Cities in Revolt: Urban Life in America, 1743 — 1776*, New York: Alfred A. Knopf,1955, p. 272.

群岛的贸易规模。不仅如此,就北美 13 个殖民地而言,由于产业结构存在明显的区域差异,在贸易结构上也有清晰的表现——殖民地出口尤其如此。例如,在新英格兰和中部殖民地,主要的出口目的地是西印度群岛。其中,新英格兰出口的是具有比较优势的木材及制品、水产品、小工业制成品等;而中部殖民地出口的主要是谷物、皮革、面粉、牲畜、小工业制成品等。但是,就农业资源相对丰富得多的南方殖民地而言,对英国的出口占了绝对优势的地位。[①] 我们由此可以看到,与自然资源特征有关的比较优势,以及包括《航海条例》在内的重商主义政策等,对国际贸易是同时起作用的。

尽管如此,经济史家迄今为止的研究基本上倾向于认同如下结论:对于北美殖民地的经济发展来说,宗主国英国的重商主义政策尽管存在一定的负面作用,其中又以《航海条例》的影响为最,但是这种政策在总体上的作用并不是很大,在 1763 年之前,北美殖民地的人民对它的反感并不是很强烈;但是,"七年战争"结束之后,英国主要为了增加财政收入和加强对西部领土的控制而出台的一系列法规,使殖民地人民逐渐感到自己的权利在加速丧失,认为这对他们的自由可能产生前所未有的(包括财产在内的)利益挤压,以至于需要通过独立建国这样的极端决策,来维护自己恐怕行将进一步丧失的自由。

第二节 本土两种流行经济学说

合众国政府成立前,美国本土已经产生过不少经济学说。但是,就对后来的影响来说,只有美国本土重农学派与工商业学派才最值得一提。

一、美国本土重农学派

在美国奠基者那一代人中,在政府成立之前就已经形成了一种占一定优势的观念,即美国农业的发展对于欧洲,特别是前宗主国英国而言是必不可少的,美国很大程度上变成了英国的生命线;如果英国不尊重殖民地人民的感情、要求和权利

---

① James F. Shepherd and Gary M. Walton, *Shipping, Maritime Trade, and the Economic Development of North America*, Cambridge: Cambridge University Press, 1972, pp160—161.

等,北美13个殖民地的人民,是有力量和有条件独立建国的。彼时,北美殖民地的观察家普遍认为,美利坚的农产品和原料,是支撑英国经济运转至为重要的方面;美国在农业上具有优势,原料也十分丰富;美国为英国民众提供的生活必需品和为英国制造业提供的原材料一旦中断,英国经济运转就将面临崩溃;相反,对美国来说,这种中断只不过意味着出口下降,美国离开了外部市场,仍能保持运转。

在美国政府成立之前大约20年里,美国形成了本土重农学派。其代表人物包括杰斐逊(Thomas Jefferson)和富兰克林(Benjamin Franklin)。其中,又以杰斐逊的认识最为典型。杰斐逊受法国重农主义观念的影响,向往着在美国发展出一个像古代中国那样的有韧性的和可延续的小农社会,民众与土地建立起紧密的和天然的联系。杰斐逊重农主义的美国化构建,很大程度上是当时美国南方主流经济思想的体现。他之所以被称为"美国农业之父",一个重要原因正在于他将自耕农制度与独立和自由等观念紧密联系了起来。受维吉尔和西塞罗等人思想的影响,他梦想着美国成为一个充满田园情趣的农业国家;他还赞赏法国重农学派代表人物魁奈(Francois Quesnay)等人的观点,强调农业在价值创造中的作用。这种观念在美国公众中其实得到了广泛欢迎和认可。在《弗吉尼亚笔记》(作于1781年,但在1782—1783年冬进行了修改和补充)中的"问题十九",关于弗吉尼亚的"制造业、商业、内贸和外贸现状如何?"这一问中,杰斐逊对当时和未来的产业结构发表了见解。他说:

> 我们有无限的土地需要农民来辛勤耕耘。因此,是让全体人民都致力于改进土地好呢?还是让一半人离开土地去为另一半人制造产品或手工艺品好呢?那些在地里劳动的人是上帝的选民,如果上帝曾经有过选民,使他们的胸膛成为储藏真正的美德的地方。这里是上帝使圣火熊熊燃烧的中心,不然圣火就会从地球表面消失。农民道德败坏这种现象是任何时代、任何国家都举不出一个例子的。道德败坏是这样一些人的标志,这些人不是像农民那样仰望上苍,依靠自己的土地和勤劳来过活,而是依靠意外事故和顾客的变化无常来从中获利。依赖心会产生奴性及唯利是图,扼杀美德的萌芽,为野心家的阴谋提供合适的工具。这是工艺的天然发展和结果,有时可能被意外的情况阻止,但是,一般来说,在任何一个国家,其他各阶级公民总数与农民总数之比,就是不健康部分与健康部分之比,并且是反映腐化程度的理想的指标。因此,当我们有地可以耕种的时候,决不希望看到我们的人民在操作机器或纺纱。木匠、石匠、铁匠

在农业中是短缺的;但是,就制造业的全面运转来说,还是让我们的工场留在欧洲吧。把粮食和原料运给欧洲的工人,要胜于把欧洲工人带到这里来吃粮食和使用原料,把他们的生活习惯和行为准则也一并带来。横渡大西洋运输货物的损失,可以从人民幸福和政府永世长存中获得补偿。大城市乱民之于完美政府,犹如溃疡之于人的肌体。使一个共和国永葆青春的是人民的行为举止和精神。这方面的蜕化是个恶疽,很快就侵蚀到它的法律和宪法的核心中去。①

从这段著名文字中,我们看到了"杰斐逊的农业理想国"②。确实,杰斐逊是怀有一种农业理想主义情结的。对此,我们可以进一步从杰斐逊的出生、就学、阅读以及对美国未来发展的思考中细细加以体会。正因为如此,几乎所有学者都将杰斐逊看成褒扬农业和贬抑工商业的代表人物。这固然大抵是不错的(尤其是在担任总统之前)③;但是,我们必须指出:(1)杰斐逊的重农观点是存在很大的片面性的。他尽管看到了农业生产者在道德上的纯粹性;但是,他并没有深刻认识到,一个仅仅拥有农业优势的国家,可能具有巨大的政治脆弱性。当然,这种政治脆弱性,并不是来自农业生产所面对的主要由自然因素(特别是天气等)决定的不确定性。对于这样的不确定性,一个国家是可以通过一定的制度性安排而使其在很大程度上得以平滑的。我们在这里要说的主要是,当已经出现其他类型的国家之后,这样的农业国在面对外敌侵扰的时候,由于战斗能力的不足,往往难以很好地保护自己的农业生产成果,甚至(最后)是自己的土地和国家。(2)杰斐逊固然看到了在工商业中,资本所有者为了实现追求利润这个无穷贪欲而无所不用其极的一面,以至于在经济体系中引入了诸多非道德因素,特别是劳动者不得不面对生存工资的约束,不得不面对环境破坏和污染所带来的痛苦等;同时,在工商业社会中,一个国

---

① [美]托马斯·杰斐逊:《杰斐逊选集》,北京:商务印书馆,2012年,第280—281页。此外,杰斐逊在1785年8月23日于巴黎给约翰·杰伊(John Jay)写了一封保密的信件。其中的表述同样堪称经典。但他对海洋运输的态度已经有了一些转变。[美]托马斯·杰斐逊:《杰斐逊选集》,北京:商务印书馆,2012年,第371—373页。

② 刘祚昌:《杰斐逊的农业理想国》,《美国研究》1989年第3期。

③ 这里需要指出的是,杰斐逊对国际贸易并不持绝对排斥态度。与之相反,他是想美国通过出口农产品而与欧洲交换工业制成品。这样做的目的是将制造业排斥在美国之外。在他看来,制造业带来了种种不能令人接受的恶果,特别是道德的丧失和腐败的滋生。由此也就可以理解,为什么杰斐逊对海洋的利用采取片面理解的态度。在他的观念中,海洋(当时主要是大西洋)起了屏障的作用,可以把欧洲特别是英国的非道德的制造业隔离开来,不让它成为腐蚀美国共和国美德的毒瘤。同时,海洋又起通道的作用,把制造品从欧洲运往美国,把美国农产品运向欧洲。

家的政府也会蜕化为为资本服务的工具。但是,杰斐逊没有看到,资本在满足自己贪欲的过程中,将对生产技术起极大的推动作用。正是这种极大的推动作用,使得不仅农业被卷入资本主义生产方式,而且农业国也会沦落从而变成资本主义工业国的农产品及原料的供给地。也就是说,如果有些国家(特别是资本主义强国)采用工商立国战略,或者在工商业上已取得了优势地位,农业大国将会缺乏竞争力。对于初生的美国来说,这可不是一个好消息。也就是说,美国按照杰斐逊理想中的农业模式来发展经济,其繁荣、独立等都可能招致极大威胁。(3)杰斐逊形成这样的理想模式,在于他主要从非战略的层面来考虑问题。它们主要是自由的保证、美德的形成、情谊的增厚、结果的稳定等。当然,这些方面并不是没有价值的;但是,在国家竞争的国际格局下,这些方面无助于很快地提升国家竞争力。从经济学角度来说,杰斐逊考虑的,也是一种静态最优的稳定状态。但是,它的存在又是有严格的前提的。如果与杰斐逊其他方面的思想结合起来,您也许会说:他是想以这种静态最优的稳定模式为基础,通过土地规模不断扩大来建立一个庞大的"自由帝国"。但是,诚如前面所述,这只是空想而已,除非美国幸运地处于这样的国际背景下,但强国总是卷入无法挣脱的争斗以至于无暇或无力他顾。

二、美国工商业学派

在美国政府成立前,本土重农学派具有一定的优势地位。与本土重农学派具有更好的民众基础不同,美国工商业学派具有一定的政治基础。主要原因是华盛顿(George Washington)尽管与杰斐逊一样都是大奴隶主,但他认为在美国应该加快发展工商业;并且,后来在美国政治与经济发展中起了重大作用的汉密尔顿(Alexander Hamilton),也持与华盛顿类似并且更加系统的观点。需要指出的是,华盛顿与汉密尔顿都是饱经独立战争的风雨并且对战争的需要和残酷深有体会的奠基者,他们出于对美国未来发展前途的担心和考虑,成了美国工商业派的先驱。他们的各种想法比较接近,但又都是经过独立思考形成的。针对独立战争中他们两人的关系,彻诺(Ron Chernow)曾说:

> 汉密尔顿和华盛顿在独立战争中形成的持久联盟,更多地基于两人共同经历的危险与绝望,以及对美国未来的共同期望,而非个人情感。他们从相同的处境中得出相同的结论:(美国)需要组建一支国家军队,需要凌驾于各州之上的中央集权,需要强势的行政机关,需要统一的国家。华

盛顿与汉密尔顿在严酷的战争中形成的统一政见,将帮助他们抵御无数次决裂的危险。①

不仅如此,从独立战争结束直到政府成立这段决定美国未来走向的时期里,他们之间的关系也大抵如此。

1. 华盛顿的考虑

很多人认为,华盛顿对于国家经济事务和经济发展战略等是不太关心的。但是,这并不是历史的真实情况。华盛顿无论是对个人经济事务还是国家经济战略,都深有思考;只是由于他地位特殊,不宜过多发表个人看法。华盛顿对经济战略的思考,主要来自如下三个方面:一是自己作为一个大奴隶主,需要对家庭经济做出管理和思考。二是作为美国的军事统帅,在独立战争时期经历了种种困难和危局,深知军事与经济之间是存在紧密的联系的。在战争年代,军队的供给、辎重的运输、武器的获得等,无不是战役胜败乃至独立战争是否取得预期成果的直接决定因素。这些方面无不与经济具有紧密的联系。三是思索自己的对手为什么那么强大,以及独立之后的美国,需要走怎样的经济发展道路。这些方面使他逐渐形成了这样的观念,即为了美国的独立、繁荣和发展,在发展农业的同时,还要走工商业发展道路。

他是十分看重经济与军事之间的关系以及工商业与国家实力之间的关系的。这在他于1780年5月28日致里德(Joseph Reed)的长信中已经表达得很充分了。这是一封针对里德5月23日信件的回信,除了表达私人友谊外,更重要的是感谢里德(在当时最困难的局面下)提供的支持,以及表达对获得进一步支持的希望。在这封信中,针对英国谈及贸易与海军的关系时华盛顿说:"大不列颠的海上资源比法国和西班牙的更有实力、更加真实。她的贸易范围要比她的两个对手加起来还要广,而且有着最广泛贸易范围的国家总是拥有最强大的海军,这是条公理。"②针对英国谈及经济与战争胜负关系时他说:"现代战争中往往是经济实力的雄厚与否决定着战争的胜负。我担心敌军的经济基础是最雄厚的。尽管她的政府已经负债累累并且理所当然地很穷,但那个国家很富,而且它的财富能提供出的资金是不可能那么容易就消耗完的。此外,他们的公共信贷体制也很好,能比其他的任何国家坚持更长的时间。抽象理论家们早就预言了她的衰落,但我们还看不到任何迹象表明她很快就要大难临头了。"③针对西班牙谈及产业发展与国家实力关系时,他进

---

① [美]罗恩·彻诺:《汉密尔顿:美国金融之父》,上海:上海远东出版社,2011年,第130页。
② [美]罗德哈梅尔选编:《华盛顿文集》,沈阳:辽宁教育出版社,2005年,第326页。
③ [美]罗德哈梅尔选编:《华盛顿文集》,沈阳:辽宁教育出版社,2005年,第326页。

一步说:"西班牙从她的矿产中获得了巨大的财富,但财富的数额并没有普遍想象的那么大。最近几年,政府的利润大幅度下降。贸易和工业是一个国家最好的矿藏,而她在这两方面都很缺乏。"[1]特别是他所说的"贸易和工业是一个国家最好的矿藏",其实可以当作一个警句来看待。

进入邦联时代后,华盛顿更多地思考了美国经济发展问题。例如,他在1784年10月10日写给哈里森(Benjamin Harrison)的长信中说:(1)很长时期里,他一直关注交通运输问题。例如,他希望有朝一日能够打通与身后那片价值无限的广袤国土之间的交通联系,开发利用发源于阿巴拉契亚山脉的一二条河流,以方便贸易。同时,他还认为,交通运输建设给贸易所带来的好处,将具有共享的性质。但是,要做到这一点,又是存在诸多困难的。比如说,好处在遥远的将来才会体现出来,而投资又要早做出;这样的工程是跨州的,各个州的意见可能难以达成一致,同时也存在(我们现在所说的)"免费搭车"的问题。(2)在美国,交通运输除了具有重要的经济和贸易利益之外,还具有重要的政治和军事意义。那时,美国的侧翼和后方,都被具有强大力量的外国(如英国、西班牙)所占据,各个州只有通过具有胶结剂作用的利益机制密不可分地联系起来才会有力量,否则一些州可能与那些外国力量结成商贸关系进而产生严重后果。反之,如果美国人做好了交通运输工作,巨大的物流将汇集起来,出口也将得到长足增长;并且,还能避免其他各种麻烦。(3)为了做到这一点,美国需要任命一些诚实的和有能力的并且不抱有地区偏见或偏爱的专员,对詹姆斯河与波托马克河做全程的实地勘察,向公众交付一张描述精确、正确无误并且相互联系的地图,以供设计之用。当然,也可采用包括征集私人探险者在内的手段,让他们来延伸波托马克河或詹姆斯河的航运。这样一来,就可以通过打通水路,将沿岸距离不等的陆地联系起来,大力开发流域经济。(4)拉姆齐利用蒸汽产生机械力而使船运作,对水运来说这是一个非常幸运的发明,将使上述通过航运激活经济和贸易的利益得到更好的体现。[2]

实际上,华盛顿打通航运的设想在第二年就取得了一定的进展。1785年7月25日,华盛顿给汉弗莱斯(David Humphreys)写了一封信,他提出了一个更大的构想。即美国出台政策纲领,为美国向西殖民者打开一扇门,进而为未来开辟密西西比河的航运以及至此殖民的人创造了条件。[3] 同一日,他还给老朋友即法国的

---

[1] [美]罗德哈梅尔选编:《华盛顿文集》,沈阳:辽宁教育出版社,2005年,第327页。
[2] [美]罗德哈梅尔选编:《华盛顿文集》,沈阳:辽宁教育出版社,2005年,第483—488页。
[3] 同上,第501页。

德·拉法耶特侯爵(Marquis de Lafayette)写了一封信,表明为波托马克河航运已得到了40 000英镑捐赠,由他及另外4位董事承担相应事务。他的愿景是,若这项工程能成功,将会使大西洋沿岸的各州和西部的领土紧密联系起来,产生广泛的商业和政治影响。他特别期待的是,这样的连接各州的工程有助于将各州捆绑起来,不至于出现可怕的分裂。①

2. 汉密尔顿的考虑

在美国奠基者当中,无论从哪个方面来说,汉密尔顿都是一个十分特殊的人物。就他的经济思想倾向而言,固然带有浓厚的重商主义与经济自由主义意味,但也不尽然。例如,重农主义在其中也占据了一定的(甚至是重要的)地位。总体而言,他是从美国经济发展与独立、繁荣和权力之间的关系这样的高度来进行思考的。当时,在美国,从事农业生产的人的占比达到了90%以上。但是,汉密尔顿认为,美国将来如果停留在农业社会这样的发展阶段,那么美国将必然永远处于外围状态,沦为强大的欧洲的附庸。

需要指出的是,在汉密尔顿形成自己的经济观念的过程中,除了存在三大差异外,其他方面与华盛顿是比较相似的。这三大差异是:(1)汉密尔顿少时即从事商业活动,对于商业利益的来源以及商业经营具有切身的感受。②(2)汉密尔顿在美国没有什么地产,在考虑美国经济战略构想的时候,不受自身私利的局限。(3)汉密尔顿精通法文,对英法历史特别是经济政策等具有广博和准确的知识,能更好地从欧洲大国那里借鉴成功的经验。其中需要特别指出的是,与杰斐逊农业学派(主要借鉴法国重农学派以及斯密自由主义经济思想)不同,汉密尔顿对英法重商主义思想与政策是多有了解并且加以选择的。正因为如此,汉密尔顿深知,英国此前一

---

① 需要指出的是,华盛顿这样关心上述航运问题,除了为美国的政治、经济和军事等利益做了周全和长远的考虑,我们也不能排除其中完全没有他自己的私心。在1785年7月30日写给埃蒙德·伦道夫的信当中,华盛顿说他所在的州免费赠给他波多马克河与詹姆斯河的航运股各50份。[美]罗德哈梅尔选编:《华盛顿文集》,沈阳:辽宁教育出版社,2005年,第505页。对此,他打算把这些股份捐出来,而为公众谋取利益。但是,这只是明面上的好处。一项可能数额庞大但又是间接的好处是,华盛顿在沿岸拥有的大片地产,很可能由于航运工程的成功而价值大增。除了波多马克河的航运外,华盛顿还曾力主移首都建在波多马克河沿岸。此举尽管屡遭争议,但是后来通过一系列政治交易,终于还是由国会通过《暂时住所法》(Residence Act)而遂了此愿。这个法案尽管画出了65英里长的沿岸区域,但是国会最终又授权华盛顿选定地址。他将地址选在他的弗农山庄(Mont Vernon)北面。其中的讲究,在当时很多人心照不宣。约翰·亚当斯说,华盛顿"没动用自己一分一毫的资产,利用联邦城的建设就大幅提升了自己的地产以及整个家族的价值"。[美]罗恩·切尔诺:《国家的选择:华盛顿与他的时代》,北京:北京联合出版公司,2014年,第163页。

② [美]汉密尔顿把自己少时在比克曼—克鲁杰贸易公司的工作(五年)当作"最有用的教育"。在此,他积累了丰富的贸易工作经验。[美]约翰·菲尔林:《美利坚是怎样炼成的:杰斐逊与汉密尔顿》,北京:商务印书馆,2015年,第9—10页。

系列经济政策,与其经济和产业发展是密切联系在一起的;并且,英国的银行制度、财政制度、海军建设、工业发展等,是作为一个整体而将英国推向世界强国的地位的。既然欧洲强国特别是英国和法国等通过发展工商业而走向了富强,国家力量和权力在空间上广为延伸,那么刚刚从英国殖民地独立出来的美国,并且依然处于英、法等国的殖民地包围之中的美国,也只有快速发展自己的工商业,才可能有朝一日取得与它们相当的力量和权力,从而真正实现独立、繁荣和发展。

但是,汉密尔顿并不是简单地搬用英法重商主义政策,他对美国国情深有了解。(1)他看到了美国日益扩大的市场对外部世界的吸引力,认为这是一个重要的力量来源。(2)国际贸易不仅能够获得直接利益,还可获得诸多间接利益。比如使发展本国国际航运业成为有利可图的产业。他在为各州议会通过联邦宪法而鼓吹的文章中对此说得很清楚:"凡是能够了解下面两点的人,绝不会认为这个主张是幻想:其一是,300万人口(并且还在迅速增长,大部分地方专务农业,而且由于地区条件,看来会继续务农)的市场对任何工业国的重要性;其二是,这样一个国家用本国船只直接运输和用别国船只间接运送其产物往返美国,对于该国的贸易和航海业是有极大的区别。"[①](3)与上面两点相关联的是,美国这么做是对英国的利益和力量的一种有效的削弱。特别是在西印度群岛,美国因地缘优势可与英国展开争夺;并且,这样做还可产生示范效应,最终迫使英国做出一些政策调整。(4)与上面两点相关联的另一点是,美国这么做,会对海军建设提出要求。美国的海军在开始的时候可能并不具有与欧洲列强相抗衡的力量,但是因地缘优势,在西印度群岛一带依然可以发挥非对称作用,特别是在与这些群岛的商业关系中取得一定的特权。[②](5)最重要的是,美国无论是在人的因素上,还是物的因素上,都具有独立自主发展工商业的条件。

在美国宣布独立前,美国是否扛得住英国商业打压就引起了广泛争论。早在1774年12月5日,汉密尔顿在《一个充分的辩护》中说道:

> 我们即使没有任何贸易也能够过活。衣与食可以由我们自己提供。我们的气候适宜于生产棉花、羊毛、亚麻、大麻。……因商业中断而腾出来的那些可以用于开发事业的人手,能够雇用于各种各样的制造业以及其他内部改善事业。如果,当然很肯定,制造业一旦建立起来了,并且在

---

① [美]汉密尔顿、杰伊、麦迪逊:《联邦党人文集》,北京:商务印书馆,2015年,第61页。
② [美]汉密尔顿、杰伊、麦迪逊:《联邦党人文集》,北京:商务印书馆,2015年,第62页。

我们中间扎下了根,它们将为美国未来走向强大和辉煌铺平道路。①

在这段引文中,第一个方面是当时普遍流行的一种看法。但是,第二个方面,即美国转而从与英国的国际贸易中腾出手来发展制造业并且通过内部改善来发展国内商业,在当时强调得还很不够。汉密尔顿把这两个方面放在一起提了出来,具有重要意义。首先,美国人是不怕英国人进行商业封锁的,美国人可以通过内部努力满足基本需求。其次,美国人由此得到了一个逐渐改变自身产业结构的新机遇,在制造业上有所作为,并且为美国将来发展打下了坚实基础。由此可见,汉密尔顿对美国经济发展战略是早就有所思考的。上述基本思想,与刚好于17年之后同一日递交给国会的《关于制造业的报告》的基本思想是一致的。

除了上面提到的外,在合众国政府成立前,汉密尔顿在如下两个方面已经形成了比较系统的观点:(1)尽管将工商业发展视为美国未来发展的重要战略方向,但这绝不意味着他不再重视农业发展。相反,他具有一定的法国重农主义倾向,认可农业部门在生产性上具有优势。他主要是根据欧洲大国的历史经验,从国家力量和国家竞争角度,强调发展制造业对美国独立、繁荣和发展的极端重要性的。(2)对税收是极端看重的,认为它是国家具有力量的标志,是公共福利得到保证的基础。因此,在他的观念中,如对于关税,他既是看重它的财政作用的,又是看重它对国内产业的保护作用的,并且认为这两种作用之间又是存在一定关联的。(3)汉密尔顿通过文献阅读和周密思考,认为英国之所以逐渐走向了强大,与其他国家不一样的地方主要是它建立起了一个三元结构,即"长期债款、中央银行体系和一个充裕的公共债券市场,这个市场可以用来作为汇集财富的手段"②。这也使它在税收负担并不太重的基础上,获得了世界上最强大的政治和经济地位。

我们将杰斐逊与汉密尔顿的看法总结于表3.1。

表3.1　　　　　　　　杰斐逊与汉密尔顿早期观点比较

杰斐逊	汉密尔顿
强调州权	强调联邦权力
强调严守宪法条文	强调美国宪法的精神实质

---

① John C. Hamilton, ed., *The Works of Alexander Hamilton*, Vol. 2, New York: John F. Trow, 1850, p. 12.
② [美]约翰·菲尔林:《美利坚是怎样炼成的:杰斐逊与汉密尔顿》,北京:商务印书馆,2015年,第217页。

续表

杰斐逊	汉密尔顿
强调自由贸易	强调关税保护
经济自由主义者	经济国家主义者
强调农业(小农)发展	强调农、工、商的协调发展
鼓吹大陆扩张	赞成大陆扩张
(自利的)国际道义主义	马基雅维利主义
厌英派代表	师英派代表
主要关注政治、经济、外交	主要关注政治、经济、军事等
经济自由主义代表	经济战略思想先驱

第三节　关于美国发展的战略预想

即使是战略预想，也包括战略环境判断、战略目标设定、战略行动选择三个方面。

一、战略环境判断

独立战争开始前，美国是由英属13个殖民地构成的。其附属地位决定了它服从于宗主国英国的战略安排。但是，"七年战争"结束后，英国因财政需要，粗暴地对待北美十三州。遭到英国粗暴对待后，主要在丧失自由这种"危机想象"的驱使下，美国成功地实现了独立。

彼时(以美国政府成立之前为准)，美国面临的战略环境的主要方面可以概括为：(1)人口稀少，仅300万而已。(2)疆域较小，仅80万平方千米而已。(3)经济相对落后，农业在经济中占比很高，仅在新英格兰和中部殖民地有一些简单的制造业。特别是南方州，农产品主要向欧洲特别是英国出口，制成品主要从欧洲特别是英国进口。(4)尽管已经取得独立地位，但它在经济、贸易和国力上，与欧洲列强特别是英国的差距很大；在自己周边，几乎都是欧洲大国的殖民地。简而言之，在大西洋彼岸，欧洲列强觊觎着它；在自己周边，欧洲列强殖民地环绕着它。

二、战略目标设定

来自欧洲的殖民者是一些比较特殊的移民,他们试图在美国实现自己的理想,同时对欧洲的政治、宗教和经济又有一种不屑之感,希望在美国建立起"山巅之城"。

三、战略行动选择

面对这样的战略环境,同时又抱定了这样的战略目标,在战略行动选择上,也就涉及如下重大问题:(1)选择何种方式建立国家;(2)如何扩大国家;(3)如何增强国力。

对此,美国精英当时做出了很多思考。尽管那时的认识存在或多或少的差异,并且还是未定型的或者说是比较模糊的,但是我们可以这样说:政府成立之后美国崛起大战略的构建,正是以这种曾经比较模糊的认识为基础,在实践过程中不断摸索并且变得越来越清晰的。

1. 以大联邦和强政府建设"山巅之城"

汉密尔顿撰文力促各州议会尽快批准联邦宪法。他满怀激情地说:

> 但愿美国人不屑于做欧洲的工具!但愿十三州结成一个牢不可破的联邦,同心协力建立起伟大的美国制度,不受大西洋彼岸的一切势力或影响的支配,并且还能提出新旧世界交往的条件!①

在此,汉密尔顿将国家构建表述得非常清楚。概括起来为:通过大联邦这种方式,通过不断壮大自身力量,尽快达到能与欧洲大国平起平坐的国际地位。在汉密尔顿看来,美国需要建立一个强有力的政府,通过国家干预实现战略目标。既然如此,也就有必要向欧洲特别是英、法那里学习重商主义政策,走工商立国道路。

2. 尊重州权与建设"山巅之城"

与汉密尔顿不同,杰斐逊希望在美国建立农业理想社会。但是,他的农业理想社会并不是由资本主义性质的大农场构成的,而是由无数个具有自耕农性质的小农构成的;同时,他不希望美国产生一个强有力的中央政府,中央政府权利要受《美

---

① [美]汉密尔顿、杰伊、麦迪逊:《联邦党人文集》,北京:商务印书馆,2015年,第66页。

国宪法》的严格限制,而州权应得到充分尊重。那样,美国就可避免专制的产生,而民主又具有坚实的基础。但是,他的这种理想社会,又是具有强烈的侵略性的。

3. 扩张成为共识

杰斐逊早就希望以殖民地为基础,在美洲建立一个"自由帝国"。这个想法最初是在1780年12月5日写给克拉克(George R. Clark)的信中提出的。从杰斐逊后来的表述来看,具有如下内容:(1)以美联邦这个"安乐窝"为基础,逐渐向外扩张,整个美洲都应包括在内,让它们具有最美妙的前途。(2)各个地区或州具有平等的地位,中央权力对其只起必不可少的限制作用,土地是小农所有制,人人享有充分的自由与平等。(3)主要向欧洲列强的美洲殖民地扩张,将那里的人民解放出来,并且生活在自由平等的政治制度下。(4)借由这种扩张,通过不断压缩欧洲列强在美洲的地盘,使欧洲那个旧世界在美国这个日益扩大的新世界面前逐渐缩小。这种"自由帝国",在本质上是美国的版图扩张与保障"自由"的共和制向外延伸的统一。[1]

杰斐逊的建立"自由帝国"的思想是非常霸道的,其实是英国(更广泛地说是欧洲)扩张主义的一个变种。它的理论基础可以追溯到英国思想家约翰·洛克(John Locke)的"自然权利说",以及其移民始祖所具有的清教使命感。[2] 这种思想在美国奠基者那里是非常普遍的。[3] 例如,富兰克林(Benjamin Franklin)早就认为日后的美利坚帝国应该把加拿大、西属佛罗里达、西印度洋群岛等都包括在内。他们的想法的共同特点是:向外扩张覆盖其他国家的领土直至自然边界;将扩张所至的大陆领土化,基本上不考虑将其殖民地化。

从事后来看,杰斐逊等人的扩张思想,既是美国后来的大陆扩张政策的思想基础,又是"门罗主义"外交原则的思想来源。[4] 沿着这条道路,美国提供了一个关于大国崛起的新的基本构型——它既不同于西班牙的通过开拓和掠夺殖民地以实现国家崛起的基本构型,又不同于英国的通过争夺殖民地进而维持内外经济大循环以实现国家崛起的基本构型。美国道路的独特之处是,在大陆扩张和领土化过程中,主要通过内部经济大循环来实现国家崛起。

---

[1] 王晓德:《杰斐逊的"自由帝国"观及其影响》,《史学月刊》2011年第1期。
[2] 杨卫东:《论美国开国先辈的大陆扩张思想》,《天津师范大学学报(社会科学版)》2005年第2期。
[3] 对这一问题的进一步阐释请见第四章第二节。
[4] 现在仍在国际关系中使用的"门罗主义"一词,也曾被部分史学家美化为美国为了反对神圣同盟武装干涉拉丁美洲的独立而提出的充满善意的概念。但这纯粹是一种谎言。参见罗荣渠:《门罗主义的起源和实质——美国早期扩张主义思想的发展》,《历史研究》1963年第6期。

第四节　重要商业文件与政治文件

一、文件类型

从开始寻求独立至合众国政府成立这段时期里，美国出台了很多重要文件。其中，一些文件不仅具有一定的重商主义特色，而且它们的影响远远超越了那个特定的时段（一些文件或某些文件当中的不少方面，它们的影响延及现今）。这里，我们将这个时期的重要文件分成两大类，即商业文件和政治文件；并且，在本节接下来的部分，我们主要就作为商业文件的《1776年条约计划》和作为政治文件的《美国宪法》与《联邦党人文集》，以重商主义视角加以分析。

二、商业文件：《1776年条约计划》

1. 背景与精神

早在1776年7月18日，亚当斯（John Q. Adams）就给大陆会议递交了一份重要报告。这份报告就是《1776年条约计划》，或称《模范条约》。该报告是由亚当斯作为主席并且包括富兰克林等成员在内的一个委员会[①]，应大陆会议的要求而起草的一份具有蓝本性质的文件。它的目的是提出一些基础性条款，为与其他重要国家建立友好通商关系时提供一个参照。这份报告的中心思想主要是美国与其他重要国家通商时，需要遵守"中立原则"。这份报告历时两个月即被大陆会议批准。这是一份美国与他国通商方面的具有指导意义的基础性文件。美国的"海洋自由"原则也首次得到了官方表达。

在思想层面上，这份报告其实有两个关键词，即"中立原则"与"海洋自由"。这是由美国当时所处的地缘政治环境决定的。半个月之前，即1776年7月4日，由杰斐逊主笔的《独立宣言》已在费城由第二次大陆会议批准。这标志着美国在法律上正式宣布独立了。尽管美国通过这次大陆会议自称为一个独立国家，但十三州的

---

① 包括约翰·亚当斯、本杰明·富兰克林、约翰·迪金森、本杰明·哈里森与罗伯特·莫里斯。

人口依然很少，面积依然不大，各州之间政治上的联系依然松散。因此，与大西洋彼岸的欧洲强国比如说英国和法国相比，美国的力量依然很是弱小。但是，既然宣布独立了，就要以独立国家的身份与相关的国家建立对等的外交关系。特别是在国际经济关系中，既要体现国与国平等的原则，又要适合当时特定的国际政治经济格局，还要兼顾国家的长远发展和根本利益。正是考虑到这些方面，作为模范文本的《1776年条约计划》将"中立原则"与"海洋自由"作为它的中心思想。其实，在国力还弱小的时候，美国既要在"面子"上维护和实现所谓的平等，又要在"里子"上获得实实在在的经济利益。这份报告正好兼顾了这两个方面。因此，在一定意义上，我们可以这样说，这份报告是权衡了各方面利益之后形成的一份战略性文件。

就美国在外交上长期遵循的"中立原则"而言，这份报告首次做出了定调。彼时，美国在国力上尚且无力与欧洲的强国相抗衡，美国人的想法是：美国不要搅和到与欧洲那个旧世界纷繁复杂的纷争中去，最好是按照灵活方便的"中立原则"，仅与它们建立贸易关系，以便取得实际的经济利益，使自己的国家在一个比较宽松的环境下逐渐强大起来，最终取得能够与它们平起平坐的国际地位。就当时而言，很显然，如果不按照"中立原则"行事，美国非但不能与它们平等地进行竞争，反而会在竞争中归于失败而不能达成自己的目标。至于"海洋自由"原则，那主要是由于十三州面向浩瀚的大西洋，具有漫长的海岸线，美国只有越过海洋，才能将自己的影响力播及其他国家，并且通过海洋获得自己的经济利益。因此，"海洋自由"在当时已经是一个现实的要求；更重要的是，随着美国发展，要是没有"海洋自由"做基础，将来强大起来之后，再要求"海洋自由"，必然会遇到各种各样的意想不到的阻力。因此，与其将来艰难地争取"海洋自由"，不如早就宣布"海洋自由"原则。因为在自己的力量还比较弱小的时候提出"海洋自由"原则，是不太会招致太大的阻力的；当时的强国比如英国和法国，根本不会把美国当作一种看得见的严重的威胁性力量来看待。由此可以说，在《1776年条约计划》中宣布"海洋自由"原则，是极具长远战略眼光的。

2. 内容解析

《1776年条约计划》的主要内容有四：一是对于各个交战国来说，中立国公民享有与它们进行贸易的各种自由，仅武器、弹药、马匹等战争禁运品不包括在内；二是中立国公民从事非战争禁运品贸易的时候，可以自由地在中立国与交战国之间的港口以及交战国之间的港口进行；三是"自由船只所载货物自由"，即在中立国船只上发现的交战的一方的非禁运品，不可被交战的另一方所没收；四是中立国的货物,不管它是禁运品还是非禁运品,即使在交战的一方的船只上被发现,交战的另一方也不可以将其没收。这些内容自从被《1776年条约计划》确立之后,就被作为参照而陆续进入美国与其他国家签订的友好通商条约中。例如,在1778年2月6日与法国签订的《美法友好通商条约》、1782年7月8日与荷兰签订的《美荷友好通商条约》、1783年4月3日与瑞典签订的《美瑞友好通商条约》(以及1799年9月30日与俄罗斯签订的《美俄友好通商条约》等)中,《1776年条约计划》当中的诸多要求,都得到了比较具体的体现。因此,可以这样说,这份报告在美国此后的外交以及对外经济关系中起了重要作用。

这份重要计划既然是在亚当斯主导下制定而成的,那自然会体现他的政治、外交和经济思想。亚当斯是美国著名奠基者之一和第二任总统,他的主要身份是政治家、外交家和思想家。他在美国历史上是系统地关注海上权益追求和海上力量建设的先驱性人物。在他的积极的海洋思想的影响下,美国后来逐渐建设成了一个一流的海洋强国(乃至于海洋霸权),对美国维护霸权地位产生了经久影响。他之所以形成了那样的海权思想,一方面是由于他早就对国际商业问题感兴趣,了解先发国家比如英国追求海上利益的思想、政策和手段。例如,他出生于新英格兰地区,那里靠近大西洋;他曾经从事过律师工作,通读过《海上贸易和商业通论》等相关著作。另一方面,在他所处的时代,美国面对的诸多实际问题,都需要借助一系列对海洋的认识、政策和手段来实现。例如,他根据当时的地缘政治环境,前瞻性地认为美国的繁荣和安全,都严重依赖于对海洋的认识、开发和利用(当时主要指的是大西洋)。在他看来,除城市之外,农民、种植园主、地主也通过商业关系而与海洋发生联系;这种联系以海运为纽带而延展到了国外市场;但是,在当时的航海技术下,海运与海军发展密切相关,海运为海军提供具有丰富的航海经验的水手以及必不可少的物资和资金,海军为国际海运提供必要的保护,以至于海运与海军总是联动地发展的;至于商业,对美国来说,是值得充分重视的,它具有广泛的政治经济意义。他在与杰斐逊的通信中简洁地说:"在我们的政治交往中,我们追求三个主要目标,即政治与国内自由、商业自由和宗教自由。"[1]这三个主要目标,都与海洋权力及海洋利用有关。另外,不仅在《1776年条约计划》中,亚当斯的海洋思想已经有所体现,在此后的岁月里,特别是美国政府成立之后他担任重要政治职务的时期

---

[1] Cappon L. J., *The Adams-Jefferson Letters*: *The Complete Correspondence between Thomas Jefferson and Abigail and John Adams*, North Carolina: University of North Carolina Press, 1987, p. 22.

里,他的海权思想(特别是"中立原则"与"自由航行"观念)又得到了进一步发挥并且付诸实践;对于海军建设,亚当斯更是认为通过海军不仅可以构建一个海上力量体系从而威慑敌人,而且可以提升民族自尊和保护商业安全。

单就当时情形而言,亚当斯通过《1776年条约计划》还有另外一种重要目的,即为了对抗英国而实现美国独立,以友好合作的态度争取获得欧洲国家特别是法国的有力支持。当然,获得这样的支持又是有一定的前提的。亚当斯说:

> 一是无任何政治联系,不屈从于她的任何权力,不接受她派来的任何官员;二是无任何军事联系,不接受她派来的任何军队;三是只有商业联系,即缔结条约接受法国的船只进入我们的港口,让法国保证也允许殖民地的船只进入她的港口,为殖民地提供武器、大炮、硝石、火药、帆布和钢铁等。①

但是,这种不卷入欧洲政治和军事纷争的理想状态,只不过是一种不切实际的愿望罢了。事实上,尽管根据《1776年条约计划》,美国最早同法国签订了《美法友好通商条约》;但是,仅仅在商业上进行合作的初衷终于还是被打破了,美法走上了结盟以对抗英国的道路。不过,美国当时合作的目标为法国,又是把握住了欧洲局势发展而提供的契机的。因为此前不久的1756—1763年爆发了"七年战争",英法两国的利益冲突最终延伸到了遥远的北美,法国也需要获得美国的策应和支持。从这个意义上说,在那个时期,美法联盟乃是水到渠成,各取所需。

当然,《1776年条约计划》除了反映了亚当斯个人的海权思想外,还反映了他们那一代人"定位"美国在国际社会中所扮演的角色的意识形态取向。② 在美国开国先辈那一代人中,其实很多人是具有矛盾心理的。一方面,对商业行为在道德上并不是高度认同,甚至认为通过贱买贵卖而获得利润的商业行为会腐蚀共和美德。他们当中的一部分人接受了重农主义的观点,认为只有农业才是财富的真正来源。其中,富兰克林和杰斐逊是重要代表人物。另一方面,对自己的对手即英国之所以强大的根源又充满了好奇,并且把工业和商业看作它具有强大国力的真正基础。其中,华盛顿特别是汉密尔顿是重要代表人物。不过,这两派的商业观点除了在道德与政治意义上存在很大差别之外,在通过商业可以获得经济利益这一点上又是存在一定的共识的。例如,富兰克林说:

---

① Paul H. Smith, ed., *Letters of Delegates to Congress*, 1774—1789, Vol.Ⅲ, Washington D. C.: Library of Congress, 1978, p. 326.
② 王晓德:《一七七六年"条约计划"及其对美国早期外交的影响》,《历史研究》2010年第5期。

> 国家获得财富的途径仅三条而已。一是通过战争,像罗马人掠夺被征服的邻邦那样;二是依靠商业欺诈;三是依靠农业,这是唯一诚实的途径。①

需要特别指出的是,在 5 人委员会中,迪金森对于英国的发展战略以及工商业在英国国力建设中的重要性说得最为简洁和清楚。② 例如,1765 年 12 月 7 日他在《关于不列颠殖民地近期规章制度的考察》中说,就英国而言:

> 她的繁荣依赖于她的商业;她的商业依赖于她的制造业;她的制造业依赖于她的制造品市场;最可靠和最有优势的市场,是由殖民地提供的。③

作为一个追求独立建国并且在将来要与欧洲平起平坐的美国来说,在很多方面向英国学习是一条可供参考的道路。后来,美国在对英国道路做出深刻解读的基础上,结合地缘政治特点选择了一条很大程度上不同于英国的美国道路。但是,英国重商主义立国方向在美国得到了继承、延伸和发扬。我们可以这样说,尽管《1776 年条约计划》也包含了诸多政治思想、外交思想甚至军事思想,但它主要是一个具有实际操作意义的商业性文件。因此,它的问世,应该是美国独立之后走向重商主义的一个标志性事件。

对于这个判断,有人可能会提出反对的意见,认为它与重商主义或国家战略无涉。有些人甚至会认为,这个文件应该被视为美国独立伊始就追求商业自由和海洋自由的一个重要标志。我在这里要说的是,在欧洲历史上,当各个国家推行重商主义政策的时候,又有哪一个国家不是以自由的名义和打着自由的旗号,以追求其狭隘的商业利益和国家利益为最终目的呢?美国奠基者既然具有那样宏伟的国家目标,要建成"山巅之城",要达到能够与大欧洲平起平坐的国际地位,怎么能不向欧洲大国学习其成功的经验呢? 其实,以"上帝和利润的名义"并不是一句空有其表的口号,而是一种神圣(上帝)和世俗(利润)双管齐下的战略性选择。这就需要商业自由与海洋自由作为保证甚至工具。

---

① Albert H. Smyth, ed., *The Writings of Benjamin Franklin*, Vol. V: 1767—1772, New York: MacMillan Company, 1906, p. 202.

② 约翰·迪金森(1732—1808 年)是美国革命时期和建国初期的著名政治家和思想家,是《邦联条例》起草人和 1787 年联邦宪法签字者。

③ Paul L. Ford, ed., *The Writings of John Dickinson*, Vol. 1: *Political Writings*, 1764—1774, Philadelphia: The Historical Society of Pennsylvania, 1895, pp. 214—215.

三、政治文件:《美国宪法》与《联邦党人文集》

美国独立后,邦联体制导致的软弱无力使美国人感到只有在其基础上做出革命性改造,才能实现奠基者的政治理想。其标志性成果体现在通过制宪会议确定的《美国宪法》中,体现在为推动《美国宪法》的批准而由汉密尔顿、杰伊、麦迪逊(James Madison)撰写的一系列政论文(主要文章收集而成为《联邦党人文集》)中。后来,《美国宪法》《联邦党人文集》与《独立宣言》,就变成了关乎美国政治的三篇基础性文献。

1.《独立宣言》与重商主义

在这三篇基础性文献中,就对美国逐渐形成具有自己特色的重商主义发展道路的影响而言,《独立宣言》主要起间接的作用;但是,《美国宪法》和《联邦党人文集》起了直接作用。在《独立宣言》中,起草人杰斐逊以饱满的激情,历数英国在北美13个殖民地所犯下的罪行,向世人昭示美国人民不得不独立建国的各种理由。在《独立宣言》当中,杰斐逊罗列的英王犯下的与重商主义有关的罪行主要有:"切断我们同世界各地的贸易""未经我们同意便向我们强行征税""他在我们海域大肆掠夺,蹂躏我们沿海地区,焚烧我们的城镇,残害我们人民的生命""他在公海上俘虏我们的同胞,强迫他们拿起武器来反对自己的国家,成为杀害自己亲人和朋友的刽子手,或是死于自己的亲人和朋友的手下。"[①]这里,值得注意的是,英国在北美殖民地采用重商主义政策所犯下的罪行尽管遭到了殖民地人民的反对,从而作为宣布独立的理由,但是美国政治家也是清楚地知道的,那些重商主义政策是可以给自己的母国英国带来各种各样的好处的。这也就意味着,美国建国之后只要条件成熟,英国曾经采用的重商主义政策,并不是不能加以借鉴的。因此,我们说《独立宣言》对美国后来走向具有自己特色的重商主义道路具有间接的影响。

2.《美国宪法》与重商主义

在《美国宪法》中,与重商主义有关的词句是难以直接地找到的;但是,在一些一般性而非具体的表述中,深含重商主义意味。例如,《美国宪法》开篇可以称为"总则"的一段文字中这样说:

> 我们合众国人民,为建立更完善的联邦,树立正义,保障国内安宁,提

[①] J.艾捷尔编:《美国赖以立国的文本》,海南:海南出版社,2000年。

供共同防务,促进公共福利,并使我们自己和后代得享自由的幸福,特为美利坚合众国制定本宪法。①

从字面上看并且按照中国人惯常的理解,《美国宪法》开篇即"总则"体现了一种崇高的追求。但是,在当时美国人的心目中,上述文字的具体含义与我们后来的理解存在很大差别。在那种看似崇高的表述当中,实实在在地存在着诸多狭隘的和不见容于正义的私心。比如"总则"中所说的一切,仅仅是针对合众国而言的,对于其他国家,美国并未示之以平等;而对于合众国人民的具体含义,与我们现在的看法又是大不相同的,奴隶制在《美国宪法》的后文中是得到了明确承认的;因此,这里所说的正义,只是美利坚合众国意义上的正义,是其所认可的人民的正义;至于所要促进的公共福利,在《美国宪法》中没有做出严格定义,以至于在后来引起了持久而又激烈的争议,终于使得汉密尔顿所说的"隐含的权力",在美国政治生活中成为一个至关重要的议题,成为美国选择重商主义政策达到战略目的的理由。

另外,《美国宪法》第一条第八款规定国会权力时说:

国会有权规定和征收税金、关税、输入税和货物税,以偿付国债、提供合众国共同防务与公共福利,但一切关税、输入税和货物税应全国统一;以合众国的信用借款;管制同外国的、各州之间的和同印第安部落的商业;制定合众国全国统一的归化条例和破产法;铸造货币,厘定本国货币和外国货币的价值,并确定度量衡的标准;规定有关伪造合众国证券和通用货币的罚则;设立邮政局和修建邮政道路;保障著作家和发明家对各自著作和发明在设定期限内的专有权利,以促进科学和工艺的进步。②

将上述诸多权力授给美国国会,自然是服务于前面引用过的"总则"中所载明的目的的。这些权力尽管在现代国家中多被采用;但是,因为所服务的目标的不同,以及具体采用时所选择的方式的不同,而具有不同的战略意蕴。比如,管制同印第安部落的商业,就是一个具有美国特色的重要方面。谁都清楚,美国远没有像对待白人一样平等地对待原居民印第安人,而是将原来由印第安人为了生存和发展的需要而拥有和开发的大片陆地宣布为无主地,殖民者凭借武器上的优势,采用残酷的手段将他们屠杀或驱赶到日益缩小的陆地上。在这个过程中,他们的人口在很长时期大幅度地绝对地萎缩了。在这个意义上谈论国会处理与印第安部落之

---

① J.艾捷尔编:《美国赖以立国的文本》,海南:海南出版社,2000年。
② J.艾捷尔编:《美国赖以立国的文本》,海南:海南出版社,2000年。

间的商业的权力,它的基础就是建立在种族不平等原则上的。这在本质上与欧洲重商主义构建母国与殖民地之间的商业关系,其实并没有本质上的不同。再者,美国宪法所讲的联邦,其实是采取大联邦制。它既不是由各州松散地结成的、各州同时享有充分自由的邦联制,也不是由在若干个州结成小联邦的基础上构成的联邦制。这就使得联邦国会的手头拥有了一种强大的力量,对于跨州的以及跨国的事务,具有了一种无可挑战的垄断性权力。在经济层面上,关税以及国内税的制定、商业规则的产生等都集中在国家手里,以至于国家具有了强大的干预经济的权力。而欧洲重商主义,正是在民族国家生成、发展和定型的过程中,通过干预经济和市场以实现国家崛起和成就帝国梦想,它成了一种关乎国家发展战略的政治经济思想体系和政策体系。从这个意义上我们说,《美国宪法》为美国生成重商主义提供了具有基础意义的法律支持——尽管这种支持是深层的和隐蔽的。

3.《联邦党人文集》与重商主义

《美国宪法》不可能对相关的各个方面都做出细致的分解,我们对它与重商主义的关系也就不能够做更多的分析。但是,为了说清楚《美国宪法》对未来美国发展的必要性和重要性,汉密尔顿、杰伊和麦迪逊在较短的时期里发表了大量的政论文章,后来有85篇收入《联邦党人文集》。其中,接近2/3又是由汉密尔顿撰写的。与《美国宪法》一样,《联邦党人文集》也被认为是美国的经典政治文献。但是,迄今为止,几乎还没有人从中探寻美国重商主义的来源。

其实,正是由于无须追求像《美国宪法》那样严谨和简洁的表述,收集在《联邦党人文集》中的政论性文章才有可能针对具体而又重要的问题展开历史的、战略的和逻辑的分析。单就与重商主义的联系来说,关系最为密切的是汉密尔顿撰写的一系列文章。其中,第十一篇原发于《独立日报》,主要从经济特别是商业角度论述各州结成大联邦的必要性。将美国的商业特征、欧洲大国的历史以及欧洲国家当时的担心等结合起来,汉密尔顿说:

> 有种种迹象使我们可以做出这样的推测:美国商业特征所表现出的冒险精神,已经使欧洲的几个海上强国感到不安了。它们似乎对我们在运输方面造成的太多干扰感到担忧,而运输业是它们航海业的支柱和它们的海军力量的基础。几个在美洲有殖民地的国家,担忧地期待着我国可能发生的变化。它们预见到,自己在美洲的领地由于邻近美国而可能遭受威胁的危险;美国有建立一支强大海军所必需的一切,而且拥有一切手段。这种想法自然会表示需要鼓励我们分裂并且尽可能阻止我们独立

地从事积极的贸易的政策。这样就能符合以下三项目的:阻止我们干扰他们的航海事业;独占我们的贸易利益,剪掉我们的翅膀,使我们无法飞到危险的高度。①

很显然,汉密尔顿的论述既是符合欧洲大国如英国、法国和西班牙的历史经验的,因为它们都曾采用重商主义政策发展自己的国家,将商业与海军紧密结合起来,通过主导与殖民地的关系获取不平等的经济利益;又是符合当时的局面的,因为美国人所具有的冒险精神,可以说是与他们作为长距离移民或其后代而与生俱来的,这种特征无论是对于前宗主国英国还是在十三州的邻近地区拥有殖民地的欧洲大国(比如法国和西班牙等)来说,都不是一个好消息。也就是说,十三州的美国人一旦在大联邦制下团结起来,它们的商业利益必然受到极大挑战,它们位于其附近的殖民地必然面临极大的威胁,它们通过商业而支撑起来的海军也将逐渐丧失其原本稳固的根基。同时,在上述引文中,我们还可以提取其他重要信息。比如说,汉密尔顿是以一种自得和自豪的语气来谈论美国的冒险精神的,他把由此造成的其他国家的担忧,当作一种可予以开发和利用的力量来看待;汉密尔顿也表现出了一种"师英长策以制英"的态度。这种态度在美国政府成立之后和他作为联邦党党魁和首任财长的时候,变成了具体的政策主张。

在《联邦党人文集》的第十二篇文章(发表于 1787 年 11 月 27 日的《纽约邮报》)中,汉密尔顿详细论述了大联邦制对国家财政产生的好处。我们研究欧洲重商主义的时候业已指出,重商主义之所以形成,一个重要原因是国家(或国王)财政对重商主义政策具有强烈的诉求。汉密尔顿是从如下几个方面进行论述的:(1)商业的繁荣是国家财富最有效的和最丰富的来源,是政治上关注的主要对象。(2)商业繁荣有助于刺激工业系统,使之更加活跃和兴旺。(3)农业与商业也不是对抗的关系,双方的利益交织在一起,更多时候是商业促进农业发展。(4)商业能够加大货币流通量和提高货币流通速度,因而可以提升纳税能力。(5)当时,美国的岁入主要来源于间接税、关税和消费税,而进口关税又是美国取得财政收入的最佳手段;并且,在大联邦制下,打击走私等监管将变得容易起来,美国只要守卫好大西洋这一边,就可以高效率地征收关税。(6)财政收入若不是主要来自商业,那就会大大增加其他行业特别是农业的负担。在这篇政论文章中,汉密尔顿其实给出了这样

---

① [美]汉密尔顿、杰伊、麦迪逊:《联邦党人文集》,北京:商务印书馆,2015 年,第 60 页。

一个逻辑,即唯有发展商业才能带动其他产业的发展①,进而保证国家具有充分和可靠的财源,而这一切又都有赖于实行大联邦制。

需要注意的是,美国重商主义精神尽管在上面列举的商业与政治文件中各有其表现,但那远不是全部。这种精神在其他诸多文件比如内阁报告和议会报告中也多有体现。有机会的话,可做专门论述。

本章小结

本章起过渡作用,为下章讨论美国重商主义传统提供背景性材料。我们看到的是,在"七年战争"结束之前,英国重商主义对美国经济发展的影响是具有正反两重性的,美国发生独立革命与英国在美国实施重商主义政策,可能并没有直接的决定性关系。斯密对英国重商主义政策对美国经济发展的影响是做了美化的,他力图说明美国在未来也要走发展农业的道路。不过,美国奠基者对于美国发展道路的构想存在一定的差异。以杰斐逊为代表的本土重农学派构想的是农业理想主义道路,而以汉密尔顿为代表的工商学派,构想的是农业、工业、商业与海军综合发展的现实主义道路。但是,无论哪一派,都具有浓厚的大陆扩张思想;并且,由于美国政府仍未成立,在政策上也就并没有引起冲突。不过,这些思想在他们的信件、论文和政策性文件中,确实都有所体现。这也就为美国政府成立之后的发展道路之争埋下了伏笔。在诸多文件中,特别值得提及的商业性和政治性文件是《1776年条约计划》《美国宪法》《联邦党人文集》。这些重要文件当中弥漫着重商主义味道,为美国政府成立之后的经济发展道路选择,奠定了具有美国特色的重商主义基础。

---

① 当然,汉密尔顿清楚地知道,美国国际贸易或者说商业的发展,不能依赖于当时仅农业具有绝对优势的格局,而是要改变这个格局,通过像英国那样发展制造业的途径,来取得全面的商业优势。1791年12月5日向国会提交的《关于制造业的报告》,清楚地说明了这一点。

第四章

美国重商主义传统：道路与理论

美国政府成立之后，重商主义在整体上变成了美国的战略指引，尽管在一些方面存在分歧和争论。在大方向上，这是由美国所处的战略环境和追求的战略目标决定的。美国重商主义具有不同于欧洲特别是英国重商主义的特征，也是由这两个方面决定的。在美国崛起时代（1789—1913年），美国重商主义者对美国政策的影响无出其右；比较而言，经济自由主义者对美国经济政策的影响非常微弱。

第一节 美国立国方略之争

新生美国既然把建成"山巅之城"作为最终目标，它的第一步就必然是实现国家崛起，达到能够与大欧洲平起平坐的国际地位。因此，问题的关键是，在当时战略环境下，美国究竟应该选择怎样的经济发展战略，方能实现其目标。当然，这里所说的发展战略，主要是从经济发展道路和经济发展手段等方面来说的。

一、美国面对的经济战略环境

在整个崛起时代，美国面对的经济战略环境非常复杂。就最主要方面而言是：（1）建国之初的美国，尚且是蕞尔小国。概言之，无论是从人口规模还是从资源存量来说，由十三州构成的美国还只是一个小国。这样的小国，要能与欧洲大国竞争并且实现自己的远大理想,那是没有多少希望的。因此,如何扩张自己的领土以及增加自己的人口,在相当长时期里,便成为一个不可改移的战略方向。[1] 但是,领土扩张需要直面周边国家。就周边国家而言,一个重要类型是由欧洲列强如英国、法国和西班牙占领的殖民地,另一个类型是一些相对弱小的独立国家。因此,美国需要采取不同策略加以处理,才不至于引起非常激烈的和不可承受的冲突。(2)在产业结构方面,美国当时也并不具有支撑强大国力的基础。在整个崛起阶段特别是内战之前,美国仅仅在农业生产这个方面具有绝对优势,在制造业方面则一直处于落后于欧洲大国的地位。[2] 鉴于在那个时代工业(产值)是代表一国的国力的绝对指标,如何发展工业也就成为政治家们为之不懈努力的方向。当然,对于农业与工业等在其他方面(比如自由等)的利益,美国政治家(特别是在建国初期)又是存在巨大分歧的。因此,美国在崛起时代对产业发展方向的选择,并不是从一开始就得到了公认的,而是经过一段时间的犹豫和争论之后,并且在一系列事件触动下,通过辩论和竞争才决定的。

二、建国初期的"汉杰之争"

对于美国未来的经济发展战略,建国初期(特别是联邦政府成立之后不久)在美国奠基者之间产生了激烈争论。在那场争论中,产生了两大阵营。其中之一是以汉密尔顿为代表的工商立国战略,另一个是以杰斐逊为代表的农业立国战略。这就是美国历史上著名的"汉杰之争"[3]。这种争论在当时其实并没有分出胜负;但是,在19世纪初期诸多事件的触动下,美国终于选定了工商立国战略。在学术界,

---

[1] 1780年,美国人口仅278.1万,到1790年,也才392.9万。Bureau of the Census, *Historical Statistics of the United States*, 1789−1945, U. S. Department of Commerce, Washington 25, D. C., 1949, Series B 1—12, p. 25.

[2] 这从美国进出口清楚地反映了出来。例如,1791年,美国商品出口仅为1 850万美元,而进口达到了2 920万美元。至1816年,这两个数字分别是6 478万美元和14 711万美元;并且,在美国出口商品中,绝大部分是农产品,在进口中,绝大部分是工业品。Bureau of the Census, *Historical Statistics of the United States*, 1789−1945, U. S. Department of Commerce, Washington 25, D. C., 1952, Series M42—55, pp. 245.

[3] 这种争论,严格来说是美国政府成立之后,首任财长与首任国务卿及其所在党派之间的争论。此前美国精英尽管也有异见,但几乎不关乎政策决策。

历史学家围绕"汉杰之争"已经做了很多讨论①；不仅如此，在历史学家眼光中，"汉杰之争"还延伸到了更广泛的范畴，比如说（特别是）政治领域。在一定意义上我们甚至可以这样说，当时引起最激烈争论的，主要还在于与之相关的政治方面，即美国究竟是选择民主还是选择专制，是严守宪法的条文还是对其做出宽泛的理解等。这里，我们主要围绕经济发展战略之争展开必要的讨论。

对于美国经济发展战略目标，汉密尔顿是有其清晰的定位的。那就是尽快使美国达到能够与大欧洲平起平坐的地位。为此，他总结欧洲大国经济崛起的历史经验，并且从重农学派和斯密自由主义经济思想中汲取合理的成分，结合美国国情，在他担任美国第一任财长之后逐渐构建了"工商立国战略"。这与他在美国政府成立之前的认识是一以贯之的，是他此前相关思想的延续、提升和系统化。这种战略集中体现在他于1791年12月5日提交给国会的《关于制造业的报告》中。

首先，汉密尔顿的经济发展战略与华盛顿的看法是一致的。在美国政府成立之前，华盛顿就认为美国发展工业和发展内部航运等，对于美国独立、繁荣和发展都是至关重要的；担任美国总统之后，尽管各种重要的甚至相互冲突的声音都汇集到了他那里，特别是抱守农业立国思想的国务卿杰斐逊拥有很高的人望，但是华盛顿的想法从来也没有动摇过。他是从经济和军事等多个角度来考虑美国经济发展战略的。1790年1月8日，华盛顿在第一个国情咨文当中就这样告诫美国人民："为了保障民众的安全和利益，应多建工厂，这样，主要物资，特别是军用物资的保障，便可不依赖于他人。"②同时，他又高度简练和准确地说："至于运用一切适当方法发展农商工业，无须再提任何建议。但我必须向诸位说明，从国外引进实用的新发明，以及发挥人们的技能和才智在国内进行研制和生产，对这两点应同样鼓励。同时必须发展邮路和邮政，便利我国边远地区之间的交流和联系。我也同样相信，诸位也会同意我的意见，即两院应该大力促进科学和文化的发展。"③在1790年12月8日国情咨文中他说："鼓励和发展我国自己的航运事业，减少商业和农业对外国船只的依赖，因为在情况对商业和农业最有利的时候，外国船只可能会靠不住。现在，我提请各位认真考虑这样一个问题：如何发展我国的航运事业？在欧洲出现

---

① 张少华：《汉密尔顿"工商立国"与杰斐逊"农业立国"之争》，《历史研究》1994年第6期。张少华：《美国史学界关于汉密尔顿与杰斐逊之争的研究》，《世界历史》1995年第3期。颉普：《评汉密尔顿派和杰斐逊派的斗争》，《兰州大学学报》1988年第2期。

② [美]约翰·罗德哈梅尔选编：《华盛顿文集》，沈阳：辽宁教育出版社，2005年，第637—638页。

③ 同上，第638页。

突发事件的时候,自主的航运事业在多大程度上能帮助我们应对尴尬局面?"[1]需要注意的是,上述引文出现在国情咨文这样的重要文件中,是面对那么多国会议员来宣读的,它会产生怎样广泛的影响是可想而知的。其实,即使仅从上述引文中,我们也是可以看出来华盛顿关于美国经济发展战略的轮廓的。那就是各业并举,科技领先,内部改善,注重风险。这些方面与汉密尔顿经济发展战略其实是完全一致的。因此,从某种程度上我们可以这样说,华盛顿利用其崇高威望和政治权威,极大地支持了汉密尔顿的经济发展战略构想。

其次,汉密尔顿的经济发展战略尽管总体框架是十分清晰的,但是也存在一些模糊之处,或者说还存在一些没有展开说明的地方,以至于对它的理解产生了一定的混乱。我们先说一下总体框架。在《关于制造业的报告》中,汉密尔顿主要围绕美国为什么以及如何发展制造业来展开他的论述,但是它的内容绝不限于此。综合来看,汉密尔顿的意见是:(1)农工商业并举发展,其中制造业发展是中心。这里需要注意的是,汉密尔顿不仅没有说美国不要发展自己的农业,反而进一步强调制造业发展会从多个方面促进农业发展。比如说,制造业的发展会养活诸多非农劳动者,他们对农产品会产生大量的国内需求;制造业的发展会对提高农业劳动生产力从生产工具等方面提供帮助。同时,美国制造业的发展会使国内商业相应地发展起来,原来需由进口解决的制成品需求,将转而由国内制成品来满足。不仅如此,汉密尔顿认为,按照斯密的提法,劳动分工是促进经济增长的重要机制,而制造业在深化和利用劳动分工方面,又是具有比较优势的。(2)美国发展制造业应该从诸多方面着手,实施具有系统性的积极政策。在《关于制造业的报告》中,汉密尔顿总结了十一条政策。这十一条政策又可以归纳为五个类型。类型一是利用关税与财政政策鼓励和促进制造业发展。这当中又包括:第一条,对国内打算生产的产品(即竞争性产品)的进口征收保护关税;第二条,禁止竞争性产品的进口或对其征以能够达到同样效果的关税;第三条,禁止原材料出口;第四条,对国内制造业实行金钱补助;第五条,针对特殊贡献和技巧等给予奖金;第六条,免除制造业所需原材料的进口关税;第七条,对制造业所需原材料征收的进口关税进行退税处理。类型二(第八条)是鼓励新发明、新发现以及产品引进(特别是与机器有关的产品)等。类型三(第九条)则是狠抓产品质量,为制造业产品确立质量和技术标准,借此维持美国制造品的声誉,以利于国内消费者和在外国市场上的竞争。类型四(第十条)是

---

[1] [美]约翰·罗德哈梅尔选编:《华盛顿文集》,沈阳:辽宁教育出版社,2005年,第654页。

通过便利汇款以便活跃市场、融通资本、便利商业,进而促进工业发展。类型五(第十一条)是改善交通运输条件,进而建立国内统一市场。

但是,我们不能不说,汉密尔顿在《关于制造业的报告》中,对于如何通过关税政策来保护美国制造业的发展又是引起了一定的混乱的;并且,对于这种混乱,学术界迄今为止也没有对其进行条分缕析,进而予以彻底澄清。在这份报告中,汉密尔顿对进口商品进行了分类并且给出了不同的关税建议,包括对某些最终产品征收较高的关税、对某些原材料征收较低的关税、对某些产业进行生产性补贴、对熟练工人流入美国实行政府补助等措施。尽管这份重要的报告并没有被国会通过,但是汉密尔顿提出的若干关税建议,或多或少地在后续政策当中得到了体现。由此引出了一系列矛盾。主要包括:(1)汉密尔顿尽管在这份报告中对幼稚产业的保护多有强调,但是他所建议的关税率又并不是很高。(2)在1789年通过的美国第一部关税法案中,进口关税率是并不高的——平均来看只有7.5%,单个种类进口商品的关税仅在5%—15%;与此相比,这份报告所建议的关税率也没有比它高出多少。(3)这份报告提交国会后,汉密尔顿建议的关税政策在后续年份的关税政策中已经得到了一定的体现,但是,后续年份的进口关税依然并不是很高。[①] 这就给研究者带来了不少迷惑,一方面,从他对幼稚产业实行关税保护的论调来看,他应该在当时提出比较高的关税才合乎逻辑;另一方面,从他所建议的关税以及这份报告前后受到他的影响的关税政策来看,他似乎更像是一个自由贸易主义者,至少可以说在关税设计上他是相当温和的。对于这种困惑,欧文曾经给出过一种解释。他说:

> 汉密尔顿在那个时候之所以倾向于温和的关税,是由于他认为进口关税是一种重要的财政政策工具,而不是一种改进制造业的重要手段。温和的关税能够保证美国的进口并且为美国提供财政收入,这些收入能够用于政府支出和帮助建立公共信用。汉密尔顿在1782年写道:"经验告诉我们,与高关税相比,温和的关税在创造财政收入上具有生产性。"温和的关税一方面使国内生产者相对于外国生产者而言具有一定的优势,另一方面又不会损害财政收入和效率目标。[②]

[①] Douglas Irwin, The Aftermath of Hamilton's "Report on Manufactures", *Journal of Economic History*, vol. 64, 2004, pp. 800−821.

[②] Douglas Irwin, The Aftermath of Hamilton's "Report on Manufactures", *Journal of Economic History*, vol. 64, 2004, pp. 800−821.

这种解释无疑是具有一定的道理的；但是，又"几乎"忽略了一个迄今为止还没有得到清晰说明的重要方面[在这段文字中，欧文提到了（但并未展开）温和的关税对于保证美国进口的意义]。因为正是借助于这种比较温和的关税，美国通过关税这个财政收入来源，就能够应付绝大部分财政支出。那时，（正如下一章关于美国关税的专门讨论中将要论及的那样）关税收入在联邦财政收入当中的占比相当高。我们在此强调的另一个原因是：那时，由于美国进口的主要是制成品，而美国在制成品生产方面，又不具备能够很快就可以提高产量的能力，以至于不能一下子就将进口商品的关税率提高到这样的水平，它将进口商品阻拦在境外，最大限度地保护国内相关产业。因为那样做的话，国内很多相关需求将无法得到满足。如果一意孤行，将关税提高到保护关税那样高的水平，那么国内商品价格将因供给短缺而被大幅度拉升，进而成为导致社会不稳定的因素。更为重要的是，汉密尔顿还有另一种考虑，即从关税得来的财政收入，又是可以通过金钱补助或者说生产性补贴这样的方式，有目的地鼓励某些特定产业的发展的。在《关于制造业的报告》的第四条手段当中，汉密尔顿就提及了这一点；并且，他对这项手段做了特别强调。他明知采用这样的手段在美国将招致激烈反对，但他依然故我，将它作为最重要的手段来看待。我们不能不说这种温和的关税的政策安排，其实包含了汉密尔顿不易为人所知的苦心。

当然，汉密尔顿建议温和的关税还有其他方面的考虑。那时，联邦政府支出是硬性的，应付支出的财政收入要是不来自关税收入的话，又能来自哪里呢？我们要知道的是：那时，对国内产品和个人收入等进行征税是相当困难的。《美国宪法》尽管确认了国会有权规定和征收诸如直接税和间接税，但是：其一，那时，在美国征收间接税不仅成本是高昂的，而且很容易激起人民的反对。美国征收酒税在1794年酿成了需要动用武力来平息的事件，就是一个很好的例子。[①] 其二，美国征收直接税由于受到了《美国宪法》设置的严苛条件的制约而事实上无法执行。《美国宪法》第九条这样规定："除依本宪法上文规定的人口普查或统计的比例，不得征收人头税或其他直接税。"[②] 这种严苛的规定，使得美国在崛起时代除非遭遇了特别的财政困难（如为内战的胜利提供财政保证），否则，无法动用直接征税手段。直到1909年《美国宪法》通过第十六次修正案，这个严苛的规定才得以消除；并且，自1913年

---

① 汉密尔顿动议征收酒税的初衷，是把一种优良的间接税征收权拿到中央政府的手里，而不至于使其成为州政府的征税品种。这仅仅反映了汉密尔顿具有强烈的国家主义倾向而非其他。

② 李道揆：《美国政府和美国政治》，北京：商务印书馆，1999年。

开始,美国财政收入结构才开始发生革命性变迁,即直接征税逐渐成为美国财政来源当中的绝对主体。其三,在建国早期,美国还没有获取通过出售公共土地而得到财政收入的渠道。这也就意味着,通过对进口商品征收比较温和的关税以最大化美国的财政收入,在那时乃是一种不得已而为之的手段——尽管它并不是长久之计。因此,研究者绝不应以汉密尔顿给出的是温和的关税为由,片面地认定他是一个自由贸易主义者;同时,也绝不应轻率地认为,在汉密尔顿的思想和政策体系当中,存在着不可理解的矛盾。相反,汉密尔顿的思想体系和政策考虑,不仅是前后一致的,而且是逻辑严密的。汉密尔顿对关税在产业保护中的作用机制和渠道,(正如后文将要具体谈到的那样)其实已经做出了全面而又清晰的说明。

但是,在美国奠基者中,对于汉密尔顿提出的工商立国战略,不少人又是心怀忧虑的。那些忧虑主要表现在如下几个方面:(1)对进口商品征收保护性关税,将导致美国利益在区域上很不平衡。建国之后,美国工商业比较发达的是新英格兰地区,而那里又是自由州。如果对进口产品征收保护性关税的话,那么受益的主要是工商业(特别是工业)比较发达的那些州;相应地,南方农业州(蓄奴州)却会因关税抬高了进口商品在美国市场上的价格而招致重大利益损失。这是不公平的。(2)鼓励和促进工商业发展,将对美国政治产生严重的消极影响。与杰斐逊持有类似观点的政治家认为,只有农业才能使公民最为纯良和热爱自己的国家;在工商业发达的欧洲国家,工商业资本家导致了政治腐败,工人们也挣扎在生存水平上,他们不得不忍受恶劣的生存和生活环境,他们既是卑劣的,又是无助的。总之,在他们看来,无论从哪个方面来说,工商业社会绝不是各个方面都很美好的。也就是说,汉密尔顿等人的工商立国战略,在政治上存在着一些先天不足,而这从欧洲工商业发达的国家的社会经济政治生活中又是可以清楚地看到的。(3)在美国人口较少而土地较为丰富的情形下,鉴于美国制造业与欧洲相比还很不发达,没有竞争优势,根据斯密学说,美国最好走发展农业的道路。

但是,对于杰斐逊等人提出的农业立国战略,汉密尔顿等人是持反对的意见的。在他们看来,美国在农业生产上与欧洲相比固然具有优势,但那也并不是美国将来一定要走农业立国这样的道路的理由。彼时,美国独立不久,国力尚弱,欧洲大国的压制和觊觎使美国尚且处于危险之中。根据独立战争时期的遭遇和教训以及欧洲国家崛起过程的经验,美国应该在发展农业的同时,发展自己的制造业;而美国要发展自己的制造业,由于生产技术尚且处于落后地位,在美国市场上美国自己生产的产品无法与欧洲国家生产的产品竞争,因此唯有借助关税手段将国内市场保护起来,或者对国内生产的产品提供补贴以降低其成本,才有可能为国内制造业的发展谋得必不可少的市场空间。在他们看来,历史经验已经说明,制造业是国家强大的基础。因此,正如汉密尔顿在《关于制造业的报告》开首即说的那样:

> 国外市场的限制和规定,阻碍了我们日益增长的剩余农产品的出口。这就激起了一种我们热忱期待的希望:我们可以为剩余农产品在国内创造一种更加广阔的需求,在某些重要部门的制造业企业取得完全成功,那些尚且不太成熟的制造业企业,也在尝试中燃起成功的希望。这些成功将带来这样的期待,即对这些企业发展的阻碍并不像人们想象的那样可怕,人们将会发现在它们的进一步发展中,足以弥补可能产生的损失,还可增加财富和有利于国家的独立和安全。①

由此可见,汉密尔顿在考虑制造业发展的时候,不仅是充分兼顾了美国的农业发展的,而且是从动态的角度来看待制造业发展对美国未来的战略意义的;他甚至不局限于经济领域,还兼顾了政治(独立)和军事(安全)等方面的利益的。不仅如此,汉密尔顿还充分考虑了美国当时所面对的国际政治经济环境。在他看来,当时的欧洲国家特别是英国,仍然一如既往地行使重商主义政策,对国际市场进行战略性控制。面对这样的格局,美国要是不采取具有自己特色的重商主义政策来发展自己的经济,必然使美国停留于原来那样的农业占绝对优势地位的不利的经济结构,美国在战略上将一直处于被动地位。因此,美国采用重商主义的关税保护政策发展自己的制造业,乃是突破欧洲国家经济重围的不二之选。

三、工商立国方略在竞争中胜出

工商立国方略是由当时在政治和权力上都处于举足轻重地位(并且在背后得到了华盛顿支持)的汉密尔顿提出来的,但是汉密尔顿过早地退出了政坛并且英年早逝;农业立国方略是由当时在政治上拥有众多支持者并且后来又成为美国总统的杰斐逊提出来的。因此,在早期阶段,特别是第二次英美战争结束之前,即 1789—1814 年,两种立国方略依然是处于竞争状态之中的,不少时候甚至是以农立国的方略占上风。但是,如下两大事件对于工商立国方略在美国胜出起了重要作用。

---

① Lodge H. C., ed., *The Works of Alexander Hamilton*, v.4, Rnickerbocker Press, 1971, pp. 70–71.

第一个事件是杰斐逊于 1807 年颁布(12 月 22 日在国会通过)《禁运法案》。它的主要内容是禁止美国船只驶往外国港口,船主只有在交给政府两倍于所运货物的价值的债券之后,方可进行沿海贸易并且货物必须运往美国。历史学家对这个法案的评价尽管长期以来一直褒贬不一[①],但是在如下两个方面又是比较一致的。那就是:(1)颁布《禁运法案》的原因之一,在于杰斐逊过高地估计了英国对美国农产品需求的依赖和迫切性。(2)该《禁运法案》产生了意想不到的并且具有启发意义的结果,即因禁运导致欧洲工业产品输美被阻滞,进而诱致美国自发地发展了制造业。对于后面这一点,甚至在《禁运法案》颁布之后的次年,就通过杰斐逊的《第八个年度咨文》清楚地显露了出来。他说:

> 交战国的不义行为导致我国对外贸易停顿,使我国公民遭受巨大损失,对于这些问题,我们应予以密切关注。这种处境迫使我们把我们的一部分劳力和资本转移到国内制造业和内部改进中去。[②] 这个转变的范围日益扩大,在低廉的材料费和生活费、劳动免税以及保护性关税和各种禁令的保护下,已经建立和正在建立的企业无疑将永远存在下去。[③]

这段引文说明:美国在禁运情形下发展制造业以满足自己需求是一种不得不为之的选择;在一系列措施促成下,这种转变很快就产生了积极成果。例如,据 1810 年统计,东北各州已有 22 家玻璃工场,形成了年产 496.7 万平方英尺的生产能力。美国拥有制帽工场、作坊 842 家,年产值达到 1 000 万美元。[④] 对于"内部改善",这次禁运也提供了契机。《禁运法案》尽管因招致了诸多反对而在 1809 年 3 月就被撤销了,但其影响是十分重大的。可以这样说,这种原先未曾预料到的对美国制造业发展的促进作用,一方面证明了汉密尔顿的立国方略的可行性,另一方面则是在它的触动下,甚至连杰斐逊那样的重农主义者,对自己过去的认识也做出了一定的调整。他终于承认,美国通过发展自己的制造业,很大程度上是可以替代从英国的进口的。[⑤] 但是,这次禁运结束之后不久,美国制造业的短期发展在欧洲商品的冲击下就被终止了。

---

① 韩家炳:《美国 1807 年〈禁运法案〉的代价与影响》,《安徽师范大学学报(人文社会科学版)》2003 年第 2 期。
② 这里所说的内部改进即"内部改善"。
③ [美]托马斯·杰斐逊:《杰斐逊文集》,北京:商务印书馆,2011 年,第 343 页。
④ Curtis P. Nettels, *The Emergence of National Economy 1775—1815*, New York, 1962, pp. 282—285.
⑤ J. 布鲁姆:《美国的历程》(上),北京:商务印书馆,1988 年,第 26 页。

第二个事件是发生于麦迪逊执政期间的第二次英美战争(1812—1814年)。英国1783年尽管在《巴黎和约》中承认了美国独立,但是对于独立之后美国经济的快速发展以及疆域的快速扩张又是心怀恐惧的,以至于一直寻找机会进行打压。在一系列事件触动下,终于引发了战争,并且两国于1814年签订了《根特和约》。通过这场战争,美国的独立得到了进一步确认;并且,由于战争割断了两国的贸易,美国制造业在战争期间再度取得了意想不到的发展。除了在诸如制铁业、冶金业、木材加工业、面粉加工业、制鞋业等方面取得了快速发展,最重要的是美国棉纺织业发展登上了一个新台阶。例如,到1815年,工厂生产方式快速代替手工工场生产方式,纱厂加工棉花达到了90 000包。这就使美国意识到,战争隔断贸易对国内市场起了保护作用,而这种保护作用促进了国内制造业的发展。由此,市场保护对国内产业发展的积极作用,继《禁运法案》这个事件之后,再一次得到了确认。因此,第二次英美战争结束之后不久,美国就于1816年通过了其历史上第一个保护主义关税法案,即《1816年关税法案》,这是具有历史意义的。但是,由于这个时候的关税保护程度并不是很高(比如棉织物的进口关税也只有25%),由于签订《根特和约》后英国在美国实施了商品倾销战略(1814年外国输美商品仅1 300万美元,而到1816年竟然增加到了14 700万美元),美国制造业再度遭到了严重的打击。美国出现的"1819年恐慌",与市场开放也是有关的。至此,美国已经完全觉醒了,也彻底看清了一点,即如果美国在制造业上继续听命于欧洲大国特别是英国,那么自己未来的繁荣和发展将继续被它们控制。因此,我们可以这样说,在美国,真正意义上义无反顾地采用汉密尔顿的工商立国战略,大致是从1820年才开始的。

前已述及,杰斐逊在执政的最后一年,已经一改他在联邦政府成立之前的观点,将制造业发展作为美国经济发展的重要一环;其实,第二次英美战争之后,对建国方略态度的转变,麦迪逊起了重要作用。作为美国奠基者和第四任总统(1809—1817年),在美国政府成立之后十多年里,其在建国方略上的态度并不很明朗,即处于汉密尔顿的工商立国方略与杰斐逊的农业立国方略之间的某种中间状态;并且,这个中间状态,又是比较远离汉密尔顿构想的,即麦迪逊在一般意义上倾向于自由贸易;但是,在一些具体情况下,麦迪逊又很看重关税保护的意义。在1790年,他甚至嫌汉密尔顿制定的关税率太低了;在总统任上,他又批准了《1816年关税法案》。不过,需要指出的是,我们尽管可以说《1816年关税法案》是美国第一个保护主义关税法案,从而具有十分重要的历史意义;但是,这个关税法案依然具有并不坚定的地方:一是它所设定的关税依然并不是很高,二是它仍然只是一种临时性安排。陶西格曾经指出,在一部分人当中存在一种强烈的感情,即战争期间建立起来的制造业应该得到保护。但是无论国会还是一部分人,在战后他们几乎都不赞成采用永久性和强烈的关税保护政策。其结果便是,高关税仅仅指派给了这样的产品,人们感到它的生产带来了很大利益,比如纺织品。即使如此,也只给予了有限时期。棉花与羊毛织品的关税率为25%,并且仅到1819年为止;此后,关税率为20%。但是,对于这种犹豫,紧接着于1819年发生的经济恐慌,进一步改变了美国人的态度。

第二次英美战争使得制造企业在美国纷纷出现,进而诱致银行在各州不断建立。但是,战争结束之后英国商品如潮水般涌入,初看起来导致了商业繁荣,但同时也酝酿了商业危机。至1819年,以金融体系崩溃作为导火索,美国经济链条大面积断裂,投机商和贷款人大多倾家荡产,工人大量失业,一时间哀鸿遍野。面对这种局面,争论是在所难免的,而又主要集中在两个方面。一是对美国金融体系产生了担忧。因为很多银行发行的纸币,远远超过了其金银储备所能支撑的数量,于是在银行先期获得了大量利润的同时又积累了诸多风险,并且诱使新的银行不断出现。商品倾销与信用断裂结合起来,使得商品价格在1819年出现了大幅度下跌,进而使得土地价值也大幅度缩水。[①] 这就使美国意识到外国商品对美国市场的冲击是一个需要严肃对待的大问题。二是尽管声音嘈杂,主张众多,对工商业发展的看法不一,但是,一些美国人已经看到,在国内,与手工作坊制生产相比较,工厂制生产具有优势,与制造品依靠进口相比较,制造业由国内主导不仅具有利润优势,而且具有稳定市场的优势。在一系列重要事件的触发下,克莱(Henry Clay)沿着汉密尔顿早就提出过的路线,逐渐提炼出了美国未来的经济发展道路,即"美国体系"。这里,最重要的是把美国的市场保护起来,发展美国自己的制造业。他说:

> 那么,我们必须稍微改变一下方向,我们必须为我国产业的某些命运给出一个新方向,我们必须尽快采取一套可信赖的美国政策。仍旧珍视外国市场,同时也使我们创造一个国内市场,进一步提高美国工业产品在消费中的比例。让我们抵消外国的政策,让我们撤销我们现在给外国工业的支持,让我们刺激我们自己国家的工业。[②]

这里,克莱所说的珍视外国市场,指的是要为美国农产品出口创造尽可能好一

[①] 董瑜:《1819年经济危机与美国政治文化的变动》,《史学集刊》2017年第6期。
[②] Calvin Colton, *The Works of Henry Clay*, Vol. 2, New York: Barnes & Burr, 1863, p. 156.

些的国外市场条件;至于其所说的国内市场,则是针对工业品而言的,他希望设法提高工业品供给的自主程度。

第二节 美国经济战略框架

对于美国崛起而言,上面所说的发展战略选择无疑是十分重要的。但是,那绝不是美国发展道路的全部内容。从上述说明中,我们固然已经看到了美国特色重商主义的一个重要侧面,即保护和发展国内市场以及改善自己的产业结构(通过发展制造业来实现);但是,美国特色重商主义还有很多其他的侧面。与英国将海外殖民扩张和发展国内工业结合起来形成大循环很不相同的是,美国主要通过大陆扩张政策,做大自己的盘子或者说经济体量,进而壮大自己的工商业以实现自己的战略目标。正是在这个方面,集中体现了美国模式与英国模式的差别。但是,本书特别强调大陆扩张在美国经济崛起以及美国特色重商主义形成当中的作用。因为到19世纪末,美国工业取得巨大成功的最重要原因,不是相对丰富的资本和熟练工人,而是丰富的不可再生的自然资源,正是这个方面,与大陆扩张直接相关联。[①]

一、生产要素:大陆扩张主义

在美国重商主义传统中,与欧洲重商主义殖民政策相比,最突出的特征是美国采取了步步为营的大陆扩张政策;不仅如此,如果说美国人在工商立国与农业立国上在一定时期里还存在不同看法的话,那么他们在对外扩张这个大方向上,却是几乎完全相同的。有些人说,在美国崛起时代,美国的外交政策主要遵循着孤立主义原则;但是,我们绝不能这样理解,即美国的孤立主义与扩张主义是并不兼容的。我们要说(并且后文还将说明)的是:扩张主义,特别是大陆扩张主义,是美国重商主义传统的最重要特征。其他特征,几乎都与此有关。

1. 不同扩张主义:美国模式与英国模型的分野

也正是因为美国采用了步步为营的大陆扩张政策,才进一步显现出美国与英

---

① Cavin Wright, The Origins of American Industrial Success, 1879—1940, *American Economic Review*, vol. 80, 1990, pp. 651—668.

国在崛起时代所采取的发展道路的差异,即美国采取内部开发和循环的政策一步一步地壮大自己的力量,从而形成了独特的内需主导型工业化道路;而不是像英国那样,形成了外需主导型工业化道路。因此,所谓美国模式与英国模式,也就可以用图4.1来突出其差异。

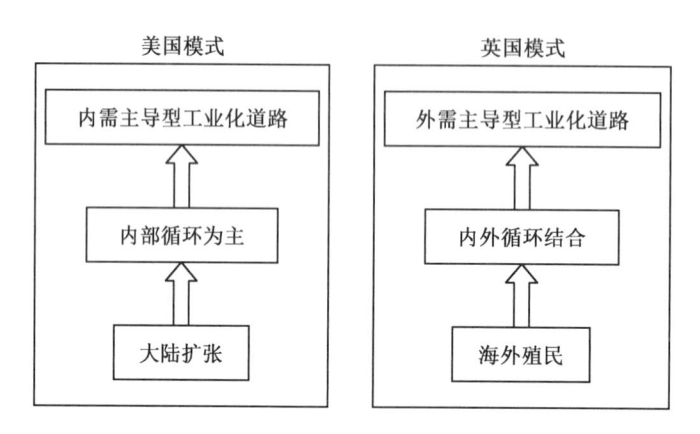

```
      美国模式                    英国模式
 ┌──────────────┐          ┌──────────────┐
 │内需主导型工业化道路│      │外需主导型工业化道路│
 └──────▲───────┘          └──────▲───────┘
 ┌──────────────┐          ┌──────────────┐
 │  内部循环为主  │          │  内外循环结合  │
 └──────▲───────┘          └──────▲───────┘
 ┌──────────────┐          ┌──────────────┐
 │   大陆扩张    │          │   海外殖民    │
 └──────────────┘          └──────────────┘
```

图 4.1　美国模式与英国模式基本特征对比

英美两国崛起的特征早已定格在历史中。一方面,这两种模式的差异是如此清晰,以海外殖民地与(后来的)本土面积之比进行度量的话,英国为 335∶3,而美国为 3∶94,其差异如此悬殊。[①] 另一方面,这两种模式的差异又如此模糊,以扩张之后增加的面积与(起始时的)本土面积之比来表示的话,英国为 335∶3,美国为 89∶8,以至于我们可以这样说,这两个国家在扩张方面,尽管具体方式存在很大的差异,但从规模上来说的话,也只不过是五十步笑百步而已。对于后面这种比较,就美国而言是这样算出来的:海外殖民地为 30 万平方千米,大陆扩张得到了 860 万平方千米(940 万平方千米减去原有的 80 万平方千米)。我们由此可以看到,除 19 世纪 90 年代的海外扩张外,美国建国之后的领土扩张,主要是通过大陆扩张这种方式得到的(其中大陆扩张为 860 万平方千米,海外扩张为 30 万平方千米)。

表 4.1　　　　　　　　若干国家海外殖民地与本土面积比较[②]

国家	本土面积(万平方千米)	海外殖民地面积(万平方千米)
英国	30	3 350

[①] 王孔祥:《海洋扩张与大陆扩张的历史比较》,《国际关系学院学报》2003 年第 6 期。
[②] [法]米歇尔・博德:《资本主义史(1500—1980)》,北京:东方出版社,1986 年,第 181 页。

续表

国家	本土面积(万平方千米)	海外殖民地面积(万平方千米)
美国	940(80＋860)	30
俄国	540	1 740
法国	50	1 060
德国	50	290
日本	40	30
比利时	3	近1 000
荷兰	4	近1 000

英美扩张方式的上述分野尽管也十分重要,但是更为重要的差异还在于:英国的海外扩张,都是采取殖民地这样的方式进行的,这样的方式在殖民地独立之后将不复存在! 而美国所扩张的大陆,却不断地内化为自己的领土,几乎不再存在领土被独立出去的问题。因此,就大国地位维持这个极端重要的话题而言,英美两种模式实际上存在着天壤之别! 这是学术界此前予以忽略而从此以后必须加以重视的一个重要方面。

2. 美国大陆扩张之多元观念

美国政府成立之后,在大陆扩张方面其实是存在多元观念的。最主要的是:(1)清教使命观;(2)民主扩张论;(3)农业帝国论,这里主要讨论第二种观念。我们先要说明的是,如果认为将扩张主义列为重商主义是合理的,那么我们由此可以发现:在美国,重商主义者的队伍将是十分庞大的,不仅包括站在工商立国这个旗帜下的人,而且包括不少站在农业立国旗帜下的人。例如,以此而言,威廉姆斯(William A. Williams)就将麦迪逊和杰斐逊都列为美国重商主义时代(1760—1825年)的重要人物。①

民主扩张论是从最优政体这个特定角度来认识的。在美国,这个观念是由麦迪逊引领的。在他看来,孟德斯鸠(de La Brède et de Montesquieu)所说的民主,只存在于小社会这样的认识是错误的。麦迪逊作为一个著名的联邦党人,它与汉密尔顿一样,钟情的不是邦联制而是大联邦制。他进一步认为,大联邦下是可以实现大民主的。因为在美国采用的共和政体中,政府尽管是由少数公民组成的,但这些

---

① William A. Williams, The Age of Mercantilism: An Interpretation of the American Political Economy, 1763 to 1828, *William and Mary Quarterly*, vol. 15, no. 4, 1958, pp. 419—437.

少数公民,是由群众选举出来的;随着公民人数增多或国家疆域扩大,这样的政体将越有效率——因为选举出来的公民越具有代表性,公众利益就越能得到保证。从这个意义上说,大联邦就优于州。按照这个思路,美国进行扩张并且产生越来越多的州,政府效率和公民利益等也就越有保障。因此,尽管麦迪逊也有重农倾向,同时又被视为"美国宪法之父",但是他的"民主扩张论",又是具有美国特色的重商主义的一个重要思想源头。

3.杰斐逊的大陆扩张主义

前已述及,美国奠基者在政府成立前已就美国如何扩张疆域以及要将其扩大到怎样的程度做了一些论述。其中,我们特别提到了杰斐逊的"自由帝国"或"农业帝国"构想。现在的问题是,美国扩张自己疆域的借口究竟是什么呢?这当然是很多的。这里,我们特别强调其中之一,即为了消灭阻碍美国发展的与疆域有关的不利的外部条件,美国甚至可以采取内部化的办法将相关地区或国家兼并。就这一点而言,杰斐逊在关于跨国航行权以及与印第安人的关系等文件中,给出了清晰的表述。例如,在写于1792年3月18日(杰斐逊时任华盛顿政府国务卿)的《关于密西西比河航行权的文件》当中,他针对密西西比河下游被西班牙占据从而危及居于上游的美国人的利益时说:

> 合众国在密西西比河及其支流有60万平方英里可居住土地,这条河及其支流提供好几千英里贯穿这整块土地的可航行水域。在我们边界下游并和这条河接界的西班牙的可居住土地,能借口我们使用那条河会给它带来不便的,还不到那个面积的1‰。合众国的这一大片土地没有其他渠道供其产品出口,这些产品数量是极其庞大的。事实上,这些产品顺流而下运送对住在河畔的西班牙人没有丝毫损害,反而会使他们比目前更加富裕。因此,事实上,上游和下游全体居民真正的利益是和他们的权利一致的。①

这种分析看起来似乎没有什么不妥;但是,如果以此为借口,处于上游的国家对处于下游的国家产生了觊觎进而兼并其领土的野心,那就完全是另外一回事了。从事后发展来看,这在美国历史上逐渐变成了不争的事实;从杰斐逊此时的推理来看,则为其提供了理论支持。杰斐逊认为在这种自然地理和国家分布前提下,美国是拥有自己无可争辩的权利的;并且,美国拥有的"权利是建立在更广泛、更无可非

---

① [美]托马斯·杰斐逊:《杰斐逊选集》,北京:商务印书馆,2012年,第313页。

议的基础上的,也就是建立在自然法和国际法的基础上的"。他接着说:"我们觉得它是写在人的心上的,如果我们求助于它,还有哪一种思想比海洋对一切人开放、江河对其一切居民开放的思想更值得大书特书呢?哪一个没有偏见的人,无论是野蛮人还是文明人,会不感到并且证明这个真理呢?因此,在同一个政治社会里团结起来的全部国土上,我们发现这个天赋权利获得一致公认和保护,办法就是把可航行的河流向全体居民开放。当他们的河流进入另一个社会的境界时,如果住在上游的人沿河而下的权利受到任何方式的阻挠,这就是一个较强的社会对一个较弱的社会的暴力行为,应该受到人类法庭的谴责。"① 在此,杰斐逊甚至认为,处于下游的国家应该无条件地向处于上游的国家开放其境内的河流,供其任意利用以获得利益。否则,处于下游的国家就是在恃强凌弱和采取暴力行为。这样,杰斐逊似乎找到了充足的大陆扩张理由,即消弭跨境外部性。

但是,当美国成功购买路易斯安那之后,杰斐逊又是怎样看的呢?在 1803 年 10 月 17 日的《第三个年度咨文》中,他说:

> 在这个时期之前,我们并非没有注意到,对于西部地区贸易如此重要的一个关键点如处于外国势力控制之下,我们的和平就会永远面临危险。发源于我国领土内但流经邻国领土的其他河流的航行也发生了困难。因此,我们已经批准以合理条件购买新奥尔良以及该地区一些对我们安宁有利的领土。……根据今年 4 月 30 日签署的文件,全部路易斯安那的所有权和主权已经按照某些条件转让给合众国。……我们获得了密西西比河及其水系的所有权和主权,一方面能为西部诸州产品取得一个独立的出口和一条贯穿全程的航路,这条航路不受控制,可以避免与其他强国冲突以及由此产生的对和平的威胁;另一方面,这个地区土地肥沃,气候适宜,到时候对国库肯定有巨大好处,并将为我们子孙后代供应充足的物资,为实现自由平等法律的幸福提供一个广阔的场地。②

这就进一步显露,在杰斐逊心目中美国领土扩张成功是如此重要,以至于在这个咨文的第一段他欣喜地说道:"对公众至关重要的事情使这次会议必须召开,而你们对这些事情的关切将会除去你们心中所有一切个人的杂念。"③ 他之所以这样欣喜,主要又是由于:(1)自己过去就提出过的观念即为美国扩张领土,现在看来是

---

① [美]托马斯·杰斐逊:《杰斐逊选集》,北京:商务印书馆,2012 年,第 312—313 页。
② [美]托马斯·杰斐逊:《杰斐逊选集》,北京:商务印书馆,2012 年,第 331 页。
③ 同上。

多么正确;(2)还要进一步取得土地特别是出海口;(3)美国已经取得的土地,在航路以及国家安全、资源以及生存空间、观念和法律推广等方面大有其利。

上面提到的两份政府文件,呼应了杰斐逊在独立革命时期在私人信件中提到的"自由帝国"理想。不仅如此,杰斐逊的观念还通过他的拥护者们得到了延续。其中,就有他的崇拜者门罗(James Monroe)于1823年12月3日提出的著名的"门罗宣言"①。这对美国后世外交方向产生了深刻影响。自此,"美洲是美国人的美洲"成为深入美国外交政策的口号。

4. 海外商业扩张的探索

在整个崛起时代,就美国扩张而言,除了大陆扩张以及以此为基础而产生的"西部运动"并且在一定程度上塑造了美国精神外,美国还产生了对当时影响不是太大,却具有长远战略意义的海外商业扩张构想。这个构想尽管早就萌芽了,但是直到19世纪50和60年代才主要由佩里和西沃德等人对其做出清楚的表达和付诸前期实施。在此之前,除美国周边国家之外,就跨洋贸易而言,美国主要是与大西洋彼岸的欧洲国家特别是英国交往;但是,到了佩里和西沃德那个时代,随着美国通过大陆扩张日益到达美洲太平洋沿岸,美国人的想法就发生了结构性变化——他们垂涎于太平洋对岸那片广袤的土地以及由此滋生的商业机会,他们希望美国的商业能够跨越太平洋,建立起所谓的"太平洋商业帝国",使自己成为真正的"两洋帝国"。

不仅如此,鉴于当时欧洲国家对美国而言依然是十分强大的存在,以及太平洋对岸国家中就国力而言并无太过强大的国家,就力量而言,美国对它们已经大致具有了非对称优势。这个时候,所需各项条件开始成熟了,潜藏在其灵魂深处的扩张主义基因又开始萌动了。建立太平洋商业帝国的构想,其实是美国大陆扩张力度逐渐走弱,同时商业扩张力度逐渐走强的一个分水岭。自此以后,美国除了在19世纪90年代之初通过泛美会议等机制对美洲其他国家加强控制外,一个重要转变是对远东特别是中国等实行"门户开放"政策,尝试着在那片土地上既平等和方便地与其他列强周旋,又把自己的商业触角等尽可能深地往那里延伸。

美国通过大陆扩张战略,增加了潜在的土地和各种其他的资源,带来了人口流入,吸引了资本流入,生产要素由此扩大了规模;并且,与之相伴随地,生产技术也

---

① "门罗宣言"首现于门罗的国情咨文,但它是由时任国务卿即约翰·昆西·亚当斯拟定的。"门罗宣言"可归纳为三个基本原则:反对欧洲国家再在美洲夺取殖民地原则、不干涉原则、美洲体系原则。

孕育着并且发生了改变。

二、生产技术：拿来主义和本土主义

新教徒移民北美后，除了心中的宗教，他们别无长物，谋生能力也较差，是印第安人无私的教导，才使他们得以在北美立足。独立后，他们在农业生产上已经具备了一定的知识和经验，但在制造业方面其技能依然普遍落后于欧洲诸国特别是英国。因此，《美国宪法》第一条第八款直截了当地认定，国会有权"保障著作家和发明家对各自著作和发明在限定期限内的专有权利，以促进科学和工艺的进步"。而在美国政府成立的时候，又专门设定了专利制度，并且授权国务卿杰斐逊负责专利申请和审核等方面的事务。但是，这些还只是官面上的。实际上，美国在技术上，采取的是拿来主义和本土主义相结合的策略。

1. 技术拿来主义

鉴于政府成立之后美国在制造业上处于普遍落后的地位，美国便广而告之，希望招来欧洲特别是英国的技术移民。其中，最为成功的案例是斯莱特（Smauel Slater）在美国政府成立的1789年选择了"脱英入美"，将阿克莱特纺织技术带到了美国。他尽管成了英国的"叛国者"，但同时又成了"美国工业革命的奠基者"[①]。当然，斯莱特"脱英入美"也是冒了很大的风险的，因为英国在当时尽管是工业技术特别是纺织技术水平最高的国家，但是为了保持优势地位，政府严禁先进技术以各种各样的途径流出英国。因此，美国为了自我利益，其做法是通过违背英国法律而取得技术人才。斯莱特在美国取得了很大成功。在他去世的时候，已经控制了美国13个纺织厂，财富达到了百万美元之巨；同时，美国借此奠定了棉纺工业基础，并且孵化出了一系列新技术，美国制造业也就在一个比较高的起点上沿着自己的路径开始演进。问题是，当斯莱特空降于美国的时候，要是美国当时没有相应的配套技术的支持，斯莱特单枪匹马能够取得那样大的成功吗？对此，历史学家逐渐认为那是不可能的。例如，吉布（George S. Gibb）说：

> 1790年春，塞缪尔·斯莱特将机器组合起来，在美国第一次就水力纺纱做出了成功的和可盈利的尝试。应该承认，波特基特桥旁古老的漂

[①] 但是，美国的第一份专利并不是授给了斯莱特，而是授给了塞缪尔·霍普金斯（Samuel Hopkins，1743—1818年）。这份标号为"x000001"的专利，是由总统华盛顿、国务卿杰斐逊和司法部长伦道夫在1790年7月31日共同签署的。由此可见其受到了何等重视（美国同年还授予了另外两份专利）。

洗这样的活动具有巨大的意义，这一点应该得到历史性强调。然而，不时甚至经常被忽略的是这样的事实，斯莱特并不是一个人在工作。要是没有熟练的和内行的助手，斯莱特很可能会失败。重要的是我们认为这些熟练的和内行的助手是谁，谁又帮助斯莱特将他的阿克莱特专利中的知识转变为工作中的实际经验。[1]

重要的是，斯莱特"脱英入美"之后去的是罗得岛，他在波特基特建立起了美国第一家使用先进机器进行生产的工厂；而在当时，那个地方的工业已经有了一定的发展，所需的相关技术工人是可以得到的。正是由于斯莱特在罗得岛采用了集中人员、工具和设备的工厂化生产方式，这里也就变成了这种生产方式在美国的发祥地。在生产方式演进特别是工厂的扩大过程中，斯莱特还逐渐变身为一个管理专家。[2]

因此，我们现在可以这样说：在斯莱特跨入美国之前，美国制造业的起步或者说初始工业化，已经为美国后来的工业革命准备了必不可少的前提条件；成功吸引斯莱特这样的技术拿来主义[3]，为美国一跃而进入工业革命时期蹚开了一道门；工厂化生产方式的推广和在原有技术基础上的改良和创新，为美国制造业发展所需的生产技术变迁和组织方式变迁提供了源源不断的动力。当然，美国内部市场的日益扩大和自由竞争，又是美国制造业发展的必不可少的保障。这样，在内部竞争驱使下，美国在工业与商业上形成了一种良性互动的内部循环。

2. 技术本土主义

彼时，美国既具备了一定的工业技术配套能力，又通过拿来主义得到了一定的新技术。这就相当于说有了土壤和种子。在追求利润的阳光的照耀下，美国本土的新技术逐渐开始萌芽了。这种萌芽，既源于生产过程诱生出来的技术需要，又源于若干天才人物的灵光闪现。但是，不管源自哪一种，都给美国制造业乃至整个经济，提供了强有力的原动力。在这个意义上，顺应市场需求并且尊重个人才能这两

---

[1] George S. Gibb, The Pre-Industrial Revolution in American: A Field for Local Research, *Bulletin of the Business Historical Society*, vol. 20, no. 20, 1946, pp. 103—116.

[2] Barbara M. Tucker, The Merchant, the Manufacturer, and the Factory Manager: The Case of Samuel Slater, *Business History Review*, vol. 55, no. 3, 1981, pp. 297—313.

[3] 在美国，洛厄尔纺纱厂的建立，在纺织产业发展上同样具有标志性意义。其实，它在很大程度上也可以说是技术拿来主义的一个重要成果。它受益于洛厄尔在英国曼彻斯特养病期间仔细观察工厂结构和操作过程并且待在旅馆绘制工厂和机器样图再将它偷运出去的结果。付成双：《试论美国工业化的起源》，《世界历史》2011年第1期。

点,对于美国的经济发展来说,是可以提升到战略层面加以观察的。考察美国经济和技术发展史的时候,从棉和铁这两个产业进行阐述,是一个很自然的选择。鉴于本书的主题,这里仅从与棉花有关的产业略作分析。

在南部,美国独立之后,烟草种植业就开始衰落了,而替代它的是棉花种植业。这又有赖于三个主要方面。其一,18世纪后期英国发生了工业革命,而其主导产业又是棉纺织业。这也就在全球产生了对棉花的大量需求——它的年增长率达到了5%。那时,美国尽管在政治上已经实现了独立自主,但是在经济上依然深深地依赖着前宗主国。很自然地,美国会利用这个重要的经济机会。其二,美国气候和土壤等方面的条件适宜于种植棉花。在美国南部,降水与气温条件与北方不同,很适合种植棉花。因此,在南方,很多种植园已经改变为以种植棉花为主。其三,对于这种日益增加的需求,(1786年引种海岛棉成功之后)棉花生产环节当中存在一个亟待解决的技术"瓶颈",即如何高效地除去对后续工序产生妨碍的棉籽。对此,康涅狄格的惠特曼(Eli Whitney)在1793年做到了这一点,即他发明了"轧棉机"。他采用一组安装在旋转滚筒上的钢绞齿而产生窄缝,让棉绒通过而又把棉籽留下。它的分离效率比手工提高50倍以上。这项发明使得美国后续年份棉花生产快速增长,美国南方成为著名的"棉花王国"。从生产区域来看,除种植海岛棉之外,还发展到种植高地棉;从由棉花种植和交易而产生的以"棉花王国"著称的经济中心来看,则主要有弗吉尼亚、南卡罗来纳、亚拉巴马;并且,在这些经济中心,还诱生出了一些工商业中心。当然,在美国南方,棉花产区是逐渐扩大的;并且,在这种扩大过程中,又是大量使用奴隶来完成当中最艰苦和最沉重的劳动。于是,气候资源条件、生产技术方式以及资源配置方式等,在很大程度上就与人口和社会结构联系在一起了;同时,一系列深刻的矛盾和变革也就这样内生地出现了。

通过斯莱特从英国引进新的生产技术,很显然这是外源性的;这种外源性的新技术能够在美国形成真正的生产力,又有赖于美国拥有相关技术的辅助;并且,在这个基础上,还造成了美国相关生产技术出现内源性发展。惠特尼的"轧棉机"的发明,就是这方面的一项标志性成果(这项发明是在斯莱特于罗得岛开始建设纺纱机器之后不久就出现的)。而在此之后,一系列新发明相继出现了。例如,仅仅比英国稍晚一点儿,美国就由罗威尔(Francis Lowell)发明了织布机;并且,在他的工厂里,取棉、洗棉、纺纱、织布、印花等工序,次第都由机器完成了。这种工厂化和机器化生产的一个重要特点是极大地提高了劳动生产力和解放了人力。就后者而言,它使妇女和儿童都可以成为生产者了。在美国,资本主义生产方式由此得到了进一步扩大。而在这个过程中,工业革命在美国也相应地发生了。美国从一个几乎只是输出农产品和购买欧洲特别是英国的工业品的国家,逐渐转变为一个能够自给自足的国家。这是通过发展本土制造业从而实现进口替代来实现的。

三、生产运行:内部循环主义

承接上述思路,我们不能不说:在美国,不仅曾经在意愿上而且现在在实际上,实现了国民经济的内部循环。在这种转变的形成过程中,内部循环主义起了很大作用。

从意愿上来看,无论是杰斐逊以农立国的方略,还是汉密尔顿以工商立国的方略,都具有通过内部循环做大做强美国经济的基因,尽管程度上存在差异。杰斐逊希望美国成长为"自由帝国",势力遍及美洲,农业生产成为最重要的行业,由此在政治上、道德上、经济上实现其理想;并且,他认为这样的国家也是有力量的,因为像英国那样的工业国,将依赖于美国的农产品供给——这在他颁布《禁运法案》的时候表现得最为直接。在汉密尔顿看来,美国通过大陆扩张政策做大自己的生产要素之后,通过内部循环可以实现农业、工业与商业(进而海军等)的协调发展。特别是"美国体系",其所希望的是:一方面,通过包括邮路、运河、公路和铁路等方面的建设,将美国各州连接起来,通过交通的便利化,不仅使美国各州都能利用其经济优势,美国在一体化下实现经济运行,而且对美国独立、繁荣和安全提供必不可少的保证。另一方面,通过关税保护政策,在自身制造业还比较弱小的时候,把欧洲特别是英国廉价工业品的冲击阻挡在美国市场之外,使得美国日益扩大的国内市场能为美国企业所利用;同时,又在国内倡导自由竞争,以便在国内市场中产生一种促进技术快速进步的力量。在这两点的基础上,发展国家银行制度。以此产生一种捆绑作用,使美国资本与国家利益朝着相同的方向发展,为美国国内市场提供必不可少的资本,为国家财政运行建立高效快捷的通道。上述三大方面与美国当时采取的中立主义和孤立主义外交原则结合起来,都指向美国通过内部循环建设一个规模日益扩大和结构日益改善的经济。它与欧洲大国特别是英国相比具有竞争优势,可助美国实现(有朝一日)超越欧洲的政治理想。

当然,从美国经济实际发展过程来看,将其称为一个内部循环经济也是比较恰当的。在表4.2中我们列出了美国1859—1913年商品出口、进口以及进出口与国民收入之比(依存度)。由此可以看到,从出口角度来看仅1879年的依存度超过了

10%;从进口角度来看仅 1859 年的依存度大于 8%;从总依存度来看仅 1879 年的数据大于 17%,大部分年份介于 13%—15% 之间。因此,在美国崛起之前半个多世纪里,美国经济很难说是一个外向型经济,它主要是通过内部循环而实现的。当然,这样说的话,我们要有一个适当的参照才站得住脚。首先,总依存度这个指标,现在在美国是 20% 左右。这说明即使发展到了现在,美国也不见得比 19 世纪晚期至 20 世纪初期在开放上增进了多少。其次,最好与相同时代体量比较接近的经济体比较——那就是英国。麦克克罗斯凯(Donald N. McCloskey)说,1870—1913 年,英国国内商品出口依存度为 20%(包括服务后依存度为 27%)。[1] 英国数据验证了如下判断:"至 19 世纪结束时,英国经济严重依赖世界市场,其经济增长率和增长方式很大程度上取决于英国之外的生产者和消费者的反应。"[2]

表 4.2　　　　　　1859—1913 年美国商品进出口及与国民收入之比

年份	国民收入（亿美元）	出口 总值（亿美元）	出口 依存度（%）	进口 总值（亿美元）	进口 依存度（%）	进出口依存度（%）
1859	40.98	2.78	6.78	3.31	8.08	14.86
1869	62.88	2.75	4.37	4.17	6.63	11.00
1879	66.17	6.98	10.55	4.45	6.73	17.28
1889	95.78	7.30	7.62	7.45	7.78	15.40
1899	138.36	12.03	8.69	6.97	5.04	13.73
1900	145.50	13.70	9.42	8.49	5.84	15.26
1901	155.37	14.60	9.40	8.23	5.30	14.70
1902	167.05	13.55	8.11	9.03	5.41	13.52
1903	176.91	13.92	7.87	10.25	5.79	13.66
1904	180.59	14.35	7.95	9.91	5.49	13.44
1905	193.63	14.92	7.71	11.17	5.77	13.48
1906	210.08	17.18	8.18	12.26	5.84	14.02
1907	221.12	18.54	8.38	14.34	6.49	14.87

---

[1] Donald N. McCloskey, Britain's Loss from Industrialization: A Provisional Estimate, *Explorations in Economic History*, vol. 8, no. 2, 1970, pp. 141—152.

[2] Phyllis Deane and W. A. Cole, *British Economic Growth*, *1688—1959*, Cambridge: Cambridge University Press, 1962, p. 28.

续表

年份	国民收入（亿美元）	出口 总值（亿美元）	出口 依存度（%）	进口 总值（亿美元）	进口 依存度（%）	进出口依存度（%）
1908	210.19	18.35	8.73	11.94	5.68	14.41
1909	240.33	16.38	6.82	13.11	5.45	12.27
1910	255.69	17.10	6.69	15.57	6.09	12.78
1911	253.85	20.14	7.93	15.27	6.02	13.95
1912	265.59	21.70	8.17	16.53	6.22	14.39
1913	283.91	24.29	8.56	18.13	6.39	14.95

数据来源：Bureau of the Census，*Historical Statistics of the United States*，1789—1945，United States Department of Commerce，1949，pp. 14，246—247. 依存度数据为作者计算结果。

第三节　美国重商主义者概览

在崛起时代，重商主义乃美国政策思想之引领。尽管从库珀（Thomas Cooper）开始，主要源自亚当·斯密的自由主义经济学变成了学院派经济学，但是这个经济学流派主要通过经济学教育和研究而在学术界产生影响。至于这个派别对美国经济政策的影响，我们认为即使不能说完全没有，那也可以肯定地说主要是间接地而非直接地起了一点作用的。

在《保护主义：美国经济崛起的秘诀（1815—1914）》中，赫德森（Michael Hudson）介绍了数十位对美国经济政策和经济崛起产生过或大或小影响的保护主义者的经济思想。他将保护主义视为美国经济崛起不可或缺的思想基础。应该说，这是抓住了美国经济崛起的关键思想来源的；但是，我们在本书中力图说明的是，对美国经济崛起来说，除保护主义政策外，其他诸多方面也同样是关键的；并且，只有将诸多关键因素放在一块进行考虑，才可能洞悉美国在那个时代构建的经济崛起大战略！这个大战略与英国经济崛起大战略固然具有很多不同之处，但是如果从本质上加以分析我们又可以这样说：它同样具有重商主义特质，只不过它带有浓厚的美国特色而已。

以提出工商立国战略、保护与发展国内市场战略、大陆和商业扩张构想等作为准则,在美国重商主义传统意义上(或者说针对美国整个崛起时代),我们列出了一张并不完整的代表人物名单(以出生年份先后为序)。

(1)约翰·亚当斯(John Adams,1735—1826年):美国航行自由论的先驱和政治家。

(2)托马斯·杰斐逊(Thomas Jefferson,1743—1826年):美国最有影响的大陆扩张主义者和政治家。

(3)詹姆斯·麦迪逊(James Madison,1751—1836年):美国重要的大陆扩张主义者、保护主义者和政治家。

(4)亚历山大·汉密尔顿(Alexander Hamilton,1757—1804年):美国经济战略思想的先驱。

(5)马修·凯里(Mathew Carey,1760—1839年):美国保护主义宣传家。

(6)乔治·梯比斯(George Tibbits,1763—1849年):美国国内市场支持者。

(7)约翰·Q.亚当斯(John Q. Adams,1767—1848年):美国太平洋商业帝国早期构想者和政治家。

(8)亨利·克莱(Henry Clay,1777—1852年):"美国体系"提炼者和政治家。

(9)弗里德里希·李斯特(Friedrich List,1789—1846年):经济战略思想家。

(10)丹尼尔·雷蒙德(Daniel Raymond,1786—1849年):美国第一位具有保护主义色彩的政治经济学家。

(11)卡尔文·科尔顿(Calvin Colton,1789—1857年):美国保护主义理论家。

(12)安德鲁·斯图尔特(Andrew Stewart,1791—1872年):美国保护主义政治家。

(13)马修·C.佩里(Matthew C. Perry,1794—1858年):美国推动太平洋商业计划的将军。

(14)威廉·H.西沃德(William H. Seward,1801—1872年):美国太平洋商业帝国的完善者和政治家。

(15)霍勒斯·格里利(Horace Greeley,1811—1872年):美国保护主义出版家。

(16)约翰·L.奥沙利文(John L. O'Sullivan,1813—1895年):美国"天定命运"扩张思想的提出者。

(17)伊拉斯塔斯·B.比奇洛(Erastus B. Bigelow,1814—1879年):美国贸易保护主义企业家。

(18)伊拉斯缪斯·P.史密斯(Erastmus P. Smith,1814—1882年):"美国学

派"综合者。

（19）沃尔特·惠特曼（Walt Whitman，1819—1892 年）：美国扩张主义者与民族沙文主义诗人。

（20）詹姆斯·G. 布莱恩（James G. Blaine，1830—1893 年）：美国后院商业开拓的构想者和政治家。

（21）约翰·M. 海（John M. Hay，1838—1905 年）："门户开放"政策鼓吹者和政治家。

（22）威廉·麦金利（William Mckinley，1843—1901 年）：美国关税保护主义者和殖民扩张主义总统。

（23）艾尔弗雷德·T. 马汉（Alfred T. Mahan，1840—1914 年）：美国鼓吹海权主义的将军。

（24）罗伯特·E. 汤普森（Robert E. Thompson，1844—1924 年）：美国保护主义教育家。

由此可见：(1)在崛起时代，美国重商主义者是代不乏人的。(2)美国重商主义者是具有广泛的职业基础的；如政治家、外交家、军事家、著作家、企业家、教育家等。(3)他们大多在思想上有渊源。对此，尤其可以从美国国务卿的思想演变上看出来。

第四节　代表人物与主要思想

接下来，我们以学术和政策影响重要性为标准，选择其中 4 位关键人物（他们依次是亚历山大·汉密尔顿、弗里德里希·李斯特、亨利·克莱和威廉·西沃德），并且对他们的重商主义思想进行简要述评。在这 4 位代表性人物中，汉密尔顿虽非美国本土出生，但他是美国奠基者和第一任财长，确立了美国经济发展战略方向；至于李斯特，严格来说是德国人，是历史学派先驱，但他曾获美国国籍，其主张在美国产生过较大影响；克莱是美国著名的政治家和政策实践家，他用"美国体系"提炼并且具体化了汉密尔顿的美国发展战略思想；至于西沃德，他是美国著名国务卿，提倡的"太平洋商业帝国"构想，对美国后来外交政策和商业模式的发展起了前瞻性的指导作用。不仅如此，从经济发展战略这个角度来看，美国重商主义的鲜明特色在他们的思想、主张和政策中，也可以得到比较集中的体现。①

一、汉密尔顿：美国经济战略思想的先驱②

亚历山大·汉密尔顿(1757—1804年)的经济战略思想浓缩了他的政治、经济、军事、外交、法律等思想的精华。针对他的思想，很多著作已从各自学科的角度进行了论述，但迄今尚无研究其经济战略思想的重要文献。鉴于汉密尔顿经济战略思想是美国经济政策的历史与逻辑起点，深刻影响了美国近200年经济政策的基调和品格，这种状况不利于我们全面深刻认识美国经济政策的战略本质及其演进方向。汉密尔顿为后世留下了浩繁的文字，由 J. C. Hamilton 编辑的于1851年出版的 *The Works of Alexander Hamilton* 就有7卷之多，包括政论、国会报告、内阁报告和通信等；而由 Syrett and Cooke 编辑的并且于1961—1987年出版的 *The Papers of Alexander Hamilton*，更是长达27卷。下文简要讨论汉密尔顿的经济战略思想的几个重要方面。

在展开分析之前，先说一下经济战略思想的基本构架将有利于深化我们对主题的理解，但遗憾的是，最近才有人就此做出简要说明。③ 借鉴中外战略家（如孙子、哈特、博富尔等）的思想，我们认为针对任何人的经济战略思想，都可以从经济战略环境判断、经济战略目标设定和经济战略行动选择这三个既相对独立又相互联系的层面进行理解。我们知道，没有目标，将无事可成，也就无以言战略。但是，经济战略目标设定过高或过低，又会带来诸多问题。过低的话，目标虽能轻松达成，但满足程度必不会高；过高的话，达成目标的手段势必捉襟见肘，能带来极大满足的目标也就难以实现。对于经济战略环境判断，做到准确二字已很不容易了，更何况在战略家心目中，又是可以在一定程度上主动施加影响从而创造有利态势的。至于经济战略行动，无非是基于经济战略环境判断并且直指所设经济战略目标的一系列手段、计划和方案。在战略家心目中，战略行动自由很是要紧；在战略谋划和实施过程中，最要注意的是使己方战略行动更自由，同时又能限制对手战略行动

---

① 我并不认可这样的提法，即美国的经济自由主义者，对于美国重商主义政策中的某些特别主张是完全排斥的。例如，大陆扩张政策可以说是美国重商主义之所以具有美国特色的一个方面。但是，经济自由主义者比如托马斯·杰斐逊，是一个手段上比较温和而要求上最为迫切的政治家。
② 本小节主要内容参见伍山林：《汉密尔顿经济战略思想：美国经济政策的历史与逻辑起点》，《求索》2019年第1期。
③ 伍山林：《习近平经济战略思想的三个层面》，《求索》2017年第9期。

的自由。针对汉密尔顿经济战略思想,固然也可从这三个层面进行理解;但是,为了更好地讨论它对美国近200年经济政策的深刻影响,下面先进行梳理和分析,再做总结和评论。

1. 理论渊源

学界对汉密尔顿的经济战略思想尚未做出系统梳理和科学整合,但其理论渊源非常清晰。从经济思想层面来说,汉密尔顿经济战略思想的主要渊源有斯密经济自由主义和欧洲重商主义[①],并且形成了独特风格。

先说斯密经济自由主义渊源。通常认为,汉密尔顿经济战略思想带有浓厚的重商主义特别是保护主义色彩。这固然是正确的;但是,除此之外他从亚当·斯密自由主义经济思想中也汲取了不少养分。例如,他把斯密的分工思想看得很重,对其所说的"分工受市场范围的限制"的洞见深表赞同。为了说明汉密尔顿经济战略思想的斯密经济自由主义渊源,有人从他的《关于制造业的报告》与斯密的《国富论》中各选出20个段落进行对比,发现两者具有很大的相似性。[②] 再如,他借鉴斯密的观点认为:劳动分工是国家经济中最重要的事情,借此可以产生额外利益,比如说对单个部件经常进行加工,可以增进技能和技巧;保持工序之间的连续性,可以节省工序转换所浪费的时间;可以刺激分工中的个人改进技术和机器,在生产中扩大机器的使用范围。其中,机器使用范围扩大是工业发展的重要组成部分,如英国棉纺业发展即依赖于此。[③] 尽管如此,汉密尔顿在这份报告中并没有提到斯密的名字。这与美国建国初期政治生态有关。彼时,美国政界对英国政治制度等持拒斥的态度。

再说欧洲重商主义渊源。斯密在《国富论》第四篇中以极大篇幅对欧洲重商主义进行了批判,他希望通过说明重商主义政策并不具有经济合理性而使研究者和政策制定者对它产生厌恶之情。[④] 他列举的重商主义政策主要有高关税、绝对禁止、出口退税、发给奖金、订立国家间通商条约和建立殖民地等。对于这些政策,美国奠基者托马斯·杰斐逊是反对的;但是,汉密尔顿以他作为经济战略思想家先驱

---

① C. M. Harlen, A Reappraisal of Classical Economic Nationalism and Economic Liberalism, *International Studies Quarterly*, vol. 43, no. 4, 1999, pp. 733—744.

② E. G. Bourne, Alexander Hamilton and Adam Smith, *Quarterly Journal of Economics*, vol. 8, no. 3, 1894, pp. 328—344.

③ J. C. Hamilton(ed.), *The Works of Alexander Hamilton*(Ⅲ), New York: Charles S. Francis & Company, 1851, pp. 204—207.

④ [英]亚当·斯密:《国民财富原因和性质的研究》(下),北京:商务印书馆,1994年,第1—209页。

的独到眼光,从重商主义政策在欧洲大国如法国和英国崛起中所起的作用中获得启迪,将它们视为美国将来发展经济特别是制造业的重要手段。在《关于制造业的报告》中,汉密尔顿给出了11条保护和促进美国制造业发展的具体措施。其中,第1条为对那些与国内打算鼓励生产的产品形成竞争关系的进口产品(即竞争性产品)征收保护性关税,第2条为对竞争性产品禁止进口或征以能达到同样效果的关税,第3条为禁止出口制造业原材料,第6条为对进口的制造业原材料免征关税,第7条为返还对制造业进口原材料已征收的关税[①],这些都是斯密提到并加以批判的保护主义政策。从这也可看出,汉密尔顿是根据美国发展的需要来选择经济政策并且服务于经济战略目标的。

为何两种学说兼容于汉密尔顿的经济战略思想呢?对于欧洲重商主义,经济思想史家视其为具有国家主义特质的早期政治经济学思想。它与斯密经济自由主义思想的取向截然相反。在斯密那里,一方面,基本观念是政府在经济生活中起尽可能少的作用,它是"守夜人";另一方面,假设国家之间不存在非经济竞争,或者是经济、政治和军事等互不影响。因此,李斯特将斯密自由主义经济学称为"世界主义经济学"[②]。但是,汉密尔顿知道在他那个时代以及将来很长时期里,国家必然是存在的,国家之间的非经济竞争不可避免,在国家层面上,经济与政治和军事等不可分割,因此对斯密自由主义或者说世界主义经济学只能采取选择性吸收的态度。在汉密尔顿的经济战略思想中,我们看到斯密通过竞争、分工和扩大市场范围以促进国内经济发展的思想,与欧洲重商主义通过管控国家之间的经济关系以提升本国经济地位的思想同时并存。当然,这又是有前提的,即在汉密尔顿的观念当中,任何国家都有其内在追求和特定目标,它是主动性的行为主体。因此,从更深层面来说,我们有必要进一步考察汉密尔顿关于政府的认知。在经济学意义上,这主要关乎怎样认识政府和市场的关系。历史地看,欧洲重商主义主要通过政府干预达到增进力量与实现繁荣的目的;从理论上说,斯密自由主义经济学主要通过市场自发调节实现经济高效运行的目的。但是,由于政府与市场的任何一方都无法独立达成经济高效运行的目标,如何处理两者的关系就成为永恒的难题。对此,汉密尔顿有其充满智慧的回答。简而言之就是"三位一体":宪法赋予政府权力、政府保护

[①] J. C. Hamilton(ed.), *The Works of Alexander Hamilton*(Ⅲ), New York: Charles S. Francis & Company, 1851, pp. 244—246, 251—252.

[②] [德]弗里德里希·李斯特:《政治经济学的自然体系》,北京:商务印书馆,1997年,第25—31、237—266页。

国内市场、国内市场充分竞争。

2. 政治基础

对政治学者来说,汉密尔顿最著名的著作要数收在《联邦党人文集》中的51篇文章了。正是通过这些短文以及国会和内阁报告,汉密尔顿奠定了其经济战略思想的政治基础。

汉密尔顿认为,美国应该拥有超乎欧洲的政治地位。诚如克劳特(J. A. Krout)所说的那样,我们可以从国家弱小这个起点和通过追求国家权力达到既定目标的角度理解汉密尔顿思想。[①] 建国之初,无论从人口规模、疆域大小[②]或者国家实力来看,美国都只是一个弱小国家。大西洋彼岸的欧洲特别是英国和法国,对美国来说依然是过于强大的存在。这也意味着在特定时期里,美国不得不忍受英国和法国的经济剥削和政治压迫等;但是,美国人早就具有建成"山巅之城"的理想,汉密尔顿希望的是美国有朝一日能强大到与大欧洲平起平坐的地步。他说:"但愿美国人不屑于做大欧洲的工具,但愿十三州结成一个牢不可破的联邦,同心协力建立起伟大的美国制度,不受大西洋彼岸的一切势力或影响的支配,并且还能提出新旧世界交往的条件。"[③]我们知道,在经济战略思想体系当中,经济战略目标具有引领性作用。但重要的是,汉密尔顿对美国经济战略目标的设定,不仅与其他奠基者比较接近,从而形成了广泛的政治共识,而且通过他与杰伊和麦迪逊的政论文章产生的广泛和长期的影响,形成了大众共识。以此凝心聚力,美国终于在1913年实现了崛起,完成了它的阶段性目标。

汉密尔顿认为,为了确保国家的独立、安全和繁荣,美国可以动用"隐含的权力"。建国之初的地缘政治环境决定了美国必须为独立、安全和繁荣而谨慎地进行谋划。在那个时代,海上交通较现在远为困难,美国尽管与欧洲远隔大西洋,但对独立和安全的担心并不是多余的;并且,只有经济繁荣起来,美国才可能逐渐改变被动局面。作为首任财长以及对华盛顿战略思想理解得最透彻的汉密尔顿,对美国独立、安全和繁荣做了系统和深入的思考。在这些思考中,大联邦制与强中央政府乃必不可少的前提条件。

---

① J. A. Krout, Alexander Hamilton's Place in the Founding of the Nation, *Proceedings of the American Philosophical Society*, vol. 102, no. 2, 1958, pp. 124—128.

② Bureau of the Census, *Historical Statistics of the United States, 1789—1945*, Washington, D. C., 1949, p. 25.

③ [美]汉密尔顿、杰伊、麦迪逊:《联邦党人文集》,北京:商务印书馆,2015年,第66页。

对于这一点，《美国宪法》并未直接予以说明。在杰斐逊派看来，州权应该得到充分尊重；相应地，联邦政府权力应该受到严格约束。对此，汉密尔顿持不同的观点。在他看来，首先，美国只有实行大联邦制（而不是邦联制或者由几个联邦构成），才能为国家独立和安全提供必不可少的保障，对国家的繁荣亦复如此。他说："如果我们继续联合起来，我们就能抵制一种在各方面对我们的繁荣非常不利的政策。我们可以利用全国各州同时实行的限制性条例，迫使各国为取得我国市场的特权而相互竞争。"① 其次，以此为基础，联邦政府为了实现宪法赋予的公共目标，还应具有相应的权力。其中，也包括"隐含的权力"（Implied Powers），即宪法虽未明示但也未禁止的、可以从实现宪法所赋予的公共目标中引申出来的权力。② 在他看来，如果美国宪法仅仅赋予公共目标而又不同时赋予实现公共目标的手段，那么这样的公共目标是不可能达成的。这就反证了，联邦政府必然拥有实现公共目标的手段这种"隐含的权力"。例如，成立国家银行尽管并不在宪法明示之列，但是，为了实现宪法所赋予的公共目标，它应该是被隐含地赋予了权力。这个影响深远的提法，经由他与华盛顿的"伟大合作"③，在促成《关于国家银行的报告》成为法律这件事上功不可没。不过宽泛地赋予政府拥有实现公共目标的手段，也易产生滥用权力的弊端。最后，大联邦政府通过垄断对外经济关系，可以更好地与外国进行竞争、节省国内参与竞争的成本以及促进国内各州之间的竞争，进而有利于国家繁荣。例如，他说各州之上如果只有一个联邦政府，那么在对欧经济关系中只要对大西洋沿岸这一边进行守卫就可以了，这有利于征收进口关税、打击走私和其他犯罪，它远远优于各州单独处理对外经济关系。④

简而言之，汉密尔顿的经济战略思想的政治基础是国家统一而政府有力量。

3. 大陆扩张

对于现在的经济学家来说，经济规模由生产要素和技术进步等决定早已成为常识了。出于经济战略思想家的直觉，汉密尔顿的大陆扩张及相关观点是合乎这个常识的。

汉密尔顿认为要建立常备军以扩张领土。对于大陆扩张问题，杰斐逊早就形

---

① [美]汉密尔顿、杰伊、麦迪逊：《联邦党人文集》，北京：商务印书馆，2015 年，第 61 页。

② J. C. Hamilton(ed.), *The Works of Alexander Hamilton*(Ⅳ), New York: Charles S. Francis & Company 1851, p. 113.

③ R. B. Morris, Washington and Hamilton: A Great Collaboration, *Proceedings of the American Philosophical Society*, vol. 102, no. 2, 1958, pp. 107—112.

④ [美]汉密尔顿、杰伊、麦迪逊：《联邦党人文集》，北京：商务印书馆，2015 年，第 67—72 页。

成了"自由帝国"的想法。此外,他在《关于密西西比河航行权的文件》中针对领土扩张问题给出了一种经济学解释:当河流跨越疆界时,航运功能可能因此而割裂。下游国家如果禁止上游国家的货物通行,上游国家的商业将受到损害。因此,将下游国家流域内的领土纳入上游国家的版图,将由于取得了完整航行权而内部化不利的影响,提高商业价值。① 这种见解是杰斐逊针对密西西比河下游航行权因这片土地乃西班牙的殖民地而具有垄断权提出来的。他认为这样进行领土扩张是具有自然法和国际法基础的。

与杰斐逊不同,汉密尔顿力主美国保有常备军,并且认为它可为领土扩张提供坚实的力量基础。1798 年他在写给华盛顿的一封信中说:"或许会出现一个伟大的时刻,需要开创符合这个国家长久利益的不世之功,届时当然需要一支纪律严明的军队。"② 这句话包含的深刻意蕴是:其一,领土扩张对美国至关重要,它牵涉国家长远利益。因此在这个方面取得了进展,也就立下了不世之功。其二,为了做到这一点,美国必要时可以考虑动用军事手段。1799 年汉密尔顿呼吁在南美洲展开军事行动,将其从西班牙手中分离出来,阻止法国称霸世界的野心。这与他提出的抢先占领由西班牙统治的路易斯安那和佛罗里达的想法是类似的。尽管如此,汉密尔顿将军并没有获得展开行动计划的时机。另外,汉密尔顿也并不把通过和平方式实现领土扩张当作常规渠道。对于 1803 年杰斐逊总统以和平方式实现对路易斯安那的购买,汉密尔顿尽管认为那是给其政府带来荣誉的重要事情,但属于偶然成功。③

汉密尔顿认为领土扩张事关经济潜力。对美国而言,重要的不是在谁的主导下以怎样的方式实现领土扩张,而在于为什么要进行领土扩张。从政治角度来说,固然是美国通过领土扩张有助于自身变大变强从而拥有与欧洲抗衡的资本;但是,作为经济战略思想先驱的汉密尔顿,早就看到了领土扩张对于实现美国目标的经济战略含义。因为随着领土扩张,土地和矿产等资源将变得丰富起来;以此为基础,这个国家可以承载更多的人口和吸引更多的投资。不过,土地增加固然是有利于农业的,但通过农业吸引移民其规模又是有限的;如果发展制造业,给予或者创造比外国更优越的条件,那么对移民的吸引在规模上将不可限量。因此,在他看来,移民是一种重要的资源,发展制造业时可以不与农业争夺人力;并且,农业也可

---

① [美]托马斯·杰斐逊:《杰斐逊选集》,北京:商务印书馆,2012 年,第 313 页。
② [美]罗恩·彻诺:《汉密尔顿:美国金融之父》,上海:上海远东出版社,2011 年,第 470 页。
③ 刘祚昌:《杰斐逊全集》,济南:齐鲁书社,2005 年,第 955 页。

以从制造业的发展中受益。① 此外,早在1787年,汉密尔顿就将当时的世界从政治上和地理上划分为四个部分,即欧洲、亚洲、非洲和美洲。彼时,地缘政治格局是欧洲因为军队、武力、谈判和欺骗等方面的能力而对其他三个部分拥有优势地位。② 因此汉密尔顿和一部分奠基者都认为,美国应该快速强大起来,先将欧洲势力从美洲大陆排挤出去,再取得能与欧洲并驾齐驱的地位。所有这一切,都要以大陆扩张为前提。重要的是,在不再存在无主地的情形下,版图的争夺乃你多我少的"常和博弈",事关国家潜力和力量消长。由此看来,战略行动选择很大程度上是由战略目标决定的,而这两者又基于对战略环境的判断。

领土扩张是美国崛起大战略中不可或缺的一环。否则,美国人口增长将放慢,发展工业的自然资源与人力资本将受限,掌控美洲进而纵横全球将缺乏根基。

4.汉密尔顿的工业化宪章

受重农主义思想局限和英国工业化带来的诸多负面后果的影响,杰斐逊在美国独立后提出了农业立国方略。而汉密尔顿"师英长策以制英"③,提出了工商立国方略。先看一下农业立国方略的幼稚性是必要的。18世纪末,一个国家利用自身资源优势发展农业固然有可能富足起来;但是,国家要想强起来,还得培养战争能力。其中,武器改良升级离不开制造业发展,以至一个国家如果没有较强的制造业,也就几乎不可能具备较强的实力,难以具有国家竞争优势。农业立国方略的幼稚性,主要在于它将国家竞争局限在经济方面,而没有看到非经济方面(特别是军事方面)竞争的极端重要性。

汉密尔顿认为发展制造业乃战略之需。1791年12月5日,汉密尔顿向国会提交了《关于制造业的报告》。在这份报告中,汉密尔顿特别强调,在美国发展制造业主要是基于如下两点战略考虑:(1)通过发展制造业,可以带动其他产业比如农业的发展,从而实现各个产业及从业者的和谐发展。他认为,发展制造业可以提供更高效的生产工具,可以提供更大量的消费需求。从策略上说,由于那时美国种植园主势力很大,只有说明制造业可以与农业和谐发展,汉密尔顿的制造业发展计划才有希望被接受。(2)制造业是美国独立、安全和繁荣的基础。在这一点上,华盛顿与汉密尔顿两人心意相通。他们亲历过残酷的战争,对武器和后勤保障(特别是运

---

① J. C. Hamilton(ed.), *The Works of Alexander Hamilton*(Ⅲ), New York: Charles S. Francis & Company, 1851, pp. 208—209.
② [美]汉密尔顿、杰伊、麦迪逊:《联邦党人文集》,北京:商务印书馆,2015年,第65—66页。
③ 伍山林:《中国市场经济地位与美欧日重商主义传统》,《文汇报》2017年2月10日。

输)等在取得战争胜利中的重要性深有了解,而武器和后勤保障的诸多方面依赖于制造业。当然,美国发展制造业是要采用特别政策,才能够取得成功的;如果仅靠市场竞争,美国将因只有农业具有绝对优势而落入斯密的比较优势陷阱,即制造业因为具有绝对劣势而只得依赖于进口[①],以至于永无崛起之日。因此,汉密尔顿希望通过持续不断的努力,使美国改变既有的经济结构,即不仅在农业上而且在制造业上都取得绝对优势,超越建国初期仅农业拥有绝对优势的不利局面。

　　汉密尔顿认为发展制造业需要政府支持。汉密尔顿发展美国制造业的措施包括三大类型,它们都需要政府支持。(1)有目的的保护措施。它们是第一节已经提到过的与关税有关的 5 条(即第 1、2、3、6、7 条)措施,它们至今仍被广泛采用。(2)有目的的鼓励措施。它们指的是第 4 条资金补助和第 5 条奖励金。在汉密尔顿心目中,资金补助和奖励金尽管属于同类性质,但又有区别。其中资金补助多针对一种产品的全部产量,而奖励金则适合于奖赏杰作、精品和非凡技巧以树立榜样。汉密尔顿对资金补助这条政策特别看重,认为它是鼓励制造业最有效的手段,因为它与其他措施相比,是更加确定和直接的鼓励,并且可以避免提高产品价格,不会造成产品短缺。(3)具有普遍促进作用的措施。它们包括第 8 条鼓励新发明、新发现、引进生产技术和机器等,第 9 条规定制造业产品质量检验标准,第 10 条便利汇款,第 11 条便利产品运输。[②] 便利产品运输这一条措施尤其值得一提。美国建国初期,交通运输条件极差,以至于市场交易极不便利,市场规模难以扩大。因此,美国在第二次独立战争结束后,亨利·克莱提出了"美国体系"。其中,关税保护和"内部改善"两大措施全部来自汉密尔顿的《关于制造业的报告》,以至于我们可以将这份报告视为"美国工业化宪章"。汉密尔顿这份前瞻性报告是配得上这个称谓的。因为借助关税保护、内部改善以及国内自由竞争,美国至南北战争前夕已建立起了比较独立的工业体系;在内战结束后大约半个世纪里,美国又因为高关税而成为保护主义的坚固堡垒,不仅工业化程度快速跃升了(戴维斯指数变化清楚地提示了这一点[③]),而且工业化质量开始引领世界。例如到 1894 年的时候,美国终于超越了英国而成为工业产值最大的经济体,为国家崛起奠定了坚实的物质技术基础。

---

① [英]亚当·斯密:《国民财富的性质和原因的研究》(上),北京:商务印书馆,1994 年,第 336—337 页。
② J. C. Hamilton(ed.), *The Works of Alexander Hamilton*(Ⅲ), New York: Charles S. Francis & Company, 1851, pp. 246—251, 253—257.
③ J. H. Davis, An Annual Index of U. S. Industrial Production, 1790—1915, *Quarterly Journal of Economics*, vol. 119, no. 4, 2004, pp. 1177—1215.

5. 利益捆绑

汉密尔顿试图通过法律建设和经济机制把资本利益与国家利益捆绑起来,使美国发展获得源源不断的动力支持和财政保障。为此,我们要提及 1790 年 1 月 14 日提交的《关于国家公债的报告》和 1790 年 12 月 13 日提交的《关于国家银行的报告》。

汉密尔顿认为通过国家公债可以捆绑资本利益和国家利益。美国政府成立于 1789 年。当时,美国财政十分困难,同时又必须对战时所发公债做出妥善处理。这成为汉密尔顿就任财政部长之后的重要挑战。一方面,就公债原始购买者来说,大多数是农民、小商人、士兵等普通人士,他们借此而为独立战争胜利做出了贡献。在认购的时候,他们对公债能否如约偿还是根本没有把握的。另一方面,独立战争胜利后,邦联软弱无力和国家前景不明,使很多原始购买者以极低的价格转手了公债,以至于很多公债不再停留在原始购买者的手中而落到了投机者的口袋里了。这也就产生了颇为难解的局面:如果不如约偿还,势必有损于国家信用;而如果如约即按券偿还,将显失公平,得利者主要是投机客;如果如约偿还,政府必须面对资金筹措等棘手问题;如果对原始购买者和投机客手中的公债以区别对待的方式进行偿还以保证公平的话,为了弄清事实将需要耗费极高的成本。面对这种难局,汉密尔顿在提交国会的长篇文件《关于国家公债的报告》中,对公债的类型和规模做出了估算,对偿还的方式做出了选择,对资金的来源做出了安排。汉密尔顿在这份报告中提出的目标是:为了保证国家将来在需要的时候能够以优惠的条件借到款项,美国政府必须着手建立良好的信用。[①] 正是基于这种考虑,汉密尔顿选择了如约偿还包括州债在内的所有公债的方案,其筹资方式是发新债偿旧债。但是,汉密尔顿的计划掀起了轩然大波。特别是麦迪逊等人认为这个计划对原始购买者与投机客手头的公债不加区别地对待不仅显失公平,而且鼓励投机。但是,这份报告的通过不仅建立起了美国公债的信用基础,而且使资本利益与国家利益捆绑在一起了。

汉密尔顿认为通过国家银行可以捆绑资本利益和国家利益。政府发行公债终归要以税收来偿还,政府事务总要以财政为基础,国家经济发展更需要货币支撑。因此,国家银行对政府财政事务处理和国家经济发展是一个重要的机制安排。早在美国建国以前,英国就通过英格兰银行产生了国家银行制度。考虑到这些方面,汉密尔顿在《关于国家银行的报告》中阐述了美国实行国家银行制度的必要性和实

[①] J. C. Hamilton(ed.), *The Works of Alexander Hamilton*(Ⅲ), New York: Charles S. Francis & Company, 1851, pp. 1–45.

施办法。在他看来,建立国家银行的好处至少包括:能为国家增加流动性或营利性资本,从而提高经济活力;在紧急情形下能使政府获得资金支持;能便利赋税支付。至于坏处,如助长高利贷、冒险行为、欺诈行为、导致贸易过度和从流通中驱逐金银等,只要制度安排得当,就能得到管控。重要的是,由国家银行发行纸币,比由政府发行纸币更加稳妥,因为前者发行纸币时会考虑经济的实际需要,后者发行纸币时存在滥发冲动。但是,这份报告在国会引起了巨大争议。争议的两个主要方面是:其一,高达6%的利息或红利,是对动产丰富者(主要是北方的资本家)的奖赏,由此将激发人们的投机偏好;其二,银行股金认购者对认购金额的1/4以金银硬币支付,对所剩3/4以政府债务支付,从而限制了人们成为银行股东的选择,政府债务持有者再一次拥有了通过入股国家银行而获取高额回报的排他性资格。有些政治家认为,到汉密尔顿提交《关于国家银行的报告》的时候,其在《关于国家信用的报告》中的图谋终于暴露无遗了。这种图谋是给资本以高回报,借助资本家的支持以实现政府目标。[1]

利益捆绑的立宪基础及世纪困惑。通过上述报告,我们看到汉密尔顿具有将资本利益与国家利益捆绑起来的战略考虑[2];不仅如此,在《关于制造业的报告》中,这一点也是显而易见的。[3] 从事后来看,汉密尔顿的目标的确是实现了;但是,这也产生了一系列恶果。有必要提及的是,在汉密尔顿写作这三份报告之前,《美国宪法》的形成过程就已为此埋下了一定的伏笔。历史学家比尔德在《美国宪法的经济观》这部著作中,对制宪会议代表的财产和经济利益做了详细的统计分析。他发现,55名代表中,40人拥有公债,14人是土地投机商,24人是高利贷者,15人是奴隶主,11人从事商业、制造业和航运业,没有一个人代表小农和手艺人的利益。[4] 其中,作为外来者的汉密尔顿,是一个难得的例外。这就形成了循环,即制宪会议代表推动有利于自己所属阶级的宪法,资本所有者随后借助宪法赋予的权力获得经济利益,而国家利益的实现也就内涵于这种循环之中了。因此,美国无论是在宪法上还是在其他制度安排上,本质上都是各类资本集团的利益诉求的体现与利益平衡的结果。这种世纪困惑,即使到了当下,亦未结束。

---

[1] 刘祚昌:《杰斐逊全传》(上),济南:齐鲁书社,2005年,第380—381页。

[2] D. F. Swanson and A. P. Trout, Alexander Hamilton, "the Celebrated Mr. Necker", and Public Credit, *William and Mary Quarterly*, vol. 47, no. 3, 1990, pp. 422—430.

[3] 李庆余:《试论关于美国现代化的第一次大辩论》,《南京社会科学》1995年第2期。

[4] [美]查尔斯·A. 比尔德:《美国宪法的经济观》,北京:商务印书馆,2012年,第3页。

二、李斯特：经济发展战略的历史主义者

与汉密尔顿相比，经济学界对李斯特(1789—1846年)的经济思想要熟悉得多。他出生于德国，早年在德国就已取得了一些成就①，但是，因政见不容于当局者而遭到了迫害，不得不流落到美国。在1825—1832年这段时间里，他主要待在美国②；而正是在这段时期里，形成了他于1841年出版的传世之作《政治经济学的国民体系》的思想雏形。我们可以这样说，李斯特著作的一个鲜明特点是站在历史时空的高度，审视经济发展的阶段性特征及其最优经济政策。他的学说曾对美国重商主义的形成和发展产生过一定的影响，但他后期著作的主要目的是服务于他所热爱的德国的崛起。他在美国期间，美国的发展态势使其深信，斯密自由主义经济学并不适合做经济发展尚且处于初始状态的国家的政策指引。我们在下面主要根据他于1827年7月写作的12封信③，述评他的经济思想观念和经济政策主张。这12封信是论战的产物，其论战对象是托马斯·库珀。1826年，库珀出版了一本政治经济学著作《政治经济学讲义》，祖述的是斯密自由主义经济学。他在这本书的前言中说：

> 在美国，政治经济学和政治理论特别重要；每个受过良好教育的年轻人，都要把自己当作一个政治家；不管他从事的是其他什么样的职业，他都应该充分重视政治学。……我写这本书，不是为了专业研究的目的，而是为了让尚不具备政治经济学方面的专业知识和应用经验的年轻人，走向社会之后能有所依凭。……我现在出版我自己在政治经济学方面以及与之相关的其他方面的观点，是由于我认为，与我过去使用过的其他人撰

---

① 在政府允许李斯特离开德国并且让其拿到前往美国进行科学考察的护照之前，他在符腾堡王国的图宾根大学讲过几年政治经济学，又被选为德国工商业协会的顾问，还曾当选过符腾堡众议院的议员。
② 李斯特1830年获得美国国籍，因为支持杰克逊竞选总统并获成功而得到回报，1832年以美国驻巴登领事身份返回德国。
③ 这12封信，写于1827年7月。我们之所以据此展开述评，是由于由英格索尔(Charles J. Ingersoll)推荐，这12封信刊登在《国民报》上，在美国当时产生了比较广泛的影响。这12封信构成了《美国政治经济学大纲》(Outlines of American Political Economy)。至于李斯特的《政治经济学的自然体系》以及《政治经济学的国民体系》，只是到了很久以后才在美国产生一定的学术影响，对美国崛起时代几乎不曾产生过什么政策作用。本书所引12封信中的内容，全部来自由杨春学翻译的《美国政治经济学大纲(美国体系)》。它是作为《政治经济学的自然体系》中的附录而出现的。[德]弗里德里希·李斯特：《政治经济学的自然体系》，北京：商务印书馆，1997年，第202—266页。

写的教科书相比,我自己的讲义能够更好地被我的读者们所理解。至于那些希望对这个专业有更高的要求的人,还应该进一步研究亚当·斯密、萨伊、马尔萨斯、李嘉图、麦克库洛赫以及密尔的著作。①

可以这样说,李斯特在《国民报》上发表12封信的目的是对冲库珀政治经济学教科书的影响。对于库珀在这本书中表现出的高傲和错误,李斯特认为必须做出回击。在李斯特看来:

1. 斯密个人主义经济学和世界主义经济学不具有普适性

李斯特认为,斯密自由主义经济学其实是个人主义经济学,它的视野是狭隘的。在现实社会中,一个人是要顾及他人以及子孙后代的,是要超越私人事务圈子的,是要受到社会制约的。同时,个人即使倾其所能,也不可能像国家那样,去满足大多数成员的社会需要;并且,就国家和个人而言,在普遍福利和个人活动之间,总是需要有一种控制和取舍。这就意味着,在现实社会中,纯粹自由的个人是不存在的。李斯特说:"只有在个人利益和国家利益绝不冲突时,'自由放任,自由通行'这一原则才行得通。但事实并非如此。"②也就是说,斯密的个人主义经济学,是基于不切实际的微观前提的。其中,国家的存在凸显了斯密个人主义经济学的局限性。而库珀又将国家当作一种"拟人化的道德存在",进一步凸显了其学说的荒谬性质和虚无特征。库珀采用这种手法处理国家这个现实主体,使李斯特颇感震惊,以至于他采用如下极为严苛的语气说道:"他竟然试图以这样一种体系,启发整个民族如何认识其国家利益;他竟然试图用这样一种体系,教育美国青年怎样对待未来的政治生活。这是一种导致国家自取灭亡的理论体系。"③李斯特认为,正是由于库珀在立论上存在错误,他的整个理论体系必然土崩瓦解。

对于国家,库珀将其视为"拟人化的道德存在"——这已经比斯密对国家的认识走得(离现实)更远一些了。即使如此,李斯特依然认为,斯密的自由主义经济学,还是一种世界主义经济学(Cosmopolitical Economy)。因为在他那里,作为国家代理的政府应该达到最小限度,以便不损害福利和自由;不仅如此,斯密在考虑国际经济关系时,也将国家作为一个无关紧要的存在来看待。这同样远离了现实。因此,李斯特在第七封信中断言,政治经济学并不是世界主义经济学。不同的国

---

① Thomas Cooper, *Lectures on the Elements of Political Economy*, Columbia: The Telescope Press, 1826, "Preface".
② [德]弗里德里希·李斯特:《政治经济学的自然体系》,北京:商务印书馆,1997年,第233—234页。
③ [德]弗里德里希·李斯特:《政治经济学的自然体系》,北京:商务印书馆,1997年,第235页。

家,总是具有不同的利益,彼此发生争斗也就不可避免,而意大利、德国、英国、法国、美国等都是很好的例证。这样一来,仅从经济交换的角度来谈国际经济关系特别是贸易效率问题,也就会因不存在坚实的现实基础而沦为空谈和虚言。李斯特认为,正是由于国家之间存在非经济竞争,任何国家才有必要存在军队特别是海军,才有必要发展自己的制造业。沿着国家存在多方面竞争再做延伸,李斯特(为了驳斥库珀的观点)针对工业、自由贸易等问题说出了如下振聋发聩的话:

> 对于各国之间的工业竞争,道理也是一样的。虽然我们可以设想自由贸易对人类有利,但是对于共同法律下毫无干涉的自由贸易是否会像现在的竞争那样促进生产力的发展,仍然是大有疑问的。即使可能,现实世界也不具备那种毫无限制的自由贸易赖以存在的条件。只要人类被分为相互独立的国家这种状况继续存在,政治经济学与世界主义经济原则就有天渊之别,正如个人经济原则与政治经济学有天渊之别一样。在目前情况下,一个国家为了促进整个人类的福利而牺牲自己的国力、福利和独立是不明智的行为。把发展自己的实力作为国家政策的首要原则,这是自我保存的律令。一个国家在自由、文明和工业方面比其他国家越进步,就越怕丧失独立,竭尽全力提高生产力以增强其政治力量的动机就越强烈。反之亦然。①

正是由于国家之间存在经济和非经济竞争,才无论是从历史上丰富的案例来看,还是从一些政策所包含的复杂机制来看,政治经济学都既非纯粹的个人主义经济学,又非纯粹的世界主义经济学,而是现实社会里的国家主义经济学。

2.每个国家都有其独特的政治经济学

这12封信主要针对美国发表其对政治经济学的看法,而与他后来写作《政治经济学的国民体系》的时候心中所系的德国崛起,又是有所不同的;但是,有一点是一以贯之的,即他认为每个国家都有自己独特的政治经济学。

在第一封信中,李斯特明确地提出警告,即如果美国人按照英国的斯密和法国的萨伊所说的政治经济学指导自己国家的政策选择,将会导致理想的破灭。他以未来某个时候的一位历史学家的口吻说道:

> 他们(美国)曾经是一个伟大的民族,他们曾经在各个方面都有指望成为世界上第一流的民族;但是,他们之所以衰弱并处于奄奄一息的境

---

① [德]弗里德里希·李斯特:《政治经济学的自然体系》,北京:商务印书馆,1997年,第238页。

地,就是因为盲目相信两本输入这个国家的书——一本是一位苏格兰人写的,另一本是一位法国人写的——一贯正确,而不是因为盲目崇拜教皇或国王绝对正确的结果。不过,每个人不久之后都承认这两本书完全不适用。①

李斯特认为,美国的条件是任何其他国家所不能比拟的。它的政府和社会结构是过去所未曾有的,在财产、教育、工业、权力和财富的分配方面既是普遍的又是公平的,大自然给予它的恩惠也是未曾见过的,比如丰富的自然资源、南北温带有利的气候、漫长的海岸线、大片待开发的土地、年轻国度的朝气和自由的活力;并且,由于人口快速增长,工业快速发展,它现在作为一个大国,已经不再像小国那样不得不屈从于英国的势力了,而是可以昂起头颅直视英国——它已经可以凭借自身的努力来实现独立和崛起了。② 因此,由于国情不同,美国当时(指崛起过程当中的)的国家经济学,与英国当时(指已经崛起了的)的国家经济学,是并不相同的。美国经济学固然旨在促进农工商三个产业协调发展,利用本国原料和工业生产以满足自己的需要,向未开发的地区移民,吸引外国的移民、资本和技术,增强国力和防御手段,保障国家独立和未来发展③;但与很多其他国家并不相同的是,美国又是有条件优先发展它的制造业的。李斯特说:"像美国这样的新国家,只有先促进雇用大量的劳力、消费大量农产品和原材料的制造业,才会增进它的生产力;这类制造业可以得到机器体系和巨大的国内消费市场的支持(如化工、毛纺、棉纺、五金、铁、陶器等的生产,就属于这类制造业)。"④

综合来看,按照李斯特在 12 封信中的意见,每个国家都有其独特的政治经济学,主要是由于:一个国家的发展阶段,与其他很多国家是并不相同的;与很多国家相比,一个国家在自然资源和地理条件等方面通常是并不相同的;各国的规模以及潜在力量的大小,也是很不相同的;各国的生产技术等是存在着差异的;各国在宗教、政治、文化和民众等方面,是并不相同的;各个国家拟定的发展目标是存在差异

---

① 参见[德]弗里德里希·李斯特:《政治经济学的自然体系》,北京:商务印书馆,1997年,第204页。李斯特认为美国在各方面都有望成为第一流的民族。对此,他是从未动摇过的。例如,在出版于1841年的传世之作《政治经济学的国民体系》中,李斯特说道:美国"从这样的(由北美13个殖民地松散地构成的从而没有什么力量的)地位一跃而成为一个团结一致的、有组织的、强大、自由、勤奋、富庶的独立国家,这几乎就是在我们眼前发生的变化。看上去在我们孙子一辈的时代,这个国家将上升到世界第一等海军与商业强国的地位。"[德]弗里德里希·李斯特:《政治经济学的国民体系》,北京:商务印书馆,1997年,第87页。
② [德]弗里德里希·李斯特:《政治经济学的自然体系》,北京:商务印书馆,1997年,第211页。
③ 同上,第212页。
④ 同上,第231页。

的。这就对各个国家寻找自己最合适的发展道路和发展模式提出了要求。

3. 美国体系既适合于美国国情又具有历史支撑

李斯特是认同这样的看法的,即美国为了发展自己的经济,实现其独立、繁荣和崛起的目标,需要采用"美国体系"将其引向正确的道路。"美国体系"是汉密尔顿最先比较系统地提出来的,克莱又将其提炼为关税保护、国家银行和内部改善这三个相互关联的部分。李斯特也是沿着这样的思路进行思考的。但是,在李斯特心目中,美国要有力量,要能不断地繁荣和发展,除了美国体系所包含的三大方面外,还必须有其他诸多方面作为必不可少的辅助。那么,在他的心目中,美国的真正的政治经济学究竟应该是什么样子的呢?在第四封信中,李斯特对此做出了部分回答。他说:首先,需要通过保护性关税政策,吸引外国的资本和熟练工人,让其到美国来投资和创业。他后来又说,明智的关税保护制度,能够带来一系列的好处。比如说,以其保护国内市场,本国的工业可以免遭价格波动和外国政治经济情况变动的冲击;可以激励国内工业以满足国内需求;可以使国内工业得到庇护,进而在市场上具有竞争优势。其次,与此同时,美国要在空间上非对称地发展国民经济和产业。比如说,先发展东、中部地区,再将它的模式慢慢地向西推广,最终发展到那样广阔的地带,它面向太平洋(它的对岸为中国),而不是大西洋(其对岸是英国)。[1] 再次,美国要(像杰斐逊后期所说的那样)采用农工商业并举的发展战略,特别是要优先发展制造业,而不要(像杰斐逊早期所说的那样)片面发展小规模农业;同时,美国也不应将自己分成过多的州,以至于将自己带入一条"垦地、种麦、糊口"的路子。最后,美国应该吸取罗马的经验和教训,控制州的数目,免得国力因为州的数目增加而变弱。[2] 另外,李斯特也看重国民经济中累积性影响的作用。特别是对于制造业和海军实力的培育,李斯特做了精彩的论述。他说,制造业、海军、航运业等,只有通过长期努力才能积累起优势。这些行业所要求的知识、经验和技能又很多,只有通过积累,才能达到一定的水平;只有持续坚持下去,才能吸引人们不断地进入这些行业,进而成为终身职业。那些老工业国,正是由于始终坚持和不断鼓励才培养了大量熟练工人,形成了大量厂房、机器和设备,制造商拥有了大量技术和管理才能以及资本。因此,这样的国家借助于自由贸易,能够通过贸易来控制新

---

[1] Margaret E. Hirst, *Life of Friedrich List and Selections from His Writings*, New York: Charles Scribner's Son, 1909, p. 200.

[2] [德]弗里德里希·李斯特:《政治经济学的自然体系》,北京:商务印书馆,1997年,第228页。

工业国。①

对于在美国进行内部改善,李斯特也有自己的独特看法。针对运河与铁路建设,他说:

> 如果劳动分工合理,运河和铁路可以使人们和产品彼此更为接近,就能促进交换,提高劳动效率。否则,就会加剧剩余农产品的竞争,使一个国家的某些地区获益而其他地区受到损害。所以,我坚持认为,宾夕法尼亚的东部地区只有培植制造业并以其剩余制成品交换西部农产品才能从运河、铁路等交通条件的改善中获得好处。②

李斯特对内部改善的作用持这样的(即具有多样性的)看法,与上面介绍的区域经济发展战略又是联系起来的。这段引文进一步透露出:李斯特对于斯密学说也并不是全盘拒斥的。前面提到,他认为斯密经济学既是个人主义经济学,又是世界主义经济学。在特定意义上,是可接受的;这里,他又提到了斯密学说的真正精髓,乃在于劳动分工对经济发展具有积极意义。不过,在这里,李斯特所要说明的是,劳动分工对其他经济决策也存在着不可忽视的影响,比如说内部改善的效果要视当时的劳动分工状况而定。

李斯特认为,理性地并且从长远来看,美国体系最终不会使国内任何一个阶级有所损失;在美国,它的反对者,仅仅是那些早就习惯于鼓噪的英国的代理商。③

4. 国家及国家竞争是政治经济学必须考虑的

对于现实世界中的国家,李斯特是从竞争角度来认识的。他说:

> 国家介于个人与人类之间,是由这样一些个人组成的一个单独的社会,这些人拥有共同的政府、共同的法律、共同的权利、共同的制度、共同的利益、共同的历史、共同的荣誉、共同的防御和保护他们的权利、财富、生命的共同制度,他们组成一个自由和独立的实体。在与其他独立的国家的交往中,这个实体只遵照国家利益的律令行事,而且有权调控个人的利益,以便在它自己的疆土上尽可能创造出最大的共同福利,形成最强大的、抵御其他国家的力量。④

由此可见,李斯特的国家观也是带有马基雅维利性质的。因此他既不像库珀

---

① [德]弗里德里希·李斯特:《政治经济学的自然体系》,北京:商务印书馆,1997年,第241页。
② 同上,第231页。
③ 同上,第266页。
④ 同上,第208—209页。

那样,将国家视为一个"拟人化的道德存在",也不像斯密那样,通过其代理者即"廉价政府"来规定它的边界。在李斯特心目中,国家既有其特定的历史的和地理的边界,又有其特定的目标和追求,因此彼此之间总是围绕自己的目标和追求,现实地培育和发展自己的实力以取得竞争优势。因此,任何一个时点上的国家,总是动态地处于某个特定的状态当中的。正是在这样的意义上,经济学就一定是政治经济学,它与国家总是通过制度、政策、竞争等联结在一起的,所谓纯粹的个人主义经济学和世界主义经济学,是脱离了现实的抽象存在;并且,政治经济学也一定是动态地发展着的。也正因为如此,李斯特把政治经济学视为一种存在国家和国家竞争的现实情形下的国家经济学。当然,它又是有两个极端或者说退化的情形的,那就是个人经济学(无国家情形下的政治经济学)和人类经济学(国家不存在非经济竞争情形下的政治经济学)。

借助于上面的思路,李斯特要说的是,就当时美国而言,还远不是建立个人经济学和人类经济学的时候;其所要建立的,只应是以国家竞争为基本前提的政治经济学。由此也就可以理解,美国采用大陆扩张政策是为了消除欧洲殖民地环伺周边而产生的对美国独立、繁荣和发展的威胁;美国选择农工商业并举发展并且以制造业为优先的战略,是为了优化自身经济结构和夯实与欧洲大国进行经济竞争的基础;美国采用关税保护政策把来自欧洲强国的产品的竞争隔离开来,是为了给美国国内经济发展特别是制造业发展提供充分的市场空间的主动性选择;美国实施包括开通和疏浚运河以及修建公路和铁路等在内的内部改善,是连通、活跃和便捷美国内部市场的战略手段;美国发展工商业不仅可使美国经济发展起来,还会对美国发展海军提出日益迫切的政治和经济要求和提供必不可少的财力和技术支持,从而使国家力量建设提升到一个新高度,并且这样的提升也是有其经济基础做支撑的。这样看来,国家经济学或者说政治经济学,就必须洞悉自己国情的基本特征,观照国际力量格局及可能变化,在国家发展战略高度上展开理论与政策相结合的叙述。

因此,对于斯密经济学,李斯特做了如下深刻的评价:

> 亚当·斯密探讨的是个人经济学和人类经济学。他研究个人怎样与他人一起创造、增加和消费财富,以及人类的产业和财富怎样影响个人的产业和财富。……如果人类不被分成许多国家而是由统一的法律和共同的文化统一起来的整体,那么,个人和人类的经济会怎样呢?他对这一问题的探讨颇有逻辑;按照这一假设,他的书确实包含有伟大的真理。假若

全球像北美 24 个州一样是一个统一的联盟,那么,全球的自由贸易确实就会像美国各州之间的自由贸易一样是颇为自然和有益的,也就没有理由把地区的利益与全球的利益分割开来、把一些人的利益与全人类的利益分割开来了;也就不会有与整个人类自由相对立的国家利益、国家法律,不会有限制、不会有战争了。①

当然,这段引文除了可以支持上面分析外,还可进一步佐证其他若干方面。例如:(1)国家利益和国家法律尽管在一定意义上与个人以及整个人类的自由是相冲突的,但那是一种历史地产生并且具有现实需要的客观存在,在现实世界里,人们并不能采取回避态度。(2)尽管从国家之间的(非经济)竞争来看,自由贸易并不能得到全面支持;但是,在一个国家的内部或者就一些具有相似制度、文化和并不存在非经济竞争的国家群体而言,采用自由贸易政策又具有经济合理性。(3)这同时也折射出美国在当时情形下,为什么针对其他国家要采用保护主义政策,而在国内又要建立统一市场和在州际采用自由贸易政策。

5.保护主义政策是经济发展特定阶段的策略性选项

在这 12 封信中的不少地方,李斯特强调了美国在当时采取保护主义政策的必要性。诚然,汉密尔顿早就对通过关税保护促进美国制造业发展做出了比较系统的论述,后来又有很多人强调了这一点;但是,李斯特从国家竞争角度出发,在战略高度上又增加了一些新内容。

这些新内容主要是:(1)国家工业力量的竞争必然引致贸易保护。李斯特做出了如下判断,即"战争就是国与国之间的一种决斗,对自由贸易的限制就是不同国家工业力量之间的战争"②。他接着认为,潜在的战争需要,诱致国家在平时进行军事建设,而由于工业竞争的需要,贸易保护将成为一种备选手段;更何况当时的美国,面临着主要来自欧洲国家的工业竞争。(2)在现实社会中,国家是一种客观存在,国力这一概念既不适用于个人,也不适用于整个人类。在当时,美国面临的主要是国力处于领先地位的欧洲国家的竞争,美国需要通过发展自己的工业,一步一步积累和壮大国力。这就需要相应的手段做支撑。因此,李斯特对美国某些国会议员的观念提出了批评。比如有些议员就说,不要总是依靠自己生产,从英国进口火药还可以节省成本。这样的想法,与斯密以及库珀等人将政治学从政治经济学

---

① [德]弗里德里希·李斯特:《政治经济学的自然体系》,北京:商务印书馆,1997年,第204—205页。
② [德]弗里德里希·李斯特:《政治经济学的自然体系》,北京:商务印书馆,1997年,第205页。

中驱赶出去,在逻辑上其实是颇为一致的。① (3)在一个国家农工商业彼此之间是相互依赖的。其中,工业是艺术、科学和技术之母,是国力和财富之源,贸易业依赖工业,工业可促进农业发展。因此用海军保护贸易和用航海法保护航运业都是政府的责任,它们的作用绝不会限于直接涉及的那些产业。对国家而言,保护措施是一个体系,通过关税、海军、航海法等手段,可以保护对应的产业并且产生传递作用,进而惠及其他产业。对此,历史上的英国和法国以及彼时的德国和美国,莫不如此。(4)国际上存在一些重要反例,也说明自由贸易只是一种理想。李斯特说,即使像英国那样的强国,依然实行一些保护政策。例如,按照自由贸易进而资本和智力在国家之间自由流动的观点,英国用于扶植和维持海军、陆军和要塞的千百万资本,就应该运用到其他的地方,比如工业中,英国资本就应该受到国内利润率过低的推动而流到其他的国家去发展它们的工业。但是,英国以其政治力量和民族利益而将英国的智力和资本滞留于国内,使自己居于全球国力的顶峰。英国的做法,其实改变了资本和智力的自然流向,抑制了其他国家的工业能力,产生了自己期盼的战略效果。总之,李斯特认为,在美国以及他生活的那个时代,把全球自由贸易这样的世界主义制度付诸实践的时机和条件远没有成熟,在国家主义视角下,保护主义仍旧不失为维持国家独立和提升国家竞争力的一种重要手段。

不过,李斯特所说的保护,并不是片面地针对特定几个产业的,而是针对全部产业的,只不过保护的手段和方式在产业之间有所不同而已;并且,一个国家进行保护的时候又是要付出代价的,但是由于利益重大,即使付出重大代价也是应该进行保护的。例如,他说:

> 一国的贸易需要保护,以抗击外国的侵略行径,哪怕要国家付出极大的代价,哪怕要冒战争风险也在所不惜。同样,一国的工业和农业也需要保护和促进。如果证明没有这样的保护性措施,国家就决不能使经济臻于必要的完美或决不能保障已经获得的完美,那么,哪怕要牺牲多数人的利益也在所不惜。这是可以证明的。②

需要指出的是,一个国家总是根据它的战略目标来选择自己的战略手段的。其中,体系化的保护就是一种重要的战略手段。李斯特说,英国当时的战略目标,乃是增强其工业、贸易、海军和政治实力,称霸全球。但是,当一种手段不便于施展

---

① 库珀在他的著作的前言中是强调政治学对理解政治经济学具有重要意义的,但在正文中与之相反。
② [德]弗里德里希·李斯特:《政治经济学的自然体系》,北京:商务印书馆,1997年,第239页。

时,其他手段便会被选中。在第九封信中,李斯特给出了一个重要例子。那时,美国周边出现了一个对它有利并且可予以利用的形势(即南美人民解放运动),李斯特前瞻性地说道:

> 坎宁先生的政策的目的,即抑制大陆的势力,垄断南美市场。对美国,坎宁先生担心的不是它现有的工业力量,而是这种力量的发展,因为这种发展在三个方面威胁英国工业势力的利益:第一,会使英国制造商失掉美国市场;第二,与英国制造商角逐南美市场;第三,极大地增强美国的国内外航运业,而这是美国未来海军优势的基础。现在,时逢南美人民解放运动之际,美国要抓住这一机会,利用未来几年极佳的时间,发展本国生产力,扩大对外贸易和国内外航运业,从而力争在势力和财富方面与英国平分秋色。这种机会千载难逢。①

在这种情形下,为了抑制美国崛起而给英国留下隐患,英国唯一能够选择的手段是利用英国在美国的代理商的利益和库珀那样的冒牌理论家的刚愎自用,培植亲英感情,误导美国发展战略。

根据上面述评,我们现在可以这样说:第一,赫德森将李斯特作为美国第一代保护主义整理者来看待,尽管并不存在原则性偏误,但是这种定位还是偏低了一些的。其实,与汉密尔顿一样,李斯特也是从经济战略的高度来提出其对斯密以及库珀等人的经济学的批评的,并且对美国和英国等的经济政策,也是从战略高度来审视的。就其思维结构而言,李斯特的分析是沿着经济战略环境判断、经济战略目标设定和经济战略行动选择这三个层面来展开的。第二,甚至连一些保护主义者比如亨利·凯里和帕申·史密斯等,对李斯特的著作(如《政治经济学的国民体系》)也是比较失望的,认为他没有建立起与其政策主张相匹配的理论体系②,以及他沉湎于经验的和历史的分析,而对政治经济学的抽象理论贡献不多。这其实是一种误解。这种误解表现在两个方面:一是没有看到李斯特将政治经济学与国家紧密

---

① [德]弗里德里希·李斯特:《政治经济学的自然体系》,北京:商务印书馆,1997年,第252页。
② [美]迈克尔·赫德森:《保护主义:美国经济崛起的秘密(1815—1914)》,北京:中国人民大学出版社,2010年,第83页。由此可见,李斯特离开美国后,他的著作也是被美国人所关注的。除了这里已经提到的外,李斯特的传世之作《政治经济学的国民体系》还论及如下若干重要方面:(1)国家独立和完整乃崛起之必需;(2)大国具有独特的发展优势,小国要想取得此一优势,可以通过联盟的方式来实现;(3)任何国家的经济发展都具有阶段性,而不同的发展阶段又有其对应的政治经济学;(4)国家发展要基于一系列创新,发展工业是创新的重要源泉;(5)市场竞争是促进经济发展的一种自然力量,而国家干预是发展经济的一种人为力量,国家有责任为国内自由竞争创造条件;(6)国家可以并且也需要以其历史依据等扩展自己的生存空间。

相连,以至于可以将政治经济学视为国家经济学这个观点背后的重要意义;二是没有从经济战略思想的高度去理解李斯特的国家主义经济学,以至于眼光仍旧停留在政治经济学当中的抽象的层面。尽管抽象的分析有助于建立严密的理论体系,但是现实社会是复杂多变的,历史的分析有时反而可为后来者提供更加具有参考意义的结论。过于看重抽象的理论构建而忽视历史的经验、逻辑及延伸,所导致的后果有可能是灾难性的。第三,鉴于李斯特主要生活于德国和美国,对德国和美国的发展思考得也最多,而德国与美国在当时(与英、法相比)尚处于后发状态,因此李斯特的著作虽然名为政治经济学——这固然是无可指摘的;但是,它在本质上其实又是一种发展经济学,特别是一种关于后发的大国如何实现崛起的发展经济学。在这个意义上,森哈斯(Dieter Senghass)说李斯特乃"当今发展理论家和发展决策者的鼻祖"[1]也并非言过其实。另外,列维—佛尔(David Levi-Faur)也说,将李斯特视为最有影响的贸易理论家和幼稚产业保护论者之一,并不能完整地反映他作为一名政治经济学家的全部意义。[2] 当然,将李斯特当作发展经济学的鼻祖来看待,依据的乃是其传世之作即1841年出版的《政治经济学的国民体系》。不过,这部传世之作论及的所有方面,又都是可以从这12封信中找出它们的联系的。第四,最重要的是,如果我们以开放的眼光来阅读、以公平的态度来评价李斯特在经济思想史和其他方面的贡献,我们可以赞同这样的说法:"李斯特经济学说总结了英国工业革命及其以前西方世界兴衰的经验教训,是经济学中最早系统地揭示欠发达国家向发达国家转变的历史规律的经济学说,对美国和德国的兴起产生了重大影响。"[3]比较而言,在汉密尔顿观念中,针对国家(美国)崛起主要是从经济政策角度加以展开的;在李斯特那里,针对国家(美国和德国)崛起主要是从历史和战略角度加以展开的;而他们所提供的,其实又都是国家主义经济学——这在他们关于工业发展的论述中表现得尤其明显,以至于很多时候我们可以将李斯特与汉密尔顿结合起来进行分析。[4] 不过,与汉密尔顿相比,李斯特的眼光更加开阔一些。他是在全球视野下对特定国家(主要是美国和德国等大国)的以国家利益作为中心来展开

---

[1] Dieter Senghass, Friedrich List and the Basic Problems of Modern Development, *Review*, vol. 14, no. 3, 1991, pp. 451—467.[德]迪特·森哈斯:《欧洲发展的历史经验》,北京:商务印书馆,2015年,第355页。

[2] David Levi-Faur, Friedrich List and the Political Economy of the Nation-State, *Review of International Political Economy*, vol. 4, no. 1, 1997, pp. 154—178.

[3] 贾根良:《李斯特经济学说的历史地位、性质与重大现实意义》,《学习与探索》2015年第1期。

[4] Christine M. Harlen, A Reappraisal of Classical Economic Nationalism and Economic Liberalism, *International Studies Quarterly*, vol. 43, 1999, pp. 733—744.

其经济战略构想的。①

三、克莱：为建成"美国体系"而鼓与呼

亨利·克莱是美国历史上重要的政治家之一，是辉格党创立者和领导人，曾任美国国务卿，五次参加总统竞选（1824年、1828年、1832年、1836年、1844年）均以失败告终；但是，作为美国历史上伟大的五位参议员之一，又因滔滔雄辩和善于化解与调和矛盾而享有盛名，他被称为"伟大的调解者"。最重要的是，克莱对于美国崛起时代的经济政策走向起了重要作用。如果说汉密尔顿擘画了美国经济长期发展的蓝图的话，那么正是亨利·克莱的努力使汉密尔顿的构想付诸实施。在这个意义上，我们可以说克莱是美国历史上提炼、争取和推行"美国体系"最智慧、最坚决和最用力的政治家。同时，他也是从战略高度来看待一切的——无论是对美国经济政策还是其他方面，莫不如此。

1. 大陆扩张政策和联邦的坚定支持者

杰斐逊在其任上于1803年成功购买路易斯安那，可以说是美国在大陆扩张思维下取得的第一个重大成果。对于这项重大成果，即使曾经作为杰斐逊政治对手的汉密尔顿，也是深表赞许甚至还有一些嫉妒的。至于克莱这样一个习惯于从战略高度考虑问题的政治家，很自然地对大陆扩张始终抱有浓厚的兴趣并且总是设法予以促成。他对第二次英美战争（1812—1814年）的看法和态度，清楚地显露了这一点。克莱认为，美国建国和政府成立之后，欧洲的大国如英国依然不时骚扰美国（如煽动印第安人制造骚乱、在公海拦劫美国商船和捕捉美国水手等），欧洲列强殖民地依然环绕着它（特别是英国、法国和西班牙在美国周边都拥有殖民地），美国的独立依然处于危险当中。克莱作为"鹰派"领导人，力主通过战争来实现国家的双重目的，即一方面消除影响美国独立的潜在威胁，另一方面顺势扩张自己的边界。特别是对于自己曾经的宗主国英国，克莱认为美国必须不再忍受屈辱，而是要通过战争实现真正和平。他认为如果不与英国进行战争，美国失去的将不仅仅是国家的商业贸易，更重要的是失去一个民族最宝贵的财富，即国家荣誉。"鹰派"人士同时还这样憧憬，"对英作战一旦获胜，将可征服加拿大，结束印第安人对西部边

---

① Population Council, Friedrich List on Clobalization versus the National Interest, *Population and Development Review*, vol. 33, no. 3, 2007, pp. 593—605.

境的威胁,并使更多的森林地区向美国拓荒者开放以供移居"①。

不仅如此,克莱对于美国联邦的稳定是极为看重的。这在他极力促成的1820年的《密苏里妥协案》中清楚地表现了出来。《密苏里妥协案》是因新州究竟是以蓄奴州还是以自由州的身份加入联邦而引起的。1804年,美国联邦政府决定北纬39°43′之南为蓄奴州,之北为自由州。但是,准备成为联邦新州的密苏里,位于这条分界线上,南北两侧皆有。1818年,这个地区已经有56 000个白人和10 000个黑人;但是,它的土地又主要在南边一侧,它的人口主要是自由民。这就出现了如下难局,即它究竟是以怎样的身份成为联邦的新州。而问题的关键在于,以怎样的身份成为联邦新州,将对原有政治格局即蓄奴州和自由州的数量对比产生重大的影响。面对这个局面,克莱的妥协方案是:第一,修改原有南北分界线,将其南移至36°30′;第二,密苏里被确定为蓄奴州;第三,从马萨诸塞州划出缅因州,让它以自由州的身份加入联邦。这个妥协方案兼顾了各方面的要求,暂时平息了争论。上面两个例子说明,在对外政策特别是大陆扩张政策方面,克莱的态度是坚决的和毫不动摇的;但是,在处理内部事务的时候,克莱强调的是通过政治妥协以达到利益平衡,进而服务于国家战略目标。

2.经济政策选择服从于战略目标

在南北战争之前,1828—1832年那段时期的关税达到了历史最高峰。由于自美国政府成立的1789年开始,美国的关税就一直是趋势性上升的,这就给人这样的想象空间,在现有关税已处于很高水平的基础上,关税在将来是不是还会上升。在这段高关税时期里,美国关税对南方农业州特别是种植园主的利益已经产生了严重的挤占,因为他们很多消费品(特别是奴隶的)来自欧洲特别是英国的进口。这种状况以及对未来的恐惧,引起了南方一些州的州权主义者的重点关注,以至于认为1828—1832年的关税法案是"违宪"的;不仅如此,南卡罗来纳州的卡尔霍恩(John C. Calhoun)等人开始以脱离联邦相要挟,严厉要求大幅度降低进口关税。这就对美国的联邦制度产生了威胁。面对重大政治利益问题的时候,如果它与经济利益相冲突,克莱的选择是寻找各方都能接受的妥协方案,以避免最严重的后果。这就是克莱提出妥协关税法案的历史背景。这个法案的基本精神是:一方面,照顾了卡尔霍恩等州权主义者的要求,最终将进口关税降低到不高于20%的水平;另一方面,降低关税的方式是先慢后快,使关税的保护作用维持更长一些时间。由

---

① [美]塞缪尔·莫里森:《美利坚共和国的成长》,天津:天津人民出版社,1980年,第469页。

此看来,1833年之后10年美国关税率的降低,并不意味着美国抛弃了保护主义理念,而是服务于维持联邦统一这样一个具有根本意义的政治目的。

妥协关税法案仅仅是体现克莱经济利益服从于政治利益从而在总体上实现美国战略目标的一个例子而已。其实,就他提炼的"美国体系"当中的"内部改善"而言,更是完整地体现了在追求经济利益的同时,也兼顾其他战略利益的用意。例如,克莱认为,针对水路和陆路的运输条件等进行"内部改善",不仅在平时可以为国内商业发展(进而产业发展)提供优越的条件,而且在战时可以使美国在物资供给和兵员运输等方面极大地受益。前已提及,克莱对于第二次英美战争是持"鹰派"态度的,但是战争过程中美国十分糟糕的运输条件,使美国在战争过程中遭遇了很多困难和巨大损失。例如,后方筹备的军需品如面粉、猪肉等,到达前线之后却因运输十分困难而变得特别昂贵了。这极大地增加了战争的成本,影响了兵员和物资的调配能力,进而影响了战争的进程和结局。这些方面使克莱记忆犹新;并且,他后来提出经济政策时,也从军事角度考虑其意义。

3. 推动和践行"内部改善"

对于"内部改善",克莱认为是在美国修建一系列包括邮路、运河和公路等在内的公共工程,以便将美国连通为一个统一的市场,进而发展美国的州际商业、提升美国的防御能力和巩固联邦的统一。克莱认为,既然如此,美国就需要解决如下问题:第一,资金来源和筹措问题。克莱认为美国进行内部改善的时候,联邦政府应该在财政上给予相应的支持。但这并不是克莱的独特的观点。因为汉密尔顿1791年在《关于制造业的报告》中,早就提出了通过将关税收入用作内部改善的想法;杰斐逊担任总统的时候(1806年),也认为可以将剩余财政资金用于包括"内部改善"在内的支出,以便利州际商业发展。第二,克莱力促国会批准修建了所谓的"坎伯兰公路"。这条国家公路从波多马克河上游的坎伯兰至俄亥俄河畔的惠林,成为通向美国西北部地区的重要通道。在回答联邦支持修建这条国家公路的合法性时,引起了一定的争议。克莱认为既然《美国宪法》在"第一条"的"第八款"中认为国会有权"设立邮政局和修建邮政道路",那么修建运河与公路等与之具有类似性质的"内部改善",也就必然是顺理成章的。另外,在美国建国早期,关于"利益粘合剂"这个问题受到了普遍关注。对于"内部改善"来说,正如米利库克塞(Stephen Minicucci)指出的那样:

"内部改善"是以利益为基础的国家构建模式的一种最直接的表达。
在他给出"美国体系"这个标签之前的数年,克莱就已提出了其中包含的方法之间的逻辑,即"若想真正通过政府这种手段加强联邦的纽带",我就必须尝试着"明白无误地为联邦中的任何一个人都提供一些关于联邦能产生诸多好处的证据"。①

在克莱的心目中,"内部改善"对于整个国家、对于美国政府、对于美国各州、对于各州当中各个行业的人,都是有益的。对于这样的能为美国提供巨大公共福利的项目,联邦政府是有责任对其给予支持的。

4.强调科技利用与发展国内市场

与汉密尔顿一样,克莱也十分看重欧洲特别是英国科技发展对提升生产能力的作用,十分看重以科学作为其技术基础的机器的作用。他还将这种作用上升到国家实力竞争这样的高度来认识。正如卡尔顿(Calvin Colton)所说的那样,克莱认为"在其他条件一样的情况下,一个建立在科学基础上的在培育实用、机械和制造工艺上具有优势的国家,在力量上也必然是具有优势的,并且还能保持这种优势"②。

克莱认为,美国人口的快速增长产生了一种其他国家并不具备的巨大优势,如生产能力随之增长、经济规模随之扩大、就业需求随之提高。但是,在这种情况下,外国市场对美国很多产品的需求,将赶不上美国生产能力的增长。③ 重要的是,这种剩余的生产能力,可以通过美国日益扩大的国内市场来消化。由此出发,克莱认为,在国内通过劳动力的产业间流动特别是劳动力从农业部门流向工业部门,将产生巨大利益。这些利益表现在:仍然留在农业部门的劳动力的收益将上升,农业部门的产品剩余(可以提供给其他部门消费)将增加;其他部门如制造业,将因得到了新增的劳动力而扩大规模;这两者结合起来就是,国内市场也会因这种部门间的转移而扩大。④

四、西沃德:大陆扩张与太平洋商业帝国构想

威廉·亨利·西沃德是辉格党与共和党政治家,曾任纽约州议员(1830 年)、州

---

① Stephen Minicucci, The "Cement of Interest": Interest-Based Models of Nation-Building in the Early Republic, *Social Science History*, vol. 25, no. 2, 2001, pp. 247—274.

② Calvin Colton, *Life and Times of Henry Clay*, 2, New York:1846, pp. 159f.

③ 因此,可能出现李斯特在第十一封信中谈到的局面,即 1816—1826 美国向英国出口棉花仅数量增长而价格基本上保持不变。[德]弗里德里希·李斯特:《政治经济学的自然体系》,北京:商务印书馆,1997年,第 258—264 页。

④ Calvin Colton, *Life and Times of Henry Clay*, 2, New York:1846, pp. 156—158. 这与"二战"之后发展起来的劳动力流动经济学的观点是类似的。

长(1838年)以及联邦参议员(1849年)等职①,在1861—1869年林肯政府和约翰逊政府中担任国务卿。他是美国跨越南北战争的著名外交家,力促美国大陆扩张和建立太平洋商业帝国。其中,他想要建立的太平洋商业帝国,具有前瞻性眼光和长远战略意义,而远东又是他考虑的重要区域之一。对此,他为美国做出了杰出的贡献。邓勒特(Tyle Dennett)说:

> 在19世纪,仅3位国务卿,即韦伯斯特、西沃德和海,对美国的远东政策起了积极的作用。……西沃德的贡献最为重要,因为他不仅改变了韦伯斯特的远东政策,而且改变了美国所有关于远东的传统政策。的确,自1869年以来,就美国远东政策而言,再未增加任何新的原则。②

但是,美国建立太平洋商业帝国主要是一种商业扩张,这种扩张具有不同于大陆扩张的地方。例如,前者相对隐蔽和比较间接,而后者更加赤裸裸。针对西沃德的扩张思想,肖偌(Walter G. Sharrow)说:

> 扩张被认为是一个最重要的美国特征。……最近,大量历史学家认为,扩张是一束颇为昏暗的光;他们认为美国一次又一次将扩张作为一种逃避机制,即作为逃避因国内问题而产生的令人不快的冲突的一种方法。不管是哪个思想派别,扩张的重要性都是得到了承认的。……尽管西沃德从来也没有将他关于帝国的思想嵌入一种系统化了的基本原理当中,但是,他的演说和书信透露了他关于"民主帝国"的大致轮廓。③

从这个角度来看,尽管在那个时代西沃德前瞻性地构想出了一个太平洋商业帝国,但是,他的行事风格是实际操作多于理论构建。其实,在扩张这个最具美国特色的方面,西沃德是大陆扩张与商业扩张两手同时抓的典型。

1. 践行大陆扩张战略

总体上,"西沃德首先是个强烈的扩张主义者,是天定命运论的主要鼓吹者之一。他在1853年曾雄心勃勃地声称,美国的疆域'将无限拓展。无论太阳照耀热带,还是辐射极圈,这个联邦都将迎接那黎明曙光。美国的疆域甚至应包括两大洋中遥远的岛屿'"④。但是,西沃德的扩张思想又包括相互联系的两个方面。其一是

---

① 括号中为西沃德任职的起始年份。
② Tyle Dennett, Seward's Far Eastern Policy, *American Historical Review*, vol. 28, no. 1, 1922, pp. 45—62.
③ Walter G. Sharrow, William Henry Seward and the Basis for American Empire, 1850—1860, *Pacific Historical Review*, vol. 36, no. 3, 1967, pp. 325—342.
④ 徐国琦:《威廉·亨利·西沃德和美国亚太扩张政策》,《美国研究》1990年第3期。

大陆扩张,其二是(非领土疆域的)商业扩张;并且,一定程度上甚至可以这样说,他的大陆扩张又是为商业扩张服务的。

真的是"蠢事"吗？1867年美国与俄罗斯签订了关于阿拉斯加买卖的条约。以720万美元买下阿拉斯加,既为美国增加了大片国土,但也给这桩买卖的主持者即当时的国务卿西沃德带来了争议。有人甚至认为,这是西沃德干的一件"蠢事"。但是,对于美国购买阿拉斯加,西沃德是有其深远和长期的考虑的。其中之一便是,这桩买卖可以为美国太平洋商业帝国这个宏大构想提供新的支撑。在他看来,购买阿拉斯加之后,美国又多了一条通道,经过远洋商业而与世界的遥远地方联系起来,将美国的利益更加方便地延伸到更为宽广的地方,从而更好地扩张美利坚帝国。因为在他看来,通过商业立法、建立海军和帮助缔结商约、建立商站,美国政府在占有美洲大片大陆的基础上,能通过国际贸易建立伟大的帝国。阿拉斯加西邻北太平洋,实乃战略要地,是北美通往日本以及远东的最佳位置。后来他说,日本和中国等在商业上与美国的太平洋沿岸紧密相连,阿拉斯加是美国跨越太平洋成就商业帝国地位的立足点。因此,对这桩购买持赞赏态度的人乐观地认为,美国借此可以在太平洋对岸的商业事务上取得伟大成功,自此北太平洋将成为美国扩张商业利益与国家权力的重要舞台。但是,反对的一方认为,苦寒的阿拉斯加冰天雪地,没有多少商业价值,并且原属俄罗斯,俄、美、欧的利益在此多有冲突,因此这桩购买只是"蠢事"一件。历史很好地回报了西沃德的远见。对于这两种不同的意见,历史学家威廉姆斯(William A. Williams)后来做了一定的调和。他说:

> 阿拉斯加的购买是美俄关系的分界线。对美国来说,这是它在亚洲市场大规模渗透之前在美洲的最后一个胜利;对俄国来说,这是它集中力量在亚洲太平洋地区扩张的开始。这种变化反映了两国工业化的发展,同时也是双方冲突的开端。[①]

确实如此。自此之后,美俄之间的利益冲突,就在亚洲太平洋沿岸国家如同戏剧一样上演了。

2. 构建太平洋商业帝国蓝图

前文已经提到,李斯特认为美国应该向西发展,最终面向太平洋对岸的中国。早前,"自由帝国"梦想和"门罗宣言"将美洲其他地区当作美国后院,自然会将自己的"触角"更加广泛地伸向太平洋。在西沃德所处的那个时代,美国借由大陆扩张

[①] William A. Williams, *American Russian Relation 1781－1947*, New York: 1952, p. 23.

思想指导的几次重大的购买、兼并,已经使得美国的疆域在较独立的时候扩大了数倍。但是,美国人逐渐意识到,从根本上说,美国将来的商业利益还在于太平洋的对岸。因为那里有广大的人口和巨大的消费潜力;并且,经由欧洲大国特别是西班牙的殖民活动,在16—17世纪已经开通了从美洲(如墨西哥)经由菲律宾而到达中国和日本等国的商业航路,比如墨西哥(阿卡普尔科)—菲律宾(马尼拉)—中国(海澄、泉州、广州等)航线。① 而美国与中国的贸易,在其独立之后的1784年就已开始了,只不过选择的航路是跨越大西洋、取道好望角而至中国的贸易口岸广州。② 1844年的《望厦条约》,更是从制度层面确立了美国与中国的贸易地位和贸易关系。同时,在中国旁边,还有日本等一众国家;并且,越过太平洋进入印度洋之后还有一个(东方)印度。因此,具有前瞻性眼光的西沃德判定,美国商业战略的方向应该是面向太平洋,到那里去建立一个商业帝国;而不是面向大西洋,那个地方尽管早已经富庶起来了,但是强国林立,竞争激烈,以美国当时的实力,难以讨得便宜。正是基于这样的考虑,西沃德为美国提出了一个关于太平洋商业帝国的宏大构想,这其实是美国第一个海外扩张理论。如果这种构想能够实现,那么连同已经建立起了的跨越大西洋(欧洲)的商业关系,美国就真的有可能实现约翰·昆西·亚当斯所说的"两洋帝国"梦想。

那么,西沃德所说的太平洋商业帝国的构想是怎样的呢?(1)继续进行大陆扩张,为美国建立太平洋商业帝国奠定必要的地理条件。他希望建立一个囊括北美和中美洲的联邦,让星条旗在太平洋的沿岸比如墨西哥等国的上空飘扬。这样,美国就有足够多的通向太平洋的出海口。(2)美国是一个商业民族,可以采用任何手段发展自己的商业。西沃德认为,美国在国土和自由等方面具有优势,自己有足够多的出产;并且,美国作为一个出类拔萃的商业民族,具有一种与生俱来的商业精神,总是希望与遥远的国度建立商业关系并且从中获得利益。但是,跨洋商业的开辟起初必然是困难的,需要采用多重手段。1848年欧洲革命的失败,使西沃德相信

---

① 沙丁、杨典求:《中国和拉美的早期贸易关系》,《历史研究》1984年第4期。
② 1784年2月20日"中国皇后号"满载西洋参、皮毛、棉花等货物由纽约启航,首航至华即通过直接贸易获利了30 727美元,极大地鼓励了美国的商人们。后来,逐渐建立起了"美国—夏威夷或拉美—中国"这种三角贸易。于是,1789年美国有15艘商船来华,1833—1834年来华商船更是达到了70艘。于景洋:《试论中美早期贸易》,《黑龙江财专学报》1990年第4期。王继祖、李育良:《中美早期贸易初探》,《历史教学》1984年第12期。1840年之后美国对华贸易快速增长。例如在1845年,美国对华贸易值总额为956.2万美元,至1852年时即猛增至1 325.7万美元。刘国柱:《西沃德、佩里与美利坚太平洋帝国》,《河北师院学报(社会科学版)》1999年第4期。

美国文明将辉耀于世界,而这又需要借重太平洋对岸那片土地上潜力无穷的商业的开发来实现帝国梦想。为此,西沃德认为美国可以使用包括强硬的炮舰政策在内的一切政策。在日本,1853年的"佩里叩关"就是一个非常典型的例子①,西沃德建立太平洋商业帝国的序幕也就拉开了。(3)为了建立这个商业帝国,美国需要完成一系列准备工作。其一,构建一个贸易通道。其中,尤以在中美地峡修建一条连通两洋(大西洋和太平洋)的运河最为关键。对于这条运河的具体地点,西沃德看中了介于墨西哥湾的坎佩切湾与太平洋的特万特佩克湾之间的特万特佩克地峡。他在1856年说道:"特万特佩克地峡要在适当的时候被打通。在这个时代,它不应该长期处于封闭的状态。我国在这个大陆上的进步和文明,会确认这个地峡将被打通。"②其二,在大陆,确认并且利用加利福尼亚的重要地位,修建一条打通美国内陆的太平洋铁路。尽管争论激烈,但是西沃德主张满足南方州的要求,让加利福尼亚以蓄奴州的身份加入联邦,并且进一步将它建设成为美国太平洋贸易的一个重要通道和集散地。至于如何将贸易贯通到美国的内陆,西沃德作为太平洋铁路特别委员会的成员,力主修成这条具有战略意义的铁路。他还认为这样的铁路建设因能带来共同福利而有利于国家团结。其三,在太平洋上,将位于太平洋南部海域的夏威夷建设成为一个重要的中继站,借此联系太平洋两岸的贸易。其四,建设一个跨洲的电报网络和统一的金融体系,并且与远洋运输结合起来。也就是说,构建一个由美国控制的服务于太平洋商业帝国建设的信息、资本和运输体系。由此可见,西沃德对美国太平洋商业帝国的构想不仅是十分宏大的,而且是具有一定的可行性的。它的最重要的意义在于,对于疆域之外的利益,美国应该设法予以开发和扩展,成就自己的帝国梦想。当然,西沃德制订这样的战略计划,也是充分考虑了外部世界为美国提供的经济战略环境的。因为从大西洋方向发展的话,必须面对欧洲列强的激烈竞争,自己未必能够取得什么优势,而很可能只得居于不利地位。这是一种于己不利的非对称状态。但是,从太平洋方向发展的话,面对的是弱小的国家,欧洲势力在很多地方还没有广泛地铺展开来,美国有可能形成具有主导地位的非对称优势。这就给美国建立太平洋商业帝国提供了难得的历史机遇。

---

① 与西沃德相似,在相同时代,美国将军佩里(Matthew C. Perry,1794—1858年)也是针对太平洋对岸国家进行商业扩张的狂热分子;并且,西沃德对佩里的日本远征行动给予了政治支持。刘国柱:《西沃德、佩里与美利坚太平洋帝国》,《河北师院学报(社会科学版)》1994年第4期。

② Friedrich Bancroft, *The Life of William H. Seward*, 1, New York and Landon: Harper and Brother, 1900, p. 481.

由此可以看出,西沃德是继承了其先辈的扩张思想,并且洞悉这种思想在国家战略当中的重大意义的;是认清了美国当时在世界格局当中所处的地位,并且提出了具有现实可能性的改进方案的;同时,他提出这样的构想,又是在为美国主动寻找和利用历史发展所赐予的非对称优势。当然这是指相对于太平洋对岸国家的非对称优势,而在大陆扩张过程中,美国利用的是针对周边弱小国家的非对称优势。

五、史密斯:重商主义体系化

在美国重商主义史上,史密斯具有重要的特殊地位。主要有三点值得注意:一是试图对美国重商主义做出体系化处理,二是试图把自然科学成果和范式应用于重商主义体系构建,三是对重商主义思想传播产生了深远影响。

史密斯(Erasmus Peshine Smith,1814—1882年)1832年毕业于哥伦比亚学院。在那里,他接触了作为美国重商主义重要特点的保护主义观点,认为保护主义的政策建议所立基的理论基础并不稳固。应该说,他的感觉是准确的,因为美国保护主义的早期代表如李斯特等人,并不志于打造一个严密的经济学体系来支持自己的政策主张。这个感觉成为史密斯后来研究的主要努力方向之一。尽管通过与凯里和苏厄德的关系,史密斯对学界和政界都有深度接触,但是对国家经济运行真正产生深刻影响的,是在遥远的日本。史密斯是美国对日本经济发展产生重大影响的第一人。这缘于在苏厄德任国务卿时,史密斯先是加入国务院,为苏厄德提供国际法律事务建议,再是获得移民委员会任命和担当国务院的法务官等;后来,经苏厄德的继任者推荐,史密斯前往日本并且成为美国为日本天皇派去的国际法律顾问。

可以这样说,史密斯主要通过凯里而对美国保护主义产生影响,主要通过苏厄德而对日本保护主义产生影响。

1. 试图为保护主义提供体系化的理论基础

需要注意的是,这里讲的是试图,而不是说史密斯的目标得到了实现。他之所以有此立意,乃鉴于两个重要事实。一是就作为美国重商主义重要特点的保护主义而言,确实没有建立起可以依托的理论体系。汉密尔顿、李斯特等人的保护主义尽管政策明确、影响深远,其理论却多源于没有系统理论支持的欧洲重商主义。这个事实有损于美国保护主义的事业。二是在美国学术界特别是大学之中,所教的主要是源自斯密的自由主义经济学。这类经济学尽管具有比较严密的理论体系,但是脱离了美国经济实际,对于美国经济发展来说不能从中引出有用的政策方略。

在他看来,美国保护主义应该有政治经济学理论支撑;并且,这样的政治经济学,应该建立在实证科学的基础上,具有绝对的确定性,以便为理论和政策提供坚实的基础。[①] 为此,史密斯一方面求诸自然科学的最新发现,另一方面求诸李嘉图的政治经济学体系,特别是要用自然科学的最新发现,改造李嘉图政治经济学体系中的一些基础性假设,以便形成一个体系完整的能够支持美国保护主义政策的理论体系。史密斯的这个宏愿在他所著的《政治经济学手册》[②]中得到了表达。这形成了其思想的两个显著特点:尽管赞同保护主义政策对美国经济发展的必要性,但是与美国保护主义传统不同,不再像他的前辈那样,对自己的对立面即自由主义经济学进行攻击;尽管并不认为源自斯密的政治经济学对制定适合于美国经济发展的政策有什么助益,但是认为这种政治经济学在理论体系构建上的成就不宜肆意贬低,反而认为构建支撑美国保护主义的政治经济学理论体系时可以从中得到有益的参考,尽管诸如李嘉图政治经济学中的一些重要假设需要做出方向性修改。

他在《政治经济学手册》的引言中问道:"有可能构建一门政治经济学科学吗?"[③]考察学说史和追问一系列问题之后史密斯认为:"一个确切无疑的事实是,形成一门政治经济学科学预计必然存在极大的困难,这种困难不是那些不涉及复杂角色的学科所能够比拟的。政治经济学科学必然将人际关系考虑进去,但是个人又各有其理性和愿望,在相互联系中他们的理性和愿望彼此之间存在着冲突。"[④]另外,政治经济学科学要立基于自然科学新发现的基础上,而不是凭空设立那些没有得到充分证实的假设。在他看来,李嘉图把稀缺性当作政治经济学的前提假设是不恰当的。在人类发展中,工业所起的作用越来越大,而工业依赖于自然界提供的能源。自然界在能源上具有无穷的潜力,这给工业发展带来了无限的可能。李嘉图把资源稀缺当作政治经济学的前提假设,过于悲观主义了。另外,就国民经济的具体部门比如农业来说,也并非一定像李嘉图所说的那样是规模报酬递减的。人类沿着从优质土地向劣质土地扩展并非定则;人类通过一定的手段可以克服土地

---

① E. Peshine Smith, *A Manual of Political Economy*, New York: George P. Putnam & CO., 1853, p. iii.

② E. Peshine Smith, *A Manual of Political Economy*, New York: George P. Putnam & CO., 1853.

③ E. Peshine Smith, *A Manual of Political Economy*, New York: George P. Putnam & CO., 1853, p. 2.

④ E. Peshine Smith, *A Manual of Political Economy*, New York: George P. Putnam & CO., 1853, p. 16.

规模报酬递减的规律。比如说,把工业成果应用于农业生产,以及通过农业措施改变农业生产结构。因此,对于自由主义政治经济学体系,要做一些根本性改变,把自然科学发现作为构建美国保护主义政治经济学的重要前提。同时,这也意味着,在美国,既要通过保护主义来推进工业发展,也要加强自然科学并且自觉地把其成果融入政治经济学体系的构建以及经济发展政策的设计中。李嘉图政治经济学所依赖的主要假设,是根据英国的情况提炼出来的,并不适合美国当时的情况。在美国,正在蓬勃展开的西进运动,使美国人看到国家的边界外推似乎是无止境的;在这个过程中,广袤的土地的不断获得,与英国那种土地已经固定不变的情形完全不同,形成了土地增加、人口增多、资源变富、经济变大的良性循环。美国政治经济学必须把体系构建在确实的事实而非偏离事实的假设的基础上。

2. 认为贸易与一国经济发展具有直接重要的关系

在史密斯看来,在一些特定的情形下,也会产生李嘉图那样的悲观认识。例如,一国对外贸易模式如果长期固定下来,使本国成为某个农产品的出口国而别无选择,那么其后将会是悲观的。这样,一国不仅丧失了出口其他产品的可能性,以至于对外依赖性加深到无以复加的地步,而且反映在农业生产上,将招致土地报酬递减规律的惩罚。固定不变的土地上长期种植一种作物,必然导致土壤肥力不断下降,土壤中种植作物所需的营养物质,将随着作物一茬接一茬的收获而不断流失。其实,土地与种植于其上的作物,是在不断地发生物质交换的,土地肥力的变差或变富,与农作物种植结构具有很大的关系。合理的轮作和套种等,是保持乃至改良土壤肥力的农业生产方式。但是,在对外贸易依赖特定农产品的前提下,农业生产技术的改进将遇到来自贸易单一性的障碍。诚然,通过西进运动,美国所拥有的土地越来越多,生产的农产品在全球具有比较优势。但是,按照自由主义政治经济学的比较优势展开国家贸易,将把美国固定在专事农业生产的地位上。这将对美国经济发展产生极大的伤害。相反,如果美国农民获得了改进土壤肥力的科学知识和贸易条件,那么农业生产力的持续提升将具有无穷的空间。

在《政治经济学手册》中,最能体现史密斯独特思考的支撑性知识,是关于人与自然的关系的认识。该著第一章的标题是"物质和力的无穷循环律",第二章的标题是"土壤形成及其对职业与文化的适应",第三章的标题是"自然因素与人类劳动的无偿合作"。以此为基础,斯密斯认为只要农民发现提高土壤肥力对他来说是有利可图的,那么他就会调整作物种植的时间安排和种类搭配,并且应用工业发展成果来提高土地生产力。这也意味着,一旦诸如对外贸易被他国控制,农民丧失了在土地上合理安排作物种植技术以提高土壤肥力的可能性,对一国来说将是十分不利的,由此走向贫穷将是不可避免的。也可以这样说,一国如果在农业与工业之间保持了合理的关系,那么将形成农业与工业相互促进的态势。因此,美国应该对贸易采取保护主义政策,并且把发展工业作为发展国民经济的重要支柱。由此可见,史密斯其实已经认识到了国际贸易对国内经济发展所存在的跨部门影响。只有站在整个国民经济高度,才能认识到国际贸易的综合性影响;而不是仅仅通过局部利益,即通过国际贸易能够得到更加便宜或者性能更加优异的产品,来认识国际贸易的利益所在。这其实把发展经济内循环作为一个至关重要的问题提了出来。

3. 认识美国远大的经济前景

在史密斯看来,美国与其他国家是不同的;但是,各个国家都只是世界经济当中的一个特例。要使新建立的政治经济学具有一般性,就要摆脱以任何一个特例作为认识基础的传统做法。即使是美国保护主义的政策建议,也不能违背这样的政治经济学,只不过它是与美国所处的特殊情况相适应的。

就美国而言,边界的向西拓展的一个基本结果是土地规模在不断增加。这就产生了与其他国家很不一样的发展经济的前提。单从发展农业的角度来说,对工业产品的需求增加了,其他国家出现的土地报酬递减规律在美国还没有开始发挥作用,土壤肥力以及土地生产力等通过农业生产技术可以不断提高,展现为农业发展和工业发展都打开了无穷空间的远景。边界的向西拓展的另一个连带结果是人口特别是移民的快速增加。史密斯不仅在国务院担任了相关工作,而且认为李嘉图那种把劳动者视为只能获得生存工资的情形并不适合于美国当时的实际。在英国,土地规模早已固定,生产工人已经剩余,生存工资成为劳动者被资本压迫达到不能再逾越的边界的结果。但是,在美国,新占土地等待人们去开垦,所开垦的土壤具有不断提高肥力的可能和条件,因此工资也并不像英国那样固定在生存水平上;而是形成了一种良性循环:工资不断提高,人的营养水平不断改善,而人的营养水平不断改善,又使他的劳动能力不断提高,以至于收入水平不断增长。这样一来,高工资就成为与生产力提高相联系的现象。高工资对应着高生产率,以至于工资在价值当中的占比并不高,产品具有竞争优势。这与英国的情况完全不同;或者更准确地说,这与李嘉图政治经济学所描述的情况完全不同。因此,史密斯对美国的经济发展前景持乐观的态度。在他看来,一般地,人类出于安全考虑,先是居住于未开垦的较差的土地上,然后再向较好的土地扩张;土地被开垦之后,人类通过农业生产技术可保持乃至提高土壤肥力。可见,技术是克服经济发展过程中的障碍的手段。

据此,史密斯突破李嘉图把资本看成物化劳动的一种形式的藩篱,认为资本并非仅仅是物化劳动,而是凝聚了技术进步这个推动经济增长的积极因素的。通过资本投入,人类可以更好地支配能源,蒸汽动力工业提升了资本对经济增长的作用效果,以至发展现代工业成为更好地发挥资本的作用,以及促进经济增长的重要途径。原先,动力来源主要是人的体力;但是,物质与力的无限循环律的应用,其他能源通过转化可以用来替代人的体力。这样,技术进步通过影响物质和力的转化及其应用程度,也就深刻影响了人类经济增长。

史密斯的保护主义经济思想与现代经济理论多有相合之处。这里仅以劳动工资为例做一说明。迈克尔·赫德森在他 1968 年完成的博士论文 E. Peshine Smith: A Study in Protectionalism Growth Theory and American Sectionalism 中总结说,与之前的美国保护主义者不同,史密斯把劳动技能视为私人资本的一种形式,其含义是劳动者对技能做私人投资,以便获得一种相对于非技能劳动者来说的工资溢价。这个工资溢价实际上表示相关投资的利息和利润。诸如教育技能、经验性生产能力,由这种投资凝结而成。[①]

4. 对日本经济发展的影响

1871 年,史密斯开始担任日本国际事务顾问。史密斯认为,这个受命使他远离家庭和祖国,但是这项工作极富价值,为欧洲人所极力追求而不得。史密斯成为第一个以官方身份为日本政府服务的美国人之后,美国人担任日本国际事务顾问长达 40 年之久。由此,奠定了美国在 19 世纪后期深刻影响日本发展的基础。

史密斯为日本关于信用、关税、教育、与西方国家的双边条约等方面的国际事务提供顾问服务。现在,史密斯的著作依然在日本印行,他在日本比在美国更广为人知。史密斯对在日本共 6 年的工作和生活非常满意,与日本官方和学者也深有交往。在工作上,令他满意的是日本政府选择了一条类似美欧重商主义特别是保护主义的经济发展道路。也就是在 1871 年,以右大臣外务卿岩仓具视为特命全权大使,以大久保利通、木户孝允、伊藤博文、山口尚芳为副使的庞大日本政府代表

[①] Micheal Hudson, E. Peshine Smith: A Study in Protectionist Growth Theory and American Sectionalism, PHD Dissertation, New York University, 1968. https://michael-hudson.com/wp-content/uploads/2012/12/Hudson-Michael-E-Peshine-Smith-A-Study-in-Protectionist-Growth-Theory-American-Sectionalism.pdf.

团,对美欧等国(12国)进行了长期(22个月)访问和考察,他们一边与美欧列强修约,一边考察美欧政治、经济、思想、文化等,以确定未来究竟应该采用怎样的发展战略来实现日本"雄飞世界"的理想。此后,殖产兴国的重商主义政策被日本政府所看重、接受、改造,成为19世纪末期日本迅速崛起于东方的思想支撑。其中,来自美欧的重商主义是一个强有力的外源性思想,其内源性思想则是早已存在于日本的本土重商主义。以这次考察为契机,内外具有思想、措施、目标相似性的两种重商主义相互碰撞,决定了日本此后相当长时期的立国方略。在此基础上,包括史密斯在内的来自美国的国际法律顾问长驻日本,也起了重要作用;到他于1877年离开日本的时候,美国的保护主义经济理论体系已经在日本政治家、官员、学者的心目中达成了普遍共识。

六、马汉:海权论与美国贸易扩张主义

19世纪的最后10年,一方面,美国工业产值首次超过了英国工业产值,美国崛起已经成为一个不争的事实。另一方面,在美国大陆扩张过程中,随之出现的西进运动此时已经把美国的边疆推进至太平洋沿岸,眼前茫茫的大洋挡住了陆上扩张的去路。美国将来何去何从?这已成为美国整个社会关注的大问题。

在这个背景下,产生了两个重要的思想家。其中之一是作为历史学家的特纳(Frederick Jackson Turner,1861—1932年)。1893年,特纳在芝加哥召开的美国历史协会年会上宣读的论文《边疆在美国历史上的意义》,使他成为美国那个时代最重要的和最具影响力的历史学家。在他看来,美国过去近百年之所以形成了持续繁荣的局面,与美国边疆不断向西推移存在很大的关系;将来,美国继续繁荣不能再依靠西进运动而是要选择一个全新的战略。对于这个新战略,特纳认为美国要看向太平洋对岸,重建美国的海上力量和进一步扩张,以便维持美国继续繁荣的局面。但是,在特纳那里,一个重要的问题依然没有解决,那就是美国究竟应该沿着怎样的路径继续扩张。对于这个问题,主要是由作为那个时代最重要的战略家即马汉完成思想上的构建,并且深刻影响其后的美国政治家而产生深远的历史影响的。

1. 马汉其人

马汉(Alfred Thayer Mahan,1840—1914年)是现代海权论的提出者。马汉从海军学院毕业之后就在海军服役。他指挥的舰艇多次发生碰撞,并且他所喜爱

的是早已过时的旧式风帆战舰,他还不太乐意出海。可见,他的军事生涯算不得十分成功。但是,他擅长历史研究和战略思考。他通过研究海军史而提出的海权论,回答了特纳以及当时的美国人急于回答而又不能做出满意回答的重大问题。他的海权论,一方面来自对欧洲特别是英国海战的深入研究,另一方面揭示了海权对于国家持续发展壮大的战略价值,最重要的是通过构建一系列重要的概念,对国家怎样建立自己的海权提出了一套比较完整的框架,特别是把海权与海外贸易扩张联系了起来。这样,马汉的海权论就不仅具有了一般性意义,而且拨开了弥漫在战略家和政治人物心头的云雾,使他们看见了美国未来得以继续繁荣的出路。

2. 马汉战略思想的美国关怀

1890年,马汉出版了他的重要著作《海权对历史的影响(1660—1783年)》。在这部历史著作中,马汉精心整理了过往的海战经验和海权理念,综合出了一个逻辑比较严密的思想体系。其中,最受军事专家特别是海军人士关注的是海权与陆权的对比、海权的构成要素以及夺取海上控制权的海军战略。但是,在美国重商主义意义上,这部著作体现了对美国的战略关怀。

在19世纪的最后10年,即使从全球来看,美国海军也绝对称不上强旅。由于美国西进运动的结束关闭了陆上边疆,马汉认为美国将来必须向海追求,摆脱边疆关闭带来的危机和在未来创造继续繁荣的局面。回望历史,英国在"百年战争"受阻之际,提出了看向海洋的战略方向转变,在300多年后为英国成为"日不落帝国"提供了战略启发。美国通过持续的领土化扩张,至19世纪最后10年,在第二次工业革命加持下,已经形成了强大的经济内循环,生产能力达到了国内不能很好地加以消化的水平。其结果是,与强大的生产能力相伴随,生产过剩成为经济危机的供给侧原因,大量失业既成为诱发社会稳定的重要因素,也成为难以拉动经济增长的需求侧原因。这样,找到美国巨大生产能力的消化出口就成为当务之急。在马汉看来,只有通过加强美国的海上力量,以此为基础发展对外贸易特别是与太平洋对岸国家的贸易,才是美国出路之所在。

3. 马汉对海上贸易的认识

马汉在其著作中从历史发展的角度强调了海上贸易与国家勃兴之间的关系。他说:

> 远在左右海上贸易发展与繁荣的根本原则被明察之前,人们就已经清楚地认识到海上贸易对国家财富与实力所具有的深远影响。为了确保

自己的人民能够较多地分享这样的利益,人们想方设法地排斥异己,要么通过和平立法的方式制定垄断或对他人明令禁止的条款,要么当上述手段不起作用时,直接诉诸武力。利益的冲突,以及因在商业利益方面和在遥远的悬而未决的商业区域分割方面,如果不能占有全部份额也要占有更大份额的企图相互抵触而引发的愤懑,导致了战争。①

马汉在此强调的如下数点,无不与过去存在了数百年的欧洲重商主义思想有关。其一,人们老早就认识到了海上贸易与国家财富与权力之间的关系,尽管对如何使海上贸易实现发展和繁荣这个根本性的问题还没有清楚的认知。其二,对于海上贸易的利益,人们总是想排除异己的力量,尽可能多地加以占领。其三,人人都这么想,势必采取一定的手段来维护自己的利益。一是采用非战争的手段,二是采用战争的手段。过往的重商主义对这两种手段都是看重的。其四,利益的争夺,或者直接围绕海上商业利益而展开,或者围绕商业区域的划分而展开。这样,重商主义对海上商业利益乃至对海外殖民地的关心就自然地纳入了马汉的海权论的范畴之内,并且成为其阐述海权的军事趣向和意义的基础。

在早期重商主义那里,商业是获取财富的主要途径。但是,商业的基础之一是产品,而产品又是生产的结果。因此,早期重商主义经过相当长时期的发展之后,也就转变成了重工主义。把生产当作一个重要的环节来看待,正是马汉海权论思想支撑的一个特点;这构成了马汉海权论与以前的海权论的一个重要区别。他说:

> 我们可以从生产、海运和殖民地这三者中找出濒海国家创造历史、采取政策的关键所在。交换产品需要生产;产品的交换需要海运;殖民地可以促进和扩大海运活动,并通过不断增加安全的据点来保护海运。时代精神和统治者的个性、英明程度的不同,国家所采取的政策也各不相同。但是,濒海国家的历史与其说是由政府的精明和深谋远虑决定,不如说是由它的位置、范围、自然结构、人口和民族特点,即我们通常所说的"自然条件"所决定。然而我们必须承认而且将会看到,在一定时期内,一些个人的明智或愚蠢的行为在很多方面大大影响了海权的发展,这包括武力控制海洋或海洋的一部分的海上军事力量,还包括平时的贸易和海运,这

---

① 艾尔弗雷德·塞耶·马汉:《海权对历史的影响(1660—1783年)(附亚洲问题)》,北京:海军出版社,2013年,第1页。

些贸易和海运自然产生了武装的船队,使其得到安全保障。①

马汉在此表示他的重商主义观点的时候,一定程度上是本着地理因素决定论的观点来看待问题的。重要的是,他所理解的"自然条件",除了真正的地理因素之外,更多的方面是人为干预也参与了它的决定的历史地理因素。比如说国家的边疆,尽管静态地看是固定了的,但是在历史长河中它要么处于收缩状态,要么处于扩张状态。其收缩或扩张不仅与本国的人民与当政者有关,而且与相关国家的人民与当政者也有关。美国刚刚独立的时候,只是一个由大西洋沿岸13个殖民地构成的小国。但是,经过此后一个世纪向西陆上领土化扩张,变成了一个既面向大西洋又面向太平洋的两洋大国。在这个两洋之间,是一个被美国一体化了的北美的庞大大陆。

曾经,美国与欧洲各国建立了深厚的经济、贸易、人口、文化、宗教等关系;到了19世纪的最后10年,太平洋对岸的亚洲濒海国家特别是中国、日本、菲律宾等,已经成为美国发展贸易关系并且从贸易关系中获取无尽财富的目的地。历史地看,从19世纪50年代开始,具有战略眼光的美国人如佩里(准将)、惠特曼(诗人)、西沃德(国务卿)等就从不同角度思考太平洋对岸的国家对美国未来发展的意义,太平洋商业帝国构想正是那个时期的思想产物。现在,特纳和马汉等思想者在美国陆地边疆已经确定并且达到了扩张的边界的新形势下,再在重商主义视野下立足美国构想国家未来的发展方向,所要做的无非是建立一个维持美国继续繁荣发展的新路径。这样,怎样认识海洋在国家发展中的重要性,采用怎样的思路来扩大美国的海权以实现太平洋商业帝国计划,就成为他们的思考方向。

在19世纪最后10年,生产力的扩大及其在本土难以消化殆尽是美国当时爆发经济危机的原因,美国海军实力薄弱和海运能力不足是美国继续发展的"瓶颈"所在。美国本土规模已经庞大、州的数量已经众多,再走海外殖民之路已经没有了前途。马汉为美国继续繁荣发展提出的重商主义解决之道,是美国向太平洋对岸那个人口密集且规模庞大的亚洲进一步扩张,通过海上贸易的方式达到通过构建殖民地所不能达到的国家战略效果。

4. 濒海国家制胜之道

前文已经提到马汉至为重视的濒海特点。这个特点赋予相关国家发展其海权

---

① 艾尔弗雷德·塞耶·马汉:《海权对历史的影响(1660—1783年)(附亚洲问题)》,北京:海军出版社,2013年,第21页。

的根基。有必要强调的是,一个内陆国家,通过内陆而不断向海扩张,将成为濒海国家;即使是濒海国家,港口数量和质量也是其发展海权的重要因素。因此,重商主义国家不仅通过扩张把具有优良港口条件的国家变成殖民地,而且对殖民地的港口改良颇多用力。

除此之外,在马汉看来,濒海国家要想通过发展海权来扩大自己的海上贸易利益,就必须在思想上对发展海权建立正确的认识。他说:

> 如果一个国家的地理位置除了具有方便进攻的优势外,又方便进入公海,同时还控制了一条重要水路或世界主要贸易通道,那么显而易见,这个国家的地理位置具有重要的战略意义。[①]

在欧洲,英国就具有这样的有利条件。英国控制了英吉利海峡,也就控制了荷兰、瑞典、俄国、丹麦的贸易的必经之地;直布罗陀对于西班牙,也具有关键作用,一旦失去,就将剥夺西班牙对海峡的控制权。至于已经扩张至太平洋沿岸的美国,只要在中美洲修建一条运河,那么加勒比海将变成世界上重要的交通干线之一,此地对美国的战略重要性将大大彰显。马汉认为:

> 美国的地理位置与该条贸易路线的关系,就如同英国与英吉利海峡的关系以及地中海国家与苏伊士运河的关系。……这条运河作为国家力量的中心,即永久性基地,美国离它的距离远比其他大国近。不管这些大国现在或今后将会在岛屿或大陆占据多么牢固的地理位置,也只不过是其自身的前哨基地,而在军事力量的所有物资提供方面,没有哪一个国家能赶得上美国。[②]

在马汉看来,就对美国的战略重要性而言,与亚洲相比,加勒比海国家又在其次。亚洲乃是人口密集且规模庞大的地方,并且拥有很多不冻的深水港,通过水道与亚洲展开贸易乃是美国前途之所系。对于深水港的战略意义,马汉把它强调到至高位置。他总结性地说:

> 拥有许多深水港,这是一个国家实力和财富的源泉,而且如果这些港口位于可通航河流的出口处,为该国的国内贸易的集结提供便利,那么这

[①] 艾尔弗雷德·塞耶·马汉:《海权对历史的影响(1660—1783年)(附亚洲问题)》,北京:海军出版社,2013年,第23页。

[②] 艾尔弗雷德·塞耶·马汉:《海权对历史的影响(1660—1783年)(附亚洲问题)》,北京:海军出版社,2013年,第24—25页。

些港口的价值更会成倍增长。①

在太平洋对岸的中国,长江流经为数众多的省份,它的入海口上海不仅是中国的较大城市,而且是中国的良港,以及国内贸易的重要集结地。就此而言,正符合马汉的要求,是马汉心目中美国发展亚洲贸易所倚重者。但是,至19世纪最后10年,美国在中国的势力十分有限;美国要想在中国扩大自己的势力范围,就必须与在中国已经具有优势地位的欧洲列强处理好关系。

5. 特别推崇法国重商主义者科尔伯特

马汉从欧洲重商主义那里获得战略思维的历史素材,把发展海权、推进海上贸易作为美国陆上边疆关闭之后解决进一步繁荣和发展难题的钥匙。马汉对于欧洲重商主义者即法国的科尔伯特尤其看重。对于重商主义思想来说,科尔伯特并没有多少贡献;但是,他采用适合于法国的重商主义政策,对后世产生了深刻的影响。就美国重商主义者来说,汉密尔顿和马汉受他的影响最深。马汉以较大的篇幅对科尔伯特的重商主义政策加以评论,并且不吝赞美之词。

科尔伯特的后人说,科尔伯特的政治生涯罕见地悠长,开始于黎塞留担任宰相时期,结束于路易十四统治的鼎盛时代。② 他竭力整顿法国经济,大力推进工业化,积极向海外拓展,动用国家行政力量干预和组织经济活动,提高关税率以对抗荷兰的工商业,组建官方垄断授权的贸易和殖民公司,为法国海军、贸易和殖民地力量的发展奠定了基础,使法国在18世纪成为英国最主要的竞争对手。按照李斯特的说法,科尔伯特乃是重商主义的一种演化形态,即"工业主义"。针对工业发展、生产技术,特别是海上贸易与海军建设之间的关系,马汉同意如下评论,即科尔伯特的目标是:

> 把生产者和商人组织成一支强有力的队伍,接受积极和明确的指导,以便通过制度和共同努力来确保法国在工业方面的胜利,并且要求所有的工人都按照公认的最佳工艺程序进行生产,来确保得到最好的产品……像制造业和国内贸易那样,把海员和远距离贸易组织起来形成巨大的实体。为了支持法国的商贸,建立一支具有坚实基础的海军,其规模

---

① 艾尔弗雷德·塞耶·马汉:《海权对历史的影响(1660—1783年)(附亚洲问题)》,北京:海军出版社,2013年,第26页。
② 伊奈丝·缪拉:《科尔贝:法国重商主义之父》,上海:上海远东出版社,2012年,第1页。

至今仍无法相比。①

马汉认为,科尔伯特重商主义瞄准把法国发展成海上强国的目标,以一种完全独断的不受任何约束的权力,逐渐将所有用以指导国家发展和与发展密切相关的各种手段牢牢集中在自己手里。在他执政期间,已经把整个海权理论以系统的、中央集权制的法国方式付诸实践。但是,科尔伯特并不是国王,其政策的可持续性也就成为问题。

通过对法国等重商主义政策与海上力量发展之间的关系的分析,马汉归纳出两点具有一般性的结论。(1)在和平时期,政府可以通过一系列政策来扶持民族工业的发展,支持人们从事海上冒险并且满足其获利癖好。(2)在战争期间,政府的作用是以最合适的方式保持一支装备齐全的海军,它的规模应该与其海运业的发展以及其他一些相关的重要利益相匹配。以此审视美国,马汉认为美国存在危机,需要重建海权。美国缺少作为生产与交换之间的中间环节,和平时期的海运和与海运有关的行为是短缺的,美国尚且只拥有发展海权的三大环节当中的一个,关键是要为国家建立一支海军,以便保持本国的贸易不受战争的影响以便增进本国的财富。为此,必须让敌人远离美国的港口和海岸;并且,重振美国海运,把它作为发展海军的基础。

总之,作为美国重商主义的代表人物,马汉的贡献在于:(1)基于历史事实,说清楚了海上贸易与海军发展之间的关系;(2)基于战略构想,说清楚了发展海上力量的基本条件和具体路径;(3)针对美国未来发展,提出了基于海权理论的政策方向。马汉在另一部著作《海权与1812年战争的关系》中说,所谓"海权论"命题,乃在于表述如下观点,即海权是世界历史中的积极主导因素。

本章小结

在崛起时代,针对经济发展道路和战略选择,美国很多思想家、政治家、外交家、军事家、新闻工作者和著作家等,从不同角度阐述了自己的看法和主张。其中,汉密尔顿的工商立国方略最终在竞争当中获胜,并且以"美国体系"的名义成为一

---

① 艾尔弗雷德·塞耶·马汉:《海权对历史的影响(1660—1783年)(附亚洲问题)》,北京:海军出版社,2013年,第51页。

百多年里美国经济发展的基本战略遵循。因此,与英国不同,美国重商主义一开始就是朝着重工主义方向演进的。但是,美国并没有沿袭内外循环相结合的英国模式,而是以大陆扩张和人口引进等为基础,通过关税保护日益扩张的国内市场,走出了一条独特的内需主导型工业化道路。即美国主要是通过内部经济大循环这种方式来实现崛起的。但是,这个大循环要想维持和扩大,一个先决条件是进行大陆扩张并且将其领土化(而不是像英国那样的殖民化)。当然,在主要通过内部大循环发展经济的过程当中,一部分人站得更高、想得更远、看得更广,针对美国将疆域推展到自然边界之后的情形,提出了一系列大胆的新构想。太平洋商业计划就是一个主要由美国战略家构建的与建立"两洋帝国"思想有关的一个庞大的商业计划,并且在后来条件成熟的时候逐渐得以实施。

第五章

美国重商主义传统：政策与评论

美国政府成立后，为了国家崛起，自然会采用一套适合于当时战略环境的政策，那些政策构成美国重商主义传统的核心部分。它不仅在当时服务于美国崛起这个战略目标，而且对美国崛起之后的政策方向和政策选择产生了深远的影响。不仅如此，鉴于学术界对支持政策选择的思想基础和政策实施之后取得的客观效果都有不同的认识和评估，这就需要针对重商主义政策的若干重要方面做出必要的剖析和澄清，以还原其本来面目。这项工作之所以十分重要，主要是由于一旦错误的认识成为被广泛接受的共识，那么不仅对事物本质的认识将会停滞不前，而且由于误读了美国历史还会产生诸多贻害。

第一节 重商主义政策方向

1789—1913年是美国崛起时代。对于这个时代美国政策的大致方向，我们之所以用重商主义来定性——尽管它具有美国特色，主要是由于与欧洲重商主义相比，两者在本质上存在相似性。这种相似性主要体现在如下几个方面：(1)无论何者的重商主义思想和政策，都打上了国家战略的烙印；(2)商业发展作为产业发展的引领，一方面服务于国家战略的需要，另一方面对工业发展又提出了自己的要求；(3)市场扩大(尽管有内部扩大和向外扩张两种含义)成为重商主义者念兹在兹的根本，如果偏离了这一点，那么一切愿望、一切思想、一切构想、一切政策等都将无从谈起;(4)无论怎样遮掩,动用国家权力干预经济和市场,无论是在思想意识还是在政策安排上,都是不可抹杀的历史事实。所谓自由贸易等思想和政策,只是由于其本身就具有深刻的战略意蕴,在西方发达资本主义国家可以照顾特定战略目标而不断被提纯和拔高。

一、美国重商主义政策:产业范围扩大与结构提升

就美国而言,即使对于农业,也具有浓厚的重商主义意味。首先,与欧洲重商主义类似,美国也将国内剩余农产品当作重要的出口商品。在美国崛起时代特别是内战爆发前,其出口主要是由农产品"担纲"的。其次,美国的经济观念又是发展变化着的。它起初盯住农业部门,后来逐渐将眼光加以扩大,覆盖了包括农业在内的所有产业。也就是说,从相当长时期来看,美国的经济观念,经历了一个从原初的重农主义,逐渐向商业主义进而向重工主义发展的过程。因此,正如约翰森(Marianne Johnson)所说的那样,在美国:

> (法国)重农主义和苏格兰古典经济学结合起来,产生了美国重农主义,它是一种"较法国的重农主义更具本土特色"的理论。对于美国重农主义者来说,人口密度成为决定国家经济组织的关键变量。尽管农业是唯一的生产性部门,在投入基础上能生产剩余,但是美国重农主义者相信,随着人口越来越密集,美国必然从经济发展当中的商业性农业的阶段,转向强调制造业的阶段。那时,制造业将为日益增加的人口提供就业。[1]

这则评论触及如下几个方面:其一,在美国政府成立之前,美国农业已经具有绝对优势。此后,在大陆扩张基础上,美国人口不断增多,土地也不断投入农业生产。尽管如此,美国人前瞻性地看到,终究会出现人地结构的转变,人力与投资要逐渐向其他部门(非农)转移。其二,美国并不囿于经济自由主义学说,大致在签订《根特和约》之后,就开始强调对国内市场进行有效的保护和开发,制造业由此得到了发展,以至于美国在南北战争之前已经建立起了比较独立的工业体系;并且,南北战争结束后,美国持续的高关税保护和第二次工业革命的兴起,使其工业出现飞跃式发展,经济结构由此发生了革命性变化。比如说,至1894年,美国工业产值已经超过英国而成为全球第

---

[1] Marianne Johnson, More Native Than French: American Physiocrats and Their Political Economy, *History of Economic Ideas*, vol. 10, no. 1, 2002, pp. 15—31.

一。至此,从大方向来看,美国农业与工业均已具有绝对优势。

二、中立主义与孤立主义外交原则为国内发展提供有利的经济战略环境

美国产业范围扩大和结构提升是在相对而言比较和平的国际政治经济环境下取得的。重要的是,这种有利的战略环境的获得,有赖于美国奠基者制定了中立主义和孤立主义外交战略。借此,美国尽可能地排除了外部干扰,走出了一条适合自己国情的又在很大程度上不同于欧洲特别是英国的重商主义发展道路。

对于中立主义外交原则,我们其实从《1776年条约计划》中就可以看出一些端倪。当然,关于中立主义原则最为正式的表述,又是在由汉密尔顿拟定初稿、再由华盛顿改定的发表于1796年9月19日的《告别演说》当中。他说:

> 我们对外关系中应奉行的最高行动准则是在扩大我们的贸易关系时,应尽可能避免政治上的联系。……相对于欧洲,我国的位置偏僻而遥远,这要求我们并迫使我们追寻另一条不同的道路。如果我们还是一个民族,同在一个有效的政府下,则那样一个时代就不会太遥远;到那时,我们可以避免外来烦扰所造成的物质上的毁坏;如果我们决定采取中立的立场,那么在任何时候都会获得严格的尊重。当交战国无望获得我们的支持,也不敢轻率地冒险向我们挑衅时,我们就可以根据正义指引下的国家利益来选择和平或战争。……我们真正的政策是避开与外界任何部分的永久结盟,我的意思是,我们所做的不应超越我们目前所负的义务。①

这里,话是说得再明白不过的了;并且,这也是华盛顿作为最重要的政治遗产而留给后辈政治家的。当然,中立主义原则是奠基者们的普遍看法。即使是华盛顿本人,也早有此意。例如,早在1793年4月22日,他就针对当时的欧洲战争以《中立宣言》为题发表美国立场,即"美国从道义和本身利益出发,要求各州出于真诚和善意,对交战各国均采取并保持友好和公正的立场"②。这个原则的实质是在国力还不足够强大的时候,美国不要卷入国际纷争中去,以便使自己能够利用中立国地位,最大限度地发展商业和维护其他利益。按约翰·亚当斯1821年7月4日在美国独立日的演说中的话说就是:美国不要到外国去寻找恶魔并且加以消灭,美

---

① [美]约翰·罗德哈梅尔选编:《华盛顿文集》,沈阳:辽宁教育出版社,2005年,第804页。
② [美]约翰·罗德哈梅尔选编:《华盛顿文集》,沈阳:辽宁教育出版社,2005年,第705页。

国只是自身的自由与独立的捍卫者和支持者,美国不要卷入复杂背景下发生的外国战争中去。① 其实,采用这样的外交原则,既是对那个时代美国国家身份采取的一种现实主义定位,又是实现国家战略目标的一种有效手段。也就是说,对那时的美国而言,一切原则都要服从于国家崛起,因为美国离想要实现的"自由的灯塔"和"山巅之城"等理想,还颇为遥远。

对于孤立主义原则,美国人的认识与中立主义原则存在一些本质性差异,尽管它们的最终目标是一致的。如果我们回头看一看,就会发现孤立主义在美国其实是一种深厚的文化传统。在某种意义上,这个词是专门为美国而造设的;它并不是一直就这么被使用着的,而是直到 1922 年才由美国记者爱德华·贝尔(Edward Bell)提出的。当时,他用这个词批评美国在国际合作中的消极态度。② 不过,人们后来惊讶地发现,孤立主义原则其实早在美国奠基者那里,就已经比较普遍地存在了,并且它与中立主义原则又存在牵连;但是,逐渐地,孤立主义原则与中立主义原则发生了分离。这种分离与美国对自身所处地理环境的认识逐渐深化等又具有紧密的关系。美国人认为,独立之后特别是大陆扩张逐步取得成功之后,与欧洲大国相比,美国尽管在力量上尚且比较弱小,但是美国拥有自己独特的优越的发展条件,比如美国将会是一个"两洋国家",或者已经是一个"两洋国家"了。浩瀚的大西洋和太平洋不仅为美国提供了天然屏障,使美国的独立和安全具有了地理基础;而且美国既在陆地上拥有丰富的自然资源,又在海洋上拥有丰富的渔业资源,那么美国既在安全上可以不依赖于任何强国,又在经济上可以通过自我的或内部的发展,达到期待的水平。也就是说,美国是有条件并且可以通过内部发展和内部循环这种方式使自己崛起为一个大国的,并且美国人借此可以实现自己所想要的幸福。因此,如果说孤立主义原则确认了美国可以通过自身发展实现战略目标的话——由此也就产生了一种强大的内向的力量,那么作为必要的补充,中立主义原则确认了美国同时还可以主动和自由地利用国际条件,即通过对外商业来促进美国的内部发展,这其实是一种支持性的外向的力量。由此也就不难看出,孤立主义与中立主义这两个原则经历初期的相互混淆后,逐渐演变为一种相互支持的战略性原则,它们都服务于美国崛起。但要注意的是,美国的孤立主义,并不具有严格的地域限

---

① Walter LaFeber, ed., *John Quincy Adams and American Continental Empire: Letters, Papers and Speeches*, Chicago: Quadrangle Books, 1965, p. 45.

② Alexander DeConde, etc., *Encyclopedia of American Foreign Policy*, vol. 2, New York: Charles Scribner's Sons, 2002, p. 337.

制,即它并非仅仅适用于美国的领土范围。美国政府发表《门罗宣言》后,这种孤立主义开始先是观念性地、后是实质性地跨越美国的疆域,而向外延伸到了整个美洲,即通过干预美洲事务而逐渐将欧洲大国在美洲的影响排挤出去,美国好从控制整个美洲的角度发展壮大自己的宗教、政治和经济等影响。[1] 因此,美国的孤立主义是具有明显的阶段性特征的。[2]

我们需要强调的是,对于美国在崛起时代遵循的孤立主义原则,不要做绝对主义的理解,而要从相对主义出发挖掘它的深意。首先,孤立主义主要运用于政治和外交方面,经济方面则并不排斥与外国的交往,反而是在力量对比悬殊的夹缝中,尽可能地取得国际商业利益。其次,孤立主义主要是针对欧洲列强的,对于其他比较弱小的国家,美国认为可以不适用于孤立主义原则。也就是说,美国是在非对称的国际力量结构中,根据比较优势思想相机抉择政策的。最后(并且也是相应地),在美国,孤立主义与扩张主义又是兼容的。当欧洲在美洲的殖民地因为种种原因而成为一个可以交易的筹码时,美国是完全可以利用历史赋予的难得机会,来进行大陆扩张的;同时,为了实现战略目标,美国对周边弱小国家的疆域,又是可以通过制造纷争、军事占领和条约购买等手段一步一步加以蚕食的。不仅如此,诸如此类的大陆扩张,使疆域不断扩大,美国通过内部发展实现崛起的条件不断优化,以至于我们可以这样说:在美国崛起时代,孤立主义原则是一个不断得到了加强和扩展的重要的政策遵循;促使这个原则走向没落的主要力量,乃是也只能是美国后来不断变得强大,以至于主动插手和干预国际事务时,不再像以前那样受国力的约束。由此也就可以解释,为什么直到19世纪末期孤立主义原则才开始在美国遭到怀疑,为什么遭到怀疑之后又出现了一次又一次的反复。重要的是,孤立主义原则开始招致怀疑的时候,恰好是美国行将崛起的19世纪末期。我们知道美国在崛起时代是具有明确的大战略的——它主要是疆域上的大陆扩张主义,对外政策上的孤立主义和中立主义,经济发展上的保护主义和内部循环主义,以及战略选择上的经济优先主义和军事保底主义。但是,美国行将崛起的时候,必然产生战略转型的需要。这就引出了一个相当长的迷茫时期。从身份认

---

[1] 杨卫东:《拉美独立运动与美国孤立主义外交的重新界定》,《拉丁美洲研究》2003年第6期。
[2] 在《门罗宣言》发表之前,孤立主义主要服务于摆脱结盟的拖累、保卫国家独立和促进经济发展;至"一战"爆发,它主要服务于行动自由地进行大陆和商业扩张;"二战"爆发后,又主要表现为绥靖主义。张宗华:《试析美国传统外交政策——孤立主义的发展及其在30年代外交中的运用》,《西北师范大学(社会科学版)》1997年第4期。

同的角度来说,从 1914 年至 1945 年,美国进入了一个可以称为"踌躇的霸权"的过渡时期。①

三、美国崛起大战略的基本保证

对于美国崛起大战略,当我们从重商主义角度加以考察的时候,也就可以确立两个必不可少的保障:一是通过领土扩张为国内发展准备基本条件,并且在此基础上按照非对称优势和比较优势确立商业扩张方向;二是通过关税政策把国内市场保护起来,并且通过国内市场上的竞争实现国内经济的良性循环。尽管重商主义总是与国家干预联系在一起的——在国际经济关系中尤其如此,但是它与自由竞争并不一定是排斥的——在国内市场上进行自由竞争是重商主义的必然要求。

1. 领土和商业扩张作为帝国发展的保障

美国刚独立的时候,80 万平方千米的领土尽管对于 300 万的人口来说是相当宽松的,但是用发展的眼光来看,并且站在国力提升到能够与欧洲大国平起平坐的地位的角度来看,那又是远远不够的。因此,即使不从宗教的角度考虑,美国也要不断地扩大领土,方能建立起心目中强大的帝国。从国力发展的角度来看,扩张领土至少具有如下多个方面的益处:(1)拥有更加丰富的自然资源,以满足子孙后代之用;(2)营造更大的战略腾挪空间,降低战略风险;(3)将一些外部性问题(比如说河流上下游居民的权益纷争)内部化,更加高效地运作国内商业;(4)最重要的是,可以为人口增长准备必不可少的资源支撑,而人力(资本)又是经济发展和国家建设不可或缺的生产要素;(5)若能达到自然边界,比如通向海洋以获得更多更好的出海口,则能为成为全球性大国奠定地缘政治基础;等等。因此如果拉长考察美国历史变迁的镜头,我们将能看到:单就扩张主义这一点而言,也是具有鲜明的阶段性特征的,即在内战之前,美国扩张主要是沿着大陆方向展开的。其实,正是由于在崛起时代美国大陆扩张不断地取得成果,才使美国的人口能够持续不断地增长,并且借由"西进运动"不断开发和利用其国土资源,在这个过程中不断地塑造所谓的"美国精神"。同时,由于土地似乎是无穷的,规

---

① 王立新:《踌躇的霸权:美国崛起后的身份困惑与秩序追求(1913—1945)》,北京:中国社会科学出版社,2015 年,第 1 页。

模报酬递减在美国似乎不再成为一条制约经济发展的现实规律;并且,劳动价格也被一步一步推升,阶级和谐在美国(表面上)成为资本主义世界中难得一见的现象。因此,正是由于大陆扩张,这一切才随之出现,美国才逐渐接近它的战略目标。不仅如此,这种局面的形成还为美国进一步觊觎全球利益提供了地理和资源等基础。借由大陆扩张,美国除了自己原本就是一个大西洋国家外,还进一步成为"名副其实"的太平洋国家。至此,在美国,"两洋帝国"的雏形已具备;并且,也是很自然地,美国重商主义者心目当中的"太平洋商业帝国"构想,在佩里和西沃德等人的心目中开始酝酿和成熟,进而对美国后世政治、经济、军事等发展产生导向性影响。

2. 关税保护作为美国制造业和国内市场发展的前提

美国的大陆扩张政策除了为美国农业发展奠定了土地基础外,还为美国工业发展奠定了资源基础。正如恩格斯在回答一个格拉斯哥商人的问题时说到的那样:

> 您知道,在煤炭、水力、铁矿和其他矿藏、廉价食品、本国棉花和其他各种原料方面,美国拥有任何一个欧洲国家所没有的大量资源和优越条件;而只有当美国成为工业国的时候,这些资源才能得到充分的开发。您也应该承认,现在,像美国人这样一个大民族不能只靠农业为生,因为这等于让自己注定永远处于野蛮状态和从属地位;在我们的时代,任何一个大民族没有自己的工业都不能生存。[1]

这段引文之所以重要,主要是由于它指明了两点:(1)在 19 世纪后期,任何一个大民族只有走工业化道路才能求得最基本的生存;(2)美国拥有发展工业的各种资源和条件,并且这些方面比欧洲大国都要好,以至于美国发展工业不仅是必需的,而且是最有可能的。但我们要注意的是恩格斯说这样的话时候,主要是为了说明美国在一定时期里有必要采用关税保护政策。对于关税保护政策,恩格斯认为在经济发展的特定阶段(或者说崛起阶段),它是一种可以选择的发展经济的手段。例如,针对英国恩格斯认为,关税保护政策对于推动第一次工业革命具有重要作用。他说:"现代工业体系即依赖用蒸汽发动的机器的生产,就是在关税保护制度的卵翼之下于 18 世纪的最后 30 多年中在英国发展起来的。"[2]

---

[1] 《马克思恩格斯全集》第 21 卷,北京:人民出版社,1965 年,第 418 页。
[2] 《马克思恩格斯全集》第 21 卷,北京:人民出版社,1965 年,第 414 页。

之所以这样说,是由于在崛起时代的早期特别是南北战争爆发前,美国在工业生产技术上仍然全面落后于欧洲列强特别是英国。因此,在生产成本上,英国是具有压倒性优势的。即使考虑到高昂的运输成本,在美国市场上,美国的制成品依然无力与从英国进口的制成品竞争。要是美国不采取关税保护政策,可想而知美国的市场将完全被英国制成品占领,美国只能无奈地变成一个农业国,从而在国际分工中处于从属地位。对于怀揣着远大理想的美国人来说,这是不能接受的。相反,采取关税保护政策而将英国制成品排挤在美国市场之外,或者是像汉密尔顿设想的那样,采取综合性的(包括关税政策在内的)财政政策,那么将在美国为国内企业专辟一块需求,从而取得发展壮大的机会。其实,美国的制造业正是在这样的政策环境下逐渐发展起来的。可以这样说,关税保护政策是美国崛起大战略的必然之选。

总之,大陆扩张和关税保护对美国崛起而言具有重大的战略意义。前者,形塑了美国的庞大经济空间;后者,在前者基础上,成就了美国特有的发展模式。

第二节 从大陆扩张到商业扩张

对于作为美国重商主义最主要特色的领土与商业扩张,研究者本来是应该引起足够的注意的;但是,这个重要部分即使不能说被研究者完全忽略了,也可以说他们给予的关注是远远不够的;并且,对于其中包含的深意,至今也未做出充分开发。我们在这里要说的是:在这个方面,美国走的是一条与欧洲特别是英国完全不同的道路。重商主义的美国特色,由此得到了充分体现。

一、大陆扩张途径:历史性机遇与非对称优势

近代以来至 20 世纪之前,诸大国林立于欧洲。这种地缘政治格局使那些国家历经一段时间的争斗之困后,很大程度上改变了战略,主要是将欧洲本土作为自己的大本营,在欧洲维持均势的前提下,在外开拓与争夺殖民地。在这样的背景下,对它们而言,殖民地对于国运来说尽管也是至关重要的,但它还是要服从于本土的利益的,以至于当本土实在需要的时候,在外的殖民地并不是不可以割舍的。

但是,美国与之不同。美国联邦政府成立之后,尽管周边的一些国家(如墨西

哥等）对它没有多少威胁，但是大西洋对岸的欧洲列强觊觎着它，美国周边众多列强（如英国、法国和西班牙）的殖民地环绕着它。美国为了实现自己的政治和宗教理想，充分利用殖民者争斗留下的可乘之机，以灵活的方式购买周边殖民地领土，以残酷的方式驱赶原居民印第安人来不断地扩张其领土。正如前文已经提到的那样，美国通过这种领土扩张方式，不断地将自己的边界向外推展，以至于达到它的自然边界，使自己从一个单一的大西洋国家，逐渐演变为一个同时还面向浩瀚的太平洋的"两洋国家"。在崛起时代，在大西洋彼岸，国力强盛的欧洲列强，依然是美国人驻足仰望的地方，他们采取孤立主义和中立主义外交原则，与它们进行政治周旋和商业往来，在宗教上却另有追求；在太平洋彼岸的国家，那里潜藏着无穷的商业机会，而自己在力量上又已具有非对称优势，更何况欧洲力量在那里干预得还不是很深。于是，如何将自己的领土逐渐向西扩张，以达到太平洋沿岸进而进军遥远的彼岸（即亚洲），就是一个不变的战略方向。至于美国向南扩张，那就要进入中美洲甚至南美洲了。

重要的是，美国在进行领土扩张的时候，不是采取欧洲那样的殖民方式，而是将它们逐渐改造为美国的领土，即在那里设立新州。这样，新州就与原来的本土紧密结合起来了，并且逐渐地也变成了美国本土。从这个意义上说，美国在大陆扩张过程中采取的是一种绑定方式，而欧洲诸列强在殖民扩张中采取的是一种依附方式。问题的关键恰恰在于：绑定方式造成了一种步步为营的效果，领土单向地扩大而绝少分离的可能；依附方式使得殖民地对于本土来说只是一种权宜的利益，可割可舍。因此，更加准确地，我们可以这样说：对于欧洲列强来说，它们所做的是海外的殖民扩张；而对于美国来说，它所做的乃是大陆的领土扩张。这是两种绝不一样的方式。

我们知道，领土扩张如果是通过战争来实现的，那么军力建设必须成为强有力的保证。但是，美国通过大陆扩张而实现的领土扩张，只有一小部分是通过军事行动来达到其目的的，它利用的是难得的历史性机遇和力量上的非对称优势。分类来看，美国大抵是采用以下方式来进行大陆扩张的。一是利用历史性机遇，创造条件从欧洲列强那里购买土地。二是针对周边弱小国家制造机会，通过政治颠覆、军事征服等手段强行夺取，如发动美墨战争。[①] 但是，不管哪一种，美国都在适当的时

[①] 有人将其分成三种形式。如田锡国：《关于美国大陆扩张问题的新思考》，《东北师大学报（哲学社会科学版）》1993年第1期。

候将其领土化即变成新州——这是最需要注意的。

重要的是,在整个崛起时代,美国军事人员数量与其他大国相比,都是明显偏低的,往往仅在发生战争的时候,形成了一个临时性的高峰。例如,南北战争期间,仅联邦军就达到了 106 万人。但是,战争结束一年之后,美军就急降至 7 万人。此后近 30 年里,又仅在 4 万人左右徘徊。但是,在美西战争中,美军人数又急升至 23 万,之后至"一战"前,约为 12 万人。① 美国这种状态与如下三个方面有关:一是在崛起时代,美国遵循(非对称)韬光养晦战略;二是美国人口快速增长,兵员动员能力强大;三是《美国宪法》规定,美国公民有权拥有武器(如枪支),这就使得一旦战争需要,就可急招入伍并且很快投入战斗。不过,美国在战争中又是舍得投入的。即在需要的时候,集中兵力达成战略目标,并且坦然接受一定的代价。例如,在 1846 年的美墨战争中,总动员兵力达到了 78 718 人,其中死亡 13 282(13 271)人②,负伤 4 152(4 102)人。

从海军来看则是:即使到了第一次世界大战之前,与当时的列强特别是英国和德国相比,美国海军力量依然显得弱小(见表 5.1)。美国海军部长丹尼尔斯在 1913 年度报告中说,美国的目标是"在大西洋公海上拥有一支与德国匹敌的舰队,同时在太平洋公海上拥有一支与日本匹敌的舰队"③。之所以形成了这样的局面,主要在于:(1)美国过去一直奉行孤立主义和中立主义的外交政策,其实这是一种典型的韬光养晦策略,几乎不需要出海作战。相应地,美国在国内一直坚持以经济建设为中心。这样,(正如后文所说的那样)美国也就只会拿出很少经费投资于海军建设。(2)美国人尽管深知海军之于海外商业的极端重要性,但是又认为,那也只是一切条件均成熟之后的事。因此,对海军建设实质性投资一直比较少,以至于到"一战"爆发前,其海军实力依然相当有限;并且,这种有限的海军力量,还主要是马汉的著作出版并且获得认同特别是美西战争之后才快速增长的。④ 马汉从历史发展的角度在其著作中说:

> 远在左右海上贸易发展和繁荣的根本原则被明察之前,人们就已经清楚地认识到海上贸易对国家财富与实力所具有的深远影响。为了确保自己

---

① 韩拓、贾庆国:《美国崛起时是如何规避"修昔底德陷阱"的?》,《国际观察》2019 年第 2 期。
② 括号外的数字为陆海军总数,括号里的数字为陆军总数。后同。
③ Annual Report of the Secretary of the Navy for 1913, Washington D. C.: GPO, p. 10.
④ [美]哈罗德·斯普雷特、玛格丽特·斯普雷特:《美国海军的崛起》,上海:上海交通大学出版社,2015 年,第 364—365 页。

的人民能够较多地分享这样的利益,人们想方设法地排斥异己,要么通过和平立法的方式制定垄断或对他人明令禁止的条款,要么当上述手段不起作用时,直接诉诸武力。利益的冲突,以及因在商业利益方面和在遥远的悬而未决的商业区域分割方面,如果不能占有全部份额也要占有更大份额的企图相互抵触而引发的愤懑,导致了战争。另外,由其他原因导致的战争在战争行为与结局上,都因对海洋的控制而受到极大的限制。①

表 5.1　　　　　　各大国 1880—1914 年战舰吨位②　　　　　　单位:万吨

年份 国家	1880 年	1890 年	1900 年	1910 年	1914 年
美国	16.9	24	33.3	82.4	98.5
英国	65	67.9	106.5	217.4	271.4
德国	8.8	19	28.5	96.4	130.5
法国	27.1	31.9	49.9	72.5	90
日本	15	41	18.7	49.6	70
俄国	20	18	38.3	40.1	67.9

但是,海军建设不可能是一蹴而就的。例如,到 19 世纪末,美国海军实力仅排在世界第五而已;就主要作战舰只而言,英国为 521 艘,德国为 213 艘,俄国为 89 艘,而美国仅为 36 艘;不仅如此,美国海军还是一个名副其实的杂牌军。例如,在 1896 年统计的在编海军中,美国人与外国人的数目分别为 5 133 和 4 400 人。③表 5.2 给出的数据清楚地表明,在 19 世纪,美国海军支出尽管也是趋势性上升的,但是其费用的规模一直比较小;到了崛起之后,不仅海军支出是趋势性上升的,更重要的是美国在两次世界大战过程中突击性地扩大了自己的海军规模,其战力得到了历史性飞跃。

---

① [美]艾尔弗雷德·塞耶·马汉:《海权对历史的影响(1660—1783 年)(附亚洲问题)》,北京:海军出版社,2013 年,第 1 页。
② [英]保罗·肯尼迪:《大国的兴衰》(上),北京:中信出版社,2013 年,第 212 页。
③ 赵晓兰:《从实力地位看美国"门户开放"政策的提出》,《历史教学问题》2000 年第 6 期。

表 5.2　　1800—1945 年美国海军费用及在联邦支出中的占比①

年份	海军费用（百万美元）	联邦支出占比	年份	海军费用（百万美元）	联邦支出占比
1800	3.4	0.320	1915	141.8	0.186
1810	1.7	0.203	1916	153.9	0.210
1820	4.9	0.268	1917	239.6	0.121
1830	3.2	0.214	1918	1 278.8	0.101
1840	6.1	0.251	1919	2 002.3	0.108
1850	7.9	0.200	1920	736.0	0.115
1860	11.5	0.182	1930	374.2	0.109
1870	21.8	0.070	1940	891.5	0.099
1880	13.5	0.051	1941	2 313.1	0.182
1890	22.0	0.069	1942	8 579.6	0.265
1900	56.0	0.107	1943	20 888.3	0.267
1910	123.2	0.178	1944	26 537.6	0.283
1914	139.7	0.190	1945	30 047.2	0.299

在 19 世纪前半叶,美国每年投入海军的费用从来也没有超过千万美元(1853 年才首度超过 1 000 万美元)。那个时候,正是美国醉心于大陆扩张的时期;美国尽管早就提出了"门罗主义",但是仅有一些具有前瞻性眼光的人,将美国的扩张瞄准到太平洋对岸;并且,扩张方式从原来的以国土疆域扩大为目的的大陆扩张,转变为将来的以经济疆域扩大为目的的商业扩张。这个时候,美国所要面对的战略环境与以前相比已不可同日而语了。也就是说,美国为了在太平洋对岸的国家争取自己的商业利益,进而将美国建设成为太平洋商业帝国,除了深入那些陌生国家的社会经济和政治历史中外,还要与在那些国家已经建立起利益网络的列强展开竞争。因此,在战略手段选择上,美国的空间其实并不大。由此就可以理解为什么在

---

① Bureau of the Census, *Historical Statistics of the United States*, *1789—1945*, United States Department of Commerce, 1949, pp. 299—301.

西沃德那一代人心目中,建立太平洋商业帝国的途径主要是:(1)在大陆扩张的地理边界上,建立一系列贸易通道;(2)打通连接两洋的运输通道(如开通特万特佩克地峡);(3)修建太平洋铁路体系;(4)开通从美洲至太平洋对岸的贸易航道;等等。但是,当美国具备进一步进取的力量或者真正像海那样提出"门户开放"政策构想的时候,对太平洋对岸的商业开拓才在国际竞争框架下得以展开。从这个意义上说,美国在19世纪末期针对中国等所提出的以尊重所在国利益为前提的"门户开放"外交理念,并不是出于对所在国利益的尊重和维护,而是以此建立一个可行的基础,使美国在与其他列强的利益竞争中能取得属于自己的那一份。我们不能不说,这只是美国国力因为经济发展已经强大,但海军资产仍然有限以至于还不足够强大的前提下的一种权宜策略。因此,对于美国在19世纪与20世纪之交采取的"门户开放"外交策略,我们固然可以赞同这样一种理解,即它是为美国争取大国地位——1899年的第一次照会提出的美国谋求商业平等是为了宣告它的大国地位,1900年第二次照会提出"保护中国领土与行政的实体",是为形成新的扩张方式奠定必要的政治基础[①];但是,从根本上来说,美国还是为了从目标国(如中国)那里获取商业利益。从太平洋对岸国家获取商业利益,其实是在正式提出"门户开放"策略之前的半个多世纪里,就由美国一批政治家和战略家开始谋划的战略方向。美国自从工业产值在1894年超过英国之后,就逐渐觉得自己在经济上已经崛起了;只不过此前美国专心于经济建设,在军事特别是海军建设上欠账很多,在实力上离欧洲列强特别是英国还有很大的距离,才在建立太平洋商业帝国的道路上顾虑颇多,以至于认为只有采取"门户开放"外交策略,才可一方面让所在国感受到"善意"而取得认同,另一方面以此为基础与其他殖民者在那里平等地瓜分商业利益。当然,美国通过"美西战争"将菲律宾纳入自己的殖民地,也使早在中国取得了诸多利益的欧洲列强感受到了它的实力,以至于最终能够基本上认同美国提出的"门户开放"政策。[②]

二、大陆扩张之利:金矿开采及战略价值

美国通过一系列大陆扩张手段,至19世纪末,其国土轮廓已经基本上固定了

[①] 李庆余:《争取大国地位——门户开放照会新论》,《南京大学学报(哲学人文社会科学)》1999年第1期。
[②] 这从海军费用变化中反映了出来。1890—1910年,短短10年里美国海军军费即从0.22亿美元快速上升至1.23亿美元,增加了将近5倍;至"一战"爆发的时候,在1914年达到了1.40亿美元。

下来;实行"门户开放"政策之后,美国商业触角逐渐深入太平洋对岸国家,在全球范围内开拓经济疆域的战略方向正式确定下来了。这些都可以归入重商主义之列。下面将要论述的,既是美国进行大陆扩张的自然结果,又与重商主义直接有关。那就是美国在大陆扩张过程中,于19世纪40年代在扩张之地发现了金矿并且产生了一个绵延多年的"淘金热"。其中,最具有代表性的是始于1848年的加利福尼亚"淘金热"。

1."淘金热"与重商主义

恩格斯在《论封建制度的瓦解和民族国家的产生》中说:"'黄金'一词是驱使西班牙人横渡大西洋到美洲去的咒语。"① 哥伦布1492年之所以完成了所谓的"地理大发现",其驱动力乃是对黄金的无限迷恋和崇拜。② 福斯特(William Z. Foster)认为,在重商主义思想指引下,单是西班牙人就从美洲殖民地掠夺了250万公斤的黄金和1亿公斤的白银。③ 这种掠夺为西班牙成为近代史上第一个日不落帝国打下了财富基础。

与西班牙这种直接通过殖民掠夺取得黄金的方式不同的是,美国通过大陆扩张一步一步将自己的触角延伸到了加利福尼亚,并且在那里发现了金矿。尽管早期的发现因为种种条件的限制而没有引发"淘金热",但是到1848年再度发现金矿的时候,举世瞩目的"淘金热"历史地出现了。④ 马克思认为,在太平洋彼岸发生的这次"淘金热",它的意义"将会比美洲大陆的发现所带来的要大得多"⑤。对于马克思的评论,或许有人认为言过其实;但是,当我们按照下面这样的思路进行思考的时候,它也就变得可以理解和认同了。也就是说:美洲大陆的发现使得欧洲出现了一波又一波的大国崛起,这诚然是近代史上最重要的事件;但是,加利福尼亚金矿的发现和由此诱发出来的"淘金热",使美国这个不断地进行大陆扩张的国家获得了源源不断的贵金属支持,流通领域中短缺的货币终于有了足够的币材供给,由此也就为美国经济增长注入了来自货币的动力,金属货币时代经济增长受货币供给压抑的局面得到了改变;并且,这种改变又是发生在美国的,它是一个可以挑战欧洲大国地位的最具有潜力的国家。这样一来,近代史上大国之间的竞争就在欧洲

---

① 《马克思恩格斯全集》第21卷,北京:人民出版社,1965年,第450页。
② 严中平:《殖民主义海盗哥伦布》,《历史研究》1977年第1期。
③ [美]福斯特:《美洲政治史纲》,北京:人民出版社,1956年,第178页。
④ 何顺果:《加利福尼亚金矿的发现及其历史意义》,《历史研究》1987年第3期。
⑤ 《马克思恩格斯全集》第7卷,北京:人民出版社,1965年,第262—263页。

之外产生了一个强有力的对手。这不仅有可能改变欧洲强国之间的竞争格局,而且还有可能产生一个比欧洲更强大的霸权国家。后来(一段相当长时期里)的历史发展与这种推演是相当一致的。

加利福尼亚的"淘金热"既使那些崇拜黄金的个人活跃进而狂热了起来,也使美国这个国家的政权机器为之狂躁地运转了起来。美国大陆扩张这种重商主义政策,终于在这一刻将重商主义推向了前所未有的高潮。就个人而言,加利福尼亚淘金者包括美国人、英国人、法国人、墨西哥人和中国人等。其中,中国人又是一个特殊的群体。(1)人数多。据《每日联合报》1855年10月10日估计,在加利福尼亚矿区淘金的中国人达20 000之众,占太平洋沿岸中国人的54.7%;到1862年,(据旧金山的中国商人估计)淘金的中国人达到了30 000之众,占太平洋沿岸中国人总数的62.0%。(2)吃苦耐劳。(3)税费沉重。1850—1870年,华侨人口仅占加州总人口的1/10,但是,中国淘金者平均每年所交税款达到了500万美元之巨,相当于州政府年财政收入的一半。在这20年中,中国人总共贡献了财政收入1亿美元,而1848年美国购买得克萨斯、新墨西哥和加利福尼亚仅耗资1 500万美元。① (4)深受欺凌。在一些矿区,矿藏不卖给华人,不让中国矿工进入,甚至组织暴徒和动用军队驱赶中国人。

就政府而言,除了前面提到的当地政府得到了大量财政收入之外,加州金矿的发现和"淘金热"的出现,让美国政治家极度兴奋,断然采取加紧扩张和尽快领土化的过程。彼时,美国刚打完墨西哥战争不久,正处于对其进行兼并的高潮。正是金矿的发现,使得美国联邦政府加速了这个进程。美国驻加利福尼亚总督梅森向美国总统波尔克提交的报告(评估了开矿价值)认为:"挖完从萨克拉门托到圣若昆河地区的金矿,足以支付几百倍以上墨西哥战争的费用。"这份证据的公布,既变成了1849年的"淘金热"的催化剂,又成为美国对墨西哥割让政策的辩护依据。② 这样,金矿的发现与"淘金热"的出现,除了通过金从而使货币增加,刺激美国经济增长外,还诱使美国人口加速向西迁移,同时使得加利福尼亚成为吸引各路资本的中心以及众多产业发展的生长点。此外,它对美国的"内部改善"计划也产生了深刻影响。例如,"中太平洋铁路"和"联合太平洋铁路"也因此而于1869年建成通车③,进而为西沃德等人的建设太平洋商业帝国的梦想以现实支持。

---

① 邓蜀生:《美国与移民:历史、现实、未来》,重庆:重庆出版社,1990年,第214页。
② 何顺果:《加利福尼亚金矿的发现及其历史意义》,《历史研究》1987年第1期。
③ 同上。

2."淘金热"的几点直接效果

前文已经提及了这场"淘金热"的连带影响,这里仅从美国"淘金热"期间及其前后在铸币和金银进出口这两个方面进行考察。

我们先从美国铸币的角度来看。在表5.3中,我们列出了1841—1865年美国铸造的金币价值、铸币总价值、金币价值占铸币总价值的比重以及金银比价等数据。通常认为,这次"淘金热"延续了7年(1849—1855年)。由表5.3可见:其一,在"淘金热"过程中,金银比价是下降的,即金对银在逐渐贬值。此后一段时间,则趋于稳定。其二,就金铸币而言,在"淘金热"过程中,其价值是处于一个阶段性高位的。仅仅在南北战争开始的1861年,由于战争经费需要,金铸币价值才出现了"一过性"陡升。其三,就金铸币在总铸币当中的价值占比来看,也仅出现两个处于高值的时段。其中,一段即"淘金热"时期,另一段则是南北战争时期。我们由此可以下结论说,从美国铸币角度来看,"淘金热"的影响是重大的——"淘金热"的影响,甚至超过了南北战争的影响。当然,由于"淘金热"的出现,美国向经济中持续注入了大量货币。它对美国经济增长的影响是怎样的呢?对于这个问题,非做仔细的计量史学研究不可。但是囿于数据可得性,我们在此不能做这样的分析,仅仅列出美国经济增长率数据。至少从表面上看,它是具有刺激作用的——更何况这段时期里美国关税率处于相对较低的位置。以此就能澄清长期以来一直困扰研究者的一个问题,即关税保护是否有利于经济增长(下一节还将详细说明)。一种观点认为,尽管南北战争之后美国高关税与高增长是对应的,但是在这场战争爆发之前,美国通行的是相对较低的关税率,它的经济增长依然是较快的[1],因此不能将高关税与高增长严格地联系起来。但是,我们上面所做的分析提示,"淘金热"与相应时期美国高增长是具有正向的关联的("淘金热"处于高潮的1850年至1853年尤其如此)。因此,导致南北战争爆发之前较快经济增长的真正原因,很可能并不是较低的关税率,而是美国出现了"淘金热"以及由此产生的(金)铸币快速增长。这种增长从货币供给角度对美国经济增长形成了正向刺激。

---

[1] 这里,以人均GDP实际增长率表示经济增长率。如此处理,一定程度上可以滤掉人口增长对经济增长的作用。在美国崛起时代,人口增长速度是一个绝对不容忽视的重要经济变量。数据来自美国商务部经济分析局。

表 5.3 1841—1865 年美国金铸币及相关数据[①]

年份	总铸币（百万美元）	金铸币（百万美元）	金铸币占比	金银比价	人均 GDP 增长率
1841	2.2	1.1	0.487	15.70	−0.6
1842	4.2	1.8	0.437	15.87	0.3
1843	12.0	8.1	0.678	15.93	2.0
1844	7.7	5.4	0.706	15.85	2.8
1845	5.7	3.8	0.663	15.92	3.4
1846	6.6	4.0	0.608	15.90	4.9
1847	22.6	20.2	0.892	15.80	3.4
1848	5.9	3.8	0.643	15.85	−0.1
1849	11.2	9.0	0.807	15.78	−2.0
1850	33.9	32.0	0.944	15.70	1.1
1851	63.5	62.6	0.986	15.46	4.3
1852	57.9	56.8	0.981	15.59	7.5
1853	48.5	39.4	0.812	15.33	4.4
1854	34.6	25.9	0.749	15.33	−0.2
1855	32.9	29.4	0.894	15.38	0.9
1856	42.0	36.9	0.879	15.38	1.2
1857	37.9	32.2	0.850	15.27	−2.2
1858	31.7	22.9	0.722	15.38	1.4
1859	18.4	14.8	0.804	15.19	4.8
1860	25.9	23.5	0.907	15.29	−1.3
1861	87.3	83.4	0.955	15.50	−0.4
1862	22.4	20.9	0.933	15.35	10.1
1863	23.8	22.4	0.941	15.37	5.4
1864	21.6	20.1	0.931	15.37	−1.1
1865	30.0	28.3	0.943	15.44	0.5

[①] Bureau of the Census, *Historical Statistics of the United States, 1789—1945*, United States Department of Commerce, 1949, pp. 299—301.

我们再来看美国金银进出口状况。表 5.4 给出了 1841—1865 年各年金、银、商品以及三者加总的贸易差额。由此可见,在 1849 年以前,美国金的进出口差额是间有正负的;但是,金的进出口差额在"淘金热"对它真正发生作用的年份里都表现为明显的正值,即它的出口价值超过了进口价值。其中,1849 年是一个特别要注意的年份,因为该年才发生"淘金热",在进出口中其作用还没有体现出来。对于同为贵金属的银而言,"淘金热"对它似乎没有什么影响,其进出口差额总是间有正负;对于商品贸易而言,它的影响也很难看得出来,即在 1841—1865 年这段时间里,它的值在动态上并没有表现出受到了"淘金热"明显干扰的特征。需要再次强调的是,1855 年之后,美国金的进出口在相当长时期里其差额是正的。也就是说,从 1856 年开始,直到 1877 年,在这 20 多年的时间里,仅有一年(即 1861 年)是输出少于输入的。因此,从累积的角度,我们更可以看出"淘金热"对美国金的进出口的长期影响。这里,我们需要补充的是,通常所说的"淘金热"在 1855 年结束之后,美国在金的开采上并不是又回到了 1849 年之前的状况,只不过相对于"淘金热"这段时期而言,后来人们的淘金热情已经有所回落而已。至于金的开采,却是一直持续了下来。特别是到了 19 世纪末期和 20 世纪初期,在作为美国大陆扩张另一个重要成果的阿拉斯加,又出现了一波"淘金热";并且,即使到了那个时候,加利福尼亚州的金的产量也是相当大的。例如,从 1896 年至 1914 年,(以州或者领地为单位)加利福尼亚产金价值 71 314 766 美元,依然远高于阿拉斯加的产金价值(10 100 894 美元)。①

表 5.4　　　　　　　1841—1865 年美国各类商品贸易差额②　　　　单位:十万美元

年份	金	银	商品	加总
1841	2.3	2.7	−11.1	−6.1
1842	1.5	−0.8	3.8	4.5
1843	−16.7	−4.1	40.4	19.6
1844	−0.2	−0.1	3.1	2.8
1845	2.2	2.3	−7.1	−2.6

---

① Charles Janin, *Gold Dredging in the United States*, United States Department of the Interior, Bureau of Mine, Government Printing Office, 1918, p. 11.

② Bureau of the Census, *Historical Statistics of the United States*, 1789−1945, United States Department of Commerce, 1949, pp. 299−301.

续表

年份	金	银	商品	加总
1846	1.1	−1.0	−8.3	−8.2
1847	−20.5	−1.7	34.3	12.1
1848	7.7	1.8	−10.4	−1.0
1849	−2.1	0.8	−0.8	−2.1
1850	2.8	0.1	−29.1	−26.2
1851	19.3	4.8	−21.9	2.1
1852	36.4	0.8	−40.5	−3.3
1853	23.0	0.3	−60.3	−37.0
1854	37.4	−3.0	−60.8	−26.2
1855	54.0	−1.4	−38.9	13.7
1856	44.0	−2.5	−29.2	12.3
1857	58.6	−1.9	−54.6	2.1
1858	38.4	−5.1	8.7	42.0
1859	59.0	−2.5	−38.4	18.0
1860	55.9	2.1	−20.0	38.0
1861	−14.9	−1.7	−69.8	−86.3
1862	21.5	−1.1	1.3	21.8
1863	56.6	−2.1	−39.4	15.2
1864	89.5	2.8	−157.6	−65.3
1865	51.9	6.0	−72.7	−14.9

现在我们总结一下"淘金热"的意义。首先，美国在加利福尼亚发现金矿以及接踵而至的"淘金热"，使美国在采用黄金作为币材的铸币事业以及金的进出口等方面都受到了重要影响。金币大量铸造对美国经济增长也产生了积极影响。其次，金的发现和"淘金热"的出现不仅进一步验证了美国大陆扩张政策的重商主义本质，而且通过带动美国相关产业的发展而对美国经济结构演进产生了重要影响。最后，太平洋沿岸金矿的发现和"淘金热"的出现，还使得太平洋对岸的商业价值逐渐被美国的思想家们所看重，进而提出对后世产生深远影响的太平洋商业帝国构想。

第三节　关税保护政策及演进特征[①]

对于自由贸易政策与保护贸易政策，学术界总是存在很大的分歧。例如，主流经济学家几乎一边倒地认为，保护贸易政策有损于经济福利、配置效率和增长速度。随机调查显示，与欧洲经济学家相比，美国经济学家更加迷恋关税率低的自由贸易。[②] 与之恰成对照，一些经济史家认为美国崛起时代的关税政策非但没有遵循自由贸易原则，反倒由于坚守保护主义理念而成为经济特别是工业发展的支撑。[③] 与学界不同，对于自由贸易政策和保护贸易政策在经济崛起当中的作用，美国政治家的态度却比较一致。例如，崛起时代的美国总统如麦迪逊、林肯和麦金利以及美国政治家如汉密尔顿和克莱等，曾经发表大量关于关税保护政策可以庇护国内市场、鼓励国内生产和促进国内竞争的言论。[④] 这些言论不仅具体化为美国的关税政策，而且影响了美国人对关税政策的态度。

经济学家、经济史家和政治家对上述问题的看法为什么存在如此之大的差异？对此，有必要做出跨学科的考察。不仅如此，我们还必须走进历史，让那个时代的客观事实告诉我们真实的答案。在那个时代，关税率是表示贸易自由或保护程度的重要指标。因此，我们自然要问：政治家的认知和经济史家的描述，是否已经全面反映了关税政策对美国经济崛起的战略价值和实际意义？我们是否还应该以及如何对美国关税政策的演进做出进一步刻画和概括？另外，对于美国崛起时代，我们也应该做出一个适当的断代。我们是将1789—1913年作为美国崛起时代的。1789年，美国成立了联邦政府并且颁行了第一部关税法案。1913年，美国通过了

[①] 本节及下一节主要内容参见伍山林、朱富强、伍抱一：《关税保护政策与近代美国资本主义经济崛起》，《中国社会科学》2019年第9期。

[②] 对于"关税和配额将减少经济福利"这个命题，94.8%的美国经济学家持支持或有保留支持态度，在其他国家该比率分别是70.4%（法国）、85.7%（奥地利）、87.4%（瑞士）和93.8%（德国）。Frey B. S., Pommerehne W. W., Schneider F. and Gilbert G., Consensus and Dissension among Economists: An Empirical Inquiry, *American Economic Review*, vol. 74, no. 5, 1984, pp. 986—994.

[③] 梅俊杰：《自由贸易的神话：英美富强之道考辨》，北京：新华出版社，2014年，第169—226页。贾根良等：《美国学派与美国19世纪内需主导型工业化道路研究》，北京：中国人民大学出版社，2017年，第148—186页。Bairoch P., *Economics and World History: Myths and Paradoxes*, Chicago: University of Chicago Press, 1993, pp. 32—38.

[④] [美]托马斯·K.麦格劳：《现代资本主义：三次工业革命中的成功者》，南京：江苏人民出版社，2000年，第345—348页。

第十六次宪法修正案,征收所得税的法律障碍消除了,财税格局进入了全新的时代[①];特别是经过120多年努力,至1913年美国已经崛起并且开始进入"踌躇的霸权"阶段。[②]

本节通过长时段、多指标和跨学科考察阐明如下观点:其一,在崛起时代,美国并未放弃保护主义理念。关税保护政策在内战爆发前力助美国建立起独立的工业体系,在内战结束后力促美国形成内需主导型工业化道路。其二,美国一边通过高关税将欧洲廉价产品阻挡在市场之外,一边鼓励企业通过自由竞争发展壮大国内工业,以至于在农业与工业两个方面都建立起了绝对优势,美国经济自此变大变强。因此,美国经济崛起全然仰仗于自由竞争的传统认识,是一个典型的历史虚无主义观点。其三,关税保护是美国经济崛起大战略当中的关键一环。借此,美国在大陆扩张基础上,提供了一个主要根据内部循环成功实现经济崛起的范例。其四,关税保护助力经济崛起这种历史记忆,对美国后辈政治家产生了深远影响,影响了美国后续经济政策的基调和品格。但是,我们是在特定时空下进行讨论的。我们既不否认历史经验的借鉴意义,同时也认为后起大国制定产业政策时必须警惕"无意的时代错置"。最后,在方法论上,我们力图将经济思想史、经济政策史与经济史融通起来。

一、关税保护乃大战略的关键一环

在合众国政府成立之前,美国就确立了自己的政治理想。为了实现它的政治理想,美国需要倚重制造业才能实现崛起。为了在低起点上发展制造业,美国需要采取关税保护政策。不过,关税保护政策并不是一开始就真正确立了的,而是通过激烈的竞争之后才最终得到推行的。

1. 国家崛起关乎政治理想

当北美13个殖民地的人民认为宗主国英国的重商主义政策对自己未来的财产自由可能构成致命威胁的时候,便萌生了独立建国的念头。一些历史学家认为美国之所以选择独立,归根结底是因为对丧失(财产)自由的恐惧。[③] 独立之初,美

---

① Gardner G. W. and Kimbroung K. P., The Behavior of U. S. Tariff Rates, *American Economic Review*, vol. 79, no. 1, 1989, pp. 211—218.

② 王立新:《踌躇的霸权:美国崛起的身份困惑与秩序追求(1913—1945)》,北京:中国社会科学出版社,2015年,第1—12页。

③ 李剑鸣:《"危机"想象与美国革命的特征》,《中国社会科学》2010年第3期。

国面临恶劣的地缘政治环境。在大西洋彼岸,欧洲列强觊觎着它;在美洲大陆,列强的殖民地环绕着它。但是美国人有自己的理想,奠基者认为美国有一个终极追求,即超越先进的欧洲而建成"山巅之城"。为了实现理想,奠基者特别是汉密尔顿为各州结成大联邦和通过新宪法而鼓与呼。他说:"但愿美国人不屑于做大欧洲的工具!但愿十三州结成一个牢不可破的联邦,同心协力建立起伟大的美国制度,不受大西洋彼岸的一切势力或影响的支配,并且还能提出新旧世界交往的条件。"① 这里,新世界指的是未来之美国,旧世界指的是彼时之欧洲。美国奠基者政治理想的实现,是以国家崛起为先决条件的。为此,汉密尔顿等人认为美国甚至可以采用任何手段,哪怕它并不在《美国宪法》明示之列。②

2. 国家崛起倚重制造业发展

斯密指出,美国优势是发展农业,美国过去因此快速富强起来,将来亦复如是。③ 但是,斯密自由主义经济思想暗含一个不切实际的前提,即国家之间不存在非经济竞争。这种观点受到了尊重历史事实和具有战略眼光的学者的批评。在美国奠基者中,具有卓识的人(特别是华盛顿和汉密尔顿)根据过往的生活、军旅和从政经历而从长远和全局考虑问题,获得了较经济学家远为宽博和深邃的知识和见解,看到了制造业发展对国家崛起的决定性意义。很多文献认为,乔治·华盛顿对美国经济发展并没有太多主见;但是,这并不确切。尽管身为大种植园主,但在发展美国工商业这个方面,华盛顿与杰斐逊截然不同,而与汉密尔顿心意相通;只是限于其身份乃统辖全局,才很少发表具体意见。他十分看重工商业与国家实力的关系。1780年5月28日他说:"贸易和工业是一个国家最好的矿藏。"他认为西班牙的财富主要依赖矿产而非工商业,难免不走向衰落。④ 他对美国工业发展充满了期待,1790年1月8日他在第一个国情咨文当中告诫美国人民:"为了保障民众的

---

① [美]汉密尔顿、杰伊、麦迪逊:《联邦党人文集》,北京:商务印书馆,2015年,第66页。这段文字中所说的"美国制度"(American System),宜于译为"美国体系"。Hamilton A., Madison J. and Jay J., *The Federalist Papers*, Penguin Books Ltd., 2003, p. 86. 亨利·克莱后来将关税保护、内部改善和国家银行作为"美国体系"的基本构件,其实这是对汉密尔顿关于美国经济发展战略思想的直接继承。

② 《美国宪法》并没有对实现公共目标的手段做出详细的约定。也正因为如此,当时形成了两种不同的意见。一种意见认为,应该严守宪法的字面意义,对未列入其中的手段不予认可;另一种则认为,既然在公共目标上无争议,那么实现公共目标的手段就应该是宪法所认可的,否则公共目标的实现就没有可能。按照后面这种观点,如果说政府在公共目标的实现上负有不可推卸的责任,那么这也意味着政府被宪法隐含地赋予了一种使用相应手段的权利。此即所谓"隐含的权利"。

③ [英]亚当·斯密:《国民财富的性质和原因的研究》(上),北京:商务印书馆,1994年,第336—337页。

④ [美]罗德哈梅尔选编:《华盛顿文集》,沈阳:辽宁教育出版社,2005年,第327页。

安全和利益,应多建工厂,这样,主要物资,特别是军用物资的保障,便可不依赖于他人。"①在美国奠基者中,其实没有任何人像汉密尔顿那样精通并且兼容斯密自由主义经济学和欧洲重商主义经济学,并且从战略高度为美国未来发展深思熟虑。②他认为美国的财富、独立和安全等各个攸关方面,无不仰仗于制造业发展。在1791年12月5日递交国会的《关于制造业的报告》中,为了消除农业地区和种植园主对发展制造业的担忧,他明确指出发展制造业可以促进农业发展。这份计划旨在为美国打造一个农业与制造业都具有绝对优势的国民经济新格局,是一份指引美国经济崛起的宏大方略。

3. 制造业发展离不开关税保护

美国崛起大战略的基本构架是:通过大陆扩张政策做大疆域以便将欧洲势力从美洲排挤出去,并且以此为基础吸引移民,为美国经济发展做大包括土地和劳动等在内的生产要素规模;另外,在保持既有绝对优势(即农业)的同时,通过扶持和发展工商业创造新的绝对优势,使美国既实现经济的繁荣和发展,又保证国家的独立和安全。但是,这是不可能一蹴而就的,而是需要通过长期不懈努力才能取得成功;并且,其前提之一是在足够长的时期内,将处于优势地位的国家(主要指英国)的产品阻挡在国门之外,将日益扩大的美国市场留给国内企业,并且以自由竞争方式进行开发和利用。正是在这个意义上,关税保护政策成为美国崛起大战略的关键一环。由此就可理解1787年的《美国宪法》为什么赋予联邦政府垄断关税的权力③,汉密尔顿解释《美国宪法》的时候为什么对关税问题要做密集论述。在堪称美国"工业宪章"的《关于制造业的报告》中,汉密尔顿提出了11个手段,其中4个与关税保护政策有关。④ 它们分别是:第1项,对与国内生产形成竞争关系的进口产品(竞争性产品)征收保护性关税;第2项,禁止进口竞争性产品或征收与之等价的关税;第6项,对制造业所需原材料的进口免征关税;第7项,返还对制造业所需原材料已征收的进口关税。不仅如此,早在1789年制定的美国第一部关税法案中,关税保护理念就得到了原则性肯定。这个法案开宗明义地说:"鉴于有必要支持联邦

---

① [美]罗德哈梅尔选编:《华盛顿文集》,沈阳:辽宁教育出版社,2005年,第637—638页。
② 伍山林:《汉密尔顿经济战略思想:美国经济政策的历史与逻辑起点》,《求索》2019年第1期。
③ 《美国宪法》(1787年)第8、9、10款规定这种垄断权力表现在三个方面:一是国会垄断关税立法权。二是禁止各州征收关税。三是联邦政府在各州征收关税所取得的纯收益全部进入合众国国库。
④ Hamilton J. C. (ed.), *The Works of Alexander Hamilton* (vol. Ⅲ), New York: Charles S. Francis & Company, 1851, p. 244, 245, 251, 252.

政府、清偿联邦债务以及保护和鼓励制造业,对货物、制品和商品征收关税。"[1]

4. 汉密尔顿工商立国方略在竞争中胜出

当美国人"以上帝与利润的名义"开始圆梦的时候,对未来发展方略的选择尚且存在争议。在奠基者中,汉密尔顿是"师英派"代表。他在吸收斯密关于分工和市场等自由主义经济学说的同时,还吸收斯密大加挞伐但在欧洲流行已久的重商主义政策[2],将关税保护作为美国工业和经济崛起的主要手段[3];杰斐逊是"厌英派"代表,他希望美国通过农业发展和大陆扩张实现"自由帝国"梦想,将欧洲殖民者在美洲的影响排挤出去。他的"自由帝国",在地理上不止于北美(更不是十三州),还包括中美洲以及南美洲。[4] 需要指出的是,杰斐逊尽管认为美国坚守以农立国方略的同时还应奉行自由贸易原则,但他所说的自由贸易是有严格前提的,即对美国采取自由贸易政策的国家,美国许之以自由贸易政策;对美国采取保护贸易政策的国家,美国采用高关税甚至禁止进口的方式进行报复。[5] 19 世纪初的"禁运"期间以及第二次美英战争期间美国制造业短暂勃兴的经验,和战后英国廉价商品潮水般涌入而对美国新生制造业产生毁灭性打击的教训[6],使杰斐逊的以农立国方略逐渐失去了竞争力,而汉密尔顿的通过关税保护等政策促进工商业发展(同时拉动农业)的立国方略,却被其他战略家比如克莱进一步提炼为"美国体系"而成为未来百年的主流认知和发展方针。

二、关税率动态:直接作用

到目前为止,经济学家分析关税保护功能的时候,主要强调的是直接作用。以美国为例就是,关税通过提高外国商品在美国市场上的价格,使美国自己生产的同

---

[1] Cynthia C. N., et al., *Encyclopedia of Tariffs and Trade in U.S. History*, vol. Ⅲ., *The Texts of the Tariffs*, Greenwood Press, 2003, p. 1.

[2] Bourne E. G., Alexander Hamilton and Adam Smith, *Quarterly Journal of Economics*, vol. 8, no. 3, 1894, pp. 328—344.

[3] 在确立《美国宪法》和联邦政府开始运作的年代,斯密经济学已经问世,但前宗主国英国实行的依然是重商主义(严格来讲是重工主义)政策。汉密尔顿借鉴了英国的政策经验。Nettels C. P., British Mercantilism and the Economic Development of the Thirteen Colonies, *Journal of Economic History*, vol. 12, no. 2, 1952, pp. 105—114.

[4] 刘祚昌:《杰斐逊全传》,济南:齐鲁书社,2005 年,第 913 页。

[5] [美]托马斯·杰斐逊:《杰斐逊选集》,北京:商务印书馆,2012 年,第 316—317 页。

[6] 朱富强:《国家性质与政府功能:有为政府的理论基础》,北京:人民出版社,2018 年,第 183 页。

类商品由于不需要承担此项成本而具有竞争优势。经济学家讨论直接作用时,主要看关税税率处于何种水平。对于关税保护,就美国当时的情况而言,国内相关商品生产者对它是持欢迎态度的;但是,关税保护拉高了进口商品价格,消费者态度迥异,国内其他商品生产者也颇为担忧。由此也就不难理解以高关税为特征的1828年关税法案,为什么被南方人贬称为"可恶的关税"法案。[①]

1. 关税率计算方法

经济史家讨论美国关税率的时候通常采用两种计算方法,但很少论述这两种计算方法隐藏的一个秘密。为此,有必要先说明一下计算公式。我们假设:(1)对于任何一种进口商品,关税都是通过从价征收而得到的。[②] (2)征收进口关税的商品按类型记为 $i \in I$,关税率记为 t_i;免征进口关税的商品按类型记为 $j \in J$。(3)各类进口商品的市场价值(含税)记为 $M_k (k \in I$ 或 $k \in J)$。

于是,"总关税率"(用 t_a 表示,单位是%)的计算公式是:

$$t_a \equiv 100 \times \frac{\text{关税}}{\text{总商品价值}} = 100 \times \sum_{i \in I}\left(\frac{t_i}{1+t_i} \times M_i\right) / \left(\sum_{i \in I} M_i + \sum_{j \in J} M_j\right) \quad (1)$$

"纳税商品关税率"(用 t_b 表示,单位是%)的计算公式是:

$$t_b \equiv 100 \times \frac{\text{关税}}{\text{纳税商品价值}} = 100 \times \sum_{i \in I}\left(\frac{t_i}{1+t_i} \times M_i\right) / \sum_{i \in I} M_i \quad (2)$$

图 5.1 给出了美国 1791—1913 年按两种方法计算的关税率的结果。

2. 1791—1830 年:关税率趋势性上升

由图 5.1 可见,1830 年之前美国关税率在波动中呈现上升趋势。其中 1830 年"总关税率"高达 57.3%,"纳税商品关税率"高达 61.7%。上述趋势性特征与 1789—1816 年多次上调关税以及 1816 年、1824 年和 1828 年的关税法案逐渐强调关税对国内产业的保护是一致的。其内因是通过关税保护促进尚且处于幼稚状态的制造业的发展;外因是美国人从一系列经验中受到了启发:实行《禁运法案》和第二次英美战争期间,因英国产品很少进入美国而使美国制造业获得了快速发展,第二次英美战争结束后英国工业品低价涌入对美国新生制造业产生了毁灭性打击。有人认为,在经济学说史上这个时期可以称为美国重商主义时代。[③]

[①] 这可从 1828 年关税法案国会投票地区分布看出来。当时,投反对票的主要是蓄奴的南方州。

[②] 美国关税并不都是从价征收的,但这是一个合理的抽象。

[③] Williams W. A., The Age of Mercantilism: An Interpretation of the American Political Economy, *William and Mary Quarterly*, vol. 15, no. 4, 1958, pp. 419—437.

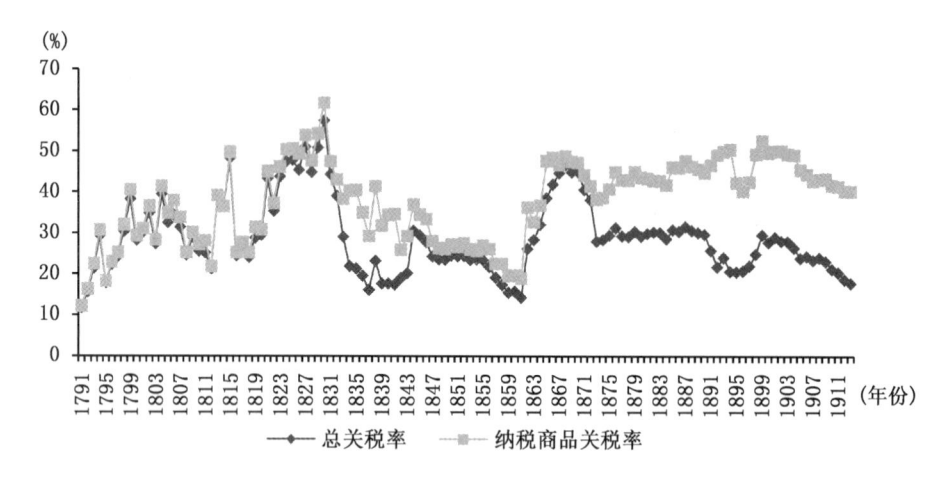

数据来源：(1)1791—1820 年数据来自 Irwin D. A., New Estimates of the Average Tariff of the United States, 1790—1820, *Journal of Economic History*, vol. 63, no. 2, 2003, pp. 506－513。(2)1821—1913 年数据来自 Bureau of the Census, *Historical Statistics of the United States: Colonial Times to 1970* (Part 2), Washington, D. C., 1975, Series U211－212, p. 888。(3)由于缺乏 1820 年"纳税商品关税率"数据并且不能通过其他办法补齐,我们先用 1791—1819 年两种关税率的数据进行回归,再用其结果与 1820 年"总关税率"进行估算而得到。

图 5.1　美国总关税率与纳税商品关税率动态变化

3. 1831—1861 年:关税率趋势性下降

1831—1861 年美国关税率呈现下降趋势,最低点出现在 1861 年。是年,"总关税率"和"纳税商品关税率"分别为 14.2% 和 18.8%。重要的是这种趋势性下降,是否意味着美国放弃了保护主义理念？如何回答这个问题,关系到对整个崛起时代是否可以做出统一的判断,即关税保护在美国是不是基本的理念依循。很显然,1830 年以前关税保护力度是加强的,1862—1913 年是关税保护力度快速上升后稳定于高水平的时期,唯有 1831—1861 年关税率趋势性下降。我们支持这样的观点,即 1831 年之后美国下调关税率主要是为了政治维稳。[①]

这里主要以 1833 年关税法案为例进行说明。因为 1828 年关税法案导致地区利益分歧不断累积,作为解决方案的 1832 年关税法案不仅没有达到缓解地区利益分歧的目的,反而招致了"无效危机",不得不通过 1833 年关税法案进行政治妥协。

---

① 邓峰:《论美国关税史的演变》,《东北亚论坛》2005 年第 1 期。

美国当时的局面是,南方州特别是南卡罗来纳将抵触情绪诉诸法律,宣布1828年与1832年关税法案违宪而不予遵守;它们还以退出联邦相要挟。这个"无效危机"在当时成为亟待解决的重大政治问题。1833年关税法案是在克莱努力下定型的。

克莱是通过策略性降低关税的方法来化解危机的。1833年法案规定用10年时间,使美国进口商品的关税率逐渐降低至20%。重要的是,该法案一方面体现了克莱的关税保护理念,因为关税率以先慢后快的方式降低(而不是一开始就快速降低)①,这就使得关税降低过程中其保护作用能够延续更长的时间。另一方面,就降低关税的目标位来说,又体现了对南方诉求的尊重,因为南方代表人物卡尔霍恩的最低要求是关税率降至20%。克莱在1833年2月12日和25日以及3月1日的演说中对1833年关税法案的各个方面都做了详细说明②,特别是它的目的即拯救国家、拯救联邦、拯救美国体系。克莱这样进行努力是很好理解的。因为在他的"美国体系"中,关税保护不可或缺。对于作为美国崛起战略基础的"美国体系"③,克莱无论如何是不会放弃的;只是由于联邦稳固乃美国崛起的先决条件,当它面临威胁的时候,才不得不在某些方面(这里指关税保护力度)做出让步。另外,在"无效危机"局面下,为了使联邦不解体,杰克逊总统推出了《动武法案》。这种威慑也为1833年关税法案这个怀柔方案的通过创造了条件。其实,杰克逊也是关税保护主义者,他勉力维持联邦统一大局。另外,卡尔霍恩尽管因代表南方特别是南卡罗来纳州的利益而强调州权,但他也具有关税保护主义倾向。

总体而言,从1831年至1861年,美国关税在下降通道中经历了两波反复,这正好反映了地区和党派利益冲突的激烈程度。④ 第一波反复因1832年关税法案点燃了"无效危机"而展开。以1833年关税法案这种策略性方式降低关税率,并不意味着美国放弃了保护主义理念,更何况1842年布莱克关税法案又提高了关税。第二波反复处于特殊国际环境(主要是英国逐渐降低关税率)和特殊国内环境(主要是在黑奴解放问题上南北争执在加剧),但也是以地区和党派利益争夺为中心而展开

---

① Taussig F. W., *The Tariff History of the United States*, New York & London: Knickerbocker Press, 1923, pp. 110—111.
② Calvin C., ed., *The Works of Henry Clay*(Vol. 6), New York: Barnes & Burr, 1963, pp. 106—140.
③ 贾根良:《美国学派:推进美国经济崛起的国民经济学说》,《中国社会科学》2011年第4期。贾根良等:《美国学派与美国19世纪内需主导型工业化道路研究》,北京:中国人民大学出版社,2017年,第175—186页。
④ Taussig F. W., *The Tariff History of the United States*, New York & London: Knickerbocker Press, 1923, p. 109.

的。通过1846年沃克关税法案和1857年关税法案,美国关税率确实降低了;但是,1861年莫里尔关税法又使关税重拾升势并且在战后得以固化。① 因此,谨慎的评论应该是:1846年以后美国关税率尽管趋势性下降,但依然处于温和的保护状态,直到内战前也仅接近于自由贸易的水平而已。②

4. 1862—1913年:关税率快速上升后稳定于高水平

美国内战期间,关税率被快速推高了。但是,内战结束后关税率并没有回归低位,而是保持在高水平上。1865—1913年,美国"纳税商品关税率"在38.12%(1873年)和50.29%(1894年)之间波动,仅在1873年和1874年(38.58%)低于40%。在这个对美国崛起至为关键的半个世纪里,关税保护成了常态。其主要原因有三:第一,战时财政及偿还公债的需要,使关税率快速上升并且保持高水平。到1865年,美国公债达26.77亿美元,此后尽管减少,但到1881年时仍高达20.19亿。为此,美国财政需要支付大量利息。1865年,利息高达1.38亿美元。此后,利息尽管减少,但到1881年时仍有0.75亿美元。第二,内战结束后,南方政治势力被削弱,1861年以前提高关税时必然遇到的来自南方州的政治阻挠变小了;同时,高关税对联邦稳固性产生的威胁也消除了。第三,共和党经由南北战争树立了政治权威,该党对保护关税制度抱有偏爱。共和党由前辉格党党员、北方民主党人和奴隶解放运动者组成,克莱是辉格党创始人;在克莱的"美国体系"中,关税保护是三大支柱之一,共和党继承了这个传统。由于共和党在南北战争中发挥了关键作用,战后至1913年,除身为民主党的格罗弗·克利夫兰担任过8年总统之外,其他40年美国总统一概由共和党人担任。这是这段时期美国关税处于高水平的政治基础。

上述分析说明,总体上来说,美国在长达120多年的崛起时代,并没有放弃保护主义理念。在关税政策保护下,美国在内战之前形成了独立的工业体系;内战结束至1913年,借助常态化的高关税、第二次工业革命的技术突破、市场规模的持续扩大与国内利用,美国走出了一条独特的(与英国不同的)内需主导型工业化道路。

---

① 沃克提出1846年关税法案时尽管是有多重意图的,比如诱使英国取消《谷物法》和将美国关税政策纳入"仅为财政收入而征收"的轨道,但是他设立的关税率也并不是很低(从32%降到25%)。Ashley P., *Modern Tariff History: Germany-United States-France* (Third Edition), New York: E. P. Dutton & Co., 1920, pp. 169—170. 根据关税率跨国比较(见图5.5和表5.5)可知,在第二波反复中(与英法两国相比),美国依然偏向于关税保护。

② Taussig F. W., The Tariff, 1830—1860, *Quarterly Journal of Economics*, vol. 2, no. 3, 1888, pp. 314—344. Harold U. F., The Development of the American System, *Annals of the American Academy of Political and Social Science*, vol. 141, Tariff Problems of the United States, 1929, pp. 11—17.

三、财政贡献:间接和迂回作用

现有文献对于关税通过财政途径而对国内产业所起的保护作用关注得很少。但是,事实上,借此可以产生两条保护途径。我将它们称为间接保护和迂回保护。

1. 财政贡献与间接保护

与直接作用相比,间接作用迄今尚未受到应有重视,但它对理解美国关税政策特征及其对产业发展的影响十分重要。它指的是由于国家财政支出的需要,总得通过一定的途径组织与之匹配的财政收入;主要采用关税手段组织财政收入的时候,也就可以少采用那些会使国内企业增加成本和负担的组织财政收入的手段(比如对国内商品征收间接税),从而对国内企业的生产经营间接地起保护作用。

对于间接作用,一定程度上可以用关税在财政收入中的占比(即财政贡献)进行度量。这个占比越高,说明关税收入在财政收入中越重要,越不需要采用其他手段组织财政收入,从而间接保护程度越高;反之,则反是。特别是当这个占比为 1 时,相当于这样的情形:所有财政收入都来自关税收入,以至于无须对国内企业征税,国内产品能够以不含税的价格销售,具有最大竞争力。此时,间接保护程度最高。该占比为 0 时,相当于这样的情形:所有财政收入全部来自包括对企业征收在内的国内税,国内产品需要以含税的价格销售,竞争力受损最大。此时,间接保护程度最低。另外,国内间接税还会扭曲企业行为。

2. 财政贡献动态变化

我们在图 5.2 中给出了美国 1791—1913 年关税、关税与其他税收在财政收入中的占比的计算结果。由此可以发现:(1)除三个较短时段由于特殊原因而使关税占比处于低位之外[①],美国在整个崛起时代关税占比处于两个平台上。第一个平台出现在南北战争以前,其占比接近 90% 的高水平;第二个平台出现在南北战争开始至 1913 年以前,这个占比大致处于 50% 的水平。(2)以南北战争为分界,平台出现了位移。在第二个平台上,关税占比比第一个平台的关税占比降低了一半。其主要原因

---

① 其主因分别是:1814 年和 1815 年获得了大量国内间接税和预算外收入;1835—1840 年获得了大量公地出售收入;1863—1868 年获得了大量国内间接税收入和预算外收入。Bureau of the Census, *Historical Statistics of the United States*, 1789−1945, Washington, D. C., 1945, pp. 297−298.

是南北战争开始之后美国国内其他税收次第出现了。[①] 因此,就关税为美国产业提供的间接保护而言,根据内战之前的情形进行分析最具有典型意义。(3)南北战争改变了美国税收结构,国内间接税开始扮演重要角色(至第一次世界大战时仍如此)。其一,随着南方州的脱离,联邦关税收入大受影响,不能应付战争需要。[②] 但是,这个法案为此后50多年高关税保护开了先河。其二,1862年7月1日生效的《国内税入法》,确定了关于国内消费税的综合体制,奠定了美国国内间接税的基础。于是从1863年开始,国内间接税在美国财政收入中的作用再也不能忽略了。图5.2显示,内战结束后国内其他税收是除关税之外的主要财源(1865年、1866年和1867年甚至超过了关税收入)。

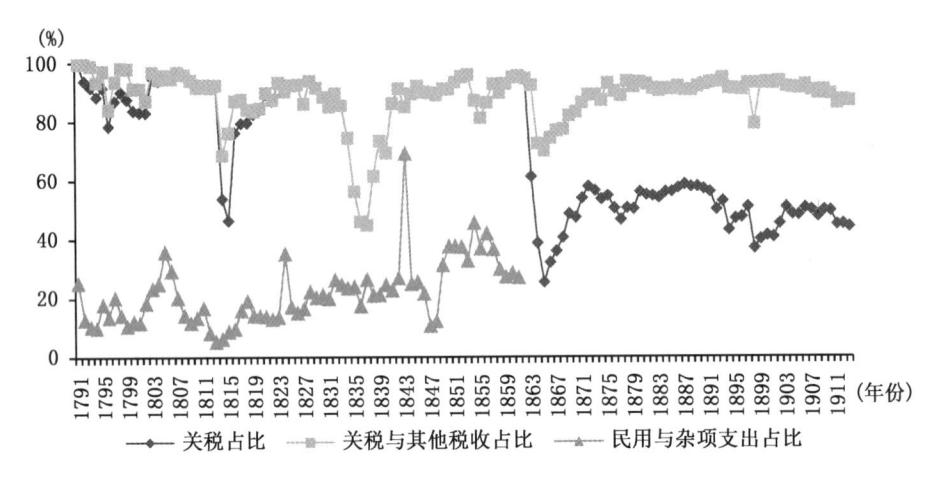

数据来源:(1)美国关税、其他税收与财政收入数据均来自 Bureau of the Census, *Historical Statistics of the United States*, 1789—1945, Washington, D. C., 1945, Series P89—90, pp. 296—298。(2)关税收入包含了吨位税(Tonnage Tax)。(3)其他税收指从国内税收(Internal Revenue)中扣除"收入与利润税"(Income and Profits Taxes)之后的余额。(3)民用与杂项支出占比是该项支出与财政总支出之比。

图 5.2　美国关税、关税与其他税收在财政收入中的占比

3. 间接保护与美国保护模式变迁

在财政收入中,关税收入替代本来要由国内企业缴纳的税收,使国内产品更有

[①] 此时间接作用凸显出来了。例如,"制造商们也在吵嚷着需要高额的(关税)税率去推翻那时正在征收的和范围很广的国内消费税制度"。哈罗德·福克纳:《美国经济史》(下卷),北京:商务印书馆,1964年,第247页。

[②] 于留振:《美国内战期间联邦政府筹措战争资金的政策》,《美国研究》2013年第3期。

竞争力。重要的是,间接保护的普遍程度如此之高,以至于国内产品无论属于哪个行业,无论是在国内市场还是在国际市场销售,都可获得这种好处。美国内战之前的 70 多年里,关税的间接保护普遍存在并且达到了最大限度(财政贡献在 90% 上下)。这不仅在美国发展历程中是一个显著的特征,即使与世界上其他国家相比也是一个突出的特征。因此,得出美国是"独立之后到"一战"之前全世界最具保护主义特征的国家"①这个既具有历史真实性又充满观念冲击力的结论的时候,不仅可以从关税率(直接保护)数据中找到支持性证据,而且可以从财政收入占比(间接保护)数据中找到支持性证据。另外,将图 5.1 和图 5.2 叠加起来,我们可以发现:平均而言,内战之前,直接保护较低但间接保护高。这种保护模式使美国在内战前突破欧洲工业的包围建立起了独立的工业体系;内战结束至 1913 年,直接保护高并且一以贯之,但间接保护较低。这种保护模式与第二次工业革命的技术突破结合起来,美国成就了内需主导型工业化道路。总之无论是从直接保护角度②,还是从间接保护角度来看,内战都是一个分水岭。

4. 关税的迂回作用

除直接作用和间接作用外,关税还通过财政支出产生迂回作用,即联邦政府以财政支出形式将关税收入用于鼓励和促进国内特定产业或事业的发展。汉密尔顿在《关于制造业的报告》中主要根据英国经验总结出了 11 项措施③,其中 6 项(第 4、第 5、第 6、第 7、第 8 和第 11 项)涉及迂回作用。他在第 4 项即"金钱补贴"中特别指出,对进口产品适当征收关税并且用以补贴国内企业,既可鼓励国内生产又不会过多推升价格。在美国历史上,最能体现关税迂回作用的是联邦政府将关税收入用于"内部改善"④。通过迂回作用等,政府这只"看得见的手"对美国"内部改善"发挥了重要作用。例如,针对铁路发展,"似乎可以说如果没有政府的援助,(美国)连一条铁路也修不成"⑤。由此可见,在"美国体系"中,关税保护和"内部改善"是配合起来发挥作用的。由于"内部改善"便利了交通运输,促进了商业交往,开拓了国内市

---

① 文礼朋、陈晓律:《19 世纪的关税保护与经济增长研究述评》,《贵州社会科学》2012 年第 7 期。
② Sadorsky P., The Behavior of US Tariff Rates: Comment, *American Economic Review*, vol. 84, no. 4, 1994.
③ Hamilton J. C. (ed.), *The Works of Alexander Hamilton*(Ⅲ), New York: Charles S. Francis & Company, 1851, pp. 244—257.
④ 这种支出反映在"民用与杂项支出"中。内战以前,关税的财政贡献在 90% 左右,这项支出在联邦财政支出中的占比尽管具有较大波动性,但它具有上升趋势(见图 5.2)。需要指出的是,在联邦政府支持"内部改善"的方式中,公地奖励政策也十分重要。
⑤ [美]吉尔伯特·C. 菲特和吉姆·E. 里斯:《美国经济史》,沈阳:辽宁人民出版社,1981 年,第 283 页。

场,因此它又是贸易保护体制的一种必要的补充。当然,克莱的用意更为深远。因为除经济作用外,他还认为用关税收入支持"国内改善"具有巩固联邦和加强国防的作用。[①]

5. 关税促进产业发展路径总结

总之,对于美国产业发展,关税其实是通过三条路径来发挥促进作用的:一是(特定的)直接保护,即在国内市场上因降低外国同类商品的竞争力而产生的保护作用;二是(普遍的)间接保护,即通过对国内税收的替代,而使国内产品以少含税或不含税价格参与竞争,并且避免企业生产行为被国内间接税扭曲;三是(特定的)迂回作用,即关税收入转化为生产性财政支出,而对国内特定产业发展提供精准激励。

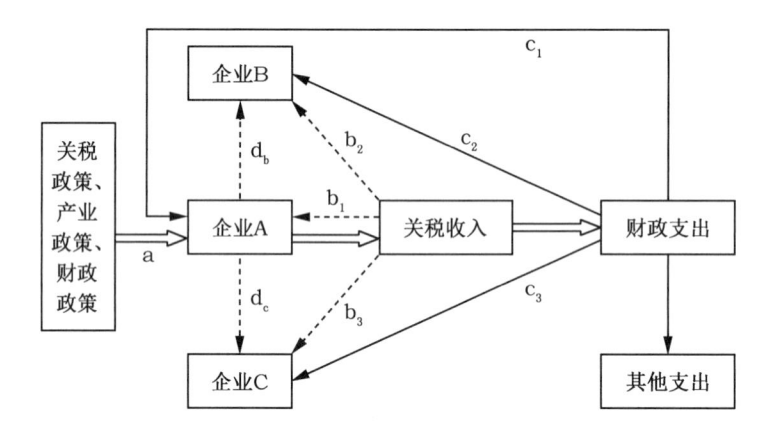

说明:a 代表直接作用(征收关税使进口商品在本国市场降低竞争力);b 代表间接作用(征收关税使国内企业少交国内税);c 代表迂回作用(将关税收入转化为对国内企业的奖励和补贴)。

图 5.3　关税政策促进产业发展的路径

为了更加直观地说明这三种作用,我们用图 5.3 来示意。其中,直接作用 a 仅对企业 A 是有效的;间接作用 b(通过 b_1、b_2 和 b_3)对三类企业都是有效的;迂回作用 c(通过生产性财政支出)仅对特定的企业是有效的(c_1、c_2 和 c_3 可以不同,对有些企业这种作用可能是零)。很显然,上述作用取决于关税、财政和产业政策。另外,对企业 A 生产的产品提供直接保护的时候,企业 B 和企业 C 可能由于受到牵连而不得不承担一定的负面影响(对此,我们在图 5.3 中用 d_b 和 d_c 来表示)。这与后文

---

① Calvin C., *The Works of Henry Clay: Comprising His Life, Correspondence and Speeches*, Vol. 1, New York: Henry Clay Publishing Co., 1897, p. 473, 475.

将要提到的恩格斯所说的"无穷螺旋"机制有关)。① 一般地,非对称关税政策对产业发展和产业格局演进将产生非对称影响。

四、征税广度:关税保护模式演进

针对美国关税考察前述三种作用之后再考察关税的征税广度,可以进一步发现美国关税政策演变的精微特征。

1. 征税广度及度量

定义征税广度并且给出合适的度量,是研究关税演变特征的一条重要途径。

征税广度考虑的是征税面。为了测量征税广度,最简单的指标是"征税商品种类占比"(用 e_a 表示,单位为%),即在所有进口商品种类中,有多少比例的进口商品种类需要缴纳关税。这个指标可以表示为:

$$e_a \equiv 100 \times \frac{征税商品种类}{征税商品种类 + 免税商品种类} = 100 \times \frac{\#I}{\#I + \#J} \quad (3)$$

在上式中,$\#I$ 和 $\#J$ 分别表示在进口商品中征税商品和免税商品各有多少种类。根据上述定义有:(1) $0 \leqslant e_a \leqslant 1$;(2) 当 $e_a = 0$ 时,任何进口商品都是免税的,此时征税广度最低,征税面最窄;(3) 当 $e_a = 1$ 时,任何进口商品都要缴纳关税,此时征税广度最高,征税面最宽。

然而,上述指标先验地认为,任何种类的进口商品都具有相同重要程度,这是偏离了实际的。为此,我们提出一个将进口商品重要程度也纳入考虑的征税广度新测度,它就是"征税商品价值占比"(用 e_b 表示,单位为%)。它的含义是需要缴纳关税的进口商品的价值在进口商品总价值当中的占比。这里,我们用价值大小度量商品的重要程度。"征税商品价值占比"的计算公式为②:

$$e_b \equiv 100 \times \frac{征税商品价值}{征税商品价值 + 免税商品价值} = 100 \times \frac{\sum_{i \in I} M_i}{\sum_{i \in I} M_i + \sum_{j \in J} M_j} \quad (4)$$

---

① 对此,除了政治过程中多有表现外,还见于经济史家的一些评估。例如,欧文指出:在镀金年代里,美国关税使受保护产业的生产商获益(相当于得到了17%的补贴),使其他产业出口产品的生产商受损(相当于对其额外征收了10%的税收)。也就是说,非对称关税会在行业之间产生分配效应。Irwin D. A., Tariff Incidence in America's Gilded Age, *Journal of Economic History*, vol. 67, no. 3, 2007, pp. 582—607.

② 这里定义的两个指标,既可用于考察所有进口商品,从整体上捕捉关税征收广度的动态特征;也可用于考察各个特定类型的进口产品,从结构上捕捉关税征收广度的动态特征(进而发现相关的结构性差异)。如果数据足够详细,研究者借助这两个指标,可以给出一套具有结构性的计算结果。

根据上述定义有:(1)$0 \leqslant e_b \leqslant 1$;(2)当 $e_b=0$ 时,任何进口商品都是免税的,此时征税广度最低,征税面最窄;(3)当 $e_b=1$ 时,任何进口商品都是要征收关税的,此时征税广度最高,征税面最宽。

直接利用各种商品的进口价值即可根据公式(4)计算 e_b;但是,有了"总关税率"和"纳税商品关税率"数据,根据此前给出的定义,我们可以按照如下方式直接对它进行计算:

$$e_b = 100 \times \frac{t_a}{t_b} \quad (5)$$

研究关税史的文献尽管大多采用第三节提到的两种计算方法,有时甚至粗略分析了两种计算结果的差距,但是迄今尚未见到对两种计算结果的差距做出科学阐释的文献,而公式(5)建立了两种计算结果与征税广度,即"征税商品价值占比"之间的精确联系。① 通过分析征税广度,美国关税保护模式的某些重要特征将被进一步揭示出来。

以"征税商品价值占比"度量征税广度,针对 1791—1913 年的所有商品、半制成品和制成品的计算结果列在图 5.4。借此,我们可以做出具有启发意义的分析。

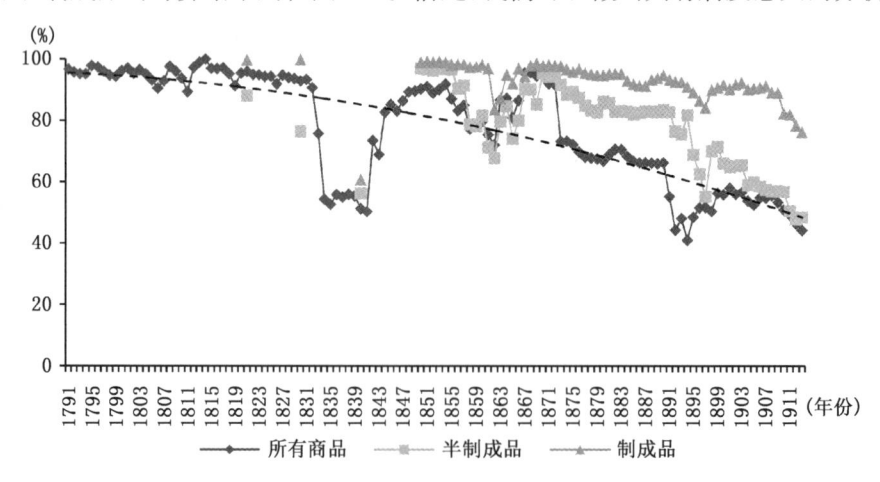

图 5.4 美国所有商品、半制成品与制成品征税广度动态变化

数据来源:(1)采用公式(5)进行计算时数据来自图 5.1。(2)采用公式(4)进行计算时数据来自 Bureau of the Census, *Historical Statistics of the United States, 1789—1945*, Washington, D. C., 1945, Series M83—86, p. 249.

---

① 促使我们考虑这一问题的机缘是两种关税率的差距有时小(南北战争前),有时大(南北战争后),从而诱使我们思考隐藏在其背后的事实究竟是怎样的。

2.美国关税演进的精微特征

如果不仅针对所有的进口商品,而且针对不同类型的进口商品分别计算征税广度,那么关税演进的精微特征将被识别出来。

我们先来看针对所有进口商品计算的征税广度。我们采用公式(5)针对所有进口商品计算"征税商品价值占比"。由图5.4可以发现:第一,1791—1913年,这个占比趋势性下降。特别是南北战争结束至1913年,这个度量逐渐下降到了较低的水平。将这个事实与这段时期"纳税商品关税率"处于相当高水平并且波动较小结合起来,可以发现:一方面,美国关税政策具有很强的保护主义特征;另一方面,关税保护针对性变强了。第二,1791—1913年,受众多因素影响,"征税商品价值占比"在上述趋势下存在着波动。特别是1833—1843年,这个占比显著偏低。考诸美国关税史,这不足为奇。主要是由于1832年关税法案使免税进口商品从此前49种增至180种,而执行了10年的1833年关税法案在征税面上沿袭了1832年的格局。

我们再来看制造业征税广度:关税保护模式的演变。针对半制成品和制成品计算征税广度并且观察其动态变化,可以更加清楚和直接地了解美国关税保护的结构性特征。这里,制造业商品不包括进口的加工食品;限于数据,连续年度取值限定在1850—1913年;并且,采用公式(4)对特定子类进口商品进行计算。根据图5.4可以发现:其一,无论任何年份,制成品征税广度比其他所有商品的征税广度要高。这说明在整个崛起时代,美国关税保护总体上是向制成品倾斜的。其二,无论任何年份,制成品征税广度都高于半制成品征税广度。这说明在整个崛起时代,在制造业内部,美国关税保护是向制成品倾斜的。其三,南北战争结束后,与半制成品和其他所有商品不同,制成品征税广度下降较慢。这就引出了一个重要问题,即以南北战争为分界,美国关税保护模式发生了重大变化。在内战前(如1850—1860年),就征税广度而言,无论是半制成品还是制成品等都处于较高的位置,而关税率并不是很高。这是一种"宽而低"的保护模式;在内战结束后,其他商品和半制成品的征税广度快速下降,制成品的征税广度依然保持在高位,并且关税率也处于高水平。很显然,这是一种"窄而高"的保护模式。在这种模式下,关税保护具有结构性高精度。这个阶段的关税保护,是以制成品为重点而展开的。

通过前文分析,我们可以这样说:第一,考察关税演进特征时,除了像传统关税史文献那样从总体上考察税率动态变化外,还有必要对征收广度的动态变化也进行考察。将这两种度量结合起来,我们可以进一步发现美国关税结构变化的精微之处。这就凸显了征收广度这个指标的学术价值。[①] 第二,南北战争以后至1913年,美国不仅关税稳定地处于高位,而且对产业保护的精度也上升了,即它主要定位于对制成品进行普遍的高保护。[②] 当我们深入关税的产品结构进行考察时,与以往文献相比,就能更加真实和全面地刻画美国关税政策的演进特征,进而对关税保护的作用做出更加准确的评定。正是由于南北战争后美国偏重于对制成品实施长期和普遍的高保护,才使制造业飞速发展,以至于后来居上,在19世纪90年代超越英国。

五、跨国比较:保护主义堡垒

如果进一步以相同含义的关税率做跨国比较,一国的关税政策将可能在多国环境下显露出来。对美国关税政策而言,这种比较尤其能够凸显其保护主义特征。

1. 美英关税率比较

在崛起时代,英国是美国最重要的贸易伙伴。图5.5给出了两国1796—1913年关税率的动态变化。由此可见,特征事实一[③]:1860年以前,两国的"总关税率"具有相似动态特征,美国以1830年为界,英国以1821年为界,"总关税率"先趋势性上升再趋势性下降。特征事实二:1861—1913年,美国"总关税率"远高于英国"总关税率"。

关于特征事实一。恩格斯曾说:"现代工业体系……是在保护关税制度的卵翼之下于18世纪最后30多年中在英国发展起来的。"[④] 至19世纪20年代,英国在制成品特别是纺织品国际贸易方面已取得了支配性地位,如何保持优势地位成为当时英国政府必须做出回答的重大战略问题。此时,斯密1776年倡导的自由市场经济因适应了英国国家战略转型的需要而成为主流经济思想。1820年以后,英国将

[①] 有效保护率理论在关税结构与保护有效程度之间建立起了重要联系。Corden W., The Structure of a Tariff System and the Effective Protection Rate, *Journal of Political Economy*, vol. 74, no. 3, 1966, pp. 221—238. 强调保护结构的文献可见 Lehmann S. H. and O'Rourke K. H., The Structure of Protection and Growth in the Late Nineteenth Century, *Review of Economics and Statistics*, vol. 93, no. 2, 2011, pp. 606—616.

[②] 这与那个时代美国依然在孤立主义原则指引下内向发展经济的特征一致。数据显示,从1860年到1900年,美国市场上从本国生产者那里买进的制成品的占比从89%上升到了97%。Scheiber H. N., Vatter H. G. and Faulkner H. U., *American Economic History*, New York: Harper & Row, 1976, p. 215.

[③] 用法国长时段数据进行比较也可得到类似结论。Irwin D. A., Free Trade and Protection in Nineteenth-Century Britain and France Revisited: A Comment on Nye, *Journal of Economic History*, vol. 53, no. 1, 1993, p. 146—153.

[④] 《马克思恩格斯全集》(第21卷),北京:人民出版社,1965年,第414页。

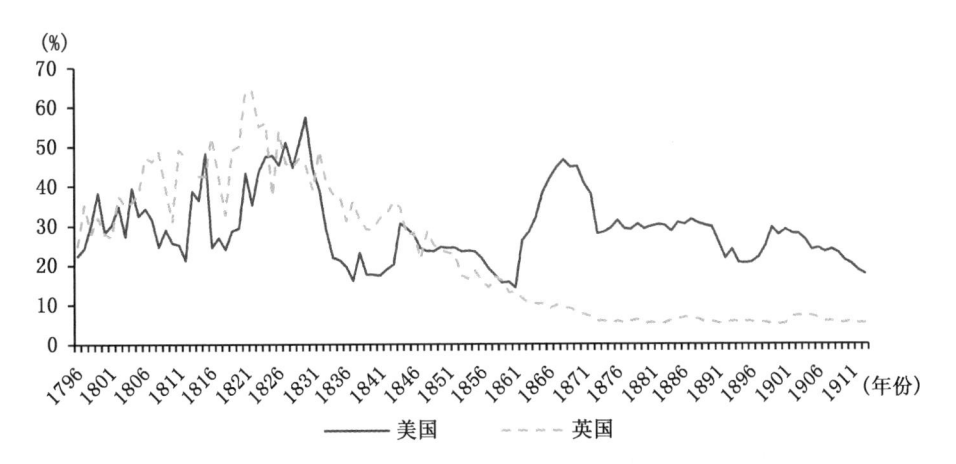

数据来源：(1)1790—1820 年美国数据来自 Irwin D. A., New Estimates of the Average tariff of the United States, 1790－1820, *Journal of Economic History*, vol. 63, no. 2, 2003, pp. 506－513。(2)1821—1913 年美国数据来自 Bureau of the Census, *Historical Statistics of the United States: Colonial Times to 1970*(part 2), Washington, D. C., 1975, Series U211, p. 888。(3)英国数据来自伊姆拉汉著作第 122 页图 17 和第 159 页图 19(这里系将两张图进行拼接而得到)。Imlah A. H., *Economic Elements in the Pax Britannica: Studies in British Foreign Trade in the Nineteenth Century*, Harvard University Press, 1958.

图 5.5　美国与英国"总关税率"动态变化(1796—1913 年)

这种具有战略性质的经济观念落实于贸易政策，开始主动降低关税以诱使贸易伙伴相向而行。[①] 此后至 1860 年关税率趋势性下降，是其经济战略转型的一个重要特征。至 1860 年英法签订《科布登——舍瓦利埃条约》，自由贸易在欧洲开始获得机制性保证。

但是，美国 1831—1861 年关税率下降是否可以称为贸易自由化趋势，又另当别论。对于美国这段时期关税率趋势性下降所立基的理念基础，学界是存在不同观点的。一种直观但失之简单和片面的看法是，受国际(特别是英国)形势的影响，美国对外贸易也出现了自由化倾向；而另一种观点是，美国关税率的趋势性下降与国际形势并没有实质性关系，主要是由于地区和党派利益纷争需要通过降低关税

[①] 欧文曾说从 18 与 19 世纪之交开始，英国对外贸易已有自由化迹象。到 1842 年开征所得税和 1846 年取消《谷物法》，自由贸易在英国得到了确立。Irwin D. A., Welfare Effects of British Free Trade: Debate and Evidence from the 1840s, *Journal of Political Economy*, vol. 96, no. 6, 1988, pp. 1142－1164.

做出政治妥协,而决策者们并没有真正抛弃保护主义理念。① 我们在前文肯定了这种看法。其实,正是在关税保护等政策的支撑下,美国在 1815 年之后"走上了独立自主发展民族经济的道路,大约到 1860 年已建立起独立的工业体系"②。有了这个基础,美国在内战之后才有机会通过技术创新和投资诱导等,在产业升级和结构优化进而经济增长方面取得历史性成就。

关于特征事实二。一方面,南北战争以后,尽管争论从未间断(尤其是 1880—1890 年),但保护主义在美国事实上变成了常态,并且在整个镀金年代和进步时代的大部分时间里如此。另一方面,1860 年以后,全球在英国主导下出现了第一波贸易自由化浪潮,并且这种浪潮在南北战争后基本得到了延续。不仅如此,就英美两国关税率对比来看,其差距也相当大。正如图 5.5 和表 5.5(包括欧洲另外 6 个国家)显示的那样,在这段时期里,美国在西方世界变成了保护主义的坚固堡垒。③

表 5.5　　　　　　　　美国与欧洲其他国家的关税率④　　　　　　　　单位:%

时段	美国	法国	时段	美国	法国	德国	丹麦	挪威	瑞典	意大利
1821—1825	43.5	20.3	1871—1875	32.8	5.3					
1826—1830	49.8	22.6	1876—1880	29.8	6.6	3.7	11.9	10.2	9.7	7.9
1831—1835	31.1	21.5	1881—1885	29.8	7.5	6.1	11.6	12.6	10.5	8.3
1836—1840	18.8	18.0	1886—1890	30.4	8.3	8.2	12.6	11.1	10.7	9.0
1841—1845	23.3	17.9	1891—1895	22.4	10.6	8.9	9.2	11.2	10.7	9.6
1846—1850	24.7	17.2	1896—1900	24.9	10.2	9.3	9.0	11.6	11.4	10.2
1851—1855	23.8	13.2	1901—1905	27.0	8.8	8.4	8.1	11.7	10.7	10.8
1856—1860	17.8	10.0	1905—1910	23.1	8.0	7.6	6.8	11.5	9.5	11.7
1861—1865	27.0	5.9	1911—1913	18.9	8.8	7.0	5.0	12.8	8.4	11.7
1866—1870	44.5	3.8	平均	28.8	11.8	7.4	9.3	11.6	10.2	9.9

---

① 田素华:《对外贸易保护与美国经济崛起:1783—1933》,《世界经济与政治论坛》2005 年第 5 期。
② 何顺果:《关于美国国内市场形成问题》,《历史研究》1986 年第 6 期。尽管如此,至 1860 年,美国工业企业依然主要从事小规模生产。
③ 1870—1910 年,加拿大关税率高于欧洲诸国但远低于美国。Beaulieu E. and Cherniwchan J., Tariff Structure, Trade Expansion, and Canadian Protectionism, 1870—1910, *Canadian Journal of Economics*, vol. 47, no. 1, 2014, pp. 144—172.
④ 1879 年关税法案颁布之后,德国关税仅与英法相当。这说明关税保护不是追赶型经济体取得成功的唯一条件。在李斯特国家资本主义思想引领下,德国在工业、科技、教育、文化艺术、工人福利等方面取得了辉煌成就。

数据来源:(1)美国各时段及平均关税率由作者计算而得。数据来自 Bureau of the Census, *Historical Statistics of the United States*: *Colonial Times to 1970*(Part 2), Washington, D. C., 1975, Series U211—212, p. 888。(2)法国数据来自 Nye J. V., The Myth of Free-Trade Britain and Fortress France: Tariffs and Trade in the Nineteenth Century, *Journal of Economic History*, vol. 53, no. 1, 1991, pp. 23—46, Table 1。(3)欧洲其他 5 国数据来自 O'Rourk K. H., Tariffs and Growth in the Late 19th Century, *Economic Journal*, vol. 110, no. 463, 2000, pp. 456—483, Table 1。但是,年份都要向前移一年。例如,表 5.5 中对美国和法国如果是 1876—1880 年,对欧洲的其他国家就是 1875—1879 年。

2.与其他国家的比较

在 1913 年以前的半个世纪里,美国高关税政策在当时国际环境下显得格外突兀。这种政策排除了来自国际市场的冲击,把日益扩大的国内市场几乎都留给美国人自己开发和利用,并且通过国内自由竞争使工业快速发展,为其在规模和技术上赶超英国提供了市场保障。事实上,迥异于英国的外需拉动型工业化道路,美国在这段时期借助第二次产业革命成就了内需主导型工业化道路。这与马克思主义史学家霍布斯鲍姆的看法是相合的。[1]

3.保护主义成为美国的历史记忆

一方面,在内战结束之后的半个世纪里,高关税保护在美国变成了常态;另一方面,针对制成品的精准保护,使美国工业与经济都取得了辉煌的成就,奠基者设定的赶超欧洲列强的政治理想至此得到了初步实现。于是在美国政治家与社会公众的心目中,保护主义与经济成就之间具有了内在联系;并且,这种历史记忆进一步固化为政策基因,对美国此后经济政策选择产生了深刻影响。

第四节　自由贸易还是关税保护:若干争论

在上一节,我们比较详细地讨论了美国关税保护政策得以产生的战略背景、关税率的动态变化和作用途径、关税保护模式的变迁和特征等。现在,我们结合相关的理论进行比较分析,并且开发这些理论背后的战略含义。

---

[1] 处于工业化过程中的经济体会保护自身产业和抵抗英国产业;美、德的国民经济学家从未过多怀疑保护主义的价值,与英国竞争的领域中的实业家们更不会怀疑。[英]埃里克·霍布斯鲍姆:《工业与帝国:英国的现代化历程》,北京:中央编译出版社,2016 年,第 134 页。

一、斯密陷阱及跨越

斯密认为,在殖民地时期,美国资本几乎全投在农业而很少投在制造业,这使美国迅速富强起来。如果美国采用激烈手段阻止欧洲制造品输入而自己耗费大量资本垄断进口商品的制造,那么结果是不仅不能促进,反而会阻碍经济发展;不仅不能渐臻富强,恐怕连发展也会受到阻碍。① 由此可见,斯密是将既有的优势赋予永恒的意义,他的学说具有使后发国家永远处于不利地位的特质。

这里所说的跨越斯密陷阱是有特定的含义的。在殖民地时期和建国初期,美国在农业上具有绝对优势,在制造业上具有绝对劣势。斯密的言下之意是,美国将来专注于农业生产才是正途;但是,美国经济发展选择的是另一条途径,即通过关税保护政策而使制造业以(比农业)更快的速度发展起来,使美国(在不久的将来)不仅在农业上而且在制造业上最终都具有(针对欧洲大国的)绝对优势。很显然,这个目标一旦实现,将从根本上改变经济格局,美国不仅富起来,而且强起来,在地缘竞争中赢得主动。

美国通过一百多年的努力做到了这一点,斯密的自由贸易理想也就被击碎了。这也难怪,除汉密尔顿等先知外,一些对英国和美国崛起深有洞察的政治家指出,不仅在英国,而且在美国,关税保护政策都是国家崛起的制度支撑;只有到了崛起之后,自由贸易才有可能成为优势策略。例如,1869—1877 年担任美国总统的格兰特就曾说道:"英国依靠保护贸易达数世纪之久,把它推行到了极点并获得了良好的结果。毫无疑问,英国今天之所以如此强大,应当归功于这一制度。两个世纪之后,因为保护贸易已无利可图,英国便开始发觉宜于采取自由贸易政策。那么,先生们,基于我对本国的了解,我深信,不出 200 年,美国从保护贸易中得到她所能得到的一切时,自然也会采取自由贸易政策。"②

斯密学说也具有使先进国家永葆优势的意图。早在《国富论》出版之前,第一次工业革命就在英国(因珍妮纺纱机而)迈开了步伐,阿克莱特水力纺纱机和瓦特蒸汽机的出现则进一步预示,英国即将引领全球制造业潮流。斯密前瞻性地看到了这一点。他的目的是:英国工业强盛起来后,借助自由贸易可以充分开拓和利用

---

① [英]亚当·斯密:《国民财富的性质和原因的研究》(上),北京:商务印书馆,1994 年,第 336—337 页。
② [美]斯塔夫里阿诺斯:《全球分裂:第三世界的历史进程》(上),北京:北京大学出版社,2017 年,第 155 页。

国际市场,进而在国际贸易中主导利益分配。因此,他是在为英国实现"强者恒强之梦"提供理论支撑。由此也就可以理解他为何要在《国富论》中以将近1/4的篇幅,对以改变世界格局为宗旨的重商主义政策进行"学术"批判。①

其实,可以通过两条不同的路径跨越斯密陷阱。一是利用相对价格的变化。比如说,美国利用地广人稀这种资源结构特点,诱导出农业机械技术。二是对某些制成品产业进行精准的高保护,将国内市场留给美国企业并且让它们之间展开竞争。

二、马克思和恩格斯的卓见

马克思和恩格斯十分关心美国的经济发展。就关税政策对产业发展的影响而言,他们的论述也比斯密的科学得多。马克思指出,关税保护"促进了国内自由竞争的发展"②。这个观点用于当时的美国是再合适不过的了。首先,在美国,要是没有关税保护政策,由于自己的制造业处于幼稚状态,根本无法与欧洲大国特别是英国的产品竞争,国内市场将被欧洲廉价产品占据,美国将丧失制造业发展的可能性。这就谈不上国内制造业企业的自由竞争了。其次,正是由于关税保护政策把欧洲廉价产品阻挡在国门之外,美国对这些产品的需求逐渐由自己提供,这使国内企业自由竞争成为可能。再次,由于关税产生的财政收入替代了本来要由国内企业承担的税收,这使美国国内的自由竞争更加激烈,进而推动生产技术进步。最后,当关税收入通过财政支出以补贴和奖励等方式用于支持特定产业发展的时候,国内竞争将进一步加剧。

恩格斯主要从国家竞争角度论述关税思想。他认为:(1)美国当时需要关税保护制度。他指出:"有一个国家,在那里,实行一个短时期的保护关税政策不仅是正当的,而且是绝对必要的,这就是美国。"③此后他给出了两个理由。一是美国拥有欧洲国家没有的资源和条件,美国只有成为工业国才可对其进行充分利用;二是美国要想成为工业国、赶上或者超过竞争对手,最好的办法是采用关税保护制度堵住

---

① [英]亚当·斯密:《国民财富的性质和原因的研究》(下),北京:商务印书馆,1994年,第199页。
② 针对关税保护对产业发展的影响,马克思提出"竞争促进说"。参见《马克思恩格斯全集》(第4卷),北京:人民出版社,1965年,第459页。"产业和谐说"或"国内市场说"源自亚历山大·汉密尔顿,发扬于马修·凯里,进一步阐释于安德鲁·斯图尔特。他们认为关税保护政策有利于国内各个产业及从业者的和谐发展。参见[美]迈克尔·赫德森:《保护主义:美国经济崛起的秘诀(1815—1914)》,北京:中国人民大学出版社,2010年,第57、63页。
③ 《马克思恩格斯全集》(第19卷),北京:人民出版社,1965年,第290页。

英国工业品的来路,经过较短时期即在世界市场上占有一席之地。① (2)与英国一样,美国关税保护制度也具有阶段性。他说:"这样一个国家,经过 20 年左右短时期的保护关税政策,就能使它的工业马上达到任何一个竞争者的水平。"②他前瞻性地提到,美国终有一天会从关税保护转向自由贸易。在他看来,内战前美国进行关税保护是有利的,内战后关税保护已发挥了作用,但到 1888 年它已经变成了障碍。1892 年他明确指出:在美国,保护关税已成了工业的桎梏;并且,"一旦美国在世界市场上站稳脚跟,它就会……在自由贸易的道路上一往直前地走下去"③。(3)关税保护政策背后交织着政治经济利益博弈。恩格斯从产业关联角度指出关税保护存在一种"无穷螺旋"机制:保护一个工业部门的时候,必然损害其他部门(正如图 5.3 中 d_b 和 d_c 所示的那样),进而又得把受损部门也保护起来④;更何况税率需要经常调整,以至于关税保护制度"一旦实行起来,就不容易再摆脱"⑤。这种机制性说明符合美国关税政策史。在美国崛起时代,关税政策的任何变革都是两党、两院一府政治利益平衡的结果,不少时候甚至连总统选举及其结果也受其左右。⑥ 重要的是,在美国,政治角力的背后是各个利益集团围绕各自利益诉求而展开的争夺⑦,最后颁布的关税政策不过是"无穷螺旋"机制作用下的利益平衡结果而已。

马克思和恩格斯关于关税与产业和经济发展关系的论述,指明了跨越斯密陷阱的前提条件、机制基础、现实可能和实现路径。

三、贝洛赫悖论

绝大多数主流经济学家认为唯有自由贸易才能促进经济增长,但是最近半个世纪里,伴随着计量史学的流行,对关税与增长的关系提出了不同的观点。

其一,针对一些特定产业进行研究确认了关税保护的积极作用。例如,萨达拉拉加(Sundararajan V.)根据美国崛起之前将近半个世纪的有效保护关税率进行分

---

① 《马克思恩格斯全集》(第 21 卷),北京:人民出版社,1965 年,第 418 页。
② 《马克思恩格斯全集》(第 19 卷),北京:人民出版社,1965 年,第 290 页。
③ 《马克思恩格斯全集》(第 22 卷),北京:人民出版社,1965 年,第 389 页。
④ 《马克思恩格斯全集》(第 21 卷),北京:人民出版社,1965 年,第 419 页。
⑤ 同上,421 页。
⑥ 梅俊杰:《自由贸易的神话:英美富强之道考辨》,上海:上海三联书店,2008 年,第 222—264 页。
⑦ 例如,南北战争之后高关税保护奠定法律基础的《莫里尔关税法案》,有赖于新英格兰的纺织业集团与大西洋中部沿岸各州的钢铁集团的结盟。Samuel Hays S. P., *The Response to Industrialism*, 1885—1914, Chicago: University of Chicago Press, 1957, p. 168.

析,认为关税保护政策显著提升了生铁行业的生产和市场能力[1];欧文将生产者进入与退出行业做出内生化处理、采用概率模型进行估计并且经过反事实模拟分析后认为,美国关税保护政策促进了马口铁产业的发展。[2]

其二,关于关税保护程度与经济增长率之间关系的计量史学文献引出了"贝洛赫悖论",并且在细化分析中也获得了支持性证据。由于关税保护政策在促进目标产业发展的同时,还会对其他产业的发展产生一定的副(负)作用,因此如果关税保护对(总体意义上的)经济增长具有正向作用,那也就意味着对目标产业的发展一定存在着积极作用——因为它冲销了副(负)作用而有余。由于数据缺失,难以利用美国时间序列数据进行计量建模,现有文献主要基于包括美国在内的面板数据进行分析。在计量史学文献中,与传统认识不同,"贝洛赫悖论"是指关税与增长之间具有正向关系。这种关系由贝洛赫提出之后,奥罗克、杰克斯等利用 19 世纪后期至 20 世纪初期的跨国数据给予了支持。[3] 但是,新近的研究出现了分叉。一支文献对这种关系予以否认[4];另一支文献从关税结构等角度给予了支持。特别是勒曼和奥罗克采用相对发达国家(包括美国)的面板数据进行分析后发现,制造业关税与增长具有稳健的正向关系,农业关税与增长具有稳健性差的反向关系。他们认为存在高关税经由工业部门驱动整体经济增长的机制。[5] 这是对欧文 2002 年观点的回应。[6]

上面这些支持性证据尽管还不完备,但已对主流经济学当中的非历史主义提

---

[1] Sundararajan V., The Impact of the Tariff on Some Selected Products of the U. S. Iron and Steel Industry, 1870—1914, *Quarterly Journal of Economics*, vol. 84, no. 4, 1970, pp. 590—610.

[2] Irwin, D., Did Late-Nineteenth-Century U. S. Tariffs Promote Infant Industries? Evidence from the Tinplate Industry, *Journal of Economic History*, vol. 60, no. 2, 2000, pp. 335—360.

[3] O'Rourke, K., Tariffs and Growth in the Late 19 Century, *Economic Journal*, vol. 110, 2000, pp. 456—483. Jacks, D. S., New Results on the Tariff-Growth Paradox, *European Review of Economic History*, vol. 10, no. 2, 2006, pp. 205—230.

[4] Tena-Junguito, A., Bairoch Revisited: Tariff Structure and Growth in the nineteenth Century, *European Review of Economic History*, vol. 14, no. 1, 2010, pp. 111—143. Schularick, M. and Solomou, S., Tariffs and Growth in the First Ear of Globalization, *Journal of Economic Growth*, vol. 16, no. 1, 2011, pp. 33—70.

[5] Lehmann, S. H. and O'Rourke, K. H., The Structure of Protection and Growth in the Late Nineteenth Century, *Review of Economics and Statistics*, vol. 93, no. 2, 2011, pp. 606—616. 另外,一部分研究者认为,高关税政策之所以在 19 世纪后期至 20 世纪初具有促进经济增长的作用,主要是由于那时的生产技术相对简单,技术模仿比较容易,知识产权保护尚不完备。然而,第二次世界大战之后,情形发生了改变,这种正向关系难以为继甚至表现为反向的关系了。参见尹翔硕、尹翔康:《贸易保护、技术进步与经济增长——对两段历史经验比较》,《亚太经济》2001 年第 2 期。

[6] Irwin, D., Interpreting the Tariff-Growth Correlation of the Late 19th Century, *American Economic Review*, vol. 92, no. 2, 2002, pp. 165—169.

出了挑战,同时也支持了马克思、恩格斯以及本书的基本观点,而与斯密学说和现在仍处于主流地位的自由主义经济学观点相去甚远。

四、结论与启示

此前的长时段、多指标、跨学科考察业已揭示:关税保护是一种战略性行为,是美国崛起大战略的关键一环;在整个崛起时代,美国都遵循了保护主义理念;内战之前,普遍的关税保护力助美国建立起了独立的工业体系;内战之后,精准的高关税保护力促美国形成了内需主导型工业化道路,"一战"爆发时即已迎来了工业和农业都具有绝对优势的国民经济新格局。在崛起时代,美国国内自由竞争以关税保护为前提,关税保护和自由竞争成为经济崛起不可或缺的两个方面,主流经济学家仅仅强调后者的作用,是典型的历史虚无主义观点。由于关税保护政策对美国经济崛起而言厥功至伟,这种历史记忆对美国后辈政治家自然会产生深远影响。①

斯密的自由贸易理想被美国崛起时代的经济史实彻底击碎了。与斯密不同,马克思辩证地指出关税保护政策"促进了国内自由竞争的发展"。这种政策除了派生出间接作用和迂回作用之外,还将外国产品阻挡在国门之外,将美国日益扩大的市场留给国内企业。因此,考察美国经济崛起的缘由的时候,我们不应忘记关税政策的保驾护航。恩格斯认为关税保护尽管在崛起时代是一种优势策略,但崛起之后优势策略将转变为自由贸易。这意味着对外贸易政策选择与经济发展阶段有关。在国家层面上,这个判断与英美历史大势是相符的;在产业层面上,即使是先进国家,产业发展也会参差不齐,贸易政策总是具有差异性。

诚然,关税保护政策是美国经济崛起的重要支撑;但是,我们并不认为特定时空下有效的经济政策通过简单的时空挪移即适用于其他国家。因此,借鉴经济政策的时候,我们必须避免"无意的时代错置"(Unintentional Anachronism)。② 同时,我们也要警惕历史虚无主义,不要被先发国家做了选择性传播的经济思想所迷惑。③ 历史还清楚地告诉我们,英国在19世纪中叶推行单边自由贸易政策,在第二

---

① 伍山林:《美国贸易保护主义的历史根源——以美国重商主义形态演变为线索》,《财经研究》2018年第12期。
② 这里的含义是先验地认为,历史上成功的政策在当下也肯定是可以取得令人满意的效果的。
③ 伍山林:《西方经济思想传播的"选择性"》,《文汇报》2018年3月2日。

次工业革命中丧失了主导权[1]，霸权地位开始走向衰落；与之恰成对照，美国取得霸权地位之后吸取了英国的经验和教训，在"威逼利诱"其他国家采用自由贸易政策的同时，自己却在相机抉择自由贸易政策和保护贸易政策。[2]

本章小结

在整个崛起时代，美国重商主义政策具有特定的系统性。其中，大陆扩张和关税保护这两个方面最能体现战略性质和特征。美国先是通过大陆扩张做大国土规模，进而为后来的经济增长从生产要素方面打下牢固的基础；再是在大陆扩张基础上，把自己的领土向外推展到自然边界，即太平洋沿岸，使自己变成一个真正的"两洋国家"，进而开始提出美国太平洋商业帝国构想。由于与大陆扩张相伴随的是新州设立和领土化过程，这就与英国海外殖民扩张在性质上产生了分野。在大陆扩张过程中，各种资源（如金矿）不断被发现，并且借由"淘金热"，美国无论是金币的铸造（从而对经济增长产生积极作用）还是金的进出口，其特征都为之一变。与此同时，在整个崛起时代，美国考虑到地缘政治等诸多因素，一直遵循保护主义理念。其中，长期的关税保护不仅使得美国在内战之前建立起相对独立的工业体系，而且使得美国在内战结束之后半个世纪里，走出了一条与英国不同的内需主导型工业化道路，以至于在19世纪90年代中期，美国变成了世界上工业产值最大的国家，为国家崛起打下了坚实的物质技术基础。总之，与英国崛起依赖的那个构型（它的主要特点是国内工业发展与海外殖民扩张结合起来形成内外大循环）相比，美国在其独具特色的重商主义战略的指引下，形成了一种关于国家崛起的新构型，它的主要特点是在大陆扩张和领土化基础上形成了内部经济大循环。

---

[1] 邓久根、贾根良：《英国因何丧失了第二次工业革命的领先地位?》，《经济社会体制比较》2015年第4期。
[2] 伍山林：《从战略高度认识与应对中美贸易争端》，《国际贸易》2018年第6期。

第六章

美国重商主义新形态

美国于 1913 年实现全面崛起之后,旋即进入了一个颇为复杂的可称为"踟蹰的霸权"的过渡时期(1914—1945 年)。此后,就进入了布雷顿森林体系时期(1946—1971 年)。但是,布雷顿森林体系于 1971 年解体之后(特别是牙买加体系生效以来),美国经济运行驶入了一条相对稳定的新轨道。在这个至今还没有结束的阶段里,美国重商主义呈现出了若干新形态。不过,需要注意的是,这些新形态一方面可以视为美国重商主义传统形态在新的战略环境下的延续和变化;另一方面它的主要特征在"踟蹰的霸权"时期和布雷顿森林体系时代已有诸多酝酿和孕育,可视为它们的直接发展和最终定型。因此,要研究美国重商主义新形态,除了前面已经研究过的重商主义传统形态外,我们还要对 1914—1971 年这个过渡时期做一点必要的说明和概括。

第一节 从传统形态向新形态过渡

对于 1914—1971 年这个过渡时期,我们认为可以进一步将它区分为两个阶段:一是包括两次世界大战的阶段,或者说是"踟蹰的霸权"阶段。这个阶段是指 1914—1945 年。二是布雷顿森林体系阶段。这个阶段是指 1946—1971 年。

一、"踌躇的霸权"阶段

此时,美国尽管已具备作为霸权国家的实力,但在身份认同方面,由于诸多考虑而处于犹豫和观望的阶段。[①] 我们避开其他方面不谈,单从经济和战略这两个方面来说,进入这个阶段的时候,美国工业不仅在规模上而且在技术上都已处于世界领先水平,但美国在军事特别是海军建设上,与当时的一流强国(如英国和德国)相比还并不具有优势,需要不断积累和优化海军资产才能逐渐树立信心。因此,美国在两次世界大战中,无不是先采用观望和两边得利的策略,待到双方大量消耗了战力和都处于疲惫状态的时候,再断然出手一举确立局势,并且营造一个于己长远有利的国际格局。因此,可以这样说,在"踌躇的霸权"阶段,美国尽管已经具备左右时局的实力,但依然采取相对谨慎的态度,机会主义地利用世界大战带来的良机,进一步发展壮大自己和削弱竞争对手的实力,为有朝一日获得无可撼动的霸权地位而做战略隐忍。

1. 依然迷恋高关税

当然,在两次世界大战之间也有一个不算太短的间歇期的。在这个间歇期中,美国尽管不再采取像以前(指的是南北战争结束至第一次世界大战爆发期间)那样的贸易保护主义措施,但它对自由贸易的态度依然是极不坚决的。一旦经济出现异常情况,美国便从自己的历史记忆中寻找最熟悉的解决方案。例如,当大萧条于1929年开始对经济运行产生触目惊心的破坏之后,美国政府在1930年便毫不犹豫地推出了《斯穆特—霍利关税法案》(Smoot-Hawley Tariff Act),对一大批进口产品大幅度地提高关税。需要注意的是,在大萧条爆发之前,美国关税率一度是下降的(比如纳税商品关税率从1914年的37.63%下降到1920年的16.4%),并且到1929年的时候也还只有40.1%;但是,《斯穆特—霍利关税法案》颁布之后(与此前相比,多达1 125种商品的关税受到了调整,其中增加关税的商品达890种),1930年、1931年、1932年、1933年、1934年和1935年美国纳税商品关税率分别为44.71%、53.21%、59.06%、53.58%、46.70%和42.88%,直到1936年才又恢复到1929年之前的水平。[②] 从事后的统计来看,此举引起不少国家采用关税报复政策

[①] 王立新:《踌躇的霸权:美国获得世界领导地位的曲折历程》,《美国研究》2015年第1期。
[②] Bureau of the Census, *Historical Statistics of the United States, 1789—1945*, Washington, D. C., 1945, p. 247.

（如针对这种以邻为壑的政策而竞相提高关税），国际贸易受此影响而走向了萎缩，全球陷入了关税保护与贸易萎缩的恶性循环之中。在表 6.1 中，我们将 1930—1935 年作为《斯穆特—霍利关税法案》的影响时期，并且在这个时期前后各取 6 年作为比照。由此可以看出：(1) 与前后两段时期相比，无论是"总商品关税率"还是"纳税商品关税率"，在这个时期都是相对较高的。(2) 与前后两段时期相比，无论是进口还是出口，在这段时期都是相对较低的。我们可以看到"金德尔伯格螺旋"反映了关税损害贸易这种残酷的现实。①

表 6.1　　　　　　　1924—1941 年美国关税与商品进出口②

年份	总商品关税率(%)	纳税商品关税率(%)	进口商品价值（亿美元）	出口商品价值（亿美元）
1924	14.89	36.53	3.61	4.59
1925	13.21	37.61	4.23	4.91
1926	13.39	39.34	4.43	4.81
1927	13.81	38.76	4.18	4.87
1928	13.30	38.76	4.09	5.13
1929	13.48	40.10	4.40	5.24
1930	14.83	44.71	3.06	3.84
1931	17.75	53.21	2.09	2.42
1932	19.59	59.06	1.32	1.61
1933	19.80	53.58	1.45	1.67
1934	18.41	46.70	1.66	2.13
1935	17.52	42.88	2.05	2.28
1936	16.84	39.28	2.42	2.46
1937	15.63	37.80	3.09	3.35
1938	15.46	39.30	1.96	3.09
1939	14.41	37.33	2.32	3.18
1940	12.51	35.63	2.63	4.02
1941	13.59	36.75	3.35	5.15

---

① 这个"螺旋"使各国深受其害，以至于 1934 年 6 月 12 日美国国会通过了《互惠贸易协定法》(Reciprocal Trade Agreement Act)。世界贸易政策方向自此发生转变。

② Bureau of the Census, *Historical Statistics of the United States*, *1789—1945*, Washington, D. C., 1945, pp. 243—244, 247.

2. 趁两次世界大战之机大量囤积黄金

在美国崛起时代,美国黄金的进出口差额大多是间有正负的,仅在为数较少的时段连续为正或连续为负。自 1825 年以来,就黄金的进出口差额至少连续 3 年方向相同的时段来看,计有:为正的时段是 1826—1833 年、1839—1842 年、1850—1860 年、1862—1877 年、1889—1896 年;为负的时段是 1834—1836 年、1878—1883 年、1897—1899 年、1906—1908 年。同时,黄金进出口差额还不是很大,差额最大和次大的年份分别是 1898 年的 −1.05 亿美元和 1881 年的 −0.97 亿美元。[①] 但是,在两次世界大战期间,这样的记录被打破了。例如,在第一次世界大战之前和初期,美国在 1912—1914 年连续 3 年黄金的进出口差额为正,但是紧接着在 1915—1918 年连续 4 年黄金的进出口差额为负,并且在 1916 年达到了 −5.3 亿美元的历史新高度;并且,自此以后,黄金的贸易差异一直较大,比如 1920—1924 年不仅年年为负,而且累积的总量达到了 −15.53 亿美元。特别是"二战"前夕以及"二战"早期,黄金是持续、长期、大量流往美国的。1934—1943 年,美国连续 10 年黄金的进出口差额为负;并且,差额最大的 1940 年净流入美国的黄金的价值居然高达 47.4 亿美元之巨。在这 10 年里,净流入美国的黄金的价值的累积量,达到了 172.34 亿美元。[②]

美国之所以从世界大战中获得了这样大的利益,一定程度上是其采取绥靖政策的结果。从其战略构想来看,美国在战争苗头初露的阶段和战争展开的早期,其策略主要是支持力量相对较为弱势的那一方,以便推动战争的发生并且使其相对持久;待到进入相持阶段之后,美国再采取"选边站"策略,以雄厚的实力确立对自己未来最为有利的世界格局。例如,弗格森(Niall Ferguson)说:

> 1934—1938 年,美国出口到德国的汽车燃料和润滑油增加了近 3 倍。美国公司向德国提供磷石灰(用于做化肥),占其进口总量的 31%—55%;铜和铜合金,占其进口总量的 20%—28%;进口的铀、钒和钼,都在 67%—73% 之间。德国进口的所有的铁和废旧金属,有一半来自美国。美国公司,包括标准石油公司、通用汽车、杜邦,甚至 IBM,都扩大其在德国的经营范围。到 1940 年,美国在德国的直接投资总额为

[①] 在本书中,黄金进出口差额是用"出口减去进口"这样的方式来计算的。因此,数值为负的时候,表示进口多于出口,即净流入。

[②] Bureau of the Census, *Historical Statistics of the United States*, 1789−1945, Washington, D. C., 1945, pp. 243−245.

2.06亿美元,不比在英国投资的2.75亿美元少多少,而比在法国投资4 000万美元要多得多。在亚洲,美国建立了一个要求别人反抗侵略,同时追求自身经济利益的模式。①

美国的绥靖政策尽管给世界增加了无尽的苦难,但是给自己增加了巨大的财富和影响力。单就财富而言,我们可以看到:(1)美国趁两次世界大战之机,在自己已经具备了足够实力的前提下,依然策略性地利用中立国身份而大发战争财;(2)美国崛起之后,其对黄金的重视程度,比崛起时代有过之而无不及。在加利福尼亚"淘金热"那段时期,美国除了在国内增加金铸币外,还是出口了为数不少的黄金的;但是,通过利用"一战"和"二战"的机会,美国囤积了巨量黄金。这就为"二战"结束之后美国通过布雷顿森林体系建立美元霸权进而支撑美国霸权,打下了贵金属基础。

二、布雷顿森林体系阶段

在这个阶段,正如图6.1所示的那样,资本支撑下的美国政治、经济、军事等,通过布雷顿森林体系与军工综合体等方面,建立起了包括军事霸权、美元霸权和其他霸权等在内的美国霸权。阅读这张图的时候,我们的起点是最右边的资本。我们之所以将资本标为灰色,主要是想表示资本是位于美国政治、经济、军事结构最基层的决定性因素;并且,资本通过何种方式作用于美国政治、经济、军事及其结构,又是极其复杂的,其中很多内容迄今为止仍处于"黑箱"状态而没有得到充分揭露;不仅如此,资本的主人甚至着意隐藏它的意志和战略,人们看到的往往只是处于表层的东西。而当资本分割为不同体系或者财团的时候,人们看到的就更只是一些枝节性的东西了。问题的重要性恰恰在于:当我们从重商主义或者说国家经济战略的角度对它进行考察的时候,我们又必须从总体运行角度进行条分缕析的解剖。

对于美国重商主义新形态的形成来说,在布雷顿森林体系阶段最需要注意的是下面三个相互关联的方面,即货币体系、军工综合体和出口管制,它们是美国霸

---

① [英]尼尔·弗格森:《世界战争与西方的衰落》(下),广州:广东人民出版社,2015年,第360页。

第六章 | 美国重商主义新形态

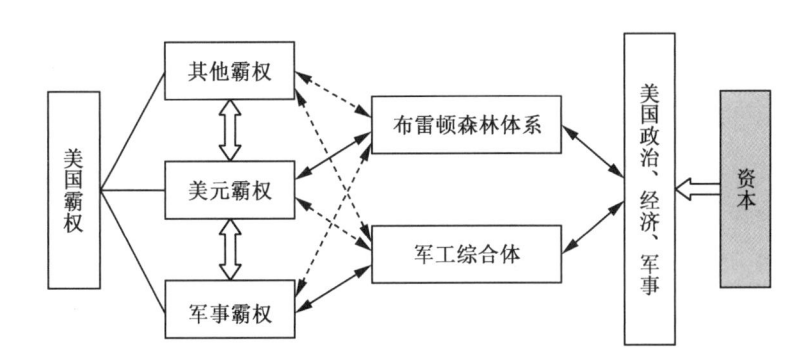

图 6.1　布雷顿森林体系作为美元霸权和美国霸权的支撑①

权的核心支撑。借助于布雷顿森林体系下的国际货币体系,美国通过剥夺其他国家的财富,为维护自己的霸权地位而不断地造血和输血;借助于军工综合体,美国通过国内经济的军国主义运作和对世界格局变化的军事控制,为维护霸权地位奠定安全基础和压缩战略竞争对手的选择空间;通过出口管制保证自己在技术领域具有非对称优势。我们由此可以看到,美国是想塑造一个关于货币金融、军事战略和关键技术的综合体系,主动控制世界格局的变化。

1. 美元与黄金双本位下的美元超发

"二战"行将结束的 1944 年 7 月 1 日至 22 日,西方主要国家(44 个)在美国新罕布什尔州的布雷顿森林举行了会议,确立了"布雷顿森林体系"。其核心内容是实行以黄金与美元为基础的双本位制度,即会员国的货币与美元之间保持固定的汇率,而美元与黄金直接挂钩,黄金官价确定为每盎司 35 美元。这个体系可表述为固定汇率、"双挂钩"与黄金官价。在这样的安排下,美国被赋予了无限的信用:一方面,其他国家的货币只有按照固定的汇率交换到美元后,才能按照约定的官价交换到黄金;另一方面,各国心目中不约而同地认为,美国拥有无限的可兑换的黄金。但是,这两个方面并不是严密契合的。诚然,美元发行是容易办到的,因为美元的印制快速且成本低廉;但是,黄金按官价进行兑换有可能出现大问题,因为即使是美国,其所拥有的黄金储备也是有限的。因此,为了一己之利,美国可能先多印制美元,待到黄金储备不付兑换的时候,或预计兑换危机将要出现的时候再违

---

① "布雷顿森林体系"除了对国际货币体系做了安排外,还有两个重要的附件,即《国际货币基金组织协定》和《国际复兴开发银行协定》,并于 1945 年 12 月 27 日在华盛顿成立了"国际货币基金组织"(International Monetary Fund)和"国际复兴开发银行"(International Bank for Reconstruction and Development)。

约,将给自己带来重大经济利益,同时使其他国家造成重大损失,虽然这会危及这个安排的稳定性。① 历史表明,美国确实是这样做的。当然,有些国家注意到了这一点,并且采取实际行动以规避兑换风险。例如,法国等就是这样做的。考虑到美国超发美元必然最终导致美元储备逐渐贬值,将它转换为黄金就是一个具有经济合理性的选择。在欧洲,戴高乐采取与美国利益独立的姿态,更兼国际著名货币经济学家鲁伊夫(Jacques Rueff)乃其顾问,他认为国际黄金交易应该有其独立的市场,黄金价格不应该与美元挂钩,因此对于美国超发美元和支付赤字这样的使黄金官价与市价发生偏离的状态,早就多有不满了。于是,这些国家(特别是法国)提出种种条件,希望从美国那里交换到可以补偿的利益,由此在西方大国的内部生出了诸多矛盾。② 最突出的表现是1965年戴高乐尖锐地指出,由于美国主权货币即美元拥有"过度的特权"(Exorbitant Privilege),布雷顿森林体系将因被美国滥用而变得充满危险,欧共体应该放弃布雷顿森林体系而重返金本位,美国的"国际货币权力"应该逐渐被削弱。作为具体行动,法国带头将自己的美元储备兑换为黄金并且鼓励其他国家也这样做。③ 由此可见,布雷顿森林体系做出的安排,是具有内在不稳定性的。当然,也正是这种内在不稳定性,使得美国这个主导国能够机会主义地利用它来谋取私利。④ 但是,不管怎样评价美国的国际契约责任,其最终结果都是美国借由布雷顿森林体系,通过超发主权货币而获得了超额财富——这种财富是通过财富的国际再分配而得到的,它直接表现为因美元霸权而产生的利益。重要

---

① "特里芬难题"(Triffin Dilemma)揭示了这个矛盾的形成机制。他在1960年的著作中说:
  由于美元与黄金挂钩,其他国家的货币又与美元挂钩,美元因此而取得了国际核心货币的地位。于是,各国为了发展国际贸易,就要求必须用美元作为结算手段与货币储备。这样做,就会导致流出美国的美元,在海外不断沉淀。这样,对美国来说,就会发生长期贸易逆差。而美元作为国际核心货币的前提是必须保持美国币值稳定与坚挺,这就又要求美国必须是一个长期贸易顺差国。这两个要求互相矛盾,因此是一个悖论。

特里芬的说明意味着,这个体系终将走向破产。然而,他的另一个(不太被重视的)言下之意是:在布雷顿森林体系下,美国贸易逆差与取得美元超发利益是不可分离的。这一点在牙买加体系下依然有条件地成立。[美]罗伯特·特里芬:《黄金与美元危机——自由兑换的未来》,北京:商务印书馆,1997年,第1页。

② 温强:《浅析肯尼迪政府时期美法在支付领域的矛盾》,《美国研究》2006年第3期。

③ 赵柯:《货币国际化的政治逻辑——美元危机与德国马克的崛起》,《世界经济与政治》2012年第5期。

④ 在布雷顿森林体系货币安排下,美国的央行变成了全世界的央行。从"二战"结束至1971年,美国的货物贸易大多保持小幅顺差,但财政赤字经常性地发生。在这种情形下,美国超发的美元一方面以铸币税的方式进入美国的财政口子,进而以物质和服务的方式体现在美国的财政支出中;另一方面,它又以现金美元或美元储备的方式,在其他国家沉淀了下来或被其他国家所持有,以使自己的国际贸易能够顺利地进行。在那个年代,汇率是固定的,国际贸易是否能够顺利进行,更多地取决于是否拥有足够的支付手段即美元。沉淀在他国的现金美元,美国是几乎无须偿还的;至于他国持有的美元储备,美国也只在很可能不发生的情形下才需偿还。

的是，通过这种渠道而获得的巨额利益，又成为美国维持霸权地位所必不可少的一个重要财力来源。

2. 以出口管制保护敏感与高新技术

在英国重商主义政策中，对先进生产技术和设备以及相关人员进行严密控制是一个重要的方面。只有到了英国确认自己已经取得了绝对优势地位之后，才在单边自由贸易的框架下放松了管制。但是，英国因此而吃了亏。美国吸取了英国的教训，第二次世界大战结束之后不久，尽管自己处于生产技术的顶端，依然着手构建国际阵营，对阵营之外的国家采取技术封锁与禁运的政策（因为在阵营内部几乎不会出现竞争对手）。其实，早在1947年12月，美国就专门针对苏联和东欧各国制定过禁止出口战略物资的政策。在美国后来采取的一系列相关动作中，最值得关注的是成立所谓的"巴统"。"巴统"指的是"针对共产主义国家出口的协调委员会"(Coordinating Committee for Export to Communist Countries)。它是在美国提议下于1949年11月成立的，其总部设在法国巴黎。它包括美国、英国、法国、意大利、比利时、荷兰这6个创始成员国（朝鲜战争结束之前，又有西德、丹麦、挪威、卢森堡、葡萄牙、加拿大、希腊、土耳其、日本先后加入，1985—1989年西班牙和澳大利亚又加入其中）。它针对的出口商品，主要包括禁运的军事武器装备、尖端技术产品、稀有物资三大类；它针对的主要是社会主义国家。由此可见，"巴统"一出生，便对其赋予了明确的意识形态异质性。它的目的主要是：协调甚至统一西方国家的对外姿态和立场，使那些受到管制的国家不能或者很难从西方世界得到战略物资、先进技术和高科技产品，以便限制它们的战略能力和技术能力，保持和维护西方阵营的战略优势地位。说得更直接一点就是：在体系意义上，"巴统"是为"冷战"服务的；在国家意义上，"巴统"是为美国霸权服务的。①

"巴统"的出现和执行总的来说反映了美国遏制政策的基本思想。对此，需要注意的地方有：(1)在"巴统"制定的"国际安全清单"中，已经将"美国安全清单"②1A中的144种物品列入禁运范围；但是，美国1B清单内的物品，直到朝鲜战争前夕，50%以上没有列入"巴统"的管制范围。因此，尽管处于同一阵营，但是美国与"巴统"中其他成员国的看法是存在一定的分歧的。(2)起初，中国并不在"巴统"管制范围之内。那是由于美国尚且存有一种希望，即中国有可能发展成为一种制衡苏

---

① 除了用过国际协议进行广泛的遏制外，美国同时还通过国内法如《出口管制法》等进行更有针对性和高效的遏制。对于特定的物资、技术和产品，美国的遏制其实是双管齐下的。

② 这是指"美国出口管制"中所列的清单。

联的力量。但是,新中国于1949年10月1日成立之后,美国的对华政策不久便为之一变,朝鲜战争爆发更是成为一个分水岭。1952年6月,"巴统"组织划定的禁运物品扩展到285种,并且对中国实行特殊管制,美国贸易清单IL中的三类物品,一律对中国实行禁运;而所谓"中国差别"问题,亦由此产生。更有甚者,1952年8月,"巴统"成立了由美、英、法、加、日5国构成的中国委员会,将总共295种商品列入(针对中、朝等亚洲的共产主义国家)禁运范围,其中207种根本不属于"巴统"管制范围。是年9月,美、日又签订秘密备忘录,加大管制商品范围。①(3)需要提及的是,尽管"巴统"等对资本主义国家特别是美国的出口产生了抑制,但是它是通过这种比较小的损失来达到最终战略目的的一种国际性安排。从这个意义上,我们说它也是一种重商主义政策。不仅如此,为了适应形势需要,它还是发展着的。

3. 军、政、企勾连形成"军工综合体"

针对特定竞争对手,美国还嫌出口管制的力度和进攻性不够。作为重要补充,特别是完成其他更重要的使命,美国在"二战"结束之后逐渐形成了所谓的"军工综合体"。此前,我们利用图6.1给出了一个关于美国霸权的系统性框架。其中美元霸权与军事霸权是紧密相连的:美元霸权为军事霸权提供必要的财力支持,军事霸权为美元霸权的运行提供必要的力量保障。这里,我们将讨论一个把政权、军事和财富联系在一起的所谓"军工综合体",是一种更直接地维护军事霸权的战略性组织形态。借此我们可以看到,美国霸权是生成于一种扭曲的政治、经济与军事结构的,而这种结构又服务于资本的利益。这种结构尽管在美国可以说是源远流长的,但是对它的具体表述和广泛关注,又始自我们现在讨论的布雷顿森林体系时期。

"军工综合体"或"军工复合体"(Military-Industrial Complex),是指由如下三类主体构成的利益共同体:(1)军工企业或资方。在美国,军工企业是为数众多的。但是,历史发展以及资本规模决定了,在"军工综合体"中起作用的,主要是那些重要的供给军工产品的财团,比如洛克希德·马丁公司、波音公司、雷声公司、通用动力、诺斯罗普等。这些公司或军火商各有其拳头产品,在美国国防部合同中所占的比重长期以来都是相当大的。它们一方面有积极性,通过共同努力做大美国国防购买这个大盘子;另一方面,它们也有积极性为了自己的合同份额彼此之间展开激烈的争夺。为此,它们要从两个方面做出努力。一是与军方紧密合作,放大美国危

---

① 崔丕:《美国的遏制政策与巴黎统筹委员会、中国委员会论纲》,《东北师大学报(哲学社会科学版)》2000年第2期。

机感以创造美国军火需求;二是与政治家紧密合作,特别是投入资金通过游说团说服国会议员,推动国防预算的提升和相关政策的出台。(2)军方。军方也有自己的利益,它需要为美国树立一些像模像样的假想敌,以便为从联邦政府那里争取到更多的预算而找到比较合适的借口。这个时候,最优的策略是诉诸意识形态竞争和国家竞争,从大国博弈的角度强调特别是放大美国的危机感。很显然,这样的理由很容易找到。在"冷战"时期,两大集团的竞争为军方扩大自己的利益范围准备了取之不尽的题材。为此,在役的将军、退役的将军、军方的技术研究机构、相关的智库等,也就成为论调一致的吹鼓手。(3)政治家。除个人私利之外,国会中的议员往往自诩为战略家,从自己国家的长远发展和霸权大局的战略高度进行考量。这个时候,他们也就很自然地给"军工综合体"中的另外两方以可乘之机。这样看来,一方面,"军工综合体"是有其内在的发展动力的,以至于"二战"结束之后,它不断发展壮大进而成为在美国政治经济生活中一个势力庞大的利益集团,对美国经济运转和经济性质产生了深远影响,同时也导致全球不稳定、不安全的程度复杂多变,国际冲突此起彼伏;另一方面,美国的社会、政治、经济甚至意识形态等,也在一定程度上被"军工综合体"所绑架。

对于"军工综合体",早先就有摩斯(Malcom Moos)和威廉姆斯(Ralph Williams)等人进行过阐述[①];但是,使这个概念不胫而走并且引起了极大关注的是美国总统艾森豪威尔(Dwight D. Eisenhower)。作为一项政治遗产,他(1961年)在告别演说当中一方面认为形成"军工综合体"为时代之必要,另一方面又根据"军工综合体"可能产生的消极后果而提出警惕。在那个著名演说中,他强调了如下几个方面:(1)强大的军队对美国而言是必要的。他说:"军事建设是维护我们的和平的不可或缺的要素。我们的军队必须强大,随时准备行动,以使任何潜在侵略者不敢贸然采取以卵击石的行动。"(2)当时不同往日,军事组织和军事工业发生了革命性变化。他说:"我们今天的军事组织,与我的任何一位和平时期的前任,或者第二次世界大战或朝鲜战争中的军人所了解的相比,已经大相径庭。""直到最近的世界大战之前,美国仍然没有专门的军事工业。美国的犁铧制造商们,必要时也铸剑。但是,现在我们不能再以临阵磨枪的方式承担国防风险;我们需要创建规模宏大的永久性军事工业。"(3)"军工综合体"是前所未有的,其影响是多方位的,但是美国应该警惕当中的消极方面。他说:"大量的军事建设与规模庞大的军事工业结合起来,这在美国历史上是没有先例的。它的

---

① 詹姆斯·法罗斯:《军工复合体》,《国外社会科学文摘》2003年第3期。

所有影响——经济的、政治的，甚至精神的——在每个城市、每座州议会大楼、每间联邦政府办公室都能感觉得到。我们承认这种发展绝对必要，但是我们不能不综合考虑其重大影响。它涉及我们的人力、资源、生活，乃至社会结构。""在政府各部门，我们必须警惕军工综合体取得无法证明其正当性的影响力，不论它这样追求与否。""我们绝不能让军工综合体的力量危害我们的自由或民主过程。我们不应心存侥幸。只有警觉而明智的公民才能使庞大的工业和国防军事机构与我们的和平的手段和目标配合得当，以至于安全和自由能够共享其荣。"(4) 与"军工综合体"有关的技术快速发展，并且改变了技术的生产和组织方式，其中政府主导的方式将逐步增加。他说："最近几十年，我们的工业—军事态势当中的许多变化与技术革命相互呼应并且类似。""在这场技术革命中，研究工作正趋向于集中；它变得更加正规、复杂和昂贵。为联邦政府而实施、由联邦政府来实施，或在联邦政府的指导下实施的研究工作的份额，正在逐步增加。"①

从事后的发展来看，艾森豪威尔1961年的担心绝对不是多余的。从某种意义上说，美国的政府运作、经济运行、政策选择以及国际局势的发展等，很大程度上被"军工综合体"绑架到了一条日益危险的道路上。从重商主义角度来说，在曾经的欧洲，它的一个重要特征是王权、海军与商船队紧密地结合起来，开拓殖民地并开展与殖民地的贸易成为重要经济命脉；在当时以及后来的美国，政治、军事与资本却在"军工综合体"的裹挟下畸形地结合起来，通过维护霸权、扩张军力、垄断资本以及频繁地挑起和发动战争，使美国得以实现自己的特定目标。

4. 布雷顿森林体系的遗产

布雷顿森林体系运行20多年之后就于1971年因"尼克松冲击"而崩溃了。但是，它在"冷战"时期是以一种相对稳定的方式而对全球特别是美国的发展产生过深远的影响的。当我们这样说的时候，言下之意便是美国以及全球后来的发展，在很大程度上是由于国际货币体系继承了布雷顿森林体系的遗产。②

重要的是，从重商主义角度来看这些遗产主要表现在哪些方面呢？首先，美国乃至全球前所未有地靠近了信用货币时代——它离完全的信用货币时代只有一步

---

① Dwight D. Eisenhower, Farewell Address, 17 January 1961.
② 这个遗产泽惠于此后的美元霸权。参见李向阳：《布雷顿森林体系的演变与美元霸权》，《世界经济与政治》2005年第10期。不仅国际货币体系，美国在出口管制政策和"军工综合体"等方面，也继承了布雷顿森林体系时期的遗产。不过，相对而言，国际货币体系的变化（从布雷顿森林体系到牙买加体系）要大得多，并且产生的连带影响也大得多（这是我们在后文要阐述并且予以强调的）。

之遥了。这个时候,作为国际货币发行国的美国,尽管依然重视黄金的作用,但在其同时,又前所未有地重视了主权货币即美元在霸权利益诉求的实现中的重要性。这时,(纸币的)美元霸权尽管仍然受到了一定的束缚,但是它已然开始担当作为一项重要的战略性工具的职能了。其次,这个时候,美国已经清楚地知道,国际货币霸权收益只能由自己一家垄断性地获得,这就需要衍生出一些配套措施,在全球范围内为维护这种垄断地位而采取战略性行动。其中,国际性的"巴统"组织和国内的出口管制条例等,在一定程度上也可以视为保持这种垄断性的重要举措,更不用说影响力遍及全球所有相关国家的"军工综合体"这种直接构筑美国军事霸权的手段了。也就是说,有了军事霸权做最后的保障,一旦出现某个或某些国家(或国家集团)的主权货币具有挑战美元霸权的潜力的征兆,采用军事作为辅助手段消除这种威胁,也就成为美国政府的重要选项。

总之,通过这个重要的过渡时期,美国在国内组织和制度安排以及国际组织和条约等方面,为后来发展奠定了力量、制度和组织基础。

第二节　经济保护多样性及战略考量

其实,在布雷顿森林体系下,美国经济保护多样性已有所呈现,只不过这个体系崩溃之后其多样性更加明显了而已。它主要体现在如下几个重要方面。

一、以出口管制保护先进技术

1971年后"巴统"组织继续起作用并且扩大了成员国规模。但是,由于这个组织的重要任务是从美国角度为以美苏为首的两大集团之间的"冷战"服务的,因此随着东欧剧变和苏联解体,这个组织的重要性已被美国看轻,甚至在1994年3月被解散了。此前,同样是为了"冷战"考虑,美国为了联手中国对付苏联,一度放松了对中国技术出口的管制。但是,"冷战"结束后,尽管一个集团性的对手不复存在了,甚至俄罗斯在1996年被纳入了作为"巴统"组织的接续的《瓦森纳协议》(Wassenaar Arrangement),针对中国的管制却又加紧了。

《瓦森纳协议》是指1996年7月在荷兰瓦森纳会议签署的、从1996年11月1日开始实施的《关于常规武器与两用产品和技术出口控制的瓦森纳协议》。与"巴统"相比较,《瓦森纳协议》具有如下三大特点:一是产品的控制面扩大了,二是参与的成员国增加了,三是针对中国的意味更浓了。就它的具体内容而言,主要包括控制清单和信息交换规则。在"两用品与技术清单"中又列有九大类,分别是先进材料;材料加工;电子设备;计算机;电信(又分电信与信息安全两个部分);传感器与"激光器";导航与航空电子;船舶;推进系统与航天器。而每一大类又划分为5组,即设备、组件与部件;测试、检验与生产设备;材料;软件;技术。[1]《瓦森纳协议》采用国际组织和协议的形式对技术扩散的方向和范围做出非强制但又由美国主导的灵活控制,强烈的意识形态异质性和国家针对性,显露它一方面只不过是美国进行意识形态竞争和大国竞争的一种手段;另一方面,也说明美国已经看轻了俄罗斯在大国竞争中的重要性;同时,俄罗斯加入这个协议也是出于借此两面得利的考虑。

在对出口进行(技术和物资)管制方面,美国自己制定的具有连续性的出口管制或控制条例等,更加清楚地显露了它的战略意图。从时间上来看,主要政策和法规有《1949年出口管制法》《1969年出口管理法》《1979年出口管理法》《1988年综合贸易与竞争法》以及《武器出口管制法》《国际突发事件经济权利法》等。此外,还包括对"特定国家""实体名单""最终用途""最终用户"等的规定。需要注意的还有:(1)美国在出口管制法规方面的修改,完全取决于其对国际政治经济环境的判断。例如,就1979年10月1日颁布的《1979年出口管理法》而言,与此前的法规相比,压缩了受管制产品的范围、改进了出口审查制度、简化了颁发出口许可证的程序、提高了许可证审批效率。(2)即使在出口管理条例未予修改的时期里,美国也是根据形势需要而相机掌握其宽松程度的。例如,《1979年出口管理法》制定后,针对苏联入侵阿富汗问题,美国对其采取了收紧出口管理的动作,如实施粮食禁运和天然气管道设备禁运等。综合来看,美国制定出口管理条例想要实现的战略目的,可以总结为三个方面:一是加强与盟国以及友好国家的协调与合作,强化对敌对和竞争性国家的技术和产品的供给的限制,以便一方面维持自己的优势地位,另一方面减缓竞争者的模仿和追赶步伐;二是作为应对不时出现的威胁比如恐怖主义等,美国将出口管理法等作为基本的法律依据,对相关国家实施制裁(由于技术和产品的进口渠道具有多源性,美国往往通过国际合作来实现)以达到政治和安全目的。三是对敏感技术及其产品以及关键和高新技术及其产品等从源头上进行控制,是从保持军事优势的角度,而不是从纯粹经济的角度进行考虑的。

---

[1] 许晔、孟弘:《〈瓦森纳协议〉对我国高技术的出口限制》,《科研管理研究》2012年第24期。

但是,我们需要注意的是,这种出口管制其实是施加强有力的国家干预,它必然导致相关市场的失衡;并且,这种失衡必然降低了美国相关技术和产品的出口。我们由此也就可以看到,这些政策的作用其实是具有正反两面性的:其中一个方面是保持了自己的技术优势、断绝了竞争性国家对相关技术和产品的获得或模仿;另一个方面是抑制了相关技术和产品的出口,进而导致贸易逆差。现有研究无不表明,美国对出口进行严厉管制是导致中美贸易不平衡的一个重要因素。[①] 当然,这里是把贸易逆差看成一个不利的结果的。但是,话又要说回来。因为贸易逆差尽管对美国经济增长不利,但(正如后文将要论述的那样)它又是美国通过主权货币即美元获得"嚣张的特权"的一个重要前提条件。因此,从综合效果来看,其不利影响应该说并不是很大的。这反过来也说明了美国政府为什么总是热衷于采用出口管制手段。另外,采用出口管制手段具有很大灵活性,也是一个必须注意的方面。出口管理法的修订和出台需要通过国会参众两院,它往往费时;但是,如何执行出口管理法,主要由总统以及相关行政机构根据当时形势而做出决定,它是比较灵活的。

二、不时采用关税手段

在美国,贸易自由化是从第二次世界大战结束之后才真正开始的。这一点可以从美国关税率动态变化中看出来。与"二战"之前一百多年相比较,"二战"结束之后,美国关税率持续地处于低位。这在很大程度上与英国 19 世纪中期之后的情形类似。也就是说,英国和美国的贸易政策走向都符合以下规律,即认定自己的工业生产技术已经稳定处于世界顶尖水平之后,它们总是力倡自由贸易。但是,美英之间还是存在很大差异的。其中最重要的一点是,与英国当年不同,美国在自自由贸易(即低关税)轨道上,同时还采用大量非关税手段对国际贸易进行管制。这是由于:

1. 美国吸取了英国因采用单边自由贸易而致衰的历史教训

第二次世界大战结束之后,美国尽管走向了自由贸易轨道,但是它对国际贸易的限制并没有同步减少。美国尽管在趋势上降低了关税,却又推出种种其他手段,

---

[①] 亢梅玲:《中美贸易不平衡原因分析》,《世界经济研究》2006 年第 4 期。沈国兵:《美国出口管制与中美贸易不平衡问题》,《世界经济与政治》2006 年第 3 期。黄晓凤、廖雄飞:《中美贸易失衡主因分析》,《财贸经济》2011 年第 4 期。

通过非关税手段而对国内特定产业进行保护。其实,限制国际贸易的因素是具有多样性的,关税仅仅是其中一种手段而已。分类而言,这些限制性因素包括关税壁垒、非关税壁垒和运输成本等。贸易限制手段的多样性也就意味着:一个国家(如美国)是可以在降低自己的关税的同时,照样较高程度地对国际贸易做出更加灵活的限制的。对于非关税壁垒当中包含的各种手段,(除了出口管制在前面已经做过一定的说明外)我将在下文中予以具体说明。作为限制因素的运输成本,由于技术进步,它在趋势上尽管是不断下降的,但是美国政府依然采用了一些特别手段施加影响。

2. 关税政策具有政治经济周期

考诸"二战"结束之后美国关税率变化的历史背景,我们可以看到如下特征事实:(1)当美国经济运行碰到困难的时候,或者说美国经济运行进入危机轨道的时候,美国政府通常会采用提高关税的政策。牙买加体系运行至今,美国经济已经发生了多次危机(见表6.2)。我们如果以人均实际GDP负增长作为衡量经济危机的指标的话,那么1974年与1975年前后美国发生了一次持续时间很长的危机,其严重程度与30多年后的2008与2009年前后发生的经济危机基本上类似;2001年美国发生过一次时期较短和程度较小的衰退;但是,1980年与1982年美国都发生了衰退,1981年的增长也是乏力的。不仅如此,就非危机时段而言,美国的经济增长速度也是在趋势性下降的。(2)当美国总统选举从民主党获胜转换为共和党获胜的时候,美国政府通常采用提高关税的政策。自1971年以来美国总统从共和党转换为民主党的是1977年(由杰拉尔德·福特转换为吉米·卡特)、1993年(由乔治·H.W.布什转换为比尔·克林顿)、2009年(由乔治·W.布什转换为巴拉克·奥巴马),而由民主党转换为共和党的是1981年(由吉米·卡特转换为罗纳德·里根)、2001年(由比尔·克林顿转换为乔治·W.布什)、2017年(由巴拉克·奥巴马转换为唐纳德·特朗普)。重要的是,对于上面两个特征事实,我们是不能将它们割裂开来独立地进行观察的,因为它们是存在着关联的。比如说,在民主党执政时期里,经济增长往往比较差(但偶尔又是相反的)。正是这样的情形使民主党候选人在选战当中失利,共和党总统伺机上台执政;由于共和党总统面对的是经济增长乏力的状况,这就刺激新总统采用提高关税的政策,通过采用"以邻为壑"的政策促进美国经济增长。我们在前文中已经强调,在美国,共和党是富有关税保护主义传统的。重要的是,关税保护尽管在短期里能够对经济产生一定的正向刺激作用,但是在招致相关国家的关税报复之后,它的正向作用非但不会再存在,还可能引起更严重的后果;不仅如此,美国主动拉高关税的时候,还会使美国人民特别是中低收入家庭的税收负担加重,生活质量因此大受影响,以至于他们对共和党总统候选人的支持大打折扣。这就导致美国总是呈现出两党轮流执政的周期性特征。另外,选战的失败,很大程度上又是由于该党总统当时没能实现较好的经济增长。这就可以得出(见表6.2),执政党转换前后往往是美国经济衰退之时。

表6.2　　　　1971—2010年美国实际GDP与人均实际GDP增长率[①]

年份	GDP(%)	人均GDP(%)	执政党	年份	GDP(%)	人均GDP(%)	执政党
1971	3.3	2.0	共和党	1991	−0.1	−1.4	**共和党**
1972	5.3	4.1	共和党	1992	3.6	2.2	共和党
1973	5.6	4.6	共和党	1993	2.7	1.4	民主党
1974	−0.5	−1.4	共和党	1994	4.0	2.8	民主党
1975	−0.2	−1.2	共和党	1995	2.7	1.5	民主党
1976	5.4	4.4	共和党	1996	3.8	2.6	民主党
1977	4.6	3.6	民主党	1997	4.5	3.2	民主党
1978	5.6	4.5	民主党	1998	4.4	3.2	民主党
1979	3.2	2.0	民主党	1999	4.7	3.5	民主党
1980	−0.2	−1.4	**民主党**	2000	4.1	3.0	民主党
1981	2.6	1.6	共和党	2001	1.0	−0.0	**共和党**
1982	−1.9	−2.8	共和党	2002	1.8	0.8	共和党
1983	4.6	3.7	共和党	2003	2.8	1.9	共和党
1984	7.3	6.3	共和党	2004	3.8	2.9	共和党
1985	4.2	3.3	共和党	2005	3.3	2.4	共和党
1986	3.5	2.6	共和党	2006	2.7	1.7	共和党
1987	3.5	2.5	共和党	2007	1.8	0.8	共和党
1988	4.2	3.3	共和党	2008	−0.3	−1.2	**共和党**
1989	3.7	2.7	共和党	2009	−2.8	−3.6	**民主党**
1990	1.9	0.8	共和党	2010	2.5	1.7	民主党

数据来源:美国商务部经济分析局。

[①] 由于美国总统总是在1月20日交接,两位总统也就处于同一个日历年,我们将新任总统的党派作为这一年的执政党的党派。

3. 关税政策依然是重要战略手段

当战略竞争对手的国力离自己较近的时候，美国往往采用提高关税的政策发动贸易战，以达到延缓战略对手发展步伐的目的。这就要提到霸权国家惯用的"打老二"战略。

笔者在一篇文章中指出：

> 为了维护现有地位，美国从前世界霸主即英国那里学到了"打老二"战略。该战略的基本含义是：在国际关系当中，"老大"总是与盟友联起手来，对"老二"进行多维打压，使"老二"的力量离自己比较远，不至于构成威胁；并且，由于总是存在一个"老二"，"老二"又是可以易主的，于是，谁变成了"老二"，谁就会被"老大"盯上，对其防备有加，一旦力量离得较近，打压也就如期而至。在英国取得霸权地位的时代里，由于深陷欧洲强国竞争格局而难以分身，这就使得处于大西洋彼岸的美国逐渐坐大，进而成为"老二"，并且通过两次世界大战，获得了罕有其匹的力量。对此，第二次世界大战后获得霸权地位的美国是了然于胸的；美国也总是提醒自己，不要走英国的老路。于是，第二次世界大战结束以后，凡是取得过"老二"地位的国家比如苏联和日本，都已落入所谓的"大国赶超陷阱"。这种大国"崛起困境"，现在已经引起了国际关系学界广泛的关注。①

为了延缓"老二"的追赶步伐，霸权国家即"老大"对它发动贸易战的时候，对自其进口的重要商品加征关税，是一个操作起来比较方便的政策选项。因为按照美国法律（如《1962年贸易扩展法》②），美国政府也就是说总统以及相关行政机构（如美国贸易代表办公室）是有权这样做的。即一旦认定外国对美国安全产生了（或者即将产生）某种危害，美国政府可以相机抉择一些政策予以应对。当然，一旦在这个方面美国政府过度使用了权力，国会也是有权对其做出限制的。最近的例子是，2018年7月11日美国国会进行程序性投票，以88∶11这样的压倒性优势通过一个提案，限制特朗普以国家安全为由行使总统的关税权力。这也就说明，在总统利用行政权力发动贸易战的时候，除了需要在内阁统一思想，有时还要寻求参众两院的支持。因此，其结果就是：如果贸易战持续了比较长的时间，那必然是美国的两院一府达成了政治共识。

---

① 伍山林：《从战略高度认识和应对中美贸易争端》，《国际贸易》2018年第6期。
② 《1962年贸易扩展法》授权美国总统可以为维护国家安全而征收关税。作为制衡，美国国会也有权通过立法限制总统征收关税的权力。

三、非关税保护手段经常化

就限制国际贸易的手段而言,第二次世界大战结束后,一个显著特征是非关税壁垒不断被推出,并且在很大程度上形成了对关税手段的替代。这尽管是一种全球性趋势,但美国又往往是先行国。如果从贸易成本的角度对国际贸易的限制手段进行考察,就全球性趋势而言,正如杰克斯(David S. Jacks)等人估计的那样,考虑关税、运输成本以及所有其他宏观摩擦(非关税壁垒的作用也包含在其中)之后,1950—2000年,这些限制作用在大多数国家是下降的;但是,美国下降得比法国慢很多。重要的是,贸易成本下降能够解释贸易增长的33%。[1] 美国在这个方面是一个先行国,理由之一是美国在第二次世界大战结束后,通过国际组织和协议以贸易救济等名义将非关税壁垒等手段推广到全球,以及率先推出林林总总的非关税限制措施。

如果将前文已经讨论过的出口管制排除在外,那么接下来所讲的非关税壁垒(Non-Tariff Barriers,NTB)指的是一个国家或者地区通过非关税手段而对进口进行限制。手段主要包括但又不限于:(1)通关环节壁垒(细化信息提供、减慢通关速度、额外收费等);(2)差别性国内税(对进口产品征收额外的国内税);(3)进口禁令(在国际条约外增设限制);(4)进口许可(配额量不合理、不公正;管理模糊;提高审查信息要求,拖延办理);(5)技术性壁垒(借由技术法规、技术标准及合格评定程序等管制贸易);(6)卫生性壁垒(如提出WTO《SPS协议》之外的要求);(7)贸易救济(滥用反倾销、反补贴以及保障措施);(8)进口产品歧视(如加入之后不严格履行WTO《政府采购协议》);(9)补贴(做不符合WTO规则的补贴);(10)服务贸易(准入条件过严或模糊、审批程序过于复杂等);(11)知识产权(立法欠完善、执行过程拖沓、程序烦琐、司法不力等);(12)其他。对于这些手段,初看起来都是有一定的理由的,但在实际操作过程中往往偏离了规则或适度性,并且对于这种偏离,调查、取证等费时费力,困难重重。这样,非关税壁垒也就具有很大的灵活性、针对性和主动性;并且,这些壁垒大多又是在运作过程中发生的,事前较难预期,并且一旦发生,损失就已经出现了;它的影响方式也与关税有些不同,它的影响更直接、更强烈,招致的损失更难以转嫁;它也更具有隐蔽性和歧视性;由于非关税壁垒种类过

---

[1] David S. Jacks, Christopher M. Meissner and Dennis Novy, Trade Cost,1870—2000, *American Economic Review*, vol. 98, no. 2, 2008, pp. 529—534.

于繁多、取证过于困难,在国际规则中难以一一作出规定,往往只能选择一些主要手段予以原则性说明,而这又导致了原则的被滥用。

美国在国际贸易方面经常组合使用各种手段。它有时选择关税战,有时选择非关税战,更经常的是将这两者结合起来加以使用。这个时候美国不再像欧洲重商主义那样,即通过抑制进口来增加国内贵金属累积量,而是通过极具产品和国家针对性的措施,或者是保护国内的产业、技术、就业,或者是抑制对象国的产业、技术和就业。沿着这样的思路进一步向前发展,也就演变成为后来的赤裸裸的将对象国的某些企业列入所谓的"实体名单"(Entity List),美国动用各种可能的力量对它们进行非市场路径的打击,直接予以控制甚至扼杀和摧毁。1997年2月,美国商务部通过产业与安全局(Bureau of Industry and Security,BIS)对外发布了首份实体名单。这相当于美国以官方方式告诉出口商,若未得到特别许可,不能与列名实体进行诸如物项和技术等方面的贸易。这其实相当于部分地剥夺了列名实体的贸易权力和贸易机会。美国商务部的产业与安全局之所以这样做,并不是仅仅为了大小不一的市场利益,主要是为了维护国家安全这种更高的利益。当然,这份名单也不是永久的。只要列名实体做出了符合美国要求的改变,并且被美国认为已经符合它的国家安全利益和外交政策需求等重要方面,BIS就可以将其从实体名单当中移除。但需要注意的是,列入实体名单和从实体名单中移除以及移除的标准究竟是什么等,都是由美国的有关当局说了算的。因此,美国在这件事情上,其实为自己预设了主导权和主动权;并且,BIS还将其影响扩大化,通过国际协议和盟友关系以及话语权等,对列名实体的市场空间进行其认为必要的国际封杀。

美国的出口管制之所以说是全球最严格的,一是由于一旦被认定为违规,那么对其进行管辖的范围是非常宽的。即所有的"美方人"(US Persons)都要遵守出口管理条例中的物品清单和许可制度。这里所说的"美方人",包括任何美国公民、非美籍的美国永久性居民、根据美国法律设立的任何组织形式实体、美国实体在美国以外的分支机构、身处美国的任何个人、分支机构、代表处或办事处等。[1] 由此看来,这样宽的管辖范围不仅使列名实体受到广泛的限制,而且很多自然人和机构也卷入其中,进而影响其行动空间。从这个角度来说,美国这条法律是拿着法律的皮鞭驱赶一大批相关的个人和机构,对列名实体实施成本和损失完全由它们自己负担的打压。这也就注定了这种打压虽然是十分广泛的,但打压之网并不是十分坚韧的。在

---

[1] 杨宇田、陈峰:《列入美国技术出口管制部门受限名单的企事业单位分析》,《情报杂志》2018年第10期。

一定程度上我们甚至可以这样说，其产生的主要是一种震慑作用——一方面，对列名实体进行惩罚和震慑；另一方面，也对"美方人"进行震慑，逼迫其按照 BIS 的要求与列名实体撇清关系。这样一来，对于列名实体来说，不单是美国境内的相关市场（在法律意义上）被彻底地堵死了，而且这种围堵还延伸到了美国之外的其他国家的那些与美方有关的市场；并且，即使在列名实体所在的国家，只要这个国家的某个实体在美国设有分支机构，那么这个分支机构也要对这个列名实体进行限制。

美国的出口管制之所以说是全球最严格的，二是由于无论是对于发达国家还是发展中国家，无论是对于美国的盟国还是竞争性国家或者是其他国家，只要美国认为它的某个实体对美国的国家安全和外交政策等产生了或即将产生某种程度的妨碍或损害，BIS 就可以将它列入实体名单。此前的数据表明，截至 2018 年 1 月 1 日，就有多达 989 个实体被 BIS 列入实体名单，它们涉及 46 个国家。其中，发达国家(实体数)主要是英国(20)、加拿大(19)、芬兰(14)、德国(12)等，发展中国家主要是俄罗斯(274)、阿联酋(107)、中国大陆(89)、伊朗(70)、巴基斯坦(63)、马来西亚(31)等。由此可以看出，美国通过 BIS 针对列名实体进行出口限制，完全是从美国角度和按美国利益来确立的，它无须顾忌这些实体的所在国是不是自己的盟国。但是，它重点针对的还是在美国看来与自己形成竞争关系的国家的重要实体——这从列名实体的数量排序中可以反映出来。另外，从列名实体所在行业角度，可进一步看出列名实体大多处于与美国形成竞争关系的行业：就中国而言，在航空航天、计算机、电子、贸易、光学、能源等行业，所列实体数目分别为 15 家、10 家、8 家、8 家、8 家、7 家。[①] 由此可以看出，BIS 制定实体名单的时候是有的放矢的，即为确保美国产业发展而限制乃至清除竞争对手。

四、国际国内机制并用及国内法国际化执行

"二战"战局明朗之后，美国就开始组建国际性组织，借此为战后自己的霸权利益服务。其中，关税及贸易总协定（GATT）与本书论述的关系最为紧密。作为 GATT 的接续，WTO 直到现在对于规范国际贸易来说还发挥着重要的作用。但是美国的一系列国内法，与国际法和国际协议存在一定的冲突，而美国又总是取其有利者而行之。这就导致了"国内法国际化执行"这个严重的问题。

---

① 杨宇田、陈峰：《列入美国技术出口管制部门受限名单的企事业单位分析》，《情报杂志》2018 年第 10 期。

1. 一个近期出现的例子

在诸如 GATT 以及作为其接续的 WTO 等国际机制中,反倾销、反补贴等重要的贸易救济机制是在美国主导下并且经由成员国同意而最终设立的,它们具有各方都比较接受的公平性。尽管如此,美国依然创造机会在其中植入一些特别的安排,以满足维护私利的需要。下面这个例子能够很好地说明这个问题。即美国连同一些发达国家在 WTO 规则之外定义了一个所谓的"市场经济地位",并且以此为由,对它们认为不具有这种地位的国家,在反倾销的时候适用"替代国"方法。当中国加入世界贸易组织 15 年之后触发一个自动生效的条款时,这一点就表现得特别明显,美国的"画皮"一朝得揭。对此,笔者在一篇文章中说:

> 2016 年 12 月 11 日是中国加入世界贸易组织 15 周年的日子。这个日子对中国来说是值得庆贺的,因为加入 WTO 为中国经济发展提供了诸多机遇,促其快速成长为世界第二大经济体;这个日子对世界来说是值得庆幸的,因为在本轮经济危机中,中国已经成为拉动全球增长的火车头。但是,2016 年 12 月 11 日也是一个揭去"画皮"的日子。美、欧、日等没有像它们自我标榜的那样,对国际条约义务表现出应有担当,而是找出种种理由推卸责任,仍不承认中国市场经济地位。在它们看来,只要不承认中国市场经济地位,在今后的行动特别是进口贸易中就可继续剪中国的"羊毛",实现对国内相关产业的保护。①

对于美国及其主要盟国的违约,我们可从如下三个方面予以说明:

一是美、欧、日等违的究竟是什么约。按照《中华人民共和国加入 WTO 议定书》(以下简称《议定书》)第 15 条的约定,2016 年 12 月 11 日之后中国将自动获得一项待遇,即任何 WTO 成员若想对来自中国的进口产品实施比如说反倾销调查,在认定事实和确定反倾销税率时,只能依据中国而不是"替代国"的价格或成本来进行判定。《议定书》第 15 条的(d)项作了如下约定:"无论如何,(a)项(ii)目的规定应在加入之日后 15 年终止。"而(a)项(ii)目的规定是:"如受调查的生产者不能明确证明生产该同类产品的产业在制造、生产和销售该产品方面具备市场经济条件,则该 WTO 进口成员可使用不依据与中国国内价格或成本进行严格比较的方法。"综观《议定书》,总括起来正确理解应该是:其一,在 2016 年 12 月 11 日之前,在中国企业可以明确证明其对应产业在制造、生产和销售产品方面符合市场经济条

---

① 伍山林:《中国市场经济地位与美欧日重商主义传统》,《文汇报》2017 年 2 月 10 日。

件的情形下，WTO成员应该按中国价格或成本认定倾销程度等；但是在中国企业不能做出上述明确证明的情形下，可按(a)项(ii)目的规定即"替代国"价格或成本进行认定。其二，在2016年12月11日之后，任何WTO成员对来自中国的进口产品做比如说倾销认定时，都只能按中国价格或成本进行认定，而不能像以前那样按"替代国"价格或成本进行认定。美、欧、日等违约的具体表现是不承认第二种情形的有效性。

二是美、欧、日等早就知晓了应该承担的条约义务。中国当初之所以签下《议定书》，是由于对苛刻的谈判方做出了适当的让步。其中的歧视性条款，不可能具有永久的时效性，因而彼此协定了一个明确的时间界限。比如说，在针对中国产品的反倾销案件中，对是否可以采用"替代国"方法进行认定，协定了一个为期15年的过渡期，以至于(d)项规定成了"日落条款"。对此，当时苛刻的谈判方是了解的。而下面这则引证可以支持上述判断。例如，美国驻北京大使馆经济参赞朱姆沃尔特(James P. Zumwalt)于2002年1月撰写了题为《成为世界贸易组织成员对中国的影响》的文章，他说："中国通过15年艰苦谈判，特别是同美国和欧盟的谈判，才加入WTO。中国做出了多方面承诺。"这就指明中国在《议定书》中所做的承诺，是多方经过艰苦的谈判之后才达成的具有"多赢"性质的成果。谈到中国加入WTO之后的保障机制时，朱姆沃尔特提到的第一条便是："在15年之内美国和其他WTO成员在针对中国的反倾销案件中，可以继续使用特别的非市场经济方法来测算倾销情况。"朱姆沃尔特的文章发表在美国国务院的电子刊物上。尽管刊物主办者即美国国务院国际情报项目办公室(The Office of International Information Programs of the U.S. Department of State)声称所刊文章并不必然反映美国政府的观点和政策，但该文注明了作者的官方身份。

三是美、欧、日等的违约显露了虚伪的面目。当初，造成中国"入世"谈判举步维艰以至于签订了歧视性条款的主要是这些经济体（上面所引朱姆沃尔特的话反映了这一点）；现在，享受完《议定书》给予的好处之后，翻脸违约推卸国际条约义务的也主要是这些经济体。由此可知，美、欧、日等一贯标榜和倡导的契约精神，只不过是一条精心打造的虚伪的道德之鞭，它是专门用来威慑或抽打别人的，根本没有打算将它加诸自身。美、欧、日等不承认中国市场经济地位，是在耍弄一个惯用伎俩，即偷换概念。《议定书》其实包含了这样的意思：当时各方认为，只要中国加入了WTO，这个经济体的市场化就必然具有明显的趋势（后来的事实也确实如此），但中国经济市场化速度究竟如何，任何一方都难以做出准确预测，因此只能协定一个具体期限:在这个期限之内,可以适用歧视性的"替代国"办法;越过这个期限之后,则按中国价格或成本测算倾销程度等。这也就意味着,2016年12月11日之后,中国享有非"替代国"待遇与其经济是否真的变成了市场经济并无必然关系。只有这样理解,《议定书》中的规定才称得上是完备的保障条款。即在15年之内,它是WTO其他成员的保障条款;在15年之后,它是中国的保障条款,即一定获得非"替代国"待遇。WTO实践表明,一个成员能否享有非"替代国"待遇,与这个成员是否已是市场经济并不是一回事。一方面,各国制定的市场经济标准不一,以至于对于几乎任何一个国家的经济运作的现实情况,都很难做出一致的评定;另一方面,我们可以反问这样一个问题:在WTO成员中,是否存在诸多成员,其经济运作还很难称得上是美、欧、日等意义上的市场经济,但作为WTO成员早就享受到了非"替代国"待遇?这样的成员可以说俯拾即是。

因此,总的来看,美国及其主要盟国把自己的意志强加于其他国家并且将它与国际协议牵强附会地挂钩,唯一的目标是维护商业利益以及其他利益。[①] 但是,这只是一种非正式的国内法国际化执行而已。

2. "301条款""232条款""337条款"等

上面给出的例子牵涉的是由美国主导的联盟行为,那些行为是将自己的意志嵌入国际协议和国际机制,进而实现自己的和打压竞争对手的商业与其他利益。这里所说的"国内法国际化执行",指的是美国将自己的国内法延展至国际,进而达成自己的商业与其他目的。这种做法与美国法律中设置的"长臂管辖权"是存在一定关联的。

在美国,符合"国内法国际化执行"这个特征的法律很多,并且它们也不是突然出现的,而是在很早的时候就有了所谓的法律依据。在表6.3中,我们仅仅针对"301条款""232条款"以及"337条款",就它们的来源、目的、主要管理机构等进行概述。

表6.3　　　　"301""232""337"等条款的来源、目的、主要管理机构

条款简称	来源	目的	主要管理机构
301条款（特别301条款）（超级301条款）	《1974年贸易法》《1979年贸易协定法》《1984年贸易与关税法》《1988年综合贸易与竞争法》等	针对与美贸易的不公平、不合理等歧视性问题	美国贸易代表办公室

---

① Wu Shanlin, The Mercantilist Root of the United States, Europe and Japan's Refusal to Accept China's Market Economy Status, *World Review of Political Economy*, vol. 9, no. 3, 2018, pp. 315—329.

续表

条款简称	来源	目的	主要管理机构
232 条款	《1962 年贸易扩展法》	国家安全	美国商务部
337 条款	《1930 年关税法》《1988 年综合贸易与竞争法》《1995 年乌拉圭回合协议法》等	进口贸易中不公平竞争特别是知识产权相关问题	美国国际贸易委员会

关于"301 条款"。"301 条款"是美国《1974 年贸易法》中第 301 条的俗称。它最早见于《1962 年贸易扩展法》，后来又在《1979 年贸易协定法》《1984 年贸易与关税法》《1988 年综合贸易与竞争法》等文件中得到了修改。但是，"301 条款"又分为三类。第一类是"一般 301 条款"，它针对的是贸易对象国，美国认为它采取了不公平（不符合国际法或与贸易协定规定的义务不一致）和不合理（严重损害商业利益）的贸易措施；第二类是"特别 301 条款"，它专门针对（在美国看来）对知识产权没有提供有效保护的国家或地区，并且通过类型划分（如"重点国家""重点观察国家"等）而采取不同措施；第三类是"超级 301 条款"，就不公平措施、知识产权、出口制度等方面做一总体性判定并且区分国家类型，以此作为谈判筹码，要求贸易对象国按照美国要求开放和规范市场。这些条款的对应调查者和评判者等主要是美国贸易代表办公室（USTR）[①]，但它要对国会和总统汇报。对某个贸易对象国是否展开"301 调查"、如何定性调查结果、如何展开谈判、如何进行惩罚等，这个办公室具有法律赋予的一整套权力，以至于对贸易对象国来说，"301 条款"变得非常令人担心；对于相关操作来说，其他政府部门较难插手。更重要的是：(1) 美国贸易代表办公室的执掌者的好恶，对结果会产生重大的影响，以至于其重要性被大大提高了。(2) 美国的判断与国际条约和国际机制当中的精神并不总是一致的，而当这种不一致性发生时，美国借此可以越过国际法而将国内法凌驾于其上，这就是这里所说的"国内法国际化执行"。(3) 更进一步，美国"国内法国际化执行"不仅挑战了国际法的权威，更重要的是当美国的贸易对象国面对不公正评判以及受到不公正对待的时候，或者自认倒霉，接受美国惩罚，改变自己原本符合国际法的行为；或者起而对抗，与之展开贸易战。当美国以触及"301 条款"为由而对贸易对象国实施惩罚的时

[①] 这里所说的美国贸易代表办公室（Office of the United States Trade Representative，USTR），系根据《1962 年贸易扩展法》而设立。它最早被称为特别贸易代表办公室，1980 年更改为现名，它制定并且管理美国的外贸政策。它的首脑称为美国贸易代表，乃大使级内阁官员，直接对总统和国会负责；同时，它还是美国的首席贸易谈判官以及主要国际贸易组织的代表。

候,对自其进口的商品加征关税,又是一种常选的手段。这样,贸易战也就经常性地表现为关税战。当然,在"超级 301 条款"下一旦实施了惩罚,就具有引发造成"两败俱伤"结果的贸易战的高风险,美国对它也是比较谨慎采用的。[①] 但是,这又折射出了这样一种意味:当美国真的采用"超级 301 条款"的时候,往往是它认为到了万不得已的地步的时候。由此也就可以解释,当美国认为自己真正面临来自最大战略竞争对手的挑战时,祭出尘封已久的"特别 301 条款"发动贸易战,就变成了并不那么令人惊诧的选择。

关于"232 条款"。"301 条款"的立法依据在界定上存在极大的主观性,必然引起国内法与国际法之间的冲突。[②] 与"301 条款"以对美国形成了不公平、不合理的贸易为名,并且由美国贸易代表办公室出面进行调查、评估、谈判和惩罚等不同的是,"232 条款"则以威胁美国国家安全为由,并且由美国商务部(针对特定产品)进行立案调查、270 天后向总统提交报告、总统在 90 天后做出最终决定,其法律根据是《1962 年贸易扩展法》中的第 232 条款。对于"232 条款",我们认为最值得注意的几点是:(1)既然"232 条款"得以引发的名义是国家安全,那么其裁定也就与美国国防部以及其他相关部门有关,部门之间的磋商也就变得必不可少。因此,一旦调查确认已经适用于"232 条款",也就必然是一项具有综合性的行动。(2)既然与国家安全有关,那么产品属性也就必然具有自己的鲜明特点。即它或者在物质技术和产品用途上与国家安全有关,或者在重要性方面与国家安全有关。由此就能解释为什么遭到"232 条款"调查特别惩罚的,主要是美国进口的钢铁(和铝)产品。在战略家看来,在一般情况下,与国家安全联系最直接和最紧密的是制造业部门,钢铁产业不仅是整个制造业的基础,更是装备制造业的基础,而装备制造业又与军工产品和技术的联系最为紧密。因此,过去相当长的时期里,战略家们一直认为钢铁产业的规模、钢铁产品的结构、钢铁产业的技术和人才储备,一定程度上反映了一个国家的战争潜力。当然,能源特别是石油也得到了极大的关注。(3)由于国家安

---

① 美国深知,如果对手也采用关税手段进行反制,那么它所发动的关税战将招致"两败俱伤"的结局。因此,在美国贸易代表办公室发布的针对中国产品加征关税的文件中,同时还释放如下威胁,即中国如果进行反制,美国将在更大的规模上加征更多的关税。它的目的之一是试图通过这种威胁,迫使中国放弃反制,以便使自己获得全胜;另一个目的是,为进一步采取行动制造头绪和理由。关于关税战将招致"两败俱伤"结局的理论研究可见 Ralph Ossa, Trade War and Trade Talks with Data, *American Economic Review*, vol. 104, no. 12, 2014, pp. 4104—4146.

② Patricia I. Hansen, Defining Unreasonableness in International Trade: Section 301 of the Trade Act of 1974, *Yale Law Journal*, vol. 96, no. 5, 1987, pp. 1122—1146.

全利益与部门经济利益可能并不是一致的,这就导致了当美国使用"232条款"对输美的钢铁产品实施惩罚的时候,代表这个部门的经济利益的美国国际钢铁协会,对它有可能并不是高度认同的,有时甚至是多有抵触的。(4)既然以"国家安全"作为立法的理由,由于国家安全并没有得到清晰界定,那么自美国总统借助《1962年贸易扩展法》中的"232条款"等获得了几乎无限的权力以来,是否违宪也就成为一个不时被美国各界拷问的问题;同时,适用于"232条款"的产品范围,也就具有一定的随意性。这样,美国商务部、国防部以及美国总统的个人偏好,在其中的作用就有可能得到放大。例如,在历史上适用"232条款"的调查中,为数不少就是由议员(詹姆斯和巴特于2001年1月16日就铁矿石和钢铁半成品)、财政部[于1979年11月12日、1978年3月15日、1975年1月24日就石油(原油、原油衍生品等)]、商务部长[1999年4月28日就石油(原油和精炼制品)]、能源部长(1988年12月30日针对铀)、国家能源安全委员会[1987年12月1日就石油(原油和精炼制品)]、石油政策委员会主席[1973年就石油(原油、原油衍生品等)]、国防部(1982年2月11日就螺母、螺栓和钢制大螺丝等)和总统(1983年3月就利比亚原油、1978年2月10日就螺母、螺栓或钢制大螺丝等、1965年4月2日就手表机芯及零件等)提出申请的。① (5)如果严格地从产品角度来适用"232条款",那么进口国的多样性就有可能使得基于"232条款"的惩罚伤及美国的盟国;如果在此基础上再区分国家的类型,那么在这种区分中就定义了不同国家对美国安全的重要性,由此可能招致外交等方面的困难。(6)特别是从法律角度引出了这样一个问题,即美国"232条款"中涉及的国家安全,与WTO(及GATT)中关于"安全例外"的表述,在内涵上究竟存在怎样的异同。很显然,差异是存在的,但是争论又是巨大的。这就使得美国在执行"232条款"的时候,在很多时候便表现为对WTO(或者GATT)规则的一种粗暴践踏,即美国将自己的国家安全观,通过这样的条款凌驾于国际法所规定的含义之上。

关于"337"条款。与"301条款"和"232条款"几乎总是独立于国际协议不同,"337条款"后来(特别是通过《1995年乌拉圭回合协议法》)较多地融入了国际协议。尽管如此,它依然是美国重要的贸易保护条款。其立法依据是针对美国进口贸易中发生的不公平行为(而其重点与知识产权有涉),由美国国际贸易委员会根据申诉决定是否立案,若立案则由美国国际贸易委员会指定不公平进口调查办公

---

① 彭德雷、周围欢、杨国华:《国际贸易中的"国家安全"审视——基于美国"232调查"的考察》,《国际经贸探索》2018年第5期。

室进行调查、判定和惩罚。与同样以保护知识产权为主旨的"特别301条款"相比,"337条款"具有如下特点:(1)在保护对象上存在着不同。"特别301条款"是针对拒绝为知识产权提供足够保护的国家而设立的,以免美国知识产权在那些国家被侵犯,或者使依赖知识产权保护的美国人,能够公平有效地进入对方的市场;但是,"337条款"主要针对进口贸易当中存在的相关问题。(2)在保护方式上存在着不同。"特别301条款"是以美国标准深入并且要求外国市场,目的是以知识产权保护为名打开进而深入外国市场,因此是一种具有全面进攻性的保护方式;但是,"337条款"保护的是美国的国内市场,即将进口产品认定为违背了美国知识产权(进而侵害了美国国内企业的利益)而应在美国市场上受到排挤,因而主要是一种防守型的保护措施。正是在这个意义上,我们说它是一个美国在其国内高筑贸易壁垒的条款。(3)在惩罚方式上存在着不同。在一定程度上,我们甚至可以这样说:"特别301条款"一旦适用起来,那就相当于是一种国对国的行为。因此,美国的惩罚措施,主要是终止贸易优惠条件、施加进口限制和征收关税等。与之相比较,"337条款"一旦适用起来,那还仅仅是一种美国针对外国某个实体(如企业)的某种产品而言的,尽管它的杀伤力是致命的,比如说,对其执行永久性排除令,但是那只是一种定点的精准排除,而并不是全面的和普遍的打击。但重要的是,美国不仅有"337条款",同时还有"301条款"等,这就相当于说美国为了保护其国内外的贸易,迄今为止已经构筑了一套功能齐全、各司其职、相互配合的法律手段,以便供其选用时相机抉择。因此,一方面,正如陈泰峰所说的那样,美国包括"337条款"在内的一系列保护条款,"是美国从'自由贸易政策'向'保护贸易政策'转换的具体体现,其单边贸易制裁措施的属性不仅扰乱了多边贸易体制的稳定性,而且严重伤害了其他国家的利益,引起了国家间的利益冲突"[1]。不过,美国总是习惯于将它的为谋取私利而构建的政策与采取的行动,附加上某种虚伪的道德观念。在美国,通行了40来年(而于今为甚)的"公平贸易"理念,就是其中的代表之一。而另一方面,"337条款"不仅有悖于TRIPs[2]第3条国民待遇原则,而且与其中的第41条知识产权执法总义务,也存在着不一致性。[3] 因此,美国执行"301条款",有时也可归入

---

[1] 陈泰锋:《美国"337条款"特点与本质辨析》,《国际商务研究》2007年第6期。

[2] 即 Agreement on Trade-Related Aspects of Intellectual Property Rights。它是世界贸易组织体系下的《与贸易有关的知识产权协议》。

[3] 朱国华、陈元芬:《美国关税法337条款与TRIPs协议的相悖性探析》,《暨南学报(哲学社会科学版)》2010年第2期。

"国内法国际化执行"之列。

第三节　贸易政策观念及演变

美国于1913年崛起之后,依然有一些理论家认为,贸易保护在某些特定条件下是有利于产业发展或者经济增长的。例如,1923年,格雷厄姆(Frank D. Graham)认为,在一定条件下,"永久性"关税保护也是有可能给一国带来好处的。他认为如果制造业具有规模收益递增规律,而农业服从规模报酬递减规律,那么对制成品进口设置永久性关税可能优于自由贸易。[①] 后来(1934年),他在一本著作中重申了这个观点,即一个国家如果不专业化于收益递增产业,那么这个国家可能将丧失提高人均总生产率的机会,甚至可能导致绝对下降。[②] 不过,他的理论因为不能很好地解决收益递增与市场竞争的相容性问题而被经济学家们所质疑。但是在牙买加体系下,特别是自1970年以来,一些经济学家对贸易(包括关税)保护的积极作用进行了理论开发,而这些理论总体上来说并没有遭遇预料中那样大的质疑;不仅如此,在政策观念上,自由贸易也进一步让位于"公平贸易"理念。

一、战略性贸易理论

欧洲重商主义者认为,在金属货币时代可将国际贸易总量固定不变作为考察的前提,"零和博弈"也就成为国家贸易竞争难以逃脱的宿命。这种观念在斯密的《国富论》以及后来的自由主义经济学家的著作中被批判。但是,自1970年以来,一种与之具有某种相似性的名为"战略性贸易理论"逐渐出现了。加拿大经济学家布兰德(James A. Brander)和美国经济学家斯潘塞(Barbara J. Spence)对此做了很大的贡献。例如,1985年,他们讨论了保护主义措施如出口补贴和进口关税在厂商互动背景下对市场的重要影响。当然,他们讨论的例子很简单,即一家国内企业和一家国外企业在第三方市场上以同质产品展开竞争。但是在他们的模型中,生成了一些具有战略意义的结论,比如一方国家因采用保护贸易措施而赢得了更多

[①] Frank D. Graham, Some Aspects of Protection Further Considered, *Quarterly Journal of Economics*, vol. 37, no. 1923, pp. 199—227.
[②] Frank D. Graham, *Protection Tariffs*, New York: Harper & Bros., 1934, p.81.

的贸易利益。① 因此，从那个时代开始，对自由贸易的战略意义的反省也就更进了一步。不仅如此，克鲁格曼(Paul R. Krugman)的工作使得经济学家对自由贸易的战略意义的怀疑又达到了一个新水平。他的工作表明，在国家之间形成依赖关系的前提下，保护贸易有可能产生某些潜在利益。特别是克鲁格曼在《以进口保护促进出口》这篇论文中认为，在寡头垄断市场和存在规模经济的条件下，一国的政府可以采用较高的进口关税这样的战略性贸易政策，来保护本国具有战略意义的幼稚产业；如果本国的市场容量足够大，那么这个国家将获得静态的规模经济收益，因降低了边际成本而具有出口竞争优势。这就为"战略性贸易政策"提供了更直接的支持。② 当然，获得这样的战略利益又是有前提的。③ 如果错失了前提，国家之间的贸易保护政策无休止地推出，那么最终均衡是逃不出"两败俱伤"这个像陷阱一样的结局的。至于战略性贸易政策工具，那又是多种多样的。进口关税、进口配额、出口补贴、出口退税等常规性手段都包含在其中。除此之外，诸如通过贷款给予金融支持、对市场准入做出限制、鼓励企业间合作研究与开发以及企业兼并等，也可起一定作用。

从某种意义上我们可以这样说，这一波战略性贸易理论是一种对格雷汉姆的贸易理论的回归，它再一次确认了对规模报酬递增行业采取特别的贸易政策是有效的。同时，针对战略性贸易政策的讨论，又催生了"公平贸易"理念在美国的流行。因为这种贸易理论似乎能够解释第二次世界大战之后日本钢铁、半导体等产业的崛起以及欧洲空客的崛起等，这些对美国产生了重大影响。美国认为在产业发展和国际竞争中，美国早就受到了不公平待遇；美国需要以"公平贸易"的名义，对此予以矫正。

二、公平贸易理念

首先要说的一句话是，公平贸易其实是要打一个大大的引号的。即它并不是真

---

① James A. Brander and Barbara J. Spence, Export Subsidies and International Market Share Rivalry, *Journal of International Economics*, vol. 18, 1985, pp. 83—100.

② Paul R. Krugman, Import Protection and Export Promotion: International Competition in the Presence of Oligopoly and Economies of Scale, in Henry K. Kierzkowski, ed., *Monopolistic Competition in International Trade*, Oxford: Oxford University Press, 1984, pp. 180—193.

③ Paul R. Krugman, Is Free Trade Passé? *Journal of Economic Perspectives*, 1987, pp. 131—141. Paul R. Krugman, Does the New Trade Theory Require a New Trade Policy? *World Economy*, vol. 15, 1992, pp. 423—441.

正意义上的或者说多边"共赢"意义上的公平贸易,而是尽管可能考虑了多边结局,但又是服从于美国单边利益的主观意义上的"公平贸易",它不过是把现存的贸易格局,从美国自己的角度将其判定为不公平,进而以"公平贸易"为幌子对它进行一定的政策干预,以便实现对美国来说更有利的结局。因此,一方面,美国既站在了一个虚无的道德高地,又实现了自己的战略目标。这样,"公平贸易"也就变成了一个对美国来说好用的政策理念。另一方面,这种观念以及相应的政策,必然与已经签订了的并且通行了一段时间的国际规则和国际协议产生冲突,其他国家与美国的贸易利益和战略利益的冲突也就难以避免,进而因为美国力量强大而对现存的国际规则和国际协议产生严重的挑战,相关国际机制的不稳定和不作为也就随之而来。

重要的是,在美国,所谓"公平贸易"理念,也并不是在布雷顿森林体系时代就明确地出现了的。不过,其一,它在牙买加体系之前,也仅仅是个别地体现于美国的一些政策与法律当中,系统地成为美国政策、行政和法律当中的一种指导性原则或理念,是在牙买加体系运行了一段时间之后的事情。因此,我们可以这样说,"公平贸易"原则是随着国际政治经济形势的发展,而被美国逐渐地发展出来的。其二,在前霸权国家英国,早在19世纪末期就出现过一波"公平贸易运动",并且这种运动很大程度上是对英国自19世纪50年代开始采取单边自由贸易政策的后果的一种反思。这种反思的关注点是:在其他国家并不积极响应英国的自由贸易政策的大环境下,英国采取单边自由贸易政策究竟是不是在经济上和战略上具有合理性和有利性。这波反思所得到的结论是英国要弃用单边自由贸易理念而采用"公平贸易"理念。重要的是,从背景角度来看,20世纪70和80年代的美国与19世纪末期的英国的情况是有些类似的。因此,从一定程度上可以这样说,美国从自由贸易原则转向"公平贸易"原则,乃出于对英国历史教训的一种借鉴。其三,对美国触动最深的是第二次世界大战结束之后,自己所主导的按照自由贸易原则建立起来的国际机制,被一些国家或国家共同体机会主义地利用了。其中的典型便是东亚的日本。通过制定产业发展目标和采取相应的产业发展政策,日本经济在此后30多年里飞速发展,并且一些重要的产业(如汽车、半导体、电子等)对美国形成了挑战,而美国认为这种结果是日本不公平地参与国际贸易和竞争所产生的,因此美国要以"公平贸易"理念对其予以限制,保证美国在重要产业上都处于世界领先地位。不仅如此,继日本之后,中国自20世纪80年代开始沿着改革开放的方向也走上了持续快速发展的轨道,两国贸易上过去存在的互补关系,发展成在一些重要领域已经或者即将变为竞争性的替代关系。此时,美国更加需要借助"公平贸易"理念打破这种发展趋势。其四,一些学者认为,"公平贸易"理念,只不过是布雷顿森林体系解体之后,美国从自由贸易转向贸易保护的幌子。但是,我们对此有一些不同的看法。我们认为,自那以后,一方面,自由贸易政策并没有被美国政府所完全排斥,贸易保护也不是美国对外贸易政策的全部,即美国在国际贸易政策上远没有从一个极端而走向另一个极端;另一方面,美国面临的国际政治、经济、军事等形势是经常变化的,而维护霸权地位的目标又是长期一致的,因此美国需要相机抉择不同政策作为战略工具,实现其战略目的。也就是说,我们在现实中见到的和面临的,只不过是美国相机抉择自由贸易政策和保护贸易政策的组合而已。在美国看来,"公平贸易"理念是一个好用的幌子,不管怎样的贸易政策都可往里面装,美国在贸易政策选择上从此拥有了很大空间。这样看来,"公平贸易"理念其实已经蕴含了战略性贸易理念。

基于上述分析,出现如下两个方面也就变得顺理成章了。一是在自由贸易主义者看来,"公平贸易"其实包藏了贸易保护主义的祸心,那是不可能得到纯粹经济学理论的支持的;同时,贸易保护主义者对它也并不是很满意,因为认为它并没有完全去除自由贸易的原则。不过,"公平贸易"理念也呈现出了一定的演化特征。比如说,在早期,在贸易原则当中公平是与自由并存的,美国政府惯于将它称为"自由和公平贸易"。而这在一定程度上提示,"公平贸易"是从"自由贸易"这个母体中新生出来的。只是到了后来,才去除了"自由"二字,而习用"公平贸易"这个概念。二是在美国政策实践中,"公平贸易"理念逐渐得到了全面贯彻。确实,观察美国贸易政策演变的时候,我们是可以沿着如下三条路径来进行的:美国政府或总统关于贸易政策的公开声明;美国对外贸易政策的法律依据(贸易立法);美国政府的贸易政策实践或行为。[①] 在这三条路径中,尽管第一条和第三条路径观察起来比较直接,但最重要的要数第二条。因为与第一条和第三条相比,第二条更多的是美国政治家们的共识。我们知道,在美国,与以前的贸易法相比较,《1988年综合贸易与竞争法》的篇幅最大、涉及面最广,而它的立法目的,主要是加强美国产业以及国家的国际竞争地位。这个贸易法在两院的高票通过和1988年8月23日由里根总统签字,标志着"公平贸易"这个原则在美国正式变成了政治理念。与《1974年贸易法》相比,这个法案在"公平贸易"方面着墨更多。当然,政治共识的形成与此前里根总统推出的"自由和公平贸易"概念又是分不开的。其实,早在1985年9月23日,里根总统就提出了"自由和公平贸易"理念。此后,"公平贸易"便在美国的法律、政策与实践中通行开来了。

---

① 李滋植:《美国现行对外贸易政策剖析》,《国际贸易》1990年第3期。

综合来看,"公平贸易"理念在美国的政策化过程当中又呈现出如下三个特征:一是尽管关税手段在需要的时候依然扮演着重要的角色,但是非关税壁垒已经成为践行"公平贸易"理念的基本形式。除在国际机制中已经加以体现的之外,举凡反倾销、反补贴、知识产权、技术和环保标准、国家安全、不公平竞争等,都成为美国实现"公平贸易"理念的理由和抓手。二是在美国"公平贸易"政策实施过程中,单边主义倾向越来越明显。隐藏在这个特征背后的主要理由是:国际多边协议的签订及修改往往耗时很长、成本很高,因而不易变动,但是国际政治经济形势的发展又往往是日新月异的,以至于对于打算牢牢维护霸权地位的美国政府来说,必须找到一系列灵活机动并且有效的手段予以应对。从这个意义上说,美国通过一系列它认为蕴含"公平贸易"理念的法律武器,并且借助强大的国家机器使这些国内法得以国际化执行,就是不二之选。这必然导致如下结果,即美国贸易政策实施过程中单边主义盛行。三是美国贸易政策措施日趋严厉。这个特征之所以出现,是因为布雷顿森林体系崩溃后,亚洲大国经济成长成为世界历史上前所未有的新现象,逼迫美国不得不如此。这在"冷战"时期是如此,比如日本的经济崛起;在"冷战"结束之后的时期也是如此,比如中国的经济崛起。如果说日本经济崛起是美国国际贸易政策走向"公平贸易"原则的一个直接因素的话,那么中国经济崛起无疑是美国在国际贸易政策上更激烈地把"公平贸易"原则的指针拨向贸易保护主义的一个现实原因。因为与日本相比较,中国的人口更多,市场潜力更大,更兼中国政治和军事上是独立自主的和意识形态上是异质的(日本政治与军事的独立自主性要大打折扣并且在意识形态上与美国是趋同的),美国非如此不能克服其被中国快速赶超的焦虑甚至恐惧。

第四节　经济扩张与军事保证

美国崛起后,大陆扩张结束了,经济扩张转而变成了主要驱动力。不过,一方面,在美国,经济扩张与军事保证每每相伴而行,联手服务于大战略;另一方面,在美国重商主义新形态中,又形成了一个新特征,即美国在经济扩张与军事布局方面总是力图取得支持性效果。

一、格局初成及硬实力支撑

19世纪50—60年代主要由西沃德提出的美国太平洋商业帝国构想，直到19世纪与20世纪之交才借由著名的"门户开放"政策而真正有所展开。但是，1914—1945年，相继发生了两次世界大战，美国建设太平洋商业帝国的计划被中断了。就美日和美韩关系而言，商业在其中的重要性并未占主导地位。事实上，美日和美韩的商业关系的重要性必须让位于如下战略目标：利用它们，在那个区域制造（包括领土纠纷在内）复杂矛盾，使各国处于割裂状态，从而一方面，在这个极具经济潜力的地区，埋下一系列随时可由美国引爆的不稳定因素，以达到将来长期控制这个地区发展格局的战略目的；另一方面，为自己在军事上继续并且长期据守东北亚（日、韩）提供安全上的理由，进而将其作为重要基地，向北牵制苏联（后来是俄罗斯），向西牵制中国，服务于美国的大国竞争战略。

在大西洋彼岸的欧洲，第二次世界大战结束之后，美国却达到了商业与军事广泛和深入渗透与控制的双重目的。军事方面，美国在欧洲（特别是在德国）布下了多个海外军事基地，北约这个机制更是将欧洲的安全捆绑在了美国的战车上，从而使一个原本具有挑战美国实力的欧洲处于严密监控之下，尽管欧洲可借此（很大程度上）消除来自强邻即苏联或俄罗斯的恐惧。经济方面，美国一方面在"二战"结束后适时推出"马歇尔计划"，为欧洲在"二战"的废墟上重建经济注入了必不可少的资本，进而增强美国对欧洲经济发展的话语权和控制力；另一方面，利用两次世界大战初、中期所采取的绥靖策略，放手让欧洲内斗和消耗，进而趁机转变欧洲大国的债权国地位，使它们的黄金最大幅度地落入美国人手中。"二战"结束后，美国在削弱英镑国际地位的同时，以其手持大量黄金这个优势，借助于布雷顿森林体系打造美元国际货币霸权地位。这个体系崩溃后，美国又在牙买加体系和其他重要机制（如石油交易与美元挂钩）的支撑下，抛开黄金本位而在信用货币基础上延续和扩大美元霸权地位。

美国之所以能够顺利完成上述布局，一个强有力的支撑是美国在"二战"结束之后形成了影响力逐渐扩大的"军工综合体"。借此，美国资本的力量（主要通过军工企业）、政府的力量（主要通过行政与军队）以及国会的力量（财政、军事等方面的法律授权）拧成了一股绳，为维护美国霸权地位这个共同利益的根基而打造硬实力。

二、地缘政治变化与新特点

在"一战"之前,美国海外军事基地建设已取得零的突破,但是两次世界大战特别是"二战"期间,美国海外军事基地呈现出爆发式增长。"二战"结束后,美国海外军事基地数量又有所下降。① 尽管如此,美国海外驻军的区域特征依然是十分明显的。比如说,在"冷战"结束前的很长时期里,美国海外驻军主要集中于欧洲(特别是德国)和东北亚的日、韩。但是,"冷战"结束后,不仅全球安全(传统与非传统)局势发生了结构性变化,而且大国竞争格局也发生了根本性改变,即美国的主要竞争对手逐渐由俄罗斯变为中国。相应地,美国海外驻军和军事资产区域集中特征,也发生了相应变化。② 它的主要特点是:(1)美国在中东军事基地布局的兵员比例逐渐增高;(2)太平洋和印度洋逐渐成为美军关注的重点区域。对于这两大新特点,我们只有将商业与军事等结合起来并且站在战略高度进行分析才可能获得比较深刻的理解。

这里,我们只关注第一个特点。对于第一个特点,主要是由于中东处于特殊地理位置,以至于美国逐渐将其作为地缘战略中心区域来看待。"冷战"结束后,在美国看来,能够对其霸权地位形成挑战的或者具有挑战潜力的国家或国家集团,无非是欧盟、俄罗斯、中国和印度。重要的是,中东既是世界上石油储量最丰富和供给最多的地方,四周又刚好分布着上述四大国家或国家集团,同时中东的宗教冲突既绵延又激烈。因此,这是一个处于碎片化状态的复杂地区。③ 深入其中,尽管难度和风险都非常高,但战略收益和潜力也很大。显然,对于这样的地区,美国如果能够在那里站稳脚跟并且进行充分控制,那么正好可以利用非对称的海上优势力量,动摇欧亚大陆的陆权支撑,进而将欧亚(乃至全球)局势置于自己管控下。也就是

---

① 李坡、朱启超、张煌:《美军海外基地的源起与发展》,《军事历史研究》2013 年第 4 期。
② 孙德刚:《论海外军事基地对部署国权力的影响》,《国际论坛》2014 年第 5 期。
③ 在英国地缘政治学家哈·麦金德(Halford Mackinder)的"陆权论"中,中东属于离枢纽地区(Pivot Area)很近的内新月形地区。由于它是海权与陆权对抗的前沿,往往成为冲突丛集之地。[英]哈·麦金德:《历史的地理枢纽》,北京:商务印书馆,2015,第 68 页。但是,在美国地缘政治学家尼古拉斯·J.斯皮克曼(Nicholas J. Spykman)的"边缘地带论"中,它又属于"边缘地带"。它的重要性得到了前所未有的强调。总而言之,中东的主要特征是如下七个方面:(1)联系亚、非、欧三大洲;(2)沟通大西洋和印度洋;(3)坐拥里海、黑海、地中海、红海、阿拉伯海这五大海;(4)富石油而少淡水;(5)包括西亚(16)、北非(7)共 23 国;(6)主要信奉伊斯兰教、犹太教、基督教三大教;(7)内部矛盾丛集,外部牵连复杂。这七大特征进一步加强了中东问题的复杂性和重要性。

说,对欧洲进一步加强控制,对俄罗斯战略空间进一步做出挤压,对中国施加更多陆上威慑,对印度采取利用与压制相结合的手法。因此,美国驻军中东,可获一石多鸟之功。

除了地缘战略意义,即使单就商业或经济利益而言,美国对中东加强掌控也是至关重要的。(1)卖军火。由于前面提到的地缘因素,中东必然成为世界的主要武器进口方。事实表明,在武器进口中,中东在 2004—2008 年全球占比是 21%,在 2009—2013 年全球占比是 19%(2012－2016 年则为 29%①);而与 2009—2013 年相比,2014—2018 年中东武器进口又增加了 87%。这是这段时期武器进口唯一增加的区域,因为非洲、美洲、欧洲、亚洲和大洋洲的武器进口都是减少的。② 在中东,武器进口全球占比远高于其人口的全球占比。③ 在表 6.4 中,我们列出了全球武器进口排名靠前的中东国家的数据。由此可见,美国在中东武器进口中是扮演着较俄罗斯重要得多的角色的。追溯历史可以发现,美国与中东的军事交往,自从 19 世纪初在杰斐逊任上成功打击北非巴巴里海盗之后(以美利坚合众国与的黎波里签订《和平友好条约》为标志④),至"冷战"开始之前都是相当沉寂的。但是,此后,美国在"冷战"结束前后,出现了两波明显的武器出口高潮,与中东国家的军事交流也相继出现了两个高峰。⑤ 事实上,中东武器进口,成了美国、俄罗斯、欧洲(如英、法、德)诸寡头竞争的地方。其中,美、俄在中东武器市场上的竞争尤其值得一提。武器出口竞争之所以被美国所看重,背后的缘由主要是:其一,武器出口集中地体现了武器出口国(即美国)的意志和战略,是深度控制武器进口国(中东国家)的政治、军事和经济的重要途径;其二,美国与俄罗斯展开的地缘政治竞争,很大程度上是一种你多我少的"零和博弈"。(2)控制石油。在汽车和航空时代以及现代军事技术条件下,不管在民用方面还是在军用方面,石油都是无比重要的战略资源。对此,美国的体会最深刻(根据两次世界大战期间的丰富经验以及"二战"结束之后美国智库和战略家的大量研究);并且,美国通过对中东石油的灵活控制,可以对中国和俄罗斯产生它所需要的具有战略意义的影响。"冷战"结束后,中国石油进口逐

---

① 谭立忠:《全球军贸市场发展特点及趋势》,《飞航导弹》2017 年第 9 期。
② Pieter D. Wezeman, Aude Fleurant, Alexander Kuimova, Nan Tian and Siemon T. Wezeman, Trends in International Arms Transfers, 2018, SIPRI Fact Sheet, March, 2019.
③ 李丹丹:《2009—2013 年全球武器装备交易分析》,《飞航导弹》2014 年第 7 期。
④ [美]布莱恩·吉米德·唐·耶格:《托马斯·杰斐逊与海盗:美国海权的崛起》,北京:北京联合出版公司,2016 年,第 176 页。
⑤ 张燕军:《中东军事现代化进程中的美国因素研究》,《南京政治学院学报》2016 年第 4 期。

渐增多并且已经变成了最大进口国,而俄罗斯长期以来都是以资源丰富而著称的,它的石油(还包括天然气等)资源不仅对欧洲,而且对中国来说都相当重要的。于是,美国通过对中东石油资源的控制,可以对中、俄以及欧洲相关国家产生重要的影响。其中,特别值得注意的是,控制中东石油资源对于中、俄来说,可以产生"跷跷板"效应:如果为了对抗俄罗斯,美国可以通过提高中东石油的产量来打压油价,从而损及俄罗斯的主要财政收入来源;如果为了打压中国,美国可以通过减少中东石油产量来拉升油价,从而推高中国经济运行的成本和损害中国消费者的利益。不过,这一点既可以为美国所利用,也会给美国带去困扰,因为无论是中国还是俄罗斯,都是美国的战略竞争对手,美国这样做的时候,尽管可以收获打压一个战略竞争对手带来的好处,却又要承受有利于另一个战略竞争对手而产生的烦恼。这就意味着,美国在这种意义上相机管控中东石油资源的时候,只不过是在操弄一把"双刃剑"。(3)维护美元霸权地位。布雷顿森林体系崩溃后,美元霸权相应地也面临着挑战。正是由于美国建立了两大机制(以及保有军事霸权),才使美元霸权在新机制下得到了长期延续。其中一个重要机制是石油交易与美元挂钩。[①] 这里,石油输出国组织(Organization of the Petroleum Exporting Countries,OPEC,简称"欧佩克")发挥了重要作用。在成立于1960年总部位于奥地利的维也纳以协调和统一成员国石油政策、维持国际油价稳定、确保成员国收入稳定为宗旨的"欧佩克"中,中东富油国占比很大。在这个组织当中,现有(截至2018年12月31日)成员国包括伊拉克、伊朗、科威特、沙特阿拉伯、卡塔尔、阿联酋、利比亚、阿尔及利亚、委内瑞拉、厄瓜多尔、加蓬、尼日利亚、安哥拉、刚果、赤道几内亚。其中,8个国家(前8个)属于中东(西亚6个和北非2个)。此外,美国在中东派驻大量军事人员和建立大量军事基地等,在需要的时候,就可以采取声东击西的战略,对发行竞争性主权货币的国家施加重要影响以维护美元霸权地位。例如,欧元刚出现的时候,鉴于其背后起支撑作用的经济力量是庞大到可以与美国媲美的,美国对欧元的崛起进而与美元分享货币霸权的利益十分担心。于是,美国采取包括在欧洲周边发动战争在内的一系列战略手段,通过军事等非经济行动影响资本流向和驱散大量难民等,

---

[①] 另一个重要机制或者说支撑是主要顺差国的美元以购买美国国债的形式又回流到美国(下一节将讨论)。

以威胁欧洲经济前景,从根源上消弭欧元对美元的挑战。①

表 6.4　　　　中东主要武器进口国的进口规模及主要出口国在其中的作用

进口方	占全球份额(%)		主要供给方(占进口国份额,%)		
	2014—2018 年	2009—2013 年	第一名	第二名	第三名
沙特	12	4.3	美(68)	英(16)	法(4.3)
埃及	5.1	1.8	法(37)	俄(30)	美(19)
阿联酋	3.7	4.2	美(64)	法(10)	土耳其(7.8)
伊拉克	3.7	1.6	美(47)	俄(33)	韩(8)
卡塔尔	2.0	0.7	美(65)	德(15)	法(7.4)
以色列	2.0	0.5	美(64)	德(27)	意大利(8.9)

数据来源:摘自 Pieter D. Wezeman, Aude Fleurant, Alexander Kuimova, Nan Tian and Siemon T. Wezeman, Trends in International Arms Transfers, 2018, SIPRI Fact Sheet, March, 2019, Table 2.

三、军事资产积累和持续投入

既然美国通过军事手段可以获取巨大的地缘政治利益,在大国竞争中通过发挥硬实力作用而取得主动;既然美国通过军事手段可以获得诸多连带经济利益(如武器出口、石油供应源管控、维护美元霸权地位等),那么美国不断进行财政投入以积累日益庞大的军事资产进而打造其军事霸权,就是顺理成章的了。图 6.2 显示,"二战"结束之后,美国一直是往这个方向努力的。在 1940 年之后将近 70 年里,美国在"二战"期间急剧提升了国防预算。特别是 1943 年、1944 年、1945 年,美国国防预算占 GDP 的比重接近 40%,而其占联邦财政支出的比重更是超过了 80%。这可是一种典型的战时财政。此后,尽管进入了美苏争霸的"冷战"时期,但是直到 20 多年之后的 1960 年,美国国防预算才又恢复到"二战"高峰时期的水平。重要的是布雷顿森林体系解体之后不久,美国国防预算又出现了急剧增长,至苏联解体之时

---

① 由此就可解释:(1)为什么欧元区甫一成立(2002 年 1 月 1 日欧元正式进入流通,2002 年 7 月成为欧元区唯一合法货币),美国就在中东引发了(伊拉克)战争。(2)为什么欧盟及其主要国家对中东地区的战争的态度后来发生了改变。这是由于美国带头在这个地区发动战争的真正目的逐渐被它们认清了。美国中东政策甚至可能是形成如下格局的重要原因:自 2008 年经济危机以来,主要资本主义国家出现了板块性下沉;但在下沉过程中,美国经济增长相对较快,欧洲的德、英、法等经济增长相对萎靡。中东难民问题对欧洲政治经济甚至社会观念等产生了深刻影响:这不仅表现在经济的萎靡上,而且表现在社会的割裂和政治的争吵上。

达到了一个新高峰。此后 10 年,美国国防预算尽管出现了微幅下降,但是"冷战"结束后,两大事件对世界产生了深远影响。一是中国于 1992 年邓小平南方谈话之后进一步改革开放;二是欧盟于 1993 年在首都布鲁塞尔正式成立。由此驱动,中国经济持续增长逐渐给美国增加了战略压力,美国出于预防未来强劲战略竞争对手的考虑,认为有必要在具有针对性的地区,比如中东进一步布局军事力量;另外,欧元于 2002 年 7 月成为欧元区唯一合法货币,一种依托庞大经济体量的主权货币诞生了,美国认为为了维护美元霸权地位,有必要对欧元区施加一定的影响力。为此(当然还包括其他原因),美国又于 21 世纪初大幅度提升了国防预算,并且在最近一轮金融危机爆发之际达到了新高度。

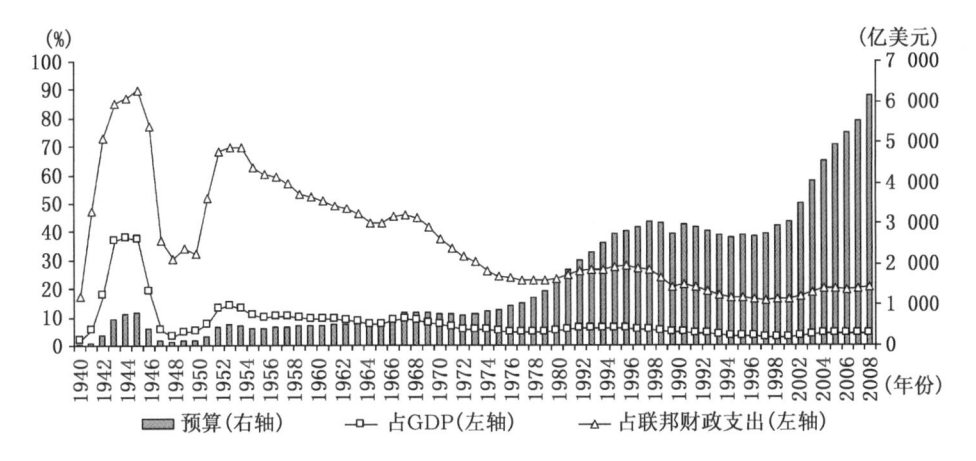

数据来源:美国白宫《总统预算》。

图 6.2　美国 1940—2008 年国防预算及占 GDP 和联邦财政支出的比重

但是,单凭上述说明,有可能导致一些不必要的混乱。(1)国防预算与军事支出并不完全是一回事,两者之间可能存在差距。以军事支出进行度量更能显示一个国家的军事实力及其变化。(2)价格因素是必须加以消除的,只有从购买力角度进行评判,才可能使动态比较具有一致性。考虑到这两点,我们在图 6.3 中以 2017 年不变价格(即 2017 年美元)为基础,进一步给出了美国军事支出数据及动态变化。我们可以看到,尽管之前的特征依然存在,但已经发生了变化——"二战"结束之后迄今的 70 多年里,美国用可比价格度量的军事支出的增长幅度变小了很多。比如说,2017 年,按两种方法计算的美国军事支出都是 6.06 千亿美元;但是,1957 年、1967 年、1977 年、1987 年、1997 年、2007 年,两种计算结果相差相当大。按不变美元计算的话,这些年份的军事支出分别是 3.85 千亿、5.54 千亿、4.08 千亿、6.21

千亿、4.22千亿、6.58千亿(2017年)美元,它们在时间上的变化(与按现价计算的相比)要小得多。(3)尽管如此,根据相对指标进行观察,却可得到共同的特征。除国防预算规模和军事支出规模具有前述变化特征之外,美国国防预算或军事支出占GDP的比重和占联邦财政支出的比重自"二战"结束之后呈现出了两大特征。在动态变化上,其一,两个占比都具有下降趋势。这里,需要强调的是:一方面,美国经济增长为此提供了基础和可能,即在国防预算或军事支出增长的前提下,因GDP不断上升,致使上述两大占比相应下降。另一方面,这也说明美国国防预算或军事支出的提升,仍然具有很大的空间。这也是美国在军事上仍然有很大的潜力可挖的一个不可忽视的方面。[①] 其二,在一些特殊时期,这两个占比又出现了一定幅度的波动。而最直观的是(如图6.3所示),在朝鲜战争、越南战争、阿富汗战争和伊拉克战争等时期,这两个比例都有所提升;并且,在里根政府推动"星球大战计划"实施期间,也出现了一波上升。

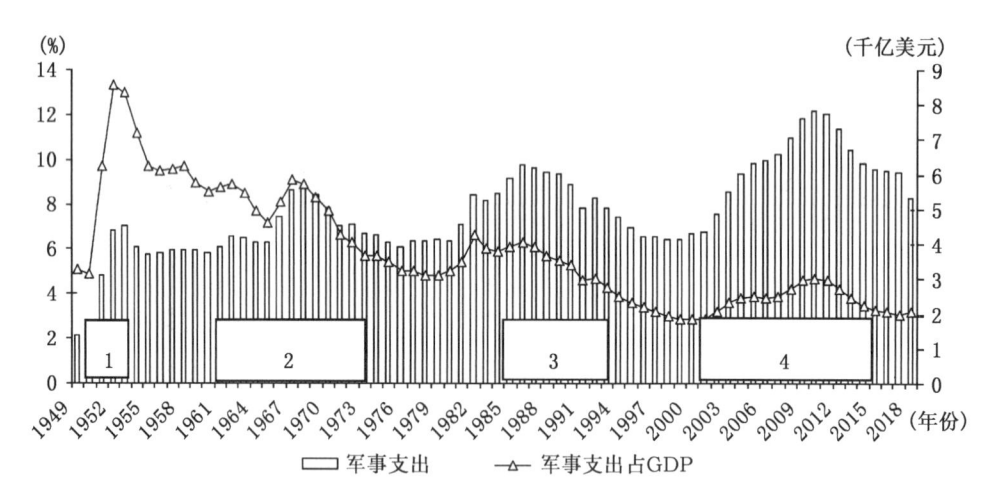

数据说明:数据来自斯德哥尔摩国际和平研究所(SIPRI);图中的四个方框(中的数字)分别表示:1:朝鲜战争(1950—1953年);2:越南战争第2、3、4阶段(1961—1973年);3:星球大战计划;4:阿富汗战争与伊拉克战争(其中阿富汗战争:2001—2014年;伊拉克战争:2003—2011年)。

图6.3　1949—2018年美国军事支出(2017年美元)及占GDP比重

[①] 最近几年,美国对中国军费预算特别关心。这是由于:一方面,中国军费预算已成为世界第二,美国必然紧盯中国军费的动态变化;另一方面,中国军费预算在GDP和财政支出中的占比在大国当中是偏低的(大约只有美国的一半),这说明中国具有大幅提升军力的财力基础;另外,中国军工产业链很完备,中国军队人(均)员费用偏低。

美国趋势性地提升国防预算或军事支出,除了可以从维护霸权地位这个角度得到宏观解释外,还可以从前文已经述及的"军工综合体"发展中得到微观解释。在图 6.4 中,我们根据斯德哥尔摩国际和平研究所给出的资料,绘制了美国三大军火生产商的武器销售额数据。这里,以 2017 年武器销售规模为指标,我们将洛克·马丁、波音和雷神确定为美国三大军火生产商(尽管在此之前它们的位次是有所变化的)。我们由此看到,作为美国第一大军火生产商,洛克·马丁公司的武器销售额已经从 2002 年的 189 亿美元快速上升到 2017 年的 449 亿美元;波音公司的武器销售额处于比较徘徊的状态,但是其在非武器方面有一块重要的业务;雷神公司的武器销售额也从 2002 年的 120 亿美元快速增长到 2017 年的 238 亿美元。需要注意的是,上述三大军火生产商,仅仅是美国"军工综合体"当中的资方的主要代表而已。它们生产的武器,除了美国军方采购之外,很大一部分是用于外销的。因此,在海外培育日益扩大的武器需求,就成为这个产业的资本追逐尽可能多的利润的必然要求。

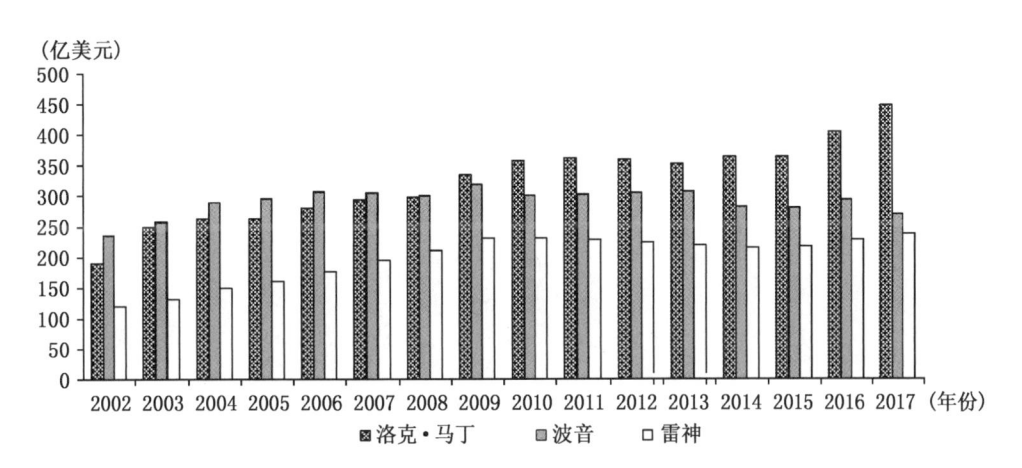

数据来源:斯德哥尔摩国际和平研究所(SIPRI)。

图 6.4 2002—2017 年美国三大军火生产商武器销售额

四、一个综合解释

在战略家看来,一国资源总是配置于生产,如黄油(代表经济)和大炮(代表军事),它们总是位于生产可能性曲线的某一个特定的点上(如图 6.5 中的点 A)。这里,生产可能性曲线由资源禀赋和生产技术等因素共同决定。在此前提下,一个国家究竟选择了生产可能性曲线上的哪一点,又是由政治家通过相关法律、政策和行政手段决定的。就美国而言,(1)为了维护霸权地位,它需要在黄油和大炮或者说经济与军事这两个方面做出相应的权衡,选择一个符合自身战略需要的组合。鉴于美国的战略竞争对手也在变化并且(通常)也是趋势性变强的,作为服从于国家战略目标的军事回应,美国的军事预算或者军事支出,也就必然随之变化并且是趋势性增加的。同时,鉴于军事力量是维护美国霸权不可或缺的根基,美国在总产出中将一个较大比例分配在军事方面,也是必然的。(2)与此同时,由于某些具有关键意义的军用技术的获得,需要国家财政予以必要的鼓励和有效的支持,在需要的时候,美国就会增加军事支出或相应的技术投入。(3)重要的是,随着时间推移,生产可能性曲线会向外移动,以至于美国不仅在军事力量而且在经济力量上都不断增强。因此,如下局面在理论上并不是不可能出现的,即美国国防预算或军事支出在规模上趋势性变大,而其在 GDP 中的占比又是趋势性变小的。这说明了两点：一是美国军力逐渐增强,二是美国增加军力仍有较大空间。

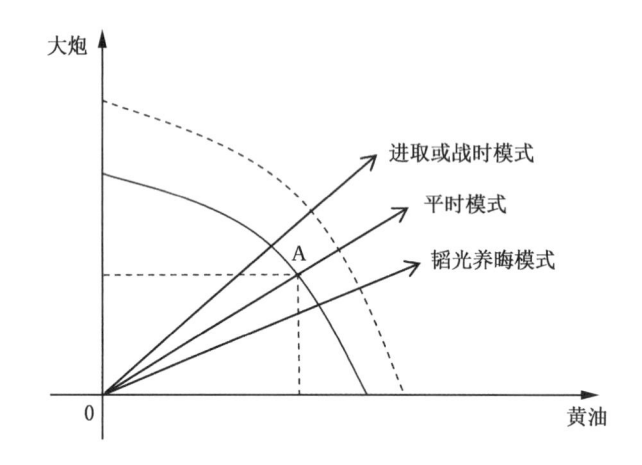

图 6.5　美国大炮与黄油生产可能性曲线及变动

不仅如此,利用图 6.5,我们还可以对美国政府成立以来的战略做一概略性分析。在美国力量还不强大的时候,它是利用非对称优势来侵占周边弱小国家的领土的。这个时候,由于欧洲列强的存在,它所采取的是结构性的韬光养晦战略。在图 6.5 中,总体上表现为它把指针拨向了靠近横轴的位置。那时,美国在强调经济建设的同时,一边对弱小的周边国家采取进取的态势,另一边对欧洲列强采用孤立主义和中立主义原则,仅从那里追求商业利益。但是,当力量变得足够强大之后,美国就改变了策略,采取的是(全面)进取的或战时的模式,它把指针拨向靠近纵轴的位置。"一战"与"二战"期间,就是这种模式的经典体现。这为美国后来确立霸主地位打下了坚实基础。"二战"结束之后,美国在"冷战"时期以及后"冷战"时期为了维护霸权地位,通过国防预算和对军事科技的国家支持,依然将指针拨向离纵轴较近的地方。由此可见,美国这种战略安排尽管从经济上直接来看是有所损失的,但是通过维持霸权地位,又获取了其他利益补偿。也就是说,美国这种战略是从国家利益总体来考虑的。

总之,我们在这一节所要说明的主要观点是:"二战"结束后,特别是自布雷顿森林体系解体以来,美国毫不动摇地维持均势霸权,在新的国际货币体系下,形成了一个借由经济霸权、军事霸权和货币霸权等共同支撑的关于美国霸权的完整体系。这个体系与欧洲重商主义和美国重商主义传统相比,具有很多新特点(下一节将展开论述)。

第五节 美元霸权本质与"双赤字"特征

1971年布雷顿森林体系崩溃至1975年牙买加体系正式运行,是一个短暂的过渡时期。此后,美国经济前所未有地运行于完全信用货币体系之下。于是,一方面,美元取得了最重要国际货币的地位,进而深深地影响着美国的经济运行方式;另一方面,由于这种以美元为中心的经济运行方式通过美元霸权而给美国带来了巨量的额外财富,进而源源不断地为美国霸权"输血",自然会诱使美国经济政策以它为中心而次第展开。这就引出了三个重大问题:一是美元霸权究竟具有怎样的本质?二是美国经济运行究竟具有怎样的特征?三是美元霸权的支撑究竟是什么?我们的结论是美元霸权主义在本质上是重商(金)主义的一种歪曲表达,美国经济为此呈现出了由财政赤字和贸易赤字构成的"双赤字"特征。美元霸权的三大支撑中除军事支撑外,国际贸易逆差支撑、美元与大宗商品交易挂钩这两个支撑正面临着挑战而部分地发生了动摇,进而迫使美国采取一系列剧烈行动(比如贸易战、科技战、金融战等)予以修补。

一、美元霸权主义:基本特征

黄金存量有限性与美元发行无限性以及国内利益与国际担当这两对不可调和的矛盾,预示着布雷顿森林体系不会持续太久时间。这个体系崩溃后,美元霸权主义在牙买加体系下越发显露出重商主义本质,尽管它在若干方面与欧洲重商主义和美国重商主义传统存在差异。

1. 财富观念

布雷顿森林体系下美元拥有"美金"之名。在牙买加体系下,"美金"之名消退了,美元作为财富代表的观念削弱了[①];但是,美元在国际上作为计价、结算和储备货币的功能,差不多被完好地保留了下来。最近 40 多年,美元也曾面临过短暂的挑战;但是,与大宗商品交易相捆绑以及美国对强大非经济(如政治和军事)手段的运用等,使得全球至今仍没有出现一种真正能与美元竞争的主权货币。同时美国经济的国际联系进一步深化,美元愈加深入人们的生活和观念。于是,其一,汇率与美元挂钩并且国际支付依赖于美方所控制的渠道,使得经济基础不太稳固的国家,不时出现汇率"上蹿下跳"的局面,主权货币面临崩溃。在这种体系下,世界上一些国家的政府和民众的财富观念形成了如下定式:美元即财富,美元一多,财富就多,用美元度量财富已被广泛接受了。其二,在各国政府的储备中,美元常常占据了大头;而在各国民众的财富中,美元往往被争相配置。其三,与美元相比,黄金不再像以前那样具有货币功能,而是退化为财富配置的一个选项了。因此在财富观念上,其实已经形成了"美元主义"了。有了这样的观念做基础,美元霸权也就成为美国可以大加利用的一种战略性手段了。当然,那些有意与美国进行竞争的国家,对美元及其作用总是保持高度的警惕,着意培育和壮大自己的主权货币。但是,到目前为止,这样的国家都因(综合)实力不济而少有作为。

2. 财富来源

首先,在牙买加体系下,美元尽管被视为硬通货,但是黄金约束被拆除之后,美元发行的贪婪性得到了进一步释放,美元必然趋势性贬值。不仅如此,在这个过程中,其他国家的汇率具有一种来自美元发行和定价的波动性。不过,这反而提高了具有风险偏好的微观主体炒作美元的积极性。更何况对于美国来说,美元即财富的观念又是可以被塑造的。比较而言,在重商主义那里,黄金等贵金属以天然属性而成为社会公认的财富代表,贸易顺差成为获取财富的常规途径;在牙买加体系下,与其他货币不同,美元凭借国家信用和实力而被人为地认定为财富代表。于是,出现了很多非常态的经济现象。比如说,对美保持贸易顺差的国家看似获得了财富,但是当这种财富的很大比例以购买美债的方式流回美国的时候,美国借助

---

① 张健:《后工业社会的特征研究——基于哲学的视角》,《人文杂志》2011 年第 4 期。

"嚣张的特权"而获得了经济和战略利益。① 当然,这种利益是通过货币流出美国与资本流入美国来实现的。② 其次,在金属货币时代,铸币成本高昂,铸币税相对有限。在牙买加体系下,作为全球观念中的财富的美元的发行却是以极低的成本进行的,以至于铸币税成为美国政府可观的收入来源之一,国际铸币税成为其他国家因大量使用和储备美元而赋予美国的一种国民福利。③ 其中,一个重要部分是通过货币稀释获得的。既然大量美元沉淀在美国内外而成为一个价值浓度既定的池子,那么当美国增发价值浓度较低的美元并且将其注入池子的时候,我们看到的是过去沉淀的部分(如果说还需要偿还的话)的价值浓度被稀释了,而新注入的部分的价值浓度却得到了提升。

3. 货币本位

在布雷顿森林体系下,其他货币只有通过美元才能触及同样作为本位的(储存在美国的)黄金。然而,在牙买加体系下,美元的国际使用和储备除继承了布雷顿森林体系的遗产之外,美国还相继建立了诸如大宗商品特别是石油交易以美元计价和结算等重要机制,以至于美元很大程度上变成了全世界的本位货币,美元霸权由此获得了新支点。此后,美国通过周期性滥发和收紧美元,除对其他国家实现经济剥夺之外,还据此达成政治和军事等目的。因此,美国不吝动用一切资源和采用一切手段为维护美元霸权地位而采取国家行动。比如说,在美国,维护美元霸权地位变成了公开的政策法则;而在全球,美国采取包括发动战争等在内的一系列国际行动,进而成为国际局势动荡不安和有关政府崩溃和破产的主要根源;从主权货币竞争角度来说,当美国认为其他国家的货币构成威胁时,它的发行者无论是盟友与否,都会遭到严厉打压。另外,在重商主义时代,贵金属开采分散于诸多国家,对它的直接掠夺由少数列强竞争性完成;但是,在牙买加体系下,美元由美国垄断发行。这使美国拥有了一种可以相机动用的力量,美元可以武器化,美国可以实施金融"核战略"。④ 因此,动摇美元霸权地位或者削弱美元"国际货币权力"(指由于美元

---

① Maria N. Ivanona, Hegemony and Seigniorage: The Planned Spontaneity of the U. S. Current Account Deficit, *International Journal of Political Economy*, vol. 39, no. 1, 2010, pp: 93—130.

② Vasudevan Ramaa, Finance, Imperialism, and the Hegemony of the Dollar, *Monthly Review*, vol. 59, no. 11, 2008, pp:35—50.

③ 李翀:《超主权国际货币的构建:国际货币制度的改革》,北京:北京师范大学出版社,2014年,第30页。

④ 华民、刘佳、吴华丽:《美国基于美元霸权的金融"核战略"与中国的对策》,《复旦学报(社会科学版)》2010年第3期。

居于优势地位而具有影响他国行为的能力①)的釜底抽薪之策,乃去美元化。

4. 贸易干预手段

在牙买加体系下,美国负责生产美元,其他国家负责生产供美国消费的商品。美国是通过贸易逆差等方式输出美元的。此时,与重商主义时代为积聚财富而追求贸易顺差不同了,美国达到同样的目的的时候,反倒需要贸易逆差作为支点。为此,美国一方面采用管制措施抑制高新和敏感技术(产品)出口;另一方面,美国在国内实行高工资和高福利等政策,保证美国人(在平均意义上)具有高生活水准,以至于对满足生活需要的商品产生强劲的进口需求。在贸易逆差形成过程中,表面上是美国损失了美元;但是,贸易逆差成了美国要挟相关国家的筹码,美国通过美元发行得到了铸币税,而其他国家购买美国的国债,又相当于为美国做了财政性融资。由此可见,美国是通过"贸易操作"进而"货币操作"来实现目的的。这也就解释了最近 40 多年里美国的经济运行为什么呈现出了"双赤字"特征,即国际贸易赤字与国内财政赤字同时并存。由于贸易逆差是美元霸权的重要支点而重商主义又看重贸易顺差,学术界几乎没有人将美国经济运行与重商主义联系起来。但是,本文认为:牙买加体系下的美国政策具有重商主义基因②,美元霸权主义是重商主义的一种歪曲表达。美国近期的战略选择是:在保证国内就业与关键产业发展的前提下,从低端和低附加值的制造业抽身而去,将其他国家固化在为美国提供廉价商品的地位,形成美国处于中心而发展中国家处于外围的不合理的国际政治经济格局。③ 在牙买加体系下,不仅关税和非关税等产业和就业保护手段总是被美国相机抉择,而且贸易战成为美国实施"打老二"战略的利器。④

二、美元霸权主义:扩展特征

在牙买加体系下,美元霸权主义还具有若干可以与欧洲重商主义进行比较的扩展性特征。

---

① David M. Andrews, Monetary Power and Monetary Statecraft, in David M. Andrews(eds.), *International Monetary Power*, Ithaca:Cornell University Press, 2006, p. 8.
② Shanlin Wu, The Mercantilist Root of the United States, Europe and Japan's Refusal to Accept China's Market Economy Status, *World Review of Political Economy*, vol. 9, no. 3, 2018, pp: 315—329.
③ 梁涛:《美元霸权下的"中心—外围"博弈对中国的影响与应对》,《财经科学》2018 年第 7 期。
④ 伍山林:《从战略高度认识和应对中美贸易争端》,《国际贸易》2018 年第 6 期。

1. 贸易扩张方向

最近40多年里,美国通过贸易聚敛财富时依赖于"美元进出口"。为此,美国在全球经济疆域扩大美元的影响力,将美元植入他国的政府运作和人民生活。对其他国家的政府而言,主要是大量持有美元,而其中相当大部分,又以购买美债的方式回流到了美国。美国政府借此低成本地获得财政性融资,并且通过美元趋势性贬值使其价值缩水,进而减轻自己的偿债压力;对其他国家的企业而言,主要是将产品销往市场空间巨大的美国以取得利润,同时获得比较而言具有硬通货性质的美元。此时,为美国消费者和企业供给产品的国家和企业为数众多,美国消费者和企业成为具有优势地位的市场买方,产品价格在美国市场上处于低位。另外,跨境投资与国际贸易尽管形式不同,但都是国际分工的结果。美国通过贸易逆差驱动美元发行,同时又由美联储推出利率控制政策。这些对国际商品流动和要素流动等都产生了重大影响;并且,这些手段是由美国政府或机构推出来的,是为美国服务的,特别是缓解全球霸权带来的经济负担。① 另外,美国还对美元支付系统进行控制,根据需要采取行动。面对这种潜在威胁,欧盟有意构建独立于美国的货币支付系统。

2. 国家目标

无论早、晚期重商主义,从国家层面来看其目的都是权力和财富。在牙买加体系下,美国通过美元霸权想要实现的国家目标,与之相比并没有什么不同(美国国父们曾把安全和繁荣当作国家目标)。② 这里,权力主要指在国际上实现国家意愿的能力,财富主要指在国内保障民众生活和维持国家财政的能力。谈到国家目标,我们必须提及国家战略,它在美国被称为大战略。它是从安全和发展两个相辅相成的层面构建起来的。③ 对此,从美国总统签署的《美国国家安全战略》报告即可见一斑。这类报告很少提及维护和强化美元霸权地位及其战略意义,但这又只不过是"隐其形,有而示之以无"。这类报告涉及国际经贸关系的部分是具有阶段性特点的。④ 自21世纪以来,美国政府在报告中一直强调促进美国经济繁荣的重要性:小布什时期,美国认为世界已进入"通过自由市场和自由贸易开创全球经济增长的新时代",试图采用诱导和同化中俄的策略实现战略目标;在奥巴马时期,恰逢经济危机席

---

① 罗伯特·吉尔平:《全球政治经济学:解读国际经济秩序》,上海:上海世纪出版集团,2006年,第63页。
② Christopher J. Fettweis, *Dangerous Times? The International Politics of Great Power Peace*, Washington D. C. : Georgetown University Press, 2010, p.156.
③ 伍山林:《汉密尔顿经济战略思想:美国经济政策的历史与逻辑起点》,《求索》2019年第1期。
④ 刘国柱:《美国国家安全战略的连续性与多变性:21世纪〈美国国家安全战略报告〉比较研究》,《当代世界》2018年第2期。

卷全球,中国发展达到新高度,美国急迫地认为"在一个开放和促进机会与繁荣的国际经济体系中,(需要)保持美国经济的强大、创新和增长",并且着手构建亚太再平衡战略;特朗普时期,中国经济稳居世界第二并且还在较快地增长,美国便心怀恐惧,露骨地说经济安全就是国家安全,试图通过"重建美国经济实力,恢复对美国经济模式的信心",在2017年《美国国家安全战略》报告中将中国列为首位战略竞争对手。[1] 自2018年以来,美国政府对华发动贸易战和中美汇率波动等成为全球关注的话题;2019年8月初,美国财政部把中国列为"汇率操纵国"引得国际舆论一片哗然。

3. 国内政策

前面的分析意味着美国必然要出台政策使得贸易逆差常态化,除非它认为贸易逆差已经丧失了战略意义。其实,美国一方面牢牢占据高新和敏感技术高地,根据《瓦森纳协议》等政策对特定目标国实施出口管制,以便既避免技术模仿和技术溢出又压缩出口规模。这些手段对美国出口产生了重要的抑制作用,如果将其取消,使美中高新技术产品贸易达到平衡,两国贸易逆差在2004年可缩小22%,在2014年可缩小36%。[2] 另一方面,通过扩大政府雇员规模、提高工资水平和改善公众福利等手段,美国对消费品进口又产生了强劲需求。其中,美国政府雇员相对规模在过去几十年趋势性上升[3];从国防费用占GDP比重来看,在诸多大经济体中也以美国为最高(尽管第二次世界大战结束后美国军费占GDP比重趋势性下降,仅在朝鲜战争时期、越南战争时期、里根重振军力时期和增兵阿富汗或伊拉克时期不出意外地出现了峰值。[4] 特朗普上任后,也会出现峰值)。此外,美国在"二战"结束之后还形成了"军工综合体"。这个由政、军、企结合起来的利益集团,使美国的国防预算居高不下。由上可见,通过机制性抑制出口和结构性促进进口,贸易逆差这个维系美元霸权地位的重要支点,被美国制造出来了。当然,美国还在跨境投资等方面对特定对象国进行限制。

4. 学说性质

美元霸权是美国经济战略中不可或缺的一环,舍此将导致美国霸权崩溃。在

---

[1] The White House, National Security Strategy of the United States, Washington D. C., December 2017.
[2] 王孝松、刘元春:《出口管制与贸易逆差——以美国高新技术产品对华出口管制为例》,《国际经贸研究》2017年第1期。
[3] 樊鹏:《构建合理适度政府规模的经验尺度——基于美中两国的比较分析》,《政治学研究》2015年第2期。
[4] 孙茹:《美国同盟与国际秩序变革——以分担负担为例》,《国际政治科学》2018年第2期。

牙买加体系下,美国凭借其强大的经济和军事力量,继续担当发行储备货币的中心国家角色而享受"嚣张的特权",即利用外围国家的美元储备而为美国财政赤字融资,并且使主权货币即美元的价值得到高估。① 其实,美国财政赤字相当大的部分来自美国为维持霸权地位而投入的军费开支。重要的是,这种"嚣张的特权",是以贸易赤字(严格来说应是经常账户赤字)为前提的。因此,与重商主义在金属货币时代追求贸易顺差相反,在信用货币时代和美元霸权背景下,美国的财政运转需要经常账户赤字(特别是贸易逆差)来为其提供资金保障。不仅如此,由于经常账户赤字可以通过国债为政府融资,这就使得美国的国内税的税率相对较低,并且通过国债扩容来促进经济增长;另外,这又为美国要挟经常账户(特别是货物贸易)顺差大国提供了借口。就中国、德国和日本等对美贸易顺差大国而言,贸易顺差尽管对自身经济增长也有一定的贡献,但这增大了被美国要挟的风险。特别是对美贸易顺差大国成为美国最重要的战略竞争对手以后,这种要挟将转化为贸易战等对抗性行动。由此可见,最近40多年里,美国经济"双赤字"运作是在美元霸权这个大构架下展开的,美元霸权发挥作用的前提之一是贸易逆差为其提供支点。② 鉴于美元霸权主义与重商主义一样都以权力与财富作为目标,并且以经济手段和非经济手段实现目标;鉴于前者以贸易逆差为支点而后者看重贸易顺差,并且两者在财富观念、财富来源、货币本位等方面存在或多或少的差异,因此美元霸权主义本质上是重商主义的一种歪曲表达。

由此也就可以理解为什么牙买加体系运行一段时间之后,丹尼尔、麦金农、萨金特等人说,20世纪70年代美国对外经济政策具有重商主义特征;曾任美联储副主席的艾伦·布林德(Alan Blinder)也说,克林顿-戈尔政府时期的美国,比10年之前更加笃信重商主义。③ 在国内学者中,也有人认为美国是在搞"新重商(金)主义"④。我们比较系统地支持这种判断。

三、美元霸权、"双赤字"与"逆差悖论"

正如前文提到的那样,美国在整个崛起时代其贸易差额大抵是间有正负的,即

---

① 张定胜、成文利:《"嚣张的特权"之理论阐述》,《经济研究》2011年第9期。
② 伍山林:《美国贸易保护主义的根源:以美国重商主义形态演变为线索》,《财经研究》2018年第12期。
③ 法兰克尔·奥萨格:《美国90年代的经济政策》,北京:中信出版社,2004年,第269页。
④ 左勇华:《新重商主义与美元霸权的失落》,《科学经济社会》2014年第1期。

都是顺差或都是逆差的连续年份并不多。这个特征在布雷顿森林体系崩溃之前也基本上一直保持着。同时,就联邦政府预算而言,连续的或长期大幅的赤字也并没有出现过。但是,布雷顿森林体系崩溃后,在信用货币体系下美国经济运行出现了一系列全新的特征。其中,最重要的是"双赤字"特征,即就美国国际贸易和美国联邦财政而言,一方面是长期存在贸易赤字(逆差),另一方面是长期存在财政赤字。重要的还有:这两种赤字,不仅在时间上是同时并存的,而且在机制上是相互连通的。因此,有必要将它们放在一起进行综合考察。通过综合考察,美国重商主义新特征可以得到进一步揭示。我们先看一些数据。

在图 6.6 中,我们给出了美国 1951—2010 年财政赤字率(联邦财政赤字占比)和货物贸易逆差率(美国货物贸易差额占比)数据。由此可见,布雷顿森林体系崩溃的 1971 年成了分水岭:在此之前,无论哪个占比,都间有正负(将年份拉长后更是如此);但自此之后,除极少数特别年份外,这两个占比都是负的。如果我们将时间稍微向后拉一点,考察牙买加体系运行时期(已持续 40 多年),上述两个特征更加明显,即仅在克林顿第二任期里美国出现过短期财政盈余。

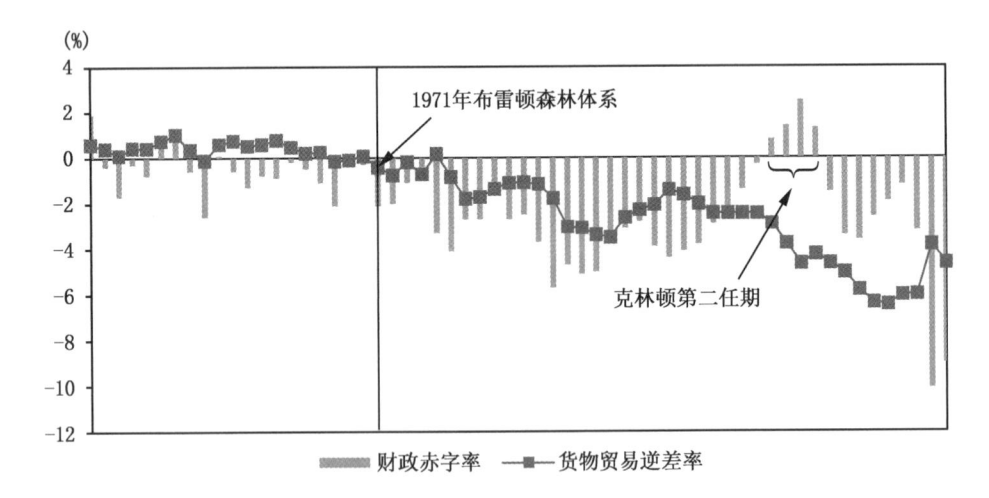

数据说明:根据 Bureau of Economic Analysis 数据进行计算。

图 6.6 美国 1951—2010 年财政赤字率与货物贸易逆差率变化[①]

针对美国经济在信用货币时代出现的"双赤字"特征,中外学术界就其成因、机

---

① 美国服务贸易顺差与货物贸易逆差同时并存而总贸易处于逆差状态,服务贸易与货物贸易的意义特别是在就业弹性等方面存在着差异。

制和后果等都做过讨论。① 美国"双赤字"特征之所以稀奇,主要在于两点:一是这两种赤字长期存在,它在将来会延续到什么时候,尚难以判定;二是这种赤字从一个具有重要意义的时间节点就开始了,即同时出现。因此,在它的背后,必然存在特殊的和稳定的原因;并且,只有找到了特殊的和稳定的原因,我们对这种罕见特征才有可能做出合理的解释,才有可能对它的深远影响和发展演变做出客观的判断。对此,我们认为必须紧紧抓住两点:一点是美国的目的是维持霸权地位;另一点是在信用货币时代,美元依然拥有全球最重要国际货币的身份,获得了货币霸权地位。美国除继承了布雷顿森林体系时代奠定的强大军事力量这个基础性支撑之外,在 1971—1975 年这个过渡时期,美国还为美元霸权准备了另一个支撑,那就是研究者早已经做了充分强调的大宗商品(特别是石油)交易与美元挂钩。所谓"石油美元",即由此而来。但是,研究者很少提及的是,牙买加体系运行之后,美国又为美元霸权建立了一个新支撑,即贸易赤字。但是,贸易赤字成为美元霸权支撑又是提条件的,即对美贸易顺差大国愿意并且实际上将手头持有的大量美元转化为美国国债,为美国做财政性融资。

当我们这样看问题的时候,也就可以给出一个关于理解"双赤字"特征以及美国经济运行的清晰思路。(1)美国维持霸权地位,无论是对美国资本家还是政治家来说,都是能够带来巨大利益的。(2)但是,维持霸权地位又是需要大量成本的。比如说,为了获得霸权利益,美国必须做出全球罕有其匹的军事投入,通过保持强大硬实力进而在利益再分配方面得到好处。(3)军事支出来自联邦财政收入,但是这种支出将挤压财政收入投入民生和生产性部门的规模;而为了发展国内经济和具有国际竞争力,税收又不宜过重,以免引起资本外流。于是,通过发行(公)国债获取财政收入,进而冲销财政赤字,就成为"两全其美"的经常性手段。(4)从长期来看,(在通常意义上)国债又是要以未来的税收收入做出偿还的。因此需要打造一种机制,使美国既能不断地和顺利地通过发行国债来取得财政收入,又几乎不需要做出相应的偿还。很显然,美国利用美元的国际货币地位,通过大量发行美元(从而以铸币税替代其他税收)使其他国家持有巨量美元,再使它低成本地流回美

---

① 伍山林:《美国贸易保护主义的根源:以美国重商主义形态演变为线索》,《财经研究》2018 年第 12 期。边卫红、蔡思影:《美国"双赤字困境"探索——基于美国 50 年来赤字发展情景分析》,《国际贸易》2018 年第 8 期。丁振辉、夏圆圆:《"双赤字"与美国经济增长:理论、事实与解释》,《世界经济》2012 年第 12 期。王庭东:《美国的"双赤字"及其对世界经济的影响》,《现代国际关系》2005 年第 5 期。高海红:《美元汇率和美国"双赤字"》,《国际金融研究》2004 年第 1 期。

国(比如购买美国国债),就是一个巧妙的安排。(5)但是,要做到这一点,并不是轻而易举的。一是需要其他国家在经常项目特别是货物贸易上对美存在大量顺差,即它们对美大量销售商品以持有巨量美元——这又需要美国消费者对进口持续不断地存在大量需求,同时在对自己有利的前提下压缩美国出口。对于进口需求,美国采用多样化的消费信贷等手段予以促进;而对于出口,美国采用严厉的管制手段,在防止技术扩散和模仿的同时,压缩它的规模。二是需要其他国家持有的大量美元并不存在较好的投资环境,以至于购买美国国债成为它们的次优选择。为此,美国在世界各地不失时机地制造动乱、引爆局部或全球性金融危机,针对对美投资进行严格的安全审查,针对特定国家在一些重要地区散布不实的信息等,以恶化其投资环境。

由此看来,迫使其他国家手头持有巨量美元(第一步美国制造贸易逆差),同时又使其回流到美国(第二步为美国做财政性融资),乃是上述循环的精义之所在。若第二步不能成功,那么第一步即创造贸易逆差的战略价值也就丧失掉了。这时:(1)美国与顺差大国的关系,主要体现为以美元与它们的产品进行市场交换,一方面是顺差大国的产品得到价值实现,另一方面是美国消费者由于获得了产品而在效用上得到了实现;至于助力前述(美国)经济大循环的作用,却不再能够看到了。此时,顺差大国虽然使美国获得了一定的国际铸币税,但同时还使美国产生了逆差不利于自身经济增长的问题,以及顺差大国将手头持有的美元投资于对美不利的项目的问题。(2)不仅如此,当这种情况发生的时候,由于美国经济依然处于原来的运行轨道,一个重要环节的断裂将带来一系列严重挑战,美国经济难以顺利地转换到一条有效的新运行轨道。这将引起极大恐慌,并且导致一系列错误应对。重要的是,这个环节开始断裂的时候,美国可能不易察觉出来;而当察觉到之后,出于恐惧,美国又不得不寻找各种各样的措施予以应对。我们知道,对美而言,中国和日本都是顺差大国。过去,令美国高兴的是,这两个顺差大国将新增顺差中的一部分(以美元形式)转用于购买美国国债;但是,正如图 6.7 所示的那样,最近一轮金融危机发生之后,大致从 2011 年或 2012 年开始,这两个国家改变了原来的策略,即它们不再将每年新增的对美贸易顺差中的较大部分用于购买美国国债了。这表现在它们持有的美国(长期)国债处于一个相对稳定的水平上。这个时候,我们看到的,一边是对美贸易顺差仍然像以前一样处于高位,另一边是两国几乎不再新购美国国债。这就使得维持美元霸权地位的一大支撑发生了动摇。由此也就可以解释:意识到问题严重性之后,美国为什么对中国发动了严厉程度前所未有的贸易战

（当然美国发动对华贸易战还另有因由），美国为什么对作为盟友的日本也毫不客气。

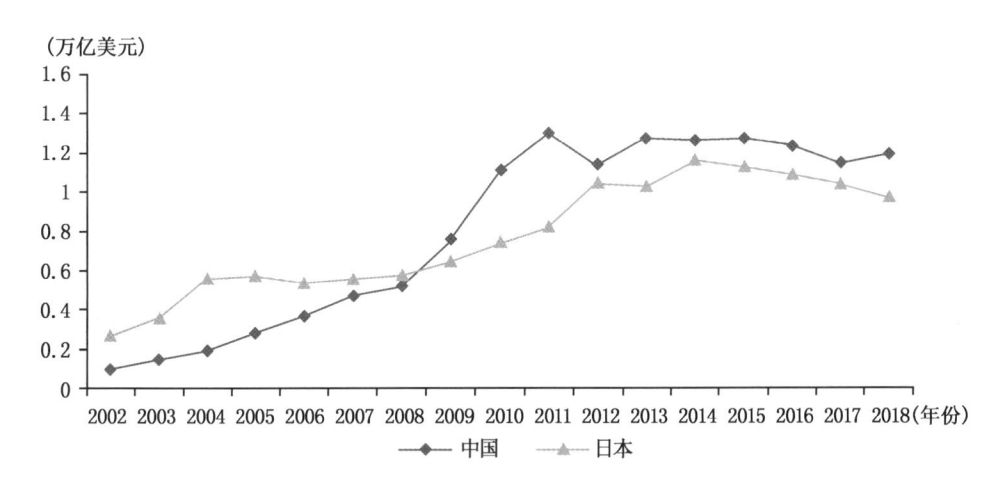

（万亿美元）

图 6.7 2002—2018 年中国和日本所持美国长期国债规模

数据说明：美国财政部。

但是，美国在上述局面下对华发动贸易战，必然会受到诸多制度因素的限制。例如，对华采取严厉的出口管制措施是导致美国对华贸易逆差畸高的一个重要原因。中国商务部报告指出：

> 美方的出口管制措施涉及 10 大类约 3 100 个物项，多是美具有出口优势的高技术产品。严格的出口管制政策造成美企业丧失贸易机会。中国进口高技术产品中，自美进口占比从 2001 年的 16.7% 下降到 2018 年的 8.2%。据美卡内基国际和平基金会分析，如美将对华出口管制程度调整到对法国的水平，美对华贸易逆差可缩减 1/3。[①]

因此，美国正处于"逆差悖论"之中。即如果放弃针对中国的严厉的出口管制以缩小贸易逆差，那么将导致自己具有优势的技术向中国渗透和被中国模仿，进而损及自身未来竞争力；如果不这样做，又将导致美中贸易因为制度性因素而出现巨大逆差，中国将巨量美元用于其他战略性投资（比如设立亚投行和推进对外直接投资等），将对美国霸权构成新的威胁。因此，在美国看来，解决这个问题的唯一手段，是对中国进行"极限施压"，采用霸凌主义手段缩小两国贸易差额以及达成其他目的。此招如果能够奏效，两国贸易差额将缩小，负面影响将减轻。不仅如此，通

---

① 中华人民共和国商务部：《关于美国在中美经贸合作中获益情况的研究报告》，2019 年 6 月 7 日。

过"极限施压"和采用霸凌主义手段,还可对中国先进技术和产业实施精准打击,为在大国竞争中取得有利地位而奠定基础。

四、美元霸权新挑战及回应

1971年"尼克松冲击"打破了美元与黄金之间的脆弱联系。在牙买加体系下,世界历史上第一次出现了主要货币与任何商品都没有任何联系的现象,货币信誉仅取决于政府权威或自制力。① 在这个体系下,各个国家的主权货币其实既是信用货币,又是战略货币。所谓美元霸权,无非是美国以高度主动性和强大控制力,借助主权货币获取超额国际利益。正如前文所述的那样,它是由三个主要支点(军事力量、贸易逆差、美元与大宗商品交易挂钩)支撑起来的。但是,最近10年,美元霸权遭遇了一系列新挑战。这对美国政策和国家利益将产生重大影响。②

1. 新挑战中的其他因素

在新挑战中,前已述及中、日等对美贸易顺差大国,不再像以前那样把顺差中的较大份额以购买美国国债的方式为它做财政性融资了③,而是将其用于美国所不乐见的其他用途。除此之外,支撑美元霸权的另一个支点是国际大宗商品(如石油)交易以美元计价与结算。这个支点最近也受到了来自中国的挑战。自2018年3月和5月开始,中国以人民币计价和结算的原油期货(上海国际能源交易中心)和铁矿石期货(大连商品交易所)已陆续引入境外交易者。鉴于中国在诸多大宗商品上是最重要的国际买家,鉴于中国经济体量庞大并且人民币币值相对稳定,直接以人民币结算前景光明。自2018年3月以来,上海原油期货业务量国际排名快速上升,现已成为全球第三。另外,中国已经与越来越多的国家签署了货币互换协议[2018年又与尼日利亚、马来西亚、日本、阿根廷、英国、印度尼西亚和乌克兰等签署了这类协议(总额达10 900亿元)],双边贸易本币结算比例势必逐渐提高。因此到目前为止,除军事支点之外,美国感到美元霸权的其他两个支点(特别是逆差支点)相继动摇了,以至于有必要构筑可替代的新支点。

---

① 米尔顿·弗里德曼:《货币的祸害:货币史上不为人知的大事件》,北京:中信出版集团,2016年,第Ⅹ页。

② Jonathan Kirshner, Dollar Primacy and American Power: What's at Stake?, *Review of International Political Economy*, vol. 15, no. 3, 2008, pp: 418—438.

③ 这也意味着,中国不再像"双顺差"时代那样,通过经常项目盈余而成为(对美)资本输出国。余永定、覃东海:《中国的双顺差:性质、根源和解决办法》,《世界经济》2006年第3期。

2.对美国回应的判断

为了减慢中国崛起步伐和为美元霸权构筑新支点,美国于2018年年中对华发动了贸易战。但是,其一,美国对华发动贸易战必然受到机制性制约。中国跨越"中等收入陷阱"有赖于技术进步和产业升级;但是,这势必对美构成挑战,特别是中美贸易格局将从以互补为主逐渐转向以替代为主。美国恐惧的是一个巨人的跫音正在逼近,以至于必须采取行动,对中国高新技术产业实施打压;美国迷茫的是贸易逆差不仅有损于制造业和就业[①],现在连作为美元霸权的支点的意义也丧失了。但是,中美贸易差额很大程度上又是由美国的制度性因素导致的。因此,对于贸易战,美国的政策选择空间有限,只得采用霸凌主义手段。但是,今日中国已非昔日日本和欧共体所能比拟,中国工业体系完备程度远胜于它们,中国政府反制意志也远较它们坚定,美国对华施压和发动贸易战,非但难以取得预期的效果,反而可能招致战略风险。其二,美国对华发动贸易战也给中国以警示和机遇,使我们重新认识中美贸易关系及战略意义。中国缺乏美元时,通过贸易顺差获取作为储备货币的美元是必要的,更何况贸易顺差对经济增长也有一定贡献;但是,中美贸易顺差也带来了不利的一面:比如说,为美国提供了国际铸币税,低成本地为美国做了财政性融资,国内货币政策灵活性受到一定掣肘等。因此,以美国对华发动贸易战为契机,中国完全可以改变观念而有所作为。当然,这不应是在高新技术产业发展方面做出让步,以不形成依赖为前提,从美方增加购买某些产品倒是可以考虑的。同时,我们应该十分珍视并且巧妙利用中国市场的吸引力。如果意识到对华发动贸易战会逐渐丧失中国庞大并且潜力巨大的市场,美国就会回归理性和改变策略。其三,中国需要警惕美国采取声东击西的策略。美国通过贸易战抑制中国高新技术产业发展的图谋早已昭然若揭;但要注意的是,中国近年一系列政策动摇了美元霸权的两个支点,美国对华发动贸易战的隐蔽意图是借此制造谈判筹码,进而为美元霸权构筑新支点。[②] 比如说,诱使中国过度开放资本和金融市场,先通过持股和控股等手段深入中国实体经济,再利用金融手段操控中国实体经济。对于这种图谋,中国要保持警惕和做出防范,因为美国利用金融优势和资本规模是可以兴风作浪的。在战略上,中国应该设法使美国认识到:继续采用霸凌主义手段维持

---

① Pierce J. R. and P. K. Schott, The Surprisingly Swift Decline of U. S. Manufacturing Employment, *American Economic Review*, vol. 107, no. 7, 2016, pp:1632—1662.

② 钮文新:《美国挑起贸易战背后的战略意图:为美元霸权构筑第二支点》,《中国经济周刊》2018年第43期。

美元和美国霸权地位不仅成本高昂,而且从长远来看也是徒劳的;美国的最佳选择是像我们乐意接受的那样,搭乘中国发展的"顺风车"。①

本章小结

　　1971年布雷顿森林体系崩溃之后(特别是牙买加体系运行以来),美国重商主义呈现出了新形态。其实,它在布雷顿森林体系时期就已经有了一定的孕育和发展,只不过是在完全信用货币体系下,又做了进一步定型而已。在完全信用货币的牙买加体系下,美元霸权主义本质上不过是重商主义(更准确地说是"重金主义")的一种歪曲表达。这种歪曲表达主要体现在两个方面:本质上,它依然追求权力与财富;具体地,信用货币代替了金属货币,贸易逆差代替了贸易顺差。其中,美国长期拥有贸易(特别是货物贸易)逆差,遮蔽了研究者和观察家的双眼,极少有人将这个时期的美国经济运行与经典重商主义(贸易顺差是它的重要特征之一)联系起来。从美国经济运行来看,财政赤字与贸易赤字同时并存的"双赤字"特征,具有深厚的美国制度和政策根源,这些制度和政策结构性地压抑了出口和促进了进口;美元霸权尽管是美国霸权的重要基础,但是在美元霸权立基的三大支撑当中,除了军事支撑依然稳固外,其他两个即贸易逆差和大宗商品(特别是石油)交易与美元挂钩都已面临挑战。特别是贸易逆差这个支撑,最近几年由于中国和日本等国不再像以前那样积极增持美国国债而几近丧失了,以至于美国现在出现了严重的战略焦虑。美国出于战略考虑,正在对此做出应对——美国在对华发动和升级贸易战的同时,对日本和德国等也做出战略性动作,由此也就可以得到合理解释;并且,由于美元霸权及美国霸权内生于美国制度和政策,美国做出战略调整殊非易事(比如说"逆差悖论"成为难解之题),以至于不得不采用"极限施压"和霸凌主义手段。

---

　　① 习近平:《携手构建合作共赢新伙伴 同心打造人类命运共同体——在第七十届联合国大会一般性辩论时的讲话》,《光明日报》2015年9月29日。

终章

美国重商主义与世界格局演变

　　第一章至第六章叙述了本书的主体内容，就美国重商主义研究中需注意的问题和所采用的参照、美国重商主义的形成背景以及它的传统和新形态的主要思想、主要政策、主要战略和主要特征等，择要进行了阐述；为了行文流畅和简洁，一些相关问题或者没有被纳入分析，或者未做充分展开。现在，我们单列一章，在"终章"中稍加论述。我们打算就此提出 11 个问题并且做出概略性回答。这些回答是围绕美国重商主义这个主题展开的。在某种程度上，我们可以将其视为对前述几章内容的适当补充，进而使我们更好地描述、刻画、分析和评论美国重商主义，以更清晰的面目呈现在大家面前。

　　流行于 14 世纪中叶至 19 世纪中叶的英国重商主义，可作为观察美国重商主义的参照；美国重商主义之形成，既有来自英国及殖民统治时期的政策的影响，又出自美国在当时地缘政治环境下为了实现政治理想而产生的驱动和所做出的选择；但是，美国重商主义是在经历一系列斗争并且在残酷事实的触动下才形成的，汉密尔顿的工商立国方略成为美国重商主义的战略主线；在美国崛起时代，是存在一个大战略的——美国重商主义独特之处即来自于此，其主要表现是通过大陆扩张政策将美国推展到自然边界以形成"两洋帝国"，在领土化过程中不断做大美国的生产要素规模，并且通过关税保护等手段将日益增大的国内市场留给国内企业开发利用，进而形成内需主导型工业化道路。此后，经过"踌躇的霸权"阶段和布雷顿森林体系阶段，过渡到了美国重商主义新形态。此时，美元霸权和军事霸权支撑着美国霸权，而军事霸权、贸易逆差和石油美元又支撑着美元霸权，美国经济运行呈"双赤字特征",重商主义得到了歪曲表达。

下面 11 个问题,都与美国重商主义和世界格局变化有关。

问题 1:美国重商主义与英国重商主义是否具有不同的继起特征?

对于资本主义经济发展,从商业资本入手进行考察,是具有理论、历史与逻辑基础的。在英国,正是商业资本的形成和发展,逐渐推动了工业资本的形成和发展。相应地,英国重商主义也从"重金主义"向"重工主义"过渡。但是,美国政府成立之时,英国工业革命正在如火如荼地进行着,工业发展在国力增强和国家崛起中的积极作用,前所未有地表现出来。在这种背景下,美国为了实现政治理想而再走英国重商主义老路,即从"重金主义"开始再发展到"重工主义",显然是不明智的;并且,对于在人口、语言、意识形态等诸多方面类似于英国的美国来说,那个时候也是有条件直接进入"重工主义"阶段的。这就决定了美国重商主义的起点与英国不同;并且,经历 180 多年的发展之后,在完全信用货币制度下,美元霸权成为美国霸权除军事霸权之外的另一个硬支撑。在这个时候,美元霸权在本质上也就可称为一种新的"重金主义"。不过,与英国以贵金属作为支撑的老的"重金主义"不同,美国以美元作为支撑的新的"重金主义",针对财富国际分配已经具有了灵活得多和强大得多的控制力。

处于欧洲大国竞逐地缘战略环境下的英国要想成为全球性大国,只有一边在欧洲采取均势策略;一边利用优越的地理条件而到欧洲之外争夺殖民地,通过外向型经济发展实现国家崛起。因此,英国重商主义战略成就于外需主导型工业化道路。但是,美国立国时,地缘政治环境与当年的英国很不相同。它尚且没有力量到海外与欧洲大国竞争殖民地和市场。美国一边采取孤立主义和中立主义外交原则,为自身的发展创造有利的战略环境;一边在自己周边利用非对称优势和大国竞争留下的难得机会,通过大陆扩张和广纳移民政策,迅速做大生产要素规模,并且通过持续的高强度的关税保护,把日益扩大的市场保护起来供国内企业开发利用,进而走出了一条迥异于英国的内需主导型工业化道路。在这个过程中,美国创造了通过内部循环做大做强自己的经济的一切必要条件。因此,就可总结出关于国家崛起的英国模式和美国模式。国家崛起之后,作为先行者,英国采取了单边自由贸易策略,从事后来看这并不是很明智的;但是,美国在"二战"结束之后吸取了英国当年的经验和教训,通过相机抉择自由贸易政策和保护贸易政策来维护霸权地位。

问题 2:为什么说英、美重商主义分野主要体现在扩张方式差异上?

英法"百年战争"快要结束时,英国人从战局发展中逐渐感到通过直面欧洲大陆而实现国家崛起的战略并不适合于英国。具有宏大战略眼光的人认为,英国从此以后要面向海洋,寻找国家崛起的新出路。这是我们为什么在本书第二章对《英国政策小册子》中包含的重商主义战略加以强调的一个重要原因。事实上,英国后来的崛起道路,就是朝着这个方向展开的,它走的是通过殖民扩张而实现的外需拉动型工业化道路。选择这种崛起道路,也为后来英国丧失霸权地位埋下了伏笔。因为殖民地毕竟没有成为与英国本土无异的固定领土,在条件成熟的时候,它是比较容易出现民族独立的。而正是民族独立,使得英国海外市场偏离原来的模式,进而对经济运行体系构成根本性挑战。

但是,美国崛起道路大异其趣,走的是大陆扩张的道路。重要的是,在扩张过程中,美国步步为营逐渐将它们领土化,即成为新州而加入美国,与美国的老州具有同等的法律地位,并且后来还制定了严苛的反分裂法。因此,比较而言,英国与殖民地之间,是用一条比较松散的以经济为主的链条连接起来的,它是容易松脱的;但是,美国对于新州,是以强硬的法律手段,平等地与老州联系起来的,这就在新州与老州之间打了一个牢不可破的"箍"。而正是这些方面,使得美国长期以来一直运行在一个比较平稳的轨道上,立国之后也仅仅由于种族等问题而触发了危及国家统一的南北战争。同时,在美国,各州之间是实行自由贸易的,因为《美国宪法》规定国内州际不存在关税。从这个方面来看,与英国也是很不相同的。即在美国内部,一直是通过自由贸易而实现内部循环的。这样的循环具有稳定性,免除了诸多外来冲击。

从这个角度来看,当研究者习惯于将英国16—18世纪的经济思想和经济政策等当作重商主义的典型形态加以观察的时候,对于美国立国以来的经济思想和经济政策等,是很难以重商主义的名义对它们进行深入剖析的。因为直观地看,美国的经济崛起过程与英国的经济崛起过程,确实存在很大的差异。但是,当我们站在国家发展和国家竞争等战略高度,比较宽泛地将重商主义理解为关于经济思想和经济政策的体系的时候,两者之间的差异将退居其次,而相同的本质特征将凸显出来。

问题3:"汉杰之争"为什么是汉密尔顿工商立国方略最终胜出?

在美国政府成立的初期,"汉杰之争"是在多个领域(但主要是政治和经济)展开的关于美国建国方略的争论。这种争论以作为财政部长的汉密尔顿和作为国务卿的杰斐逊的见解为中心而逐层展开。但是,由于复杂原因,比如说汉密尔顿此后政治生命比较短暂,而杰斐逊因连任两届总统而使其在政治生涯再登高峰,汉密尔顿的影响在《根特条约》签订之前的十多年里暂时退居次要地位。但是,由于建国方略需要与地缘政治、国际格局、本国国情等紧密结合起来,空想与天真终究是难以经久的,以至于由汉密尔顿建国方略化身而来的"美国体系",逐渐成为美国经济发展的大方向。这意味着汉密尔顿方略最终取得了胜利。

结果之所以如此,是由于汉密尔顿方略具有现实主义基础,而杰斐逊方略却富含诸多空想和天真的成分。那时,美国立国未久,根基还不稳固,欧洲大国在彼岸的觊觎和它们的殖民地在周遭的环绕,使得国家的独立和安全,尚且成为国父们担心的问题。那时,只有快速积聚国家实力,才能排除最大顾虑,集中精力实现政治理想。这两个方面,都需要汉密尔顿方略的支撑。因为只有快速发展制造业,才能(在不久的将来)在经济上与欧洲列强展开竞争,也才能为美国提供军事以及安全方面的切实保障。不仅如此,在两种方略竞争过程中,美国发生的一系列事件比如颁布《禁运法案》和发生第二次英美战争,以及和平时期欧洲特别是英国工业品在美国的肆虐并且造成惨重损失,又为这个建国方略被选中提供了经验支持。

另外,这也是近代以来历史发展提出的一个必然要求。无论是西班牙、葡萄牙还是荷兰,它们最终走向衰败的一个关键原因,是没有建立起坚实的工业基础,而法国的一度辉煌和英国的迅速崛起,都因为它们在工业上取得了远超同时代其他欧洲国家的成就。制造业不仅在经济扩张中具有极其重要的作用,而且是国家实力的直接来源和有效支撑。即使在美国政府成立的早期,我们也不能发现哪个国家仅仅依赖农业就能持久地取得世界强国的地位。从历史借鉴的意义上说,汉密尔顿的建国方略是"师英长策以制英"的结果;杰斐逊的建国方略,更多的是凭借抽象的政治和道德推演而臆想出来的理想化了的产物。

问题4:美国太平洋商业帝国从构想到落实为何经历了那么长时间?

就传统观点而言,美国大陆扩张思想与政策并不是一种典型的重商主义;但是,我们将它作为美国重商主义的重要特征之一,除了因为它是美国崛起大战略的关键因素外,这样进行定位的另一个理由是:凭借持续的大陆扩张,美国才将自己的领土推展到它的自然边界,即太平洋西岸,使它成为一个两洋国家;并且,在当时地缘政治环境下,美国人于19世纪中叶开始提出太平洋商业帝国构想。它是一个具有浓厚重商主义特色的大构想。

但是,这个构想被提出之后,它的真正落实又遥遥无期。即直到19世纪末期,美国才通过"门户开放"政策开始推进,并且取得了一些阶段性"成果";这种推进也不是一帆风顺的。落得这样的结局自有其复杂的历史原因,但是如下两点是要加以注意的:(1)待到19世纪末期实施"门户开放"政策的时候,美国在东亚和东南亚诸国,其实是一个后来者。英国、法国、德国和俄罗斯等,在那里已具有了相当大的势力。美国提出"门户开放"政策主张的时候,也是充分考虑了这一点的,它的目的也仅在于"分利",而不在于独占太平洋对岸的商业利益。因此,在那个时候,事实上也是不能形成所谓的专属于它的"商业帝国"的。(2)再经历半个世纪,中国共产党的全面胜利再度打破了它的美梦。在"冷战"时期,太平洋商业帝国构想的实现更是绝无可能。

即使是中美两国结交之后,形势发展也出乎它的预料。作为亚洲头号潜力大国,中国在共产党的领导下坚定理想和信念,发展社会主义市场经济。尽管经济市场化程度逐渐加深,但它远不是美国期待的那个样子;并且,中国在经济发展上把握了几次重要战略机遇期,至2010年已经成为规模上仅次于美国、体系结构较其更加完备和发展潜力依然巨大的全球增长中心。在此背景下,美国曾有的并且现在仍未放弃的太平洋商业帝国梦想,也就只能是梦想而已。

问题5:1913—1971年前后美国贸易保护政策为何发生了重大演变?

自1913年起,美国一系列制度发生了重大变化。比如说,财政上开辟了新税源,征收所得税已经合法化。此前一直维持的关税作为财政收入主要来源的格局行将改变。同时,在国际上,美国无论是经济规模还是工业产值,早已是世界第一大国了。但是,这个时候,在军事资产上美国与欧洲老牌列强特别是英国相比,依然有很大的差距。在这样的局面下,美国尚且无力依据硬实力宣称自己已经取得了霸权地位。因此,从身份认同的角度来说,它在随后进入的也只是"踌躇的霸权"阶段而已。不过,美国既然在经济上已经具有强大力量,那就意味着在最能释放这种力量的影响的国际贸易领域,美国与此前相比可以以更加进取的姿态追求更多利益。正是在这种背景下,美国贸易政策开始出现历史性转型,即从此前的贸易保护政策,逐渐引入自由贸易政策;并且,开始向外拓展它的经济影响。比如说,美国通过泛美会议更深地联系美洲市场,通过"门户开放"政策更深地卷入太平洋对岸市场。

1971年,运行了20多年的布雷顿森林体系终于因为黄金储量的有限性和美元发行冲动的不可遏制性这对不可调和的矛盾而解体了。当然,这种解体并不意味着布雷顿森林体系没有给美国留下任何遗产。相反,其遗产是丰厚的。其中之一便是已经建立起了美元霸权地位。此后,美国要做的是如何将这种地位维持下去,以便仍能获得相关利益。这时,为美元霸权地位打造支撑的工作便徐徐展开了。除继续维持强大军力这个硬实力支撑之外,在国际上,美国建立起了大宗商品(特别是原油)交易与美元挂钩的机制;在国内,美国在经济运行方面建立起了一方面通过贸易逆差大量发行美元,另一方面通过大量发行国债吸收其他国家持有的美元的机制,其经济运行从此具有"双赤字"特征。我们由此可以看到,在这种"双赤字"特征背后,美国对外经济政策服务于如下两个方面:压缩美国具有优势的特定产品(高、新和敏感技术与产品)的出口规模,扩大美国不具有优势的特定产品(低技术和低附加值产品)的进口规模。这种政策导向自然能使美国出现巨量贸易逆差。初看起来,这与欧洲重商主义追求贸易顺差背道而驰;但是,一旦认识到它是维持美元霸权地位之所需,我们也就完全可以这样说——它是对欧洲重商主义的一种歪曲表达。

问题 6:美国"双赤字"经济运行特征在未来是否仍具有可持续性?

美国"双赤字"这个经济运行特征,最初形成于 20 世纪 70 年代初中期;它一直延续着,迄今已有半个世纪之久。我们看到的是,美国不仅贸易赤字趋势性扩大,而且财政赤字以及与之相关的国债发行也在趋势性扩大。迄今为止,美国政府已经出现过多次政府关门的事件,这就迫使国会不断调升债务上限。我们在论述美国重商主义新形态时说,最近 10 个世纪美国在完全信用货币制度下回到了类似于欧洲重商主义早期的"重金主义",就是以此为主要依据的。现在的问题是,美国这种"双赤字"经济运行和债务依赖型财政模式,是否还能够持续下去?

我们的看法是,只要美国保住了美元霸权地位,或者更准确地说维持美元霸权地位的几个重要支撑没有全面动摇,那么这样的局面依然能够维持下去。不过,最近十年,美元霸权地位得以维持的三大支撑中的两个已经面临不同程度的挑战了。其中,又以贸易逆差(或者更准确地说是经常项目逆差)这个支撑面临的挑战最为明显。这并不是说这个逆差已逐渐变小了,而是说对美存在大量贸易顺差的大国,已不再像以前那样将手头持有的美元大量用于购买美国国债了。这样,美国面临的问题是它不再能够像以前那样,顺利地将它们所持的美元通过国债这条途径而转化为自己的财政性融资。[①] 大致从 2011 年开始,无论是中国还是日本,都不再像美国预期的那样去做了,这给美国带来了困扰。它焦虑的是贸易逆差这个维持美

---

① Wu Shanlin, Mercantilist Origin of United States' Trade Protection, *China Economist*, vol. 14, no. 5, 2019, pp: 31—40.

元霸权地位的支撑将来是否有效。要是真的丧失了效果的话，未来需要打造怎样的新机制，才能继续保有美元霸权地位？可以预期，这对美国来说是一个具有战略意义的大问题。

因此，未来的发展具有极大的不确定性。这也可以解释为什么美国本届政府要大幅度调整对外经济战略。其中，对华发动贸易战就是一个明确的信号，即美国对最近几年的状况很不满意了。同时，美国也处于深重矛盾之中。它既不能强硬要求中国再像以前那样继续增持美国国债，也不能阻止中国将手持的美元用于具有战略意义的行动中去，它只能冀望于通过贸易战和进一步谈判，以及塑造战略环境来达成自己的战略目标。

问题7：美国重商主义形态演变与世界格局变化具有何种关系？

美国重商主义传统形态是在美国崛起过程中逐渐形成并且作为它的政策支撑的。在那个时代，美国从一个国力弱小的国家，逐渐发展壮大而变成世界第一经济强国，世界格局由此发生了颠覆性的结构性变化。在这个过程中，尽管美国重商主义的主要内容比如大陆扩张、关税保护、内部改善、国内竞争等是最需要我们去关注的；但是，在这个过程中依然出现了一定的变化，比如说对外商业扩张逐渐被思想家们所看重，并且在条件成熟的时候，着手推进他们的计划；比如说在整个崛起时代，美国战略尽管具有韬光养晦的性质（如采用孤立主义和中立主义外交原则营造对国家崛起有利的外部环境），但是同时，在需要的时候（特别是针对周边弱国的大陆扩张）其进攻性又变成了显著的特征。可以这样说，美国崛起过程是重商主义传统不断发展成熟，并且在世界力量体系当中地位不断提升的过程，尽管力量的提升主要体现在经济领域，而在军事领域，至1913年依然不能与欧洲大国特别是英国抗衡。

在1914—1945年这个"蹒跚的霸权"阶段，美国重商主义传统发生了较大变化，一部分特征丧失掉了；进入布雷顿森林体系后，美国重商主义传统的特征进一步丧失，而新形态的一些特征逐渐萌芽——这个时期，美国已经取得霸权地位，尽管货币体系运行在美元与黄金双本位时代，美元发行在法理上依然要受黄金储量限制。但是，布雷顿森林体系解体后，特别是在牙买加体系下，美国经济在完全信用货币制度下运行，并且以军事霸权、石油美元和贸易逆差为支撑建立新的美元霸权地位；同时，在政策上，非关税手段进一步替代关税手段，服务于保护产业和劳动就业；在观念上，以"公平贸易"理念代替保护贸易理念和自由贸易理念，给自己营造一个几乎没有约束的政策选择空间，在自由贸易政策与贸易保护政策之间相机抉择。所有这一切,其努力目标不过是维护美国霸权地位;特别是对美国认为的战略竞争者保持高度警觉,并且不顾国际道义和国际协议约束,实施霸凌式打压。

但是,在重商主义新形态下,美国也为霸权衰落埋下了伏笔。现在美元霸权面临严峻挑战,一些支撑开始动摇。这同时也意味着美国必将为此做出挽救和努力,进而带来国际局势的动荡。

问题8:美国为什么将快速增长的发展中国家冠以"新重商主义"?

美国因实行颇具特色的重商主义而实现了国家崛起,同时又依托重商主义新形态维护霸权地位,因此它是一个最认可重商主义在国力建设中的意义的国家;同时,重商主义在学术主流中(自斯密之后)又一直留有恶名。因此,一方面,美国从来不说自己过去遵循的是重商主义理念,实行的是重商主义政策;另一方面,对于追赶型国家——其中特别是具有庞大体量的快速增长的国家,它又以(新)重商主义污名其所采用的经济发展战略。对于作为盟友的日本,在20世纪80—90年代的快速发展时期是如此;对于与其具有异质意识形态的中国,在改革开放之后的快速发展时期尤其如此。这也反映出美国建国之后至今的200多年里,一直是将重商主义作为包括思想和政策在内的战略体系来看待的。

美国这样做的目的是:(1)采用历史虚无主义手法,将自己崛起和守成阶段的丑恶事实尽可能不露痕迹地隐藏起来,给自己的历史和现实添上一层炫目的"金光",将自己置身于道德高地上。(2)采用历史虚无主义手法,在取得霸权地位之后,借助语言霸权等片面强调自由贸易的好处,并且以此要求其他国家遵循它所定义的自由贸易;殊不知,美国这样做的目的,正在于误导其他国家,采取对美国维护霸权地位有利而其他国家将自己锁定于对美国没有什么威胁的状态。这个时候,诸如"市场经济国家地位"等就是一个重要工具。(3)特别是在美国具有战略需要的时候,将它作为借口进行挑衅,将它作为筹码而要求让步,甚至为此发动贸易战等。此时,美国政府具有重回孤立主义和逆全球化的老路的倾向,根据"301条款""232条款"等肆无忌惮地祭出大范围和高强度的加征关税的手段,同时采取各种手段联合盟友以制华,企图以"两败俱伤"的方式获取相对优势,达成延缓中国复兴步伐的目的。

问题9:美国近年政策剧烈变化是否意味着正在回归重商主义传统?

自2008年金融危机以来,世界经济格局发生了结构性变化。其中,最重要的变化是:作为一个整体,发达资本主义国家呈现出了板块性下沉的趋势,其中仅美国大致保住了在世界经济总量中的占比;与此恰成对照,作为一个整体,新兴国家却出现了板块性上升的趋势,其中中国在世界经济总量中的占比上升得尤其快。鉴于美国是全球最大的发达资本主义经济体和唯一的霸权国家,中国是全球最大的发展中经济体和最大的社会主义国家,以及中国在经济体量上自2010年开始就变成了仅次于美国的全球第二大国,以及中国经济体量近年超过了美国的60%,美国感到(对其霸权地位而言)挑战和威胁在日益迫近,以至于焦虑和恐惧日甚一日加重,进而剧烈调整它的对外经济政策和战略方向,将中国作为最大战略竞争对手并且重返大国竞争老路。

特朗普政府以"美国优先"为口号逆全球化而行,孤立主义倾向十分明显,林林总总的保护主义政策更是被连篇累牍地推出,而其针对的最主要国家,又是它所瞄准的最大战略竞争对手——中国。此时,我们看到的是,美国经济政策似乎在回归重商主义传统。但是,在整体上,这样进行定位不仅是错误的,而且是危险的。(1)战略环境截然不同了。现在,作为一个正常国家,美国是不会受到任何威胁的;受到威胁的只是它的霸权,因为其他力量的崛起,必然使世界走向多极化。(2)战略目标截然不同了。现在,美国担心的,并不是它作为一个正常国家的安全和繁荣,它的战略目标主要是在国际格局变化中依然独享霸权地位。这就需要在战略上抑制它所认为的最迫近自己的挑战者。美国已经明确地将它认定为中国。(3)战略手段也截然不同了。现在,由于获得霸权地位已有70多年之久,美国凭借它的尚且处于优势地位的各种条件,不顾国际道义和国际条约,在贸易、投资、知识产权、技术等领域肆意采取非常的法律和政策手段,以霸凌方式逼迫其他国家就范,或者在谈判中提出不合理的高要价。

美国当前对外经济政策(在某些方面)徒有重商主义传统之表,它只是重商主义新形态下的一种极端表现。它是想(并且也只能)通过赤裸裸的方式,索取超乎国际法规定的国家利益,延缓中国追赶速度。

问题10:美国近年发动对华贸易战服务于怎样的战略目标?

从结局角度考察中美贸易战可以有两个尽管存在联系但又很不相同的角度。其一是从绝对收益角度,可以将结局排列为如下9种情形:①(赢,赢)(括号中第一种结果是美国的,第二种结果是中国的);②(赢,不变);③(赢,输);④(不变,赢);⑤(不变,不变);⑥(不变,输);⑦(输,赢);⑧(输,不变);⑨(输,输)。其二是从相对收益角度,也可得到9种结果。重要的问题是,这两种不同角度的评估之间,究竟存在怎样的联系。

避开一般性讨论不谈,单就中美贸易战而言,中外专家从绝对评估角度几乎一致地认为,它必然招致"两败俱伤"的结局。对此,我们早就说过,不能根据"两败俱伤"这种结局,而期待美国终止贸易战。① 主要理由是,即使在绝对收益上形成了(输,输)这个结局,美国也可能认为可以使自己输得相对较少而中国输得相对较多,达成延缓中国追赶步伐的战略目标。在美国,一部分战略家和政治人物是持如下观点的,即认为通过贸易战可以破坏中国经济增长的动力机制,干扰甚至破坏中国的供应链、产业链和价值链,而美国只需要付出较小的代价。其实,这种观点在美国早就存在了。美国在一份《总统经济报告》中表达了乐于为获取相对收益而承受损失的战略逻辑。该报告说:"即使短期内美国经济会付出一定代价,但只要国际贸易干预有利于实现增加那些推行干预政策的外国政府的代价这一战略目标,它就是值得的。"② 把这句话放到当下中美贸易战情景下来考察就是:美国认为中国政府对国际贸易进行了它认为不公平的干预,美国也要对(与中国有关的)国际贸易进行干预;这种干预尽管也给美国带来成本,但只要使中国承担更大损失,就是具有战略合理性的。

因此,美国现在的战略目的是通过发动"两败俱伤"的贸易战,获取相对收益以维护霸权地位;美国会从贸易、科技和金融等方面着手,采用多维手段发动攻势。

问题11:我们怎样从精神实质高度理解重商主义?

本书行将结束,现在回答读者们萦绕在心头的一个疑问。这个疑问是我们怎样从精神实质高度理解重商主义。可以预期,如果认同我们的回答,一切都将豁然开朗;相反,如果固守经济思想史传统教科书对重商主义的界定,本书将被斥为非主流。

本书理解的重商主义,既不仅仅是斯密在《国富论》中介绍的作为自由主义经济学对立面的重商主义,也不仅仅是经济思想史传统教科书界定的由16—18世纪的西欧特别是英国的经济思想和经济政策构成的那个综合体系。这些内容,固然都包含在我们所说的重商主义之中,但那远不是它的全部。我们所说的重商主义,借用德国历史学派代表人物之一施穆勒(Gustav von Schmoller)的话来说,它是涉及"国家治理"政策的。当然,"国家治理"并不局限于经济治理,它还包括其他方面的治理;在治理政策的背后,还有与其紧密相连但又更为深层的思想体系。这样一来,重商主义与国家战略就具有了某种联系。说到战略,在我们看来它是由战略环

---

① 伍山林:《从战略高度认识与应对中美贸易争端》,《国际贸易》2018年第6期。
② 转引自[美]保罗·萨缪尔森和威廉·诺德豪斯:《经济学》,北京:商务印书馆,2013年,第325页。

境判断、战略目标设定和战略行动选择这三大要件构成的体系。维纳指出,重商主义具有权力与财富双重目标。但是,在不同的时代和国家,权力与财富又具有不同的内容。目标定下之后,决策者选择战略行动的时候,既受可以动用的资源禀赋的影响,又取决于对战略环境的判断。对于战略环境,决策者在一定程度上是可以施加一些主动的影响的(大国尤其如此)。因此,讨论重商主义的时候,我们要盯住国家战略,盯住战略各层面,甚至相关哲学与宗教,把握其特质。

在上述意义上,我们可给本书另定一个题目,即《美国经济战略思想和政策史的重商主义研究》;并且,对于经济思想史传统教科书中的重商主义,我们可以将其理解为商业兴起和主导时代的战略思想与政策体系。但是,重商主义并不局限于那个特定的时代,其精神实质还存在于工业和(或)金融兴起与主导的时代。这样理解的重商主义,不仅可以在重金主义、重工主义、货币霸权主义等意义上加以展开,而且在一些情形下与政治经济学中的国家主义和国际关系学中的实用主义是联系在一起的。将重商主义局限于西欧特别是英国16—18世纪的经济思想是最狭隘的理解,我们的工作是研究美国国家战略当中的重商主义特质。

附录1

美国重商主义形态演变概览

考察美国建国以来重商主义形态的演变,有助于理解美国的政策走向、经济运行与经济表现。美国重商主义传统形态尽管受英国重商主义的影响,但是主要来自本土政治家针对经济问题而提出的应对策略。在保护主义政策支撑下,美国在"一战"之前形成了内需驱动型工业化道路,实现了经济快速崛起。这种国家记忆对美国后来的政治家产生了深远的影响。布雷顿森林体系解体之后,美国重商主义呈现出新形态:非关税壁垒成为管制进口和保护产业的主要手段,出口管制避免了技术溢出但又引致了贸易逆差,保护自身利益成为采择国际组织和国际条约的主要依据,维护美元霸权地位成为政策中心,经济运行呈"双赤字"特征。美国重商主义新形态本质上是"美元霸权主义"。诚然,与欧洲重商主义经典形态相比,它是一种歪曲的表达;但是,它比美国重商主义传统形态更加具有重商主义特质。如今,美国不少政策依然受重商主义基因的驱使。

一、引言

斯密给出重商主义命名的目的,是想说明它并不是科学的政治经济学。随着自由主义经济学逐渐占据主流地位,重商主义也就很难摆脱斯密赋予它的坏名声了;并且,现在多数经济思想史学者认为,重商主义已经随着《国富论》的出版而完全被经济自由主义取代了。但是,赵迺抟早就明确指出,最近200年来,在法律与政策上,重商主义并没有真正退出历史舞台。他说:"若细心读书,把各国经济立法考查一下，就可知道重商主义在经济生活上的威权或影响，在 19 世纪甚至在 20 世纪，仍旧有它相当的势力""重商主义之政策，即从现代经济理论之观点言之，亦未有可厚非者。"①

这里，我们将以美国为例说明如下观点：在英、法重商主义之后，重商主义的思想与政策出现了一定的变异。为了说明这个观点，我们力图发展出一个新的学术方向，即破除经济思想史经典文献有意无意设置的限制，根据精神实质重新界定重商主义；并且，在经济民族主义和全球化并存的背景下，从经世角度对其展开体系化的理论和政策研究，同时也像英、法等的重商主义一样，以提升国家竞争力为指归。因此，举凡美国保护主义、重商主义、经济民族主义、新贸易保护主义和战略性贸易政策等方面的文献，都在我们梳理和评论的范围之内。由此可以发现，针对美国重商主义传统形态与新形态，现在已经形成了一支主题明确而论点多样、体量庞大但结构松散的文献。

同时，还要提出若干有待于进一步研究的问题（本文具有论纲性质）。我们一方面认为，美国是在保护主义政策支撑下实现崛起的，在守成阶段保护主义政策也发挥了重要作用，并且对世界经济运行产生了冲击和带来了不确定性。另一方面打算指出，从经济思想角度来说，相对于英、法 16—18 世纪重商主义经典形态，美国重商主义发生了很大的变异；从政治后果来说，美国借此非但没有像其奠基者期待的那样成为披满荣光的"山巅之城"，反而变成了国际纷扰、对立和冲突的策源地；从经济战略角度来说，美国没有遵守自由竞争理念，而是根据国内外形势在保护主义和自由主义之间进行采择以最大化国家利益。特别是在经济困难的时期，美国把保护主义当作扶危救困的工具来运用。

针对美国重商主义进行分析和比较的时候，我们是赞同 Wilson② 和 Dales③ 的观念的，即每个时代都有必要书写自己的历史。因此为了阐述现在的主题，我们不再像过去那样对重商主义做比较狭隘的理解（基于 1750 年以前的小册子），而是以宏阔的视野就其演进从精神实质层面进行审视。这就决定我们的考察必然是跨学科的。

---

① 赵迺抟：《欧美经济学史》，北京：东方出版社，2007 年，第 13、22 页。
② Wilson C. Treasure and Trade Balances: The Mercantilist Problem. *Economic History Review*, 1949, 2(2): 152—161.
③ Dales J. H. The Discoveries and Mercantilism: An Essay in History Theory, *The Canadian Journal of Economics and Political Science*, 1955, 21(2): 141—153.

二、传统形态

对于美国重商主义传统形态与新形态,迄今为止学术界还没有给出一个统一的时间划断标准。1971年"尼克松冲击"宣告布雷顿森林体系解体,其实是一个重要性还没有得到足够认识的历史性事件。尽管1971年之前的崛起时代[1]最宜用作讨论美国重商主义传统形态,但是这种形态与16—18世纪欧洲的重商主义经典形态很不相同。美国重商主义没有经历"重金主义"阶段,就直接进入了"重工主义"阶段;并且,美国"重工主义"与欧洲"重工主义"也很不相同。在欧洲,对工业的重视主要是由殖民开拓引起的出口需求扩大而激发起来的,英国的工业化受益于国际贸易;在美国,对工业的重视主要是由国内市场需求扩大而引起的,美国的工业化受益于对国内(制成品)贸易的垄断。

(一)英国重商主义政策的影响

美国是从英属殖民地发展而来的。英国针对北美13个殖民地曾经实施过严酷的重商主义政策,这是这些殖民地的人民摆脱宗主国压迫进而独立建国的重要理由之一。[2] 在美国独立以前,(总体来说)英国统治者几乎不允许这些殖民地的人民自主发展工业,以免与宗主国形成竞争关系。在这种政策规定下,这些殖民地的人民不仅丧失了很多经济机会,甚至连个人自由也受到了一定的损害。因此,独立以后的美国曾以独特的重商主义方式,对英国进行过有限的报复。[3] 不过,英国重商主义政策对这些殖民地的经济发展也曾产生过积极的影响。比如说,英国重商主义政策曾使13个殖民地在分工当中专注于农业。斯密说[4],英属美洲殖民地几乎把资本都投在农业上,进而使其日渐趋于富强。需要指出的是,历史并没有由于独立建国而被一刀割断,英国重商主义对美国经济政策的影响是深远和持久的。

---

[1] 美国重商主义新形态中的很多手段和特征,在1971年前(特别是1913—1971年)已经有了一定的孕育和发展。其实,至1971年,美国已经跨越了三个特征分明的时代:崛起时代(1913年之前)、踌躇的霸权时代(1914—1945年)[参见王立新:《踌躇的霸权:美国崛起后的身份困惑与秩序追求(1913—1945)》,北京:中国社会科学出版社,2015年]、霸权或守成时代(1946—1971年)。

[2] Nettels C. P., British Mercantilism and the Economic Development of the Thirteen Colonies. *Journal of Economic History*, 1952, 12(2):105—114.

[3] 郑铁桥、乐欢:《美国早期历史上独特的重商主义思想》,《武汉大学学报(人文科学版)》2012年第2期。

[4] 亚当·斯密:《国民财富的性质和原因的研究(上)》,北京:商务印书馆,1994年,第336—337页。

(二)奠基者的重商主义思想

我们可以将美国奠基者分为两类。一类是以杰斐逊为代表的经济自由主义者,另一类是以汉密尔顿为代表的重商主义者或者说国家主义者。在崛起时代,美国重商主义最突出的特色固然是保护主义;但是,美国的保护主义,又是以孤立主义和中立原则作为背景的。相对于英、法重商主义来说,这其实已经是一种变异了。

归纳起来我们可以这样说:(1)在美国奠基者中,有些人虽然很难说是典型的重商主义者,但是他们提出或推行了某些在一定时期很有影响的重商主义政策。① 如亚当斯提出了《1776年条约计划》,麦迪逊签字通过了《1816年关税法案》。如果说《1776年条约计划》还只是体现了某些重商主义精神的话,那么作为美国历史上第一部保护主义关税法案的《1816年关税法案》,已经为美国此后近百年关税保护政策奠定了法律基础。(2)作为美国保护主义先驱的汉密尔顿,提出并且推行了可以称为"师英长策以制英"的发展战略②,他的工商立国战略构想对美国后来的政策演变产生了方向性影响。特别是在1791年12月5日提交的《关于制造业的报告》中,汉密尔顿继承了英国重商主义和法国科尔伯特重商主义传统,勾勒了系统的幼稚产业保护学说。③ 这种学说后来经过数代保护主义者的阐发,已经成为一个重要的政策体系——尽管在经济自由主义者看来,这个政策体系无论是在理论上还是在逻辑上都很难站得住脚④;不过,值得注意的是,经济自由主义者对重商主义进行批评的时候,几乎总是站在静态和经济的立场,而很少将眼界扩展到动态和政治等更加多样的层面。(3)由奠基者确立的航行自由原则,是借用欧洲重商主义经验而提出来的;而华盛顿力倡的中立原则,在美国国力弱小的时期里一直发挥着重要作用。有必要特别提及的是,华盛顿1793年4月22日发表的《中立宣言》,比后来的文献谈到中立原则的时候常常引用的《告别演说》(1796年9月19日)还要早3年多。⑤ 这个宣言的目的,与其说是为了所谓的道义,不如说是为了美国的利益。尽管华盛顿对这个利益没有做出具体的说明,但显而易见的是以中立名义取得商业利益是其中最重要的方面。(4)与美国特色保护主义有关的孤立主义,自华盛顿开始就成为美国处理对外关系的倾向性观念,直到"一战"来临之际尚未发生根本性

---

① 王晓德:《美国早期历史上的经济民族主义及其影响》,《南开学报(哲学社会科学版)》2006年第1期。
② 伍山林:《中国市场经济地位与美欧日重商主义传统》,《文汇报》2017年2月10日。
③ 伍山林:《大国崛起的经济思想基础:从美国建国初期三份国事报告看汉密尔顿的贡献》,《文汇报》2016年6月17日。
④ 梅俊杰:《重商主义真相探解》,《社会科学》2017年第7期。
⑤ 约翰·罗德哈梅尔:《华盛顿文集》,沈阳:辽宁教育出版社,2005年,第705、794-806页。

改变;只是经由 1914—1945 年这样一个"踌躇的霸权"的过渡阶段,当美国霸权地位最终得到确立之后,孤立主义倾向才得以改变。对此,晚近的研究主要是将关键人物的思想和观念放在美国史甚至世界史中进行评论的。这里所说的孤立主义,既与美国当时的地缘格局以及在国际关系中处于弱势地位相匹配,也对美国建国之后走向内需驱动型工业化道路产生了深刻的影响。当然,美国的孤立主义是建立在其特殊国情的基础上的。美国人认为自己的资源是那样丰富,以至于单靠国内经济发展就能实现持续繁荣。从这个意义上说,在美国崛起时代,经济发展中的保护主义与外交战略中的孤立主义是相辅相成的。

(三)"美国体系"作为经济崛起的重要纲领

在长达百来年的崛起时代,"美国体系"[①]对美国经济发展起了引领作用。(1)由美国最伟大的参议员之一克莱定名的"美国体系",为经济崛起指明了战略方向。在"美国体系"中,关税保护是最具美国特色的内容。这个观念在克莱去世(1852年)之后的很长时期里仍然发挥了作用。比如说,在第一波全球贸易自由化潮流中,在南北战争结束之后将近半个世纪的时间里,美国与欧洲主要大国不同,持续实行保护国内工业发展的高关税政策,以至于美国成为西方世界保护主义的坚固堡垒。(2)尽管如此,受国际国内形势的影响,美国关税率仍然存在比较大的波动。长时段数据显示,从 1789 年至 1830 年,美国关税率是趋势性上升的;从 1831 年至 1861 年,关税率是趋势性下降的[②];从南北战争至 19 世纪末,关税率快速上升之后稳定于高水平。从大趋势来看,美国关税一直行走在保护主义道路上,为美国工业(特别是制成品工业)发展提供了有力的支持。(3)借助以"美国体系"为主干的发展战略和经济政策,美国找到了一条与英国崛起大异其趣的内需主导型工业化道路[③];而英国在重商主义政策指引下形成的,是(主要借助于海外殖民扩张的)外需拉动型工业化道路。[④] 美国成就这样的工业化道路,除了与领土扩张战略相关联并且与国际政治经济环境变化等有关外,通过保护主义政策发展国内制造业也是一个决定性因素。不过,美国关税保护制度与英国重商主义时期的关税保护制度又存在很大的差异。前者主要是对进口工业品而征收的,后者主要是对进

[①] 汉密尔顿在 1787 年就使用过"美国体系"这个表述。参见 Hamilton A., Madison J. and Jay J., *The Federalist Papers*, New York: Penguin Group Inc., 1961.

[②] 导致 1831—1861 年美国关税率下降的主因是政治妥协的需要,而不是放弃了保护主义理念。

[③] 贾根良:《美国学派与美国 19 世纪内需主导型工业化道路研究》,北京:中国人民大学出版社,2017 年,第 15—46 页。

[④] 埃里克·霍布斯鲍姆:《工业与帝国:英国的现代化历程》,北京:中央编译出版社,2016,第 48 页。

口农产品而征收的——《谷物法》是其代表。

总之,美国建国之后面对的国际政治经济环境和拥有的国内资源禀赋等诸多方面,都与欧洲大不相同。特别是在崛起时代,美国尽管国土扩大和人口增多,但在世界体系中依然处于弱小和孤立的地位,以至于在以欧洲为中心的西方世界中,美国有必要策略性地避开直接竞争,选择一条促进国内经济发展的保护主义道路。① 然而,遗憾的是,在后来的经济学家发表的大量著作中,关于这种本来应该大加挖掘的精彩的历史素材,却几乎看不到如实的叙述和客观的分析了。当然,这是有其深刻原因的,因为就学术思想层面来说,自1885年成立美国经济学会之后,传统形态的重商主义在美国就不再兴旺了;但是,重商主义对美国政策的影响远没有就此而告结束,重商主义的基因在美国后续的政策中依然发挥了十分重要的作用。

三、新形态

20世纪70年代以前,美国国际地位已经发生过几次具有全球影响的大跃升。但是,直至"尼克松冲击"之后,美元发行才摆脱了黄金的束缚,经济运作方式随之发生了根本性改变。因此,将1971年以来的50多年作为考察美国重商主义新形态的阶段,应该是比较合适的。当然,正如前面提到的那样,我们可以在更早时期(特别是1913—1971年)找到重商主义新形态的萌芽甚至看到它的初步发展。另外,美国重商主义传统形态对欧洲重商主义晚期形态即"重工主义"多有偏离;美国重商主义新形态尽管是重商主义的歪曲表达,但是与欧洲重商主义早期形态即"重金主义",本质上别无二致。

(一)美国重商主义新形态的表现

针对自1971年以来的情形,学者们注意到:(1)进一步取代关税壁垒,非关税壁垒成为美国管制进口的主要手段。当然,进行非关税保护手段的理由是多种多样的,而它的借口,比如安全、反恐、人权、环保、知识产权等,总是那样冠冕堂皇。(2)出口管制的涉及面很宽并且具有很强的国别差异。② 例如,于1949年成立的"巴统组织"在这个方面扮演了重要的角色,1996年之后《瓦森纳协议》又取而代之

---

① 那时的孤立主义、中立原则和保护主义等具有韬光养晦的意味。但是,美国战略具有积极主动和立意长远的一面。比如说国土扩张与人口吸纳就为美国日后成为世界霸主奠定了基础。

② 参见沈国兵:《美国出口管制与中美贸易平衡问题》,《世界经济与政治》2006年第3期;刘子奎:《冷战后美国出口管制政策的改革和调整》,《美国研究》2008年第2期。

并且与美国的《出口管制条例》等一道,成为管制高技术(产品)出口的重要指导性文件。其中,出口管制的国别差异体现了一个重要精神,即对意识形态异质的国家(比如中国)尤其严苛,以杜绝高技术和敏感技术(或者通过相关产品)向这些国家传播和溢出。这已成为美国货物贸易(以及总贸易)逆差趋势性扩大的一个重要原因。(3)为了维护霸权地位,美国国防开支和政府雇员支出趋势性增长。于是,自1971年以来,美国经济运行出现了以前难以见到的"双赤字"特征。[①] 这种由贸易逆差和财政赤字构成的"双赤字",在美国还进一步演变成了具有进攻性的政策工具。总体而言,正如陈宝森所说的那样,布雷顿森林体系解体之后,美国的经济政策是以维护美元霸权地位为中心而依次展开的。[②] (4)相关国际组织(比如WTO)和国际条约等,一定程度上沦为美国推行保护主义政策的平台,对它们的取舍主要取决于是否符合美国的国家利益;同时,美国还与它的主要盟友一道,采取集团化行动推行重商主义政策。[③] 第二次世界大战结束后,在美国,无论是政界还是学界,讲的都是自由贸易和自由竞争;实际上,自由主义经济主张只是被美国策略性地加以利用而已。美国还热衷于利用国际组织和国际条约等"合法地"保护其自身利益。(5)自1980年初期以来,"新贸易保护主义"等作为美国的政策思路之一,在钱震旦等所说的"打老二"战略中逐渐扮演重要角色(先后用于打压日本和中国)[④];并且,经济、军事、政治、外交和舆论等方面结合起来,形成了一个庞大的政策系统。遗憾的是,学者们很少将美元霸权与美国重商主义新形态联系起来进行阐述。

(二)"双赤字"是一种彻底的变异特征

与美国经济运行相关的主要机制是:(1)严格的出口管制有利于防止高新和敏感技术的溢出,同时又使美国某些产业(特别是高技术产品)的出口受到了压制,这种影响还通过诸多关联产业,一层一层地传递开来。(2)政府雇员占比趋势性上升、高工资、低税收与社会救济等政策,又使美国进口颇为强劲。这两个方面(与其他方面)结合起来,导致美国具有规模日益扩大的外贸逆差(特别是货物贸易逆差)和财政赤字(进而政府债务),"双赤字"特征获得了机制性支撑。(3)外贸逆差和政府债务为美元霸权提供了发挥作用的广阔空间。对美国而言,一方面,通过外贸逆

[①] 1971年以后,美国仅在1975年取得过小幅顺差。克林顿通过一系列政策措施,使美国在其第二任期(1998—2001年)出现了小幅财政盈余。但是,小布什上台之后,这种趋势又中断了。
[②] 陈宝森:《美国的债务经济和全球经济失衡》,《世界经济与政治论坛》2007年第3期。
[③] 盛斌、李德轩:《金融危机后的全球贸易保护主义与WTO规则的完善》,《国际经贸探索》2010年第10期。
[④] 钱乘旦:《世界史研究应介入重大问题的讨论与决策——兼谈选题与视角》,《光明日报》2017年2月6日。

差驱动美元发行获取国际铸币税;另一方面,通过政府债务回收美元(借助美元趋势性贬值)获得通货膨胀税。① (4)美元霸权俨然成为"永动"机器,用于剪全世界的"羊毛";同时,以外贸逆差和政府债务等为筹码,通过汇率等手段(如列入汇率操纵国)进一步要挟竞争对手甚至合作伙伴(对亲密盟友也不例外),以获取经济或非经济利益。这些方面给国际政治经济发展带来了极大的不确定性。(5)通过美元霸权从全球汲取资源和财富之后,又将其中一部分转化为遍及全球的军事力量以打造"硬实力",并且用于强化美元霸权地位。

有必要进一步指出的是:在政治经济学史上,重商主义的最初形态正是所谓的"重金主义"(Bullionism),只是到了后来才发展成为"贸易差额论"——它将贸易顺差视为增强国力的一条重要途径。另外,由于取得大量贸易顺差要以国内(手)工业发展作为前提,重商主义也就必然演变为"重工主义"。这些观点在金属货币时代大抵是可以接受的。但是,布雷顿森林体系解体后,美元发行摆脱了黄金束缚,金属货币时代已经完全让位于信用货币时代。在信用货币时代,与"贸易差额论"相反,贸易逆差反而成为美元霸权发挥作用的支点,美国重商主义以一种前所未有的方式(通过贸易逆差而不是贸易顺差)得到了歪曲表达——这是我们为什么要研究美国重商主义新形态,以及为什么可以以重商主义之名对其展开研究的主要理由。当然,这也是到目前为止对英、法经典重商主义的彻底变异。这种变异的实质是将美元作为财富的度量和致富的抓手,综合利用(国内)经济、(国际)贸易和投资、(联邦)财政乃至(全球)军事等手段,通过体系性的非对称力量维护美国霸权地位。

(三)适时发动贸易战打压战略对手

第二次世界大战结束后,美国的主要战略对手以前是苏联、欧共体(欧盟)和日本,现在变成了中国。为了使逼近自己的战略对手离得更远一些以使霸权地位无忧,按照"打老二"战略思维,美国热衷于运用包括发动贸易战在内的多维手段适时进行纠缠、牵制和打压,以保持更大的相对优势。这里所说的适时,主要指的是发生了如下两个方面当中的至少一个方面,即"老二"的力量离美国已经比较近了,或美国经济运行遭遇了很大的困难,比如说发生了经济危机。特别是当这两个方面同时发生的时候,美国尤其会采用诸如发动贸易战这样的手段,谋求自己的相对优势地位。从机制上说,美国适时发动贸易战的时候,明知会招致"双损"的结局,但是由于可以赢得相对于"老二"来说更加有利的地位,故而成为重要的战略手段。

---

① 李翀:《超主权国际货币的构建:国际货币制度的改革》,北京:北京师范大学出版社,2014年。

主要历史事例有:(1)对欧共体(欧盟)。美国发动贸易战的时候,较多地采用复杂和隐蔽的"双反"惩罚、进口配额、进口许可和动用国内法进行制裁等手段,它的主要领域是农产品、钢铁和公共采购等。不过,鉴于两者实力相差较小,美国在贸易战中也只是略占上风而已。因此,美国常常采用具有非对称优势的军事手段与之配合。(2)对日本。由于在军事上具有压倒性优势,在政治上具有决定性力量,美国对它发动贸易战的时候,日本大抵只能比较消极地抵抗以表姿态。在20世纪80—90年代的贸易战过程中,除了在汽车等方面形成了一些"拉锯"外,对于能够给美国带来战略优势的《广场协议》等,日本政府既缺少政策手段予以化解,又难有决心和意志与之针锋相对,以至成了"失去的20年"的重要原因。(3)对苏联。美国对其发动贸易战的时候,除了在政治、军事、外交、文化等方面采用冷战手段外,在经济和技术方面主要采用封锁与禁运等决绝的做法。对于美国为维护霸权地位而发动贸易战的历史案例,我们是时候从多学科角度进行整理、分析和总结了,因为通过最近40年持续快速发展,中国现在已经变成对美国霸权地位构成威胁的最大力量了。

(四)诸多相关问题尚待深入研究

针对美国重商主义新形态的研究尚未触及一系列重要的理论与政策问题:(1)对美国最近40多年的经济政策为什么可以从重商主义角度进行研究?这牵涉到经典重商主义在美国出现了怎样的变异这个重大理论问题。现今美国重商主义主要表现为"美元霸权主义",它已嵌入美国社会经济生活的方方面面,并且深刻影响全球诸多国家。(2)为什么学者们对美国重商主义大多三缄其口,而美国在政策安排上对自由主义与保护主义予以相机抉择?对此,我们要说的是,这既有美国政策中富含重商主义基因的历史原因,又有为达到霸权目的而采取针对性策略的现实考虑。(3)如何以社会经济和制度变迁为背景构建一个完整的理论框架,借此系统地分析和概括美国重商主义新形态?对此,我们认为有必要抛开经典文献对重商主义的某些限定,从精神实质上对重商主义做出一般化处理。提到重商主义精神实质,正如维纳所说的那样,它无非是通过政府干预等手段追求国家权力与财富。[1] (4)美国重商主义新形态与学界已经论及的"新重商主义""新贸易保护主义"等究竟存在怎样的差别?对此,我们认为它们虽然自有其约定俗成的学术内涵,但

---

[1] Viner J., Power versus Plenty as Objectives of Foreign Policy in the Seventeenth and Eighteen Centuries, *World Politics*, 1948, (1):1−29.

是与重商主义新形态多有交叉。我们可以将那些体现重商主义精神实质但又不属于经典重商主义的策略、政策、主张和学说等，纳入重商主义新形态中进行考察。这意味着重商主义新形态具有包容性。(5)美国重商主义新形态的理论基础是什么？一言以蔽之，它主要是"公平贸易"主张。但是，"公平贸易"存在两种基本范式：一种是以共赢为特征并且通过多边机制予以实现的真正的公平贸易，另一种是单边意义上的以美国利益为指归并且按照美方的诉求加以定义、组织与实施的所谓的公平贸易。单边公平贸易的背后是美国至上主义，它是通过美国主导的国际法甚至直接根据美国的国内法加以定义和实施的。

四、形态演变

(一) 背景变化

从时间维度来看，自1971年"尼克松冲击"开始，美元霸权在信用货币时代获得了充分发挥作用的空间，美国经济运行自此也驶入了"双赤字"轨道，美国重商主义彻底地从传统形态转变为新形态。导致这种转变的背景是："尼克松冲击"是美国、法国和德国等围绕主权货币国际化进行权力争夺的结果，它是在对美元"过度特权"进行阻止（法方）、保护（美方）和妥协（德方）的过程中形成的[1]，由此也决定了美国经济的运行模式和政策策略的基本格局。学术界从1970年开始陆续出现针对"新重商主义""新贸易保护主义"等方面的研究，其中不少文献针对日本、韩国、中国等以出口导向为特征的国家，其目的是对这些高增长国家进行道德贬损和利益剥夺。另外，这种形态转换与美国垄断资本的形态变化比如"军工复合体"的发展等也有关。

在建国之后的200多年里，美国做出了一系列观念和政策上的调整。崛起以前，关税保护和开拓国内市场是美国走向内需驱动型工业化道路所坚守的理念；大致从1890年开始，开拓国际市场逐渐成为美国对外经济政策的新方向。正是在这样的背景下，美国陆续提出了听起来合理而操作空间又很大的政策理念以适应国家利益的新需求，"公平贸易"理念也就呼之欲出了。由此就可理解在后来的自由贸易趋势下，与"公平贸易"有关的保护主义手段为什么在（由美国主导的）GATT

---

[1] 赵柯：《德国马克的崛起：货币国际化的政治经济学分析》，北京：中央编译出版社，2015年，第41—45页。

以及作为其接续的WTO框架中得到了机制化发展和体现(比如通过贸易救济渠道);借助规则主导权和话语主导权,种种非关税保护手段被纳入政策框架,成为服务美国利益的可操作性工具。但是,多边框架的谈判通常都很麻烦,以至于多边条约形成后,不可能灵活地进行系统的调整;此外,随着国内外政治经济形势的发展,这样的多边条约与美国的利益又可能在某些局部发生冲突。我们由此就可以理解为什么不时听到这样的声音,即美国试图绕开WTO规则而使用国内法处理与美有关的国际贸易和投资事务,甚至威胁性地提出美国要重开谈判或退出多边条约。

(二)发展逻辑

在美国,早期保护主义的主要手段是通过制定高关税政策保护国内幼稚产业的发展,其运作机制是针对那些外国具有竞争优势的产品,按照本国情况适度将其挡在国门之外,给国内产业发展保留市场空间。这样的保护可以促进国内自由竞争[1],幼稚产业通过快速发展可以迅速达到能与外国产品相抗衡的程度。在崛起时代,美国采取了两手抓的方针:一手抓产业保护,通过高关税政策使国内市场免受外国产品的侵扰;另一手抓"内部改善",通过优化交通运输条件等打通国内市场,进而促进国内自由竞争。因此,笼统地说美国崛起时代实行自由竞争政策是极不准确的——对国内市场大抵如此,对国际市场却完全不是这样。但是,当产业发展脱离了幼稚状态并且进一步发展为在世界范围内处于优势地位之后,再对它进行保护也就变成多此一举了。从这个意义上说,就国家战略需要而言,其实可以根据自身在国际竞争中的地位,对自由贸易与保护贸易政策做出策略性选择。另外,任何国家任何产业的发展都有其生命周期,提供保护的理由和手段也必然相应地变化。比如说,在美国,钢铁产业自南北战争开始在保护主义政策的支持下,无论是生产技术还是生产能力都取得了飞速发展。不过,"二战"以后,在日本等国,钢铁产业出现了飞跃式发展;在美国,利益集团对钢铁产业的发展形成了很大拖累,以至于这个产业在美国尽管属于关键产业(这是从安全角度而言的[2]),同时也属于夕阳产业(这是从经济角度来说的)。作为纯粹夕阳产业,固然可以让其萎缩下去;但是,在安全上作为关键产业,又要保证它有一定的生产和技术能力以及人力和经验储备。在这个意义上,又要对它进行保护。由此也就可以理解为什么在最近几十

---

[1] 马克思早就认为,保护关税制度"促进了国内自由竞争的发展"。参见《马克思恩格斯全集》(第4卷),人民出版社,1965年,第459页。

[2] 正如肯尼迪指出的那样,钢铁产量经常被看作反映一个国家潜在军事力量和工业化水平的标志。参见保罗·肯尼迪:《大国的兴衰(上)》,北京:中信出版社,2013年,第208页。

年里,美国对进口钢铁产品发起了如此之多的"双反"调查。这是变相使用关税手段而对国内产业进行保护。

一般地,我们可以这样说:就美国重商主义传统形态与新形态而言,尽管在具体的保护手段上它们大不相同,但它们都服务于政治、经济与军事等国家战略目标。由此看来,重商主义新形态也只不过是传统形态的延伸、拓展、修正和转化,其政策中的重商主义基因并没有发生多少改变。由此不能不提到一个重要特征,即美国的对外经济政策从来就不是固守某个原则,而是具有灵活变通的特点。例如,在钢铁产业没有获得充分发展的时候,一方面,美国对大多数进口钢铁产品征收高关税,以保护国内钢铁产业不被外国(主要指的是英国)挤出市场而丧失进一步发展的可能性;另一方面,对国内急需的某些钢铁产品的进口采取特别政策,让其免税进口以填补供给缺口。这在"美国体系"中的"国内改善"特别是铁路建设上表现得尤其明显。1913年崛起之后,美国对外贸易政策尽管已经朝着自由化的方向发展,但是面对1929年大萧条,美国再度采用高关税政策。这在1930年的《斯穆特—霍利关税法案》中表现得特别明显。在更高层面上,我们可以这样说:在1913年之前,美国保护主义政策主要是为了使国家在经济上获得独立自主和摆脱对欧洲的依附地位,同时在安全上获得防御性保障;与之恰成对照的是,在"二战"结束之后,特别是自1971年布雷顿森林体系解体以来,美国重商主义新形态中的政策目标早已经不再局限于它的境内,而是通过国际规则的设定、国内法律的国际运用、话语权的建设等一系列途径,通过多重手段(包括经济、外交、政治和军事等)的协同运用,精心打造对维护霸权地位等有利的国家战略体系。尽管如此,与重商主义经典形态一样,增加国家力量和财富也是美国各种形态的重商主义的不变主题。

(三)阶段性特征

美国自建国以来,重商主义与经济自由主义在政策上和思想上总是交织在一起的,只不过在不同的时期,这两者的作用或所占的分量有所不同而已。从政策上看,在崛起时代,关税保护政策占主流地位,它为美国国内自由竞争提供了有效的庇护;在守成阶段,自由贸易政策占据了主流地位,但保护贸易政策发挥作用的阶段性特点也不应被忽视。在上述趋势下,这两类政策的搭配总会因美国经济发展状况的变化而有所调整。例如,在守成阶段,经济发展顺利的时候,总是更多地采用自由贸易政策;经济发展困难的时候,保护主义政策又会更多地得到启用。由此可以看到:其一,美国重商主义基因会通过政策而适时表现出来;其二,在美国看来,重商主义政策与经济自由主义政策尽管功用上存在着差异,但采择之时无须顾及道义方面的约束。从思想上看,以从英、法引入斯密、马尔萨斯和萨伊等的经济学说为铺垫,以库珀1826年出版的《政治经济学要义讲座》为标志,美国学院派经济学自此之后即朝着自由主义方向演进;但是,这派学说在美国崛起以前对经济政策并没有产生多大的影响。在建国后的相当长的时期里,引领美国经济政策方向的是传统形态的重商主义思想。美国之所以能在内战后通过快速工业扩张而跻身世界先进经济体行列,主要是由于共和党长期执政并且实行关税保护等政策。在守成阶段,经济自由主义思想尽管在政策上得到了更多贯彻,但是遇到经济困难的时候,又会依据重商主义理念推出扶危救困的政策。[1]

除了上面说到的阶段性特征外,还有很多具有一般意义的问题也需要做出回答。比如说:(1)重商主义与个人自由之间究竟具有怎样的关系？尊重历史的学者认为,这两者之间并不必然是冲突的[2],而历史虚无主义者却几乎总是将它们尖锐地对立起来,并且做出二分法理解。[3] (2)美元发行与黄金脱钩后,过去一再重演的"重商主义灾难"还会继续存在吗？[4] 客观地说,在国际经济关系中很多时候具有"零和博弈"特征,这种观念一直为美国保护主义者所认同,他们常常以此为出发点预估政策效果。即使到了现今,他们的观念依然没有发生实质性改变。(3)如何正确理解重商主义作为"危机经济学"这句话的深刻含义？[5] 其实,重商主义与国家干预主义在欧洲特别是英国是有很深的历史渊源的[6],而国家干预又常常被当作危机管理的重要抓手。

五、几点补充

研究美国重商主义的时候,首先必须回答的问题是是否可以对重商主义经典

---

[1] Williams W. A., The Age of Mercantilism: An Interpretation of the American Political Economy, 1763 to 1828, *The William and Mary Quarterly*, 1958, 15(4): 419—437.

[2] 弗里德里希·李斯特:《政治经济学的国民体系》,北京:商务印书馆,1997年,第16页。

[3] 这里,历史虚无主义是指对美国崛起时代通行保护主义政策视而不见,仅关注国内实行自由竞争这一个方面。在美国崛起时代,贸易保护主义通过提供庇护而促进国内自由竞争的发展。没有这种庇护,美国虽然仍有可能是一个独立国家,但到1913年时其市场依然充斥着英国工业品,产业结构将大抵保持独立之前依赖于农业的格局。正是汉密尔顿的工商立国战略改变了美国经济发展模式,实现了对比较优势的超越或者说形成了新的比较优势。

[4] Heckscher E. F., *Mercantilism* (vol. II), New York: Carland Publishing Inc., 1983.

[5] Wilson C., Mercantilism, London: The Historical Association, 1971.

[6] 李新宽:《国家与市场——英国重商主义时代的历史解读》,北京:中央编译出版社,2013年,第10页。

界定做出突破以及如何做出突破。在外国经济思想史教科书中,每当谈到重商主义的时候,大多局限于16—18世纪的欧洲(特别是英、法),很少针对美国经济思想和政策做这样的论述。因此,如果说这里提出的主题是成立的,针对第一个问题也就必须做出肯定的回答。当然,我们不应将美国重商主义与欧洲重商主义混淆甚至等同起来。美国重商主义具有自身的特点,其保护主义色彩更浓:至内战之前,保护主义已经使美国建立起了相对独立的工业体系;在内战之后的半个世纪里,保护主义使美国工业和经济不仅在量上而且在质上都实现了跨越;此后,保护主义依然扮演了扶危救困与打压竞争对手的角色。自1971年以来,当美元霸权主义主宰美国对外(经济)关系的时候,重商主义尽管以歪曲的方式加以表达,它的实质却与"重金主义"别无二致。

针对第二个问题,比如说根据重商主义是一个政策系统的思路可以做出进一步分析。在英国,《航海条例》《谷物法》和关税保护政策是重商主义的三大支柱性政策;而在美国,单是关税保护政策这一项,就不仅表现在保护产业发展这个意义上,而且表现在作为财政收入绝对主体这个意义上。[①] 另外,我们在研究美国重商主义的时候,不仅要观察经济思想对经济政策产生了怎样的影响,更重要的是要观察经济政策对经济表现起了怎样的作用。这样说来,我们有必要本着"三史融通"理念对美国重商主义进行分析。这里,"三史"指的是经济思想史、经济政策史和(主要关注经济过程和表现的)经济史。另外,鉴于美国历史发展具有特殊性,我们还有必要将经济"三史"与美国政党政治史、地缘政治史等联系起来进行多学科考察。由此就会提出一系列令人深思的(特别是与国家经济战略有关的)问题。例如,建国之初,美国如果在政治制度优越性和国家力量发展等方面没有有朝一日超越欧洲的梦想,又怎么可能持续进行大陆扩张并且以其为基础在自己弱小的时候提出孤立主义和中立主义等外交原则?又怎么可能在崛起时代秉持保护主义理念并且通过关税政策庇护国内自由竞争,进而形成内需驱动型工业化道路?又怎么可能使保护主义成为国家记忆并且后来适时将它转化为具体的政策主张?

另一个重要问题是在美国经济崛起大战略中,保护主义究竟处于怎样的地位。我们知道美国独立的时候还只是蕞尔小国,人口不过300万,国土面积不过80万平方千米。但是,美国经过快速崛起过程,成就了在世界史上值得深入讨论的突出特

[①] 美国历史数据显示,南北战争之前关税收入在联邦财政收入当中的占比为90%左右,内战结束直至1913年这个占比为50%左右。

征,比如说疆域持续扩张直至稳定在960万平方千米左右,对人口持续大量流入特别是对技术劳动力大量流入形成了稳定的吸引力。到目前为止,谈论美国大战略的文献已经很多了;但是,还很少看到把美国崛起时代作为研究对象、以历史素材作为学术支撑进而就其大战略展开论述的文献。现在,有些研究者已经认识到,保护主义是美国开辟内需驱动型工业化道路的策略基础。诚然,这是合乎美国历史事实的洞见;但是,如果再深入一步,将美国工业化过程或者更准确地说是经济崛起过程的保护主义策略与其他策略紧密结合起来,并且从策略相互补充和相互支持的角度评估保护主义政策的作用,那么对美国经济崛起的理解必将提升到一个新高度。这再一次说明:研究美国重商主义的时候,我们不能孤立地从经济思想、经济政策和经济表现这三个层面展开分析,而是要将它们放到历史时空中去、在与其他学科相互联系的基础上进行动态考察。说到这一点,我们认为从一个迥异的角度稍微回顾一下关税保护政策对美国崛起的作用应该是有所帮助的。可以这样说,在美国整个崛起时代(特别是1816—1913年),关税保护政策在美国政治生活当中一直是一个主导性话题,党派利益与地区利益纠缠于此;但是,美国著名关税史学者比如陶西格等人主观地认为,关税保护政策即使对美国棉纺织业和钢铁产业的发展也并不是特别地重要。[1] 不过,这样的观点并没有得到计量史学的全面支持。与之恰成对照,恩格斯1881年前后在一系列关于保护关税制度和自由贸易的论述中,多次提到保护关税制度是美国快速崛起的重要原因。他说,在英国拥有工业优势的时候,美国要想利用好自己具有优势的资源和条件,只有发展工业;依靠自由贸易的话,只有经过长得多的时间以及经过成本高昂的竞争才能成为工业大国;反之,如果实行保护关税制度,那么可以在短得多的时间里(由于排除了来自欧洲特别是英国的竞争和促进了国内竞争),通过制造业快速发展而成为世界上具有竞争力的工业国。[2]

还有一个问题是美国崛起时代尽管早已成为过去,其历史素材固然可以供我们进一步研究和品评;但是,守成阶段的美国仍旧抱守顽固的霸权心态,对世界将产生巨大的影响。如果我们认同前文的观点,即在守成阶段其政策依然保留重商主义基因,那么深刻理解美国重商主义新形态及其对应经济运作方式,将有助于我

---

[1] Taussig F., *The Tariff History of the United States*, New York: G. P. Putnam's Sons, 1888.
[2] 参见《马克思恩格斯全集》(第21卷),北京:人民出版社,1965年,第418—419页。

们在国际竞争中保持清醒的头脑,既不被其常常挂在嘴上的经济自由主义所欺骗①,也不对其放弃重商主义政策抱太大的希望。总之,一方面,从过去数百年的欧美历史来看,"重商主义是一份兼具思想性和实践性的丰厚遗产,又是一份在大国崛起过程中行之有效、随后却遭遇'过河拆桥'命运的复杂遗产"②。其实,重商主义政策在美国具有顽固性以及美国对其他国家采用重商主义政策保持高度警觉是自不待言的。正是在这个意义上,我们认为对自1971年以来以及比这更早的美国经济思想、经济政策和经济表现等,有必要做出更有启发意义的新理解而回归历史本真。另一方面,在中国经济快速发展和全球化达到相当深度但面临逆全球化潮流的当下,中国有必要发出反对各种形式贸易和投资保护主义的坚定声音。对此,我们可以回顾一下美国奠基者杰斐逊于1793年12月16日提交给国会的报告中的观点:对那些与美国进行自由贸易的国家,美国许之以自由贸易;对那些对美国实施保护贸易政策的国家,美国针锋相对地予以回击。③ 同时还要注意,中国现在仍然是发展中国家,对全面自由贸易可能导致的经济依附性必须有足够的警惕和预防。

从美国经济发展史中我们可以鉴戒些什么？这也是一个与本书有关的问题。现在的经济学家谈及美国成功经验的时候,总是将市场自由竞争放在首要位置。但是,这个提法是具有历史虚无主义的成分的。美国借助颇具特色的重商主义政策而实现经济崛起的要义,用一句最简单的话来说就是:通过领土扩张政策(而不是像欧洲那样的殖民扩张政策),使自己具有日益庞大的土地资源和战略空间;以此为依托,不断引入高质量的人口资源;同时,在遵循比较优势(农业发展)以及超越比较优势(工业发展)这个双轮的驱动下,通过"内部改善"将全国连通成一个统一的大市场,这个市场的规模如此之大,足以促进内部分工的发展;并且,通过高关税政策把这个日渐扩大的市场保护起来,主要供美国人自己去开发和利用,以便在国内形成良性循环的态势。至于重商主义新形态,其本质是"美元霸权主义"或者说"新重金主义"。此时,美国可以方便地采择市场干预与政府干预的手段来维护自己在世界格局中的地位,对国际财富做符合自己意愿的再分配。就手段而言,对于保护主义和单边主义政策、国际组织和条约的建立和废止等,美国在做决策的时

---

① 很多文献提及,美国企图用"华盛顿共识"(当中包含自由贸易)锁定优越地位。但是,这并不是孤例。美国很多智库把自由贸易当作战略性政策工具加以理解。例如,美国传统基金会在《使世界变得对美国安全——美国外交政策蓝图》中认为,自由贸易是美国的利益之所在,破坏自由贸易是对美国全球重要利益的唯一非军事威胁。就此而言,美国对它的亲密盟友如欧共体和日本等也不例外。

② 梅俊杰:《重商主义真相探解》,《社会科学》2017年第7期。

③ 托马斯·杰斐逊:《杰斐逊选集》,北京:商务印书馆,2012年,第316—317页。

候,并不受道义的约束而仅仅取决于国家利益的需要。不仅如此,美国还对经济思想和经济政策长期进行选择性传播,诱使其他国家接受和采用那些初看起来合理、实质上仅仅有利于美国保持优势地位的那些经济思想和政策。至于美国自己采用的重商主义政策,总是在"公平贸易"等堂而皇之理念的包裹下得到了别有用心的"美化"。

附录 2

美元霸权生成逻辑解构与批判

近代以来,世界经济体系的空间不平衡不断发展与变化。[①] 至 20 世纪初,帝国主义开始具有金融资本主义特点[②];自牙买加体系以来,这种空间不平衡程度进一步加深,美元霸权加速"剥夺性积累",对资本过剩和经济危机进行时空修复成为新帝国主义的显著特征之一。[③] 从全球来看,美元霸权孕育于国际货币体系不平等结构,扎根于全球经济空间不平衡发展。为了深刻认识"剥夺性积累"这种新型剥削形式[④],必须对美元霸权生成逻辑做出科学解构。

马克思主义政治经济学分析业已揭示,美元霸权是新帝国主义的典型表现[⑤],是美国掠夺他国财富的主要手段[⑥],是帝国主义寄生性或腐朽性的最隐蔽方式[⑦],是加快资本积累和加重剥削程度的重要工具[⑧],是导致国际货币体系不稳定进而扰乱全球经济运行秩序的主要因素[⑨],资本的经济力量超越非经济力量之后,"无限战

---

① [英]伊曼纽尔·沃勒斯坦:《现代世界体系》(第一卷),北京:社会科学文献出版社,2013 年。
② 《列宁选集》(第 2 卷),北京:人民出版社,1995 年。
③ [美]大卫·哈维:《新帝国主义》,北京:中国人民大学出版社。
④ 薛稷:《空间批判与正义发掘——大卫·哈维空间正义思想的生成逻辑》,《马克思主义与现实》2018 年第 4 期。
⑤ 鲁保林:《新帝国主义的形成、特征与积累模式》,《教学与研究》2021 年第 3 期。
⑥ 程恩富、夏晖:《美元霸权:美国掠夺他国财富的重要手段》,《马克思主义研究》2007 年第 12 期。
⑦ 舒展:《国际金融危机与"新帝国主义"的腐朽表现——兼评列宁的〈帝国主义论〉》,《马克思主义研究》2009 年第 2 期。
⑧ 蒯正明:《论新帝国主义的资本积累与剥夺方式》,《马克思主义研究》2013 年第 12 期。
⑨ 何帆、张明:《国际货币体系不稳定中的美元霸权因素》,《财经问题研究》2005 年第 7 期。

争"已经成为日常。① 但是,针对美元霸权的生成逻辑,迄今仍然缺乏具体的和深入的分析、解构和批判。在此,有必要以美国主导构建的牙买加国际货币体系和全球经济不平衡发展为背景,深入剖析美国政府和美国垄断资本究竟是怎样勾结起来以及利用怎样的机制,通过"三部曲"即超发美元换取他国商品、资本化美元以赚取超额收益、使外国所持美元落入"贬值陷阱",来实现加速"剥夺性积累"进而维护美元乃至美国霸权的目的。针对当代帝国主义,我们固然可以从美国促进国内垄断资本积累、通过全球生产网络和金融化等手段占有他国剩余价值、通过非经济手段控制他国政治经济秩序等角度展开分析②;但是,针对美元霸权的生成逻辑进行解构和批判,可以进一步洞悉当代帝国主义的结构性特征和机制性内涵并且对相关学说做出深刻的学术评论。

一、生成基础:国际金贸大循环与美元环流

最近半个世纪里,在牙买加国际货币体系和全球经济不平衡发展背景下,美国通过打造国际金贸大循环和与之对应的美元环流,为美元霸权奠定了生成基础。美国通过金融渠道从他国攫取巨量超额收益,这种收益在弥补贸易赤字给美国经济增长造成的损失之后还产生了一定的盈余,而贸易赤字在这个大循环中又成为美元环流的主要驱动器。在美国国际金贸大循环和美元环流中,正如附录图 1 所示的那样:(1)存在三个重要的主体,即垄断资本、美国政府和美联储。这三者看似相互独立,实则相互联系,垄断资本是美国政府和美联储的基础。(2)采取三个主要步骤:第一步,经由贸易逆差对外投放大量美元;第二步,通过发债低成本大规模回流美元;第三步,回流的美元转化为垄断资本并且在海外投资高收益项目,使超发美元实现资本化运用。

第一步,通过制度设计对外形成贸易逆差并且向国外投放美元。初看起来,贸易逆差对美国经济增长是不利的;但是,借此驱动美元环流,通过金融渠道让美国垄断资本从他国攫取利益,形成以金融渠道的获利(超额收益)对冲贸易渠道的损失(贸易逆差)的大循环大格局。在美国,相关制度及其作用主要包括:(1)促进消

---

① [加拿大]埃伦·伍德:《资本的帝国》,王恒杰、宋兴无译,上海:上海译文出版社,2006 年,第 4、107—108 页。

② 谢富胜:《当代帝国主义研究的三种范式》,《马克思主义研究》2020 年第 11 期。

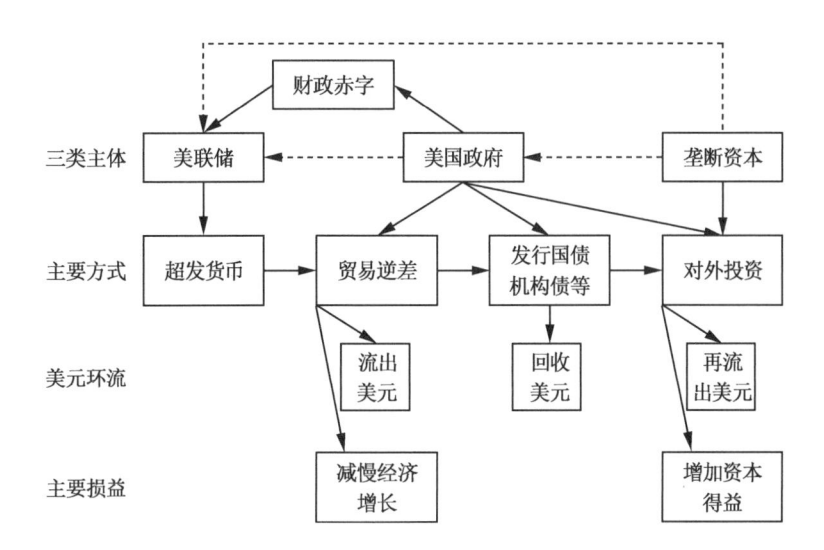

附录2 | 美元霸权生成逻辑解构与批判　　301

附录图1　牙买加国际货币体系下美国国际金贸大循环的主体

费的制度(如消费信用)造成对他国商品的巨大需求;(2)中低端制造业资本利润率低下,美国资本和政府逐渐放弃这些产业(导致"去工业化"),主要通过贸易渠道来满足国内需求,同时专注于发展知识和资本密集型产业[①];(3)通过一系列国际协议(如《瓦森纳协议》)和国内制度(如《出口管制条例》等),对意识形态异质的国家和战略竞争对手限制高新和敏感的技术和产品的出口[②],由此大幅提升贸易逆差。[③]这些制度使得自20世纪70年代以来美国贸易逆差开始处于高水平。美国对日本、德国、中国、墨西哥等发达国家和发展中国家都存在巨量贸易逆差,2020年美方数据分别为491.53亿美元、600.69亿美元、2 849.65亿美元和1 124.07亿美元。

第二步,通过向外国发行低收益的政府债大规模回收美元以打造负债经济模式。1976年牙买加国际货币体系运行以前,美国政府对外较少发行债券,美国经济负债运行模式是此后才逐渐发展起来并且加速膨胀的。其主要特征是:(1)美国国债和机构债(准政府债)规模日益扩大,并且国债主要用于弥补财政赤字和以债还债;(2)美国国债和机构债的买家,主要是发展中大国(如中国和巴西)和对美依附

---

① 张丽娟、郭若楠:《美国贸易逆差与产业国际竞争力——基于全球价值链分工视角的研究》,《美国研究》2019年第3期。
② 伍山林:《美国贸易保护主义的根源——以美国重商主义形态演变为线索》,《财经研究》2018年第12期。
③ 王孝松、刘元春:《出口管制与贸易逆差——以美国高新技术产品对华出口管制为例》,《国际经贸探索》2017年第1期。

型国家(如日本);(3)美国国债利息尽管存在波动,但在较多时候比其他国家国债的利息低。这里,问题的关键是为何美国可以用低利息从其他国家那里吸引大量美元以购买大量国债。追溯其根源主要是:第一,美国通过建立"石油美元"机制,使需要大量进口石油的国家持有大量美元以满足结算需要,美债高流动性使其随时都可变现;并且,其他诸多大宗商品也大量用美元计价和结算。第二,各国个人、实体和政府形成了美元依赖,而摆脱依赖必须承担高额成本,以至于大量持有美元(资产)。通常认为持有美元不如持有美债,因为这样多少还可获得一点利息收入以利于保值。第三,从财政赤字到国债发行再到美元发行取决于美国需要,无论是收紧还是放松发行,对各国汇率都会产生影响①,各国汇率具有一种源自美元发行的波动。这样一来,以美债形式持有一定数量的资产,就是应对国际支付和实现财富保值的重要选择,从而形成了一个包含财政赤字、政府发债、联储发钞、贸易逆差在内的大循环。

第三步,美国垄断资本投资国外高收益项目并且借此输出美元。马克思在《资本论》中引用登宁的话说:"资本逃避动乱和纷争,它的本性是胆怯的。这是真的,但还不是全部真理。资本害怕没有利润或利润太少,就像自然界害怕真空一样。一旦有适当的利润,资本就胆大起来。"②利润率和风险决定了资本的行动——资本无论是在国内进行产业转移还是进行国际转移,都是如此。(1)在国内,自20世纪70年代以来,美国垄断资本逐渐转入利润率较高的高端制造业和金融业等,形成了金融垄断资本新形态,特别是至今仍然在快速发展的科技金融垄断资本。资本对利润的追求和政府对权力的追求结合起来,这种资本在美国得到了资方与官方的共同青睐。(2)在全球,美国垄断资本在海外投资高收益项目,不管它是劳动密集型的还是资本密集型的,是中低端制造业还是高端制造业,是第一产业还是第二或第三产业。美国垄断资本投资还存在国家非对称性:在盟国之间,资本流动是比较自由的;对于它认定的战略竞争对手,美国垄断资本依然投资高收益项目,但美国政府对前去投资的垄断资本又有一定的要求,对那些能够增强战略竞争对手实力的高收益项目的投资会附加一定的限制。美方数据显示,在美国对外投资中,高收益项目投资占比远远超过低收益项目投资占比,无论是在发达国家还是在发展中国家,都是如此。我们的测算显示,从2002年至2018年,就美国在英国、中国和巴

---

① 齐晓楠等:《美联储量化宽松政策对中国经济和人民币汇率的影响》,《管理评论》2013年第5期。
② 马克思:《资本论》(第一卷),北京:人民出版社,1975年,第829页。

西持有的资产而言,分别有高达53.58%、86.87%和76.39%的比重是高收益项目投资。

在美元霸权"三部曲"中,从垄断资本角度来说,第一部曲是打造美元环流的驱动器,第二部曲是为将他国财富当作美国资本来使用做必要的准备,第三部曲才是高潮部分,即通过美元环流而从金融渠道攫取巨量国际超额收益。要是没有第三部曲,打造国际金贸大循环也就并不具有"合理性"。测算表明,从1981年至2007年(美国国际金贸大循环正常发挥作用),美国超额收益率(等于对外资产收益率与对外负债收益率之差)年均值高达3.35%,在有测算数据的49个国家当中是最高的[1];我们的测算结果是3.37%,在有测算数据的57个国家中是最高的。这就提示,在2008年国际金融危机爆发之前:其一,很高的超额收益率意味着美国垄断资本通过美元环流获得了巨量超额收益。其基本步骤是:美国政府以(低成本的)国债等方式,将通过贸易逆差流出的美元吸引回去,再将其转让给美国垄断资本家(后文将说明),让其到海外投资高收益项目以获利。这不仅给美国形成巨量贸易逆差提供了一种解释,也说明美元霸权与贸易逆差之间存在必然的联系。这就意味着,一个国家如果对美国形成了巨量贸易顺差(条件1),同时又按美国构建的国际金贸大循环将对美贸易顺差的很大部分转变为对美投资(特别是购买美国国债和机构债等低收益资产)(条件2),那就无异于为美国垄断资本提供剥削自己的条件,以及为美国加强美元霸权地位;反之(条件2不成立),就会因中断美国国际金贸大循环(从而美元环流)而动摇美元霸权根基[中国在2010年以后就是如此(第五节论述)]。其二,美国由此获得的超额收益(按超额收益率与对外负债的乘积进行测算),(1977—2018年)平均来说相当于美国GDP的1.44%。它与美国实现的经济增长(名义值)之比是一个很高的数值(24.32%)。

当然,在美元环流中还存在其他渠道。例如,美国政府调整以其他货币方式持有的储备或官方资产,导致对外投放(这种净资产为正时)或回收美元(这种净负债为正时);美国私人部门卖出或买入国外低收益(安全性)资产时导致回收或投放美元。但是,它们的量很小,分析价值也小。

---

[1] Habib, M. M., "Excess Returns on Net Foreign Assets: The Exorbitant Privilege from a Global Perspective", ECB Working Paper Series 1158, February, 2010.

二、生成机理：美国政府与垄断资本合谋

美国是一个典型的资本主义国家，垄断资本在美国社会经济生活中居绝对主导地位。马克思早就指出，"资产者赋予国家的权力的多少只限于为保证他们自身的安全和维持竞争所必需的范围之内"①，"现代的国家政权只不过是管理整个资产阶级共同事务的委员会罢了"②。其实，资产阶级最大的共同事务，是怎样更好地追逐利润。因此，美国政府的最重要职能就被本质地规定为为美国垄断资本在本国和世界市场追逐利润提供各种各样的服务。自牙买加体系运行以来，美国政府被美国垄断资本御用的程度进一步加深。

先从税收角度来看。一般地，"赋税是政府机器的经济基础"③，捐税是"国家存在的经济体现"④。在美国，税收除上述作用之外，还是政府维护垄断资本利益的手段。美国政府为美国垄断资本提供服务的途径之一，就是设立比其他国家更低的公司所得税，并且为此而配套一系列制度安排。在美国，公司所得税是主体税种。由于税率较低，(1)在资本剥削的剩余价值中，资本家获得其中较大部分(与其他国家相比)。这一点直接体现政府对资本的照顾，相当于说政府在给资本让利。(2)较低的公司所得税，使美国市场对各国资本具有较大的吸引力，从而使美国经济在整体上具有竞争力(与其他国家相比)。(3)较低的公司所得税使美国财政收入与 GDP 之比比较低，而美国维持霸权地位和充当"世界警察"又需要更多财政支出，这就必然形成巨额财政赤字，从而要求通过其他途径(如发行国债)做出补充。(4)在通常情形下，用于弥补财政赤字的国债不过是税收的一种延期支付。也就是说，美国政府通过国债借得的用于财政支出的钱，需要将来通过加重税收负担来偿还。但是，如果能够通过超发货币使美元趋势性贬值，那么用以债还债的方式轻松处理以前积累的债务就是一种有利可图的选择，只不过债务规模势必越滚越大。在美国，情形正是如此。这是美国在不增加资本负担的前提下，主要借助外债驱动经济发展的基本逻辑。

这样一来，对外(以低利息)发行债券也就成为既符合美国垄断资本利益(无须

---

① 《马克思恩格斯全集》(第 3 卷)，北京：人民出版社，1960 年，第 196 页。
② 马克思、恩格斯：《共产党宣言》，北京：人民出版社，2014 年，第 29 页。
③ 《马克思恩格斯全集》(第 19 卷)，北京：人民出版社，1995 年，第 32 页。
④ 《马克思恩格斯全集》(第 4 卷)，北京：人民出版社，1958 年，第 342 页。

缴纳高比例的公司所得税),又符合美国政府利益(既达成维持霸权的目标,又能维持财政运转和经济发展)的主要枢纽。当然,为了实现这一点,需要其他国家持有大量的以备国际支付和交易之用的美元。为此,美国通过贸易逆差而向其他国家大量投放美元,美国垄断资本在外国大量投资高收益项目以输出美元。不仅如此,按照主流西方经济学理论,上述两个方面对其他国家的经济增长也是有利的,从而其他国家也是乐于接受的。于是,上述两个方面不仅成为美方(包括美国政府和垄断资本)的需要,也成为其他国家的需要。这又开始重复前文讨论的美国国际金贸大循环了。由此可见,美国政府是把国内循环和国际循环结合起来进行考虑的。它企图实现的是:既为美国垄断资本在世界市场上追逐利润创造必不可少的条件,又使其他国家自愿入其彀中而为美国维护霸权创造条件。还要强调的是,美国实行较低的公司所得税,相当于把政府应该征收的那部分所得税无成本地退还给了美国企业,使其可以用于投资生利。

再从投资角度来看。美国政府为垄断资本提供服务的途径之二,是通过各种各样的制度设计和政府行为,为美国垄断资本在国外获得高收益投资项目提供各种必要的服务。在美国国内,美国政府允许非竞争性国家特别是盟国资本自由进入;但是,对意识形态异质的国家和竞争性国家的资本进入,总是设置各种各样的限制。当然,这还不是最重要的;最重要的是,美国政府在国外为美国垄断资本不断获得高收益投资项目在政治、法律、军事等方面倾力而为。从"一战"爆发开始,美国就进入了"踌躇的霸权"阶段[①],后来逐渐成为全球最大的资本输出国。与欧洲列强当年采用殖民方式推进商品国际化不同,美国采用非殖民方式不断推进资本国际化。为此,美国政府担当为美国垄断资本搭桥铺路的角色。(1)我们将美国分成政府部门与私人部门进行测算,发现在年平均意义上,政府部门并没有获得正的超额收益率(1977—2018年的年均值为−0.38%),而私人部门的超额收益率相当高(1977—2018年的年均值为2.55%)。这就为美国政府为美国垄断资本创造条件和提供服务提供了最好的证据。也就是说,美国政府在对外经济关系中,不是以自己赚取超额收益为目的,而是为美国垄断资本获得高超额收益提供服务。这也意味着美国政府通过对外经济关系,向美国垄断资本转移了巨量利益。(2)美国政府通过一系列制度设计和政府行为,为美国垄断资本在海外攫取超额收益而提供

---

① 王立新:《踌躇的霸权:美国崛起后的身份困惑与秩序追求(1913—1945)》,北京:中国社会科学出版社,1915年。

各种各样的服务。

总之,对美国垄断资本从海外获取高额收益,美国政府主要做了两件重要事情:一是向外国大量发行国债,使美国垄断资本具有更多可用作(对外)投资的资本;二是助力美国垄断资本,让其能从国外通过投资高收益项目攫取巨量超额收益。无论哪一件大事,都加速了美国垄断资本的"剥夺性积累",加深了利益的国际不平衡。

三、生成方式:重商主义的一种歪曲表达

美元霸权与重商主义初看起来风马牛不相及。按照传统观点,重商主义是资本主义原始积累时代的经济学说和政策体系,是商业资本主义时期关于财富生成和获取方式以及与国家发展战略相结合的产物。它分为早期重商主义(也称货币主义、重金主义、货币差额论)和晚期重商主义(也称真正重商主义、重工主义、贸易差额论),追求贸易逆差乃其显著特征。彼时,通行金属货币。然而,在牙买加体系下,通行信用货币,美国资本主义已经高度成熟;从运行机制来看,美国已经把贸易逆差当作获取超额收益的驱动器,重商主义把贸易顺差当作获取财富的主要手段。因此,除少数例外(如认为2008年国际金融危机爆发后美国通过美元霸权掠夺世界财富等新重商主义策略将使其出现荷兰式衰落[1]),很少有人把美元霸权与重商主义联系起来。但是,从生成方式来看,美元霸权其实是经典重商主义的一种歪曲表达。

首先,从货币运行角度来看。在资本原始积累时期,重商主义者认为价值是流通过程中的价值,货币因处于流通过程而成为资本;货币在流通过程中保存和扩大自己并且不断循环。[2] 恩格斯在马克思主义政治经济学的序篇中指出,重商主义认为货币在流通过程中实现增值,杜卡特(是14—19世纪欧洲许多国家通用的金币)被当作能带回更多金币的"诱鸟"[3] 马克思指出,重商主义尽管是庸俗经济学,但它是"对现代生产方式的最早的理论探讨"[4]和"资本的最初解释者"[5],重商主义体系

---

[1] 左勇华:《新重商主义与美元霸权的失落》,《科学经济社会》2014年第1期。
[2] 《马克思恩格斯全集》(第23卷),北京:人民出版社,1972年,第177页。
[3] 《马克思恩格斯文集》(第1卷),北京:人民出版社,2009年,第56页。
[4] 《马克思恩格斯全集》(第25卷),北京:人民出版社,1974年,第376页。
[5] 《马克思恩格斯全集》(第23卷),北京:人民出版社,1972年,第177页。

坚持的是 $G\cdots G'$[1]，即把货币变成更多货币。从将超发的美元当作资本来运用并且从美元环流中获得超额收益这一点来说，美元霸权与重商主义并无二致，它们都是对货币进行资本性运用。差别主要在于：其一，在重商主义时代，金币供给量有限；在牙买加体系下，美元超发无度且由美国决定；其二，在重商主义时代，货币或财富的增加主要来自贸易顺差；在牙买加体系下，美元或财富的增加主要来源于美元环流中产生的超额收益，贸易差额（即逆差）起驱动美元环流的作用。因此，一方面，美元霸权离国际贸易似乎越来越远，以至于很少有人从重商主义角度认识美元霸权；另一方面，美元霸权又比资本原始积累时代的重商主义还重商主义了，因为美国把几乎无成本发行（超发）的取之不尽的美元当作"诱鸟"来利用，通过不平等交换而从他国攫取巨量财富。

其次，从贸易差额角度来说。在重商主义时代，从商业资本家个人角度来看，价值初看起来是在流通领域产生的，是贱买贵卖的结果；从商业资本主义国家角度来看，只有在贸易顺差情形下，被认为是财富代表的贵金属才会源源不断地流入国内并且累积起来，成为满足特权阶级奢侈消费和对外发动战争的财力保证。因此，在那个时代，贸易顺差成为商业资本家和国家的共同追求。但是，在信用货币的牙买加体系下，美国政府早已放弃贸易顺差这个金属货币时代的重商主义基础，反其道而行之，将贸易逆差当作获取国际财富的主要驱动器。这是由于如果自己手握贸易顺差，那么在美元霸权下，将因货币超发而生成"美元陷阱"，使自身的财富贬值；相反，在贸易逆差情形下，既可通过贸易渠道，凭借几乎没什么成本的超发美元取得贸易对象国的商品，又可通过金融渠道，凭借低成本回流的美元的海外资本化，从其他国家通过投资高收益项目攫取超额收益。对于这种超额收益，很多文献仅仅把它当作现象来看待，在不少国家（特别是发展中国家），一方面以低收益的方式流出（美元）资本，另一方面又以高回报的方式吸引（美元）资本，形成所谓的"斯蒂格利兹怪圈"[2]或"卢卡斯之谜"[3]。鉴于在美元霸权下美国依然具有将超发的美元当作资本运用这个重商主义特征，贸易差额的作用主要在于为实现跨国超额利益而准备条件。因此，尽管一者为贸易顺差，另一者为贸易逆差，从获利本质角度我们依然可以说，美元霸权其实是经典重商主义的一种歪曲表达。

---

[1] 《马克思恩格斯全集》（第24卷），北京：人民出版社，1972年，第115页。
[2] Stiglitz, J. E., "Boats, Planes and Capital Flows, *Financial Times*, 1998-03-25.
[3] Lucas, R. E., "Why doesn't Capital Flow from Rich to Poor Countries?", *American Economic Review*, vol. 80, no. 2, 1990.

最后,从国家竞争角度来看。马克思在对重农主义进行比较分析时谈到,重商主义的民族主义性质并不只是一句口头禅。重商主义者意识到资本和资本家阶级的利益的发展与资本主义生产的发展,其实是现代社会国家实力和国家优势的基础。[①] 这就把重商主义与国家或民族等紧密联系了起来。后来,在重商主义研究领域存在这样一种取向,即在关注经济学问题的同时,主要从国家竞争和国家发展战略的角度来理解重商主义。其中,1935年赫克歇尔(Heckscher)从统一、力量、保护、货币、社会五个维度撰写的《重商主义》中充分体现了这一研究取向;1954年熊彼特在《经济分析史》中认为需要从出口垄断、外汇管制和贸易平衡等角度研究重商主义,其中贸易平衡(即贸易顺差)特别关乎权力政治,举凡国王财富、权力增减、国家安全、军事保证等都与之紧密相关。综合来看,从国家竞争角度进行解读,彼时之重商主义者是将财富与权力作为主要关切的。就美元霸权而言,我们看到的是它不仅为美国霸权提供经济支撑,而且为美国垄断资本攫取财富即超额收益提供机制性保障。这样一来,经由财富和权力两个维度,美国政府在美元霸权和美国霸权之间就形成了一个相互支持和相互加强的机制性循环。在这个过程中,与商业资本主义时代的重商主义重视贸易顺差不同,美国是把贸易逆差当作主要驱动器发挥作用的,是通过驱动美元环流而从他国以不平等方式攫取财富的。附录表1从6个维度给出了比较结果。

附录表1　　　　　　　　美元霸权与经典重商主义比较

	比较维度	经典重商主义	美元霸权 (经典重商主义的歪曲表达)
1	时代特征	资本原始积累商业资本主义	资本主义高度成熟金融资本主义
2	货币特征	金本位	完全信用货币
3	对外贸易	逆差	顺差
4	驱动因素	贸易	贸易和投资
5	货币作用	货币当作资本看待	货币无成本发行并且当作资本看待
6	国家竞争	追求财富与权力	追求财富与权力

[①] 《马克思恩格斯全集》(第25卷),北京:人民出版社,1974年,第884—885页。

四、生成实质:"嚣张责任"说掩盖了剥削本质

"嚣张特权"(Exorbitant Privilege)是与美元霸权紧密联系在一起的概念。在牙买加体系下,"嚣张特权"一定程度上可以用美国对外资产收益率与对外负债收益率之差即超额收益率来刻画。某个主权货币如果成为国际储备货币,通常就享受了"嚣张特权"。1871—1914 年,英国因英镑的国际地位而获得了相当于国民收入 8.3 个百分点的超额收益,尽管它具有波动性。[1] 我们针对美国超额收益与名义 GDP 之比进行测算的结果尽管比这个数字要低一些(1977—2018 年年平均值为 1.44%),但有两点值得注意:第一,它与每年 GDP 增量之比相当高;第二,它具有阶段非对称性。1997—2007 年,美国的超额收益率年均值为 3.59%,比其他任何国家的都高;2008—2018 年,美国的超额收益率年均值为 0.44%,比不少国家的低。例如,在市场发育程度大致相当的较大发达国家(经济规模为全球前 30)当中,美国的超额收益率比加拿大、日本、丹麦、澳大利亚、意大利、法国的都要低。需要注意的是,阶段非对称性出现时间与 2008 年国际金融危机爆发的时间一致。古雷查斯(Gourinchas)等人 2010 年推出(此后不断补充和更新)题为《嚣张特权和嚣张责任》的论文认为,作为中心的美国与作为外围的其他国家形成了动态利益补偿关系,对此可以以保险契约视之,进而提出与"嚣张特权"对称的概念,即"嚣张责任"[2]。这种观点初看起来有一定的道理,但是洞悉美元霸权生成逻辑之后我们就可识破其欺骗性,将美元霸权的剥削实质从平等的保险契约的面纱下揭露出来。

先看他们提到的两个事实。其一,次贷危机。2007 年第四季度至 2009 年第一季度,美国对外净资产头寸严重缩减(相当于 GDP 的 19%),外国购买了更多美国资产,并且资产价值发生了调整。其二,欧元区危机。2010 年第四季度至 2012 年第二季度,美国对外净资产头寸大幅下调(相当于 GDP 的 17%)。再看他们的描述:没有经济或金融危机时,净财富从外国流向美国,美国因国际货币地位以及美元霸权地位获得了超额收益或"嚣张特权",这相当于外国向美国支付了保费;而在经济或金融危机期间,净财富从美国流向外国,美国承担"嚣张责任",这相当于美

---

[1] Carlos Eduardo van Hombeeck, 2020, "An Exorbitant Privilege in the First Age of International Financial Integration?", *Journal of International Money and Finance*, Vol. 101, 202.

[2] Gourinchas, P-O, Rey, H., and Govilot, N, 2010, "Exorbitant Privilege and Exorbitant Duty", Working Paper, University of California, Berkeley/London Business School.

国对外国进行了理赔。一旦从平等的保险契约角度进行理解,"嚣张特权"与"嚣张责任"就是硬币的两面;而美国之所以能够提供保险,乃在于与外国相比,作为国际货币体系"中心"的美国拥有更大的风险耐受力,外国的风险耐受力低。也就是说,由于风险耐受力存在国家间非对称性,美国能够更好地应对经济或金融风险;由于需要承担"嚣张责任",美国从主导国际货币体系中以"嚣张特权"的方式获利,就是再合理不过的事情了。他们认为,这样的情况不仅在重点讨论的例子中是如此,即使是在20世纪80年代初期的经济危机、90年代初期的经济危机、90年代末期的亚洲金融危机、21世纪之初的互联网泡沫破裂、2014年新兴市场金融危机和2018年中美贸易冲突期间,也大多出现了类似现象。这就必须引起重视并且就其本质做出深刻分析了。

"嚣张责任"之说掩盖了美元霸权的国际剥削实质。(1)存在"嚣张特权",但是不存在"嚣张责任"。全球经济运行出现问题时将改变美元环流,各国资产重新估值,美国的超额收益呈现周期性波动。正是在波动过程特别是危机阶段,美国向全球超发美元的重要性得以凸显。对其他一些国家来说,在危机阶段获得美元流动性乃是攸关国家前途的事项;经济或金融危机反而变成了固化美元霸权的契机,这在长期意义上有利于维护美元乃至美国霸权地位。古雷查斯等人尽管牵强附会大谈美元霸权的公正性,但是美元霸权本质上主要是通过"三部曲"从时、空两个维度来加速"剥夺性积累"的。在时间维度上,主要是通过"美元陷阱"贬值他国的美元财富;在空间维度上,主要是通过超发美元以及跨国资本性运作,从他国攫取超额收益。(2)在国际货币体系中,美国位于"中心",他国位于"外围",不可能形成平等的保险契约。在国际储备货币体系中,美元是最大的垄断寡头。在货币基础背后,是某些垄断资本势力与美国政府通过广泛深度合作[①]打造国际金贸大循环。借此,美国垄断资本势力由国内而至国际,在全球经济周期性演变中从时、空两个维度追逐长期和高额利润。把所有时间考虑在内,而不是像古雷查斯等人那样仅仅考虑特殊时段,美国垄断资本获得巨量超额收益依然是一个不争的事实。我们知道即使是追逐利润的资本主义企业,在某些特别时期也可能发生亏损;但是,我们不能因此就否定资本主义企业的剥削实质。只有从追逐利润的本质以及从利润的长期实现而非短期亏损角度,我们才能做出准确判断。(3)在牙买加国际货币体系下,

---

① 关雪凌、张猛:《发达国家跨国公司是如何为国家利益服务的——跨国公司的政治经济学分析》,《政治经济学评论》2014年第3期。

美国超额收益均值为正但又具有波动性,而"嚣张责任"之说只是在利用周期性波动而做隐藏美元霸权剥削实质的文章。1977—2007年,根据年度数据进行估算,历次经济危机背景下美国超额收益率固然一度小于零,位于谷底;但是,整个时期美国超额收益率依然具有高达3.57%的年均值。2008—2018年,美国超额收益率的年均值尽管有所降低,但是依然为正。这就提示:2008年国际金融危机爆发之后,其一,美元霸权的本质并没有发生变化;其二,一些特别因素已经在起作用了,比如说在美国国际金贸大循环中事关美元霸权根基的一些软肋,已经被一些国家找到并且战略性加以利用。

五、生成困惑:存在动摇美元霸权根基的软肋

长期以来,美国政府一边充当美国垄断资本的御用工具,为其攫取国际超额收益服务,一边本着马基雅维利主义,为美元霸权和美国霸权建立强化机制。但是,在美国打造的国际金贸大循环中,依然存在一些可以动摇美元霸权根基的软肋。从成为世界第二大经济体的同一年开始,中国就逐渐改变对外投资策略,美元环流开始局部地发生断裂。这为对美贸易顺差大国提供了一个可供参考的范例。借此,中国找到了一条"帝国的裂缝"[1]。美国政府这个魔法师主导构建的支撑美元霸权的国际金贸大循环中,隐藏着一些致其发生梗阻的"魔鬼";自2010年以来,中国对外投资等实践表明,美国政府这个魔法师不能再控制这些"魔鬼"了[2]。

首先,由于美国固守既有制度体系,大量美元继续通过贸易逆差流往中国。按照美方数据,从2010年到2019年,美国大约有3.12万亿美元的贸易逆差流向了中国。其次,自2010年以来,对于通过贸易顺差从美国赚得的美元,中国不再像以前那样主要以增持美债的方式回流至美国了。事实上,2010—2020年,中国美债持仓数量变动较小。再次,就中国对美股权和直接投资而言,前者不存在趋势性增持,后者规模很小。最后,在外汇储备中,中国已经不再趋势性增持美元资产了。由此可见:(1)自2010年以来,中美之间的美元环流已经不再像以前那样顺畅了,中国在美国打造的国际金贸大循环上撕开了一道裂口,美国因对华贸易逆差而超发的美元,不能再像以前那样得到有效的资本化运用了。(2)中国所获美元的大部分,

---

[1] 符豪、程恩富:《21世纪美国〈每月评论〉的马克思主义政治学研究》,《国外社会科学》2021年第2期。
[2] 马克思、恩格斯:《共产党宣言》,北京:人民出版社,2014年,第33页。

要么做了基于市场原则的财务性安排,要么做了提高竞争力的战略性安排,主要包括对外直接投资、购买外国股权、对外贷款、成立国际基金等。重要的是,无论哪一种,中国在获得经济或战略利益的同时,还从相关国家挤出了美西方的经济或战略利益。(3)由于不再将大量美元滞留在自己手头,而是尽快做出经济性或战略性安排,那就避开了因超发美元而使外国持有者承受不可逆转的贬值损失的"美元陷阱"。

因此,正如资产阶级"锻造了置自身于死地的武器"①,美国政府在国际金贸大循环中也埋下了使其发生梗阻从而动摇美元霸权根基的隐患。这是导致国际超级垄断资本主义由盛转衰的机制性因素之一。② 中国自 2010 年以来的对外投资等策略的调整揭示了这一点。重要的还在于,几个对美贸易顺差大国,相继采用了与中国类似的策略。例如,从 2012 年开始,对美顺差大国日本也不再像以前那样趋势性增持美债了。面对这种调整,刚开始的时候美国可能还在庆幸,这些国家终于不再在"金融恐怖平衡"上加码了;但是,经过一段时间后,美国意识到这种调整抽走了美国国际金贸大循环的一些根基,中断了美元环流的一些环节,将危及美元霸权乃至美国霸权。因为这在使美国承受贸易逆差对经济增长产生损害的前提下,从金融渠道通过超额收益攫取利益的机制开始失效了,以至于贸易逆差丧失了原来的战略意义。由此就可以从一个侧面理解,为什么特朗普执政之后针对中国发动了世界史上罕见的贸易摩擦,霸凌主义凸显出来并且成为新帝国主义的一个重要特征。③ 可以看到,霸权相对衰落致使美国有针对性地加强了干预力度。④

最近半个世纪,"币缘政治"不断深化。⑤ 连西方一些学者也认为形势发展到现在,美国已开始左支右绌了。因为美国如果维持美元霸权生成基础不变,那么由于动摇其根基的机制已暴露于天下,其霸权之"碗"已出现缺口,再也舀不满利益之"水"了;美国政府即使成功地劝说对美贸易顺差大国重启大规模购买美债之门从而畅通美元环流,使过去构建起来的国际金贸大循环照常运转起来,但是这也必然导致这些国家因持有过多美债从而加强它们在"金融恐怖平衡"当中的力量。因此,死结已经产生了;美国只有改变既有制度或修正国际金贸大循环,才可能有所

---

① 马克思、恩格斯:《共产党宣言》,北京:人民出版社,2014 年,第 34 页。
② 杨承训、张新宁:《国际超级金融垄断资本主义盛衰论》,《马克思主义研究》2013 年第 1 期。
③ 吴庆军:《论美国新帝国主义"新时期"的本质特征》,《海派经济学》2019 年第 2 期。
④ 钟飞腾:《霸权稳定论与国际政治经济学研究》,《世界经济与政治》2010 年第 4 期。
⑤ 兰永海、贾林州、温铁军:《美元"币权"战略与中国之应对》,《世界经济与政治》2012 年第 3 期。

改观。由此就可推测,执迷于霸权的美国政府,接下来可能对国际金贸大循环做出修正。对此,已露出了端倪。比如说,在高技术领域对华"脱钩"甚嚣尘上的同时,美国试图对华加深金融"挂钩"。正如2020年1月15日签署的中美第一阶段经贸协议"第四章"表述的那样,美国力促中国开放投资市场。由此观之,美国追求的是"结构性脱钩"。但是,将对外开放作为基本国策的中国,在推动建设更高水平开放型经济新体制的战略下,在市场开放上与美国政府跳的并不是相同的舞步。回望历史,我们可以看到美国在1971年宣布布雷顿森林体系崩溃之后,通过一系列机制性安排和大量国际协调,以实力为基础重构国际货币体系,1976年由其主导的国际货币新体系(牙买加体系)作为前者的接续,并未引起太大的国际震荡。展望未来,一个重要问题被提了出来,即实力进一步相对衰落的美国还能像上次那样成功地重构国际货币体系吗?它会接受国际金贸大循环的软肋被人拿住进而使美元霸权根基发生动摇的命运吗?在这种背景下,《中共中央关于制定国民经济和社会发展第十四个五年规划和二〇三五年远景目标的建议》推出稳慎推进人民币国际化的新提法,可谓别具深意。

附录3

大战略视野下的美国重商主义

在第四章第二节,我们以"美国经济战略框架"为题,简要表达了对美国崛起时代经济战略的一些思考。这里,我们再一次回望历史,针对比那长得多的时期,主要在大战略视野下对美国重商主义做一个概略性考察,看一看它究竟呈现出了怎样的形态和扮演了怎样的角色。

一、关于大战略

大战略是一种特殊形态的战略。对于大战略,我们既可以从广度上把安全与经济、政治、文化等结合起来,围绕想要实现的目标和实现目标所应采取的手段加以构思。这样,就把大战略与安全之间的传统关系做了进一步扩展,将安全与经济、政治、文化等因素的联系自然地融了进来。我们也可以在此基础上再做进一步抽象,比如像加迪斯那样,把大战略理解为"无限远大的抱负与必然有限的能力之间的结合"[①]。但是,不管怎么样,大战略都具有高度抽象的特征。从国家角度来谈大战略,在相当长时期里,它是稳定不变的。

针对美国政府成立以来至今的200多年,从大战略角度进行考察可以这样说,在第一次世界大战开始之前和第二次世界大战结束之后,美国都是有明确的大战略的。在第一次世界大战之前,美国的大战略是实现国家崛起;在第二次世界大战结束之后,美国的大战略是维护霸权地位。至于在第一次世界大战开始之后至第

---

① 约翰·刘易斯·加迪斯:《论大战略》,北京:中信出版社,2019年,第23页。

二次世界大战结束之前的30来年,乃是美国历史上一个比较纠结的时代。在这个时代,美国已经具备了全球霸权的实力,但又不太清楚应不应该使用霸权,以及怎样使用霸权。同时,这又是一个徘徊的时代、挣扎的时代。说其徘徊,是因为美国在两次世界大战中,或者是作壁上观,或者是充当平衡手。对此,也可以理解为是策略性选择。说其挣扎,是由于对前人留下的政治遗产,在究竟是要继续遵循还是要另辟新路这两者之间,充满了争议和拿不定主意。

二、崛起大战略下的美国重商主义传统形态

对于美国崛起,究竟用什么标准来衡量更好一些,是一个重要的学术问题。多数学者以美国成为全球性大国来做标准,这是有一定道理的。但是,一个更加符合美国历史观的标准是,与长期以来一直超乎美国之上的欧洲相比,美国是不是逆转了这样的局面。毕竟,美国挣脱欧洲霸主英国的控制而独立建国的时候,就立下了将来一定要超越旧欧洲的宏愿。

要实现这个宏愿,那就要把欧洲列强对北美的影响,一步一步地排挤出去。向东,新生的美国面向浩瀚的大西洋,对岸是尚且十分强大的欧洲诸国;向西,乃是广袤的北美大陆。那里,或者是美国人心目当中的无主地,或者是小国弱国。美国第一部宪法早就规定了建立新州的标准。这为后来美国进行大陆扩张,以及在此基础上不断向西推进自己的边疆埋下了伏笔。与西进过程相伴随,一方面是资源的不断增多和丰富,另一方面是人口的不断增加和流入。如果没有发展工业的战略思维及其不断落实,美国就会变成一个以农业为根本的大国。美国传统形态的重商主义的价值正在于,在它的影响下,美国没有遵循经济自由主义的教条,即按照农业比较优势来发展经济。

这正是汉密尔顿经济战略思想的伟大之处。他所设计的美国崛起的战略进路是,一方面大力发展农业,另一方面大力发展工业,并且通过建立内部统一市场,使农业发展与工业发展形成相互促进的态势。在这个视野下理解汉密尔顿的关税政策思想和银行政策思想等,就足见其深谋远虑之处。汉密尔顿把欧洲特别是英法两国历史上采用的振兴国家经济的一切手段加以整理综合,结合美国当时的实际情况和未来的发展趋势,在《关于制造业的报告》中为美国未来的工业化擘画了蓝图。对于这样的蓝图,尽管汉密尔顿没能亲手将其推进很远;但是,这个蓝图依然表现出了强大的、持久的影响力。至少在整个崛起时代,汉密尔顿的工业化蓝图指

引着美国政府为国家崛起而不断努力。从这个例子来看,很显然美国重商主义承担起了美国大战略实现手段的重任。

不过,我们也要客观地认识到,即使在美国崛起时代,对美国经济发展来说,经济自由主义也是起了重大的作用的;并且,正是重商主义政策与经济自由主义政策的结合,才使得美国在那个一百来年里取得了令人瞩目的经济成就。其中,经济自由主义政策的作用主要是在国内鼓励自由竞争,进而形成国内统一大市场;重商主义政策的作用主要是为美国经济特别是具有战略支撑意义的工业发展,提供必不可少的外部条件。特别是通过关税保护,一方面发挥关税的直接保护作用,另一方面发挥关税的间接保护作用,同时发挥关税收入转用于基础设施建设而为形成国内统一市场提供必不可少的条件的作用。从这个角度来看,崛起时代的美国政府并没有被"弱国家"的观念束缚住自己的手脚。这不仅是美国经济崛起和国家崛起的主要理由,同时也为美国后来相机抉择重商主义和自由主义手段提供了历史依据。

总之,在崛起时代,虽然尚未形成明确的大战略概念,但是大战略实际上已经在美国历史上出现了,并且与美国重商主义传统形态紧密相连。

三、霸权大战略下的美国重商主义过渡形态

第二次世界大战结束后,美国不仅巩固了自己作为霸权国家的综合实力,而且自身在观念上也认同了应该以一个霸权国家的面貌出现在世界政治经济大舞台上。与这种身份认同随之而来的是,美国大战略发生了根本性转向,那就是以维持霸权地位作为自己的战略目标,同时为此采用它认为必要的一切战略手段。相应地,美国重商主义在这样的大背景下也得到了进一步发展,呈现出了既不同于传统形态又不同于新形态,而是具有过渡性质的特征。

(一)关于大战略的连续性

无论怎么说,只要是从长时段角度进行考察,即使是大战略,也是可以并且必然发生一定的改变的,尽管在一定时期内,大战略具有很高的稳定性。就很高的稳定性而言,美国崛起大战略延续了120多年;美国霸权大战略已经延续了70多年。就必然发生变化而言,美国大战略从1913年之前的目标直指崛起,改变为1945年之后的目标直指霸权。

对于大战略的连续性或者不连续性,纳里泽尼(Kevin Narizny)的如下说法具有一定的参考价值。他说:

美国的大国大战略具有明显的不连续性,这对国际关系理论提出了一项艰巨的解释难题。国际安全研究的主导性范式现实主义关注美国在地缘政治均势中的地位。按照这种观点,19世纪末美国决策者几乎没有什么动机冒着鲜血与金钱的风险去参与大国政治的博弈。只要没有一个国家威胁控制国际体系,那么美国决策者的唯一战略要务就是巩固自己在西半球的影响。直到1917年当欧洲战争开始有利于德国时,美国才被迫回应。按照这个逻辑,美国的参战恰到好处。美国拯救濒于战败的疲惫盟友,不仅确保防止德国霸权而且在和平协议上充分发挥自己的影响。稍作改动,同样的故事能够用以讲述美国参与第二次世界大战。[1]

这段文字透露的观点是,即使对于像美国那样自诩为"山巅之城"的国家而言,除了国家权力等少数重大目标外,其他目标虽然存在,但并不具有决定性意义。一旦它认为通过长期发展自己即将处于世界权力巅峰之际,利用一切机会形成于己有利的均势就成为现实主义的选择。它容不得全球有新的重要对手的出现,即使通过利用甚至毁掉盟友的办法来做到这一点,也在所不惜。选择适当时机加入战局,为的是自己能够充当举足轻重的平衡手,左右战局朝着对自己有利的方向发展。也正因为如此,美国在两次世界大战中都大发了战争财,进一步巩固了自己的实力地位,以至霸权于它而言,是一种自然而至的成就。这样,经历一个比较漫长的过渡时期之后,美国大战略变成霸权了。

(二)霸权的两种现实模式

从全球大国结构角度来看,历史上出现了多种模式。第二次世界大战结束后至今的70多年里,美国一直维持着霸权地位。但是,美国霸权又是在两种不同的大国模式下运行的。一是"1+N"大国结构。这种结构大致存在于1991年苏联解体之后至2017年中国以现价美元计算的GDP超美国的60%之前的时期。在这种模式下,美国并没有遇到明显的挑战者,美国对霸权处于专权任用状态,从而快速消耗了支撑霸权的相对实力基础。二是"2+N"大国结构。最近70多年里,这种大国结构已经出现过两次。第一次出现在"冷战"开始至1991年苏联解体之前的时期,那正是美、苏争霸的时期;第二次出现在2017年美国把中国列为最大战略竞争对手之后的时期,尽管中国走和平发展道路而无意与美国争霸,但美国认定中国是一个必然与之争夺霸权的新兴大国。

---

[1] 凯文·纳里泽尼:《大战略的政治经济学》,上海:上海人民出版社,2014年,第113页。

大国结构及其演变是国际政治经济学研究的一个重要课题。布赞在《美国和诸大国:21世纪的世界政治》中,主要从国际政治角度做了概略性阐述。上文概括大国结构时采用的数字如"1""2",就具有布赞所说的"极"的含义。他说:

> 在后冷战时代的早期岁月里,一个最为常见的立场是这样一种观点,即单极是暂时的,它将不可避免地并相当迅速地演变为多极……但是,随着时间的推移,这种单极时刻本身看上去更像一个时代,而多极则日益看上去还有一个漫长的距离。20世纪90年代后期的经济危机把亚洲的光泽剥去,在第一次海湾战争和对伊拉克的入侵中连续展示出强大的美国军事优势,所有这些加强了有关美国是一个单极的看法。那些倾向于单极理论的人,也从开始作为美国对外及防务政策标志的单边主义那里获得力量。[1]

重要的是,无论是何种大国结构,作为在一定时期里更加具有支配性的一极(这里主要指的是美国),其经济战略和政策在不同的大国结构下也颇具差异,在相同的大国结构下具有不少相同的特征。

(三)美国重商主义过渡形态

在"冷战"期间,美国的大战略是霸权。彼时的另一极苏联,其强项是科技和军工。作为"2+N"大国结构的"2"中的一员,美国在这些方面与苏联展开竞争并且力图取得优势。提出遏制战略的凯南强调了"工业—军事权势"的重要性。这个观念虽然没有出现在对冷战时期美国战略深有影响的国安会第68号文件中,但它深刻影响了那个时代的美国战略家与科技和工业政策。加迪斯说:

> 凯南的观点是,只有工业—军事权势才能招致世界政治的重要变化,只要它得以维持大致的均衡,国际稳定(虽然不一定是所有暴露在外的地方)就能够保住。然而,凯南本人到1949年已不得不承认事情并非那么简单。不安全既可表现为物质方式的,也可表现为心理方式的……心理上的不安全感能由隔壁的霍霍磨刀声引起,也一样容易出自遥远的多米诺骨牌的倒塌声。[2]

凯南在1949年的转变只不过是在突出"工业—军事权势"的同时,再附加一些心理因素而已。事实上,前者的影响不仅是主要的,而且是经久的和经得起历史检

---

[1] 巴里·布赞:《美国和诸大国:21世纪的世界政治》,上海:上海人民出版社,2007年,第35页。
[2] 约翰·刘易斯·加迪斯:《遏制战略:冷战时期美国国家安全政策评析》,北京:商务印书馆,2020年,第94页。

验的。第二次世界大战结束之后的冷战时期，特别是石油危机爆发的 1973 年之前，美国在国防安全需求驱动下，通过科研体系性创新来推动继续工业化，在两强争霸中追求主动权以维护霸权地位。同时，对于世界市场，美国出于策略需要而采用压缩对手选择空间和给对手阵营制造矛盾的政策。针对美国政府，加迪斯说：

> 行政当局愿意接受凯南的一项主张：既向欧洲非共国家，也向苏联及其东欧卫星国提供给予马歇尔计划中的援助。这里的目的在于二者取一：如果像预料的那样苏联人拒绝这一提议，就将分裂欧洲的责任完全推到他们身上；或者反过来，如果出现不大可能的情况，即他们不拒绝这一提议，那就将援助用作一种手段，迫使东欧人"放弃其经济的近乎完全的苏联取向"。这后一选择蕴含一种可能性：为遏制某些共产主义国家而去援助另一些共产主义国家，翌年在美国对南斯拉夫事件做出反应时得到更充分发展的一种谋略。①

加迪斯的意思是说，美国政府认为即使是共产主义阵营中的国家也并非铁板一块，由此也就可以推出一些使其中的国家处于两难甚至多难状态的计谋。在这个计谋中，经济援助扮演了重要角色。经济援助就其直接意义而言，对受援国是有利的；但是，接不接受经济援助，包含援助国与受援国之间的关系的强烈信号。正是这种信号，对美国来说具有战略价值。除了引起阵营内部凝聚力的变化以及阵营之间的局部猜疑外，凯南惯用的手法如在两败俱伤中求得相对优势和在各方共赢中求得相对优势也得到了一定的体现。比如说，美国经济援助苏联，在绝对收益这个意义上，在美国看来是赢了的，因为以较小的经济援助为代价，尽管使苏联经济获益了，但是分化其阵营和加深其阵营对西欧国家的猜疑的收益更大，以至于总体而言是值得做的；在苏联看来，接受美国的经济援助尽管使自己在联盟中失了分，但是紧缺的资金对于苏联经济发展的价值更大。不过，这种在绝对收益意义上的双赢，放到美国相对收益的天平上，只要结果是提高了美国对苏联的相对实力，那就是合乎理性的。这里，重商主义对经济利益的追求和国家对权力的追求，完全糅合在一起并且赋予了权衡选择的意蕴。

更重要的是，美国在主导建立带有经济自由主义色彩的国际经济体系的同时，还采用一些非关税壁垒追求争霸优势，其中一个典例是通过"巴统协议"对包括苏

---

① 约翰·刘易斯·加迪斯：《遏制战略：冷战时期美国国家安全政策评析》，北京：商务印书馆，2020 年，第 70—71 页。

联在内的特定对象国限制重要产品的出口。单从经济上说，限制自身具有竞争优势的产品出口将导致损失，即一些本来能够获得的经济利益没有得到实现；但是，这种利益的获得，是以对特定对象国出口相关产品为代价的。由于这些产品对与自己进行竞争的特定对象国具有重大的战略价值，这种经济利益也就抵不过特定对象国因获得相关产品而使战略能力提高所带来的价值。这样，限制相关产品出口也就变成了一种具有战略理性的行为。不仅如此，即使自己不出售相关产品，盟友对特定对象国出口相关产品也会产生对美国不利的结果。因此，联合盟友协同行动，通过"巴统协议"限制重要产品出口给竞争性国家，就成为那个时代美国对外政策的一个重要特征。在布雷顿森林体系下，黄金与美元在名义上具有相同的重要性。此时，美国通过"巴统协议"限制产品出口，初看起来与欧洲重商主义所持的立场截然相反；不过，这只是看到了经济这一个层面。欧洲重商主义在追求金钱的时候，其实直接满足了追求权力这个目标。在那里，金钱与权力是以正比例的方式相联系的。此时，由于产品具有特殊重要性，金钱与权力的比例关系不再存在了，美国重商主义也就不得不在金钱与权力之间做出符合战略目标的权衡。可见，美国重商主义与西欧重商主义在精神实质上并没有本质差异。

  需要特别指出的是，我们不仅把两次世界大战期间，而且把第二次世界大战结束之后至牙买加体系正式运行之前的时期，都归并到美国重商主义从传统形态过渡到新形态的时期，主要是由于在后面这段时期里，尽管美国以霸权为大战略，但是布雷顿森林体系中的"双挂钩"安排，依然在较大程度上限制了美元发挥作用的空间。毕竟，尽管美国有违背美元—黄金约定比价（每盎司黄金兑35美元）而多发美元的利益冲动，但是这种行为的显性化必然被利益相关的国家意识到，以至原来约定的美元—黄金比价开始失效，进而使布雷顿森林体系解体。从这个角度来看，布雷顿森林体系的命运，是由其特定的安排注定的；美国为着自身利益，必然在迫不得已的时候，宣布这个体系失效。1971年的"尼克松冲击"不仅宣告原来的布雷顿森林体系解体，而且预示美国将建立一个新的国际货币体系。在这个新的国际货币体系中，美元发行将获得更大的自由，美国借此可以设计一个能够更好地获得自己的霸权利益（这里指的是经济霸权利益）的新体系。这个新体系，从国际货币角度来说，是牙买加体系；从美国经济霸权角度来说，是国际金贸大循环。

四、霸权大战略下的美国重商主义新形态

自20世纪70年代中后期以来,国际货币体系在牙买加体系下运行。牙买加体系挣脱了美元发行的黄金约束,美国重商主义新形态自此逐渐形成了。

（一）"冷战"后期

从20世纪70年代中后期至90年代初,一方面是"冷战"后期,另一方面美国继续秉持霸权大战略。从美国政府经济政策的思想取向来看,与此前主要遵循国家干预的凯恩斯主义不同,在石油危机和滞胀之后主要倾向于经济自由主义。但是,在经济自由主义政策取向下,美国重商主义新形态在快速形成。以下两点值得注意：

第一,经济自由主义的一个重要向度是贸易自由化。这对此前一段时期资本主义阵营与共产主义阵营形成的两个几乎不相交的平行市场构成了挑战；贸易自由化成为弥合这两个平行市场的一种重要力量,经济全球化加速深化；并且,此时的经济自由主义,精神实质其实是新自由主义,而新自由主义又以贸易自由化、产权私有化、经济运行市场化为标志。新自由主义在西方发达国家变成了普遍共识,并且一般而言西方发达国家具有较高水准的科学技术、较高品质的物质条件、较高标准的福利待遇等,对共产主义阵营产生了冲击,进而成为一种意识形态武器,对东欧剧变和苏联解体起到了催化作用。很显然,从一种模式向另一种截然不同的模式转变,并且采取在短期内实现转变的方式,必然带来极大的社会混乱、效率损失等。从这个角度来看,新自由主义作为一种动摇另一极地位的战略性工具,美西方国家的运用是"成功"的。

第二,更重要的是,美国在新自由主义思潮下,依靠牙买加体系给美元发行提供的巨大空间,进而设计出了一个我们称为国际金贸大循环的体系性安排。这个体系性安排把美元超发、美债发行、对外贸易、对外投资等作为一个相互联系的整体来看待,依托货币霸权和军事霸权等大肆掠夺国际财富。我们所讲的美国重商主义新形态,正是在这样的意义上来概括的。首先,贸易逆差成为美国驱动国际金贸大循环的关键一环。但是,在欧洲或者经典重商主义那里,在金属货币时代,国家追求的是尽可能多的贸易顺差。可见,从国家贸易角度来看,美国重商主义新形态是经典重商主义的一种歪曲表达。其次,财政赤字成为国际金贸大循环能够顺利运行的必然要求。唯有财政赤字,才能拉动美元超发,才能通过卖出美债低成本吸引外国的对美顺差,并且进一步通过低税政策,使美国拥有更多的资本到世界各

地做高回报的投资。这是在美国政府策动下攫取全球财富的一种主要手段。而巨量的财政赤字,又进一步为美国日益庞大的防务开支提供了支持;得到财政保证的军事霸权,成为压迫相关国家采用对美有利的金贸政策的重要手段。从特征角度来说,美国逐渐形成的"双赤字"即贸易赤字和财政赤字同时并行,正是美国重商主义新形态的一个典型表现。在美国重商主义新形态中,从货币角度来看则是:抛弃金属货币约束,把美国以极低成本发行的美元资本化,通过国际金贸大循环获取超高回报。可见,美国重商主义新形态比重金主义还重金主义。

与此相关,既然美国资本通过国际资本市场可以获取超高回报,那么对美国国内工业化来说就形成了一种反动的力量。石油危机之前,美国政府遵循凯恩斯主义。在"冷战"早期国防需求的拉动下,美国工业化沿着科研创新体系以军工和先进科技为方向继续发展。但是,此后美国政府遵循新自由主义,美国国内工业的一些生产环节由于利润率偏低,纷纷转向海外。这样,就形成了"去工业化"趋势。这个趋势的形成,一方面是符合资本逻辑的;另一方面,由于工业发展是国家实力增长的基础,在"去工业化"下美国战略实力的增长在变弱。但是,由于新自由主义严重动摇了战略对手即苏联的意志力等,相比而言美国反倒取得了对苏的战略优势,以至1991年苏联解体成为美国在"冷战"中获胜的标志性事件,全球的大国结构随之发生结构性巨变。

(二)"1+N"大国结构下的霸权大战略与美国重商主义新形态

苏联解体之后,原来的"2+N"大国结构已不复存在,转而自然地产生了"1+N"大国结构。这种结构性巨变使得彼时美国的战略界人士天真地认为,历史已经终结,阵营对抗已经成为过去,美国获得了永固的霸权地位。"冷战"的结束对美国来说,也带来了"和平红利",即美国不需要再像以前那样,把过多的资源用于防务支出,因为美国的军事霸权已经达到了这个世界上没有任何一国可以撼动其地位的强大程度。因此,与战略逻辑地位的不断下降相比,资本逻辑在美国政府的行为选择中扮演了更加重要的角色。在这个背景下,美国重商主义新形态的特征也就进一步巩固了下来。

在这种"1+N"大国结构下,美国自恃无敌于天下而开始滥用霸权,特别是对外用兵比"冷战"时期频繁得多,这种行为既快速耗散了美国的实力,也引起了一些潜在对手的警醒,使其调整战略以备未来更好地崛起。这样,美国就在滥用霸权的同时,为自己准备了强大的"挑战者",尽管中国追求的是民族复兴,而不是获得霸权地位。事实上,继2010年成为世界第二大经济体,从而相应地成为美国的近身战略竞争者之后,中国至2017年按现价美元计算的GDP已经超过美国启动大国竞争战略的警戒线(与美国之比超过60%),美国开始把中国当作它的最大的战略竞争者。美国政府做这样的改变也是有其依据的,因为此时的中国已经成为全球最大的工业国,以及全球最大的商品贸易国。相应地,大国结构也从"1+N"变成了"2+N"。这是一种历史性的转变。

(三)"2+N"大国结构下的霸权大战略与美国重商主义新形态

2017年以后的"2+N"大国结构,与第二次世界大战结束之后至"冷战"结束之前的"2+N"大国结构相比,既具有很大的相似性,又具有一定的差异性。正是这种相似性,使得一部分战略界人士认为,世界又将重回"冷战"时期;正是这种差异性特别是与苏联相比,中国具有人口大、非联盟国、深度全球化等一系列优势,过去那样的"冷战"状态是不可能被完全复制的,而很可能进入一种"新冷战"状态。相应地,美国重商主义新形态也将具有更加复杂的内涵。

从出口管制角度来看,原来的"巴统协议"在1996年改变为《瓦森纳协议》,针对中国的出口管制进一步收紧了。主要表现如下:一是产品的控制面扩大了,二是参与的成员国增加了,三是针对中国的意味更浓了。其主要原因是,在总体上,美国政府已把中国当作最主要的战略竞争对手,认为必须对中国做出更加严厉的限制;在技术上,美国政府认为中国再也不是以前那种在几乎所有技术领域都处于追赶者的状态了,而是在一部分重要技术领域已经成为全球主要的引领者之一。因此,美国政府从先进技术领域特别是与未来技术有关的领域对中国采用"脱钩"和"小院高墙"的策略加以限制,阻滞中国相关技术和产业的发展。这些策略具有美国重商主义新特点。这个新特点是:美国经历长期"去工业化"历程之后,重振工业的"再工业化"步履维艰,以至只能通过打压竞争对手来维持自己的技术霸权地位。

这里以芯片技术为例。工业若无芯片特别是先进芯片加持,就会处于联系不畅或功能难以集成放大的低能或不振状态。这将使得一国的工业在国际市场上丧失竞争力。因此,美国政府联合先进芯片生产国和生产先进芯片的设备和材料供应商,就向中国出口相关产品和设备与材料达成一致步调。在这个方面,"著名"的例子是美国政府把中国华为等先锋企业作为主要制裁对象以及限制荷兰阿斯麦对华出售EUV光刻机。但是,美国政府这种联合盟友对华限制先进产品和设备出口的重商主义新形态行为,具有与重商主义传统行为一样的特征,那就是为着国家权力而在一定程度上不惜牺牲经济利益,照样会招致反噬恶果。针对大国进行制裁时,这种反噬尤其明显:一是抑制了本国产品和技术的出口,不能将它的经济价值发挥到最大限度；二是压缩了自身产品的需求空间，使得自身技术迭代升级丧失了需求侧动力；三是联合盟友协同行动时，由于使盟友招致经济损失而必须做出一定的补偿；四是逼迫战略竞争对手坚定地自立自强，自己研发相关技术和产品[①]，一旦取得成功，美国政府的制裁将彻底失效，甚至永久性丧失技术垄断地位。因此，针对大国进行制裁具有很高的风险，结果具有很大的不确定性。

与上面这种通过直接"断链"限制技术和产品出口既有联系又有所不同的是，美国政府还采用"小院高墙"策略对抗和打压中国技术进步。这里，"小院"是指直接关系到美国国家安全的特定技术和研究领域，"小院"之内是美国政府所要着力保护的；"高墙"是指围绕这些领域划定策略边界，"高墙"之外是美国政府认为可以放低保护力度的。或者说，"小院"之内是美国的核心技术，政府应该采取更严密、更有力的保护和封锁措施，而"小院"之外的高科技领域，政府可以适当灵活地对华开放。说到底，这是一种结构非对称的限制措施，美国政府按照资本逻辑与战略逻辑制定对外政策的做法，在这里表现得淋漓尽致。

美国强化海权造成相关国家具有贸易依赖战略风险，其中一些国家必然通过技术革命性突破予以避免。在马汉海权理论的指导下，美国对全球关键水道设有军事基地严加把守，为的是有朝一日或者说在需要的时候针对特定对象国将其封锁起来，突然中断这些国家已经形成了依赖的对外贸易。对中国来说，能源特别是石油对外依赖是一个重要的战略短板，马六甲海峡是中国外贸的一个关键水道，如何补齐这个短板和减轻关键水道突然被封锁而带来的风险，就成为 21 世纪关键的战略谋划之一。为此，中国采用了"三条腿"走路的策略。第一条腿，是发展新能源技术，开辟新赛道。通过长期技术积累和迭代升级，中国在这个领域已经成为全球引领者，最具国际竞争力。这样一来，对外石油依赖程度就因替代方式的出现而有所降低。第二条腿，是发展特高压输电技术。在中国，对电的需求比较集中在东部沿海经济发达的省市，但是发电所用的煤炭等资源主要分布在对电需求较小的经济相对不发达的西、北部地区。问题是，这两个地区相隔甚远；把西、北部地区的煤运到东部来发电，运输所费能源很大。如果西、北部地区的煤能够就地发电，再把电从西、北部地区以低损耗的方式输送到东部沿海地区，那问题就迎刃而解了。中

---

① 2024 年 9 月 9 日，在工业和信息化部关于印发《首台（套）重大技术装备推广应用指导目录（2024 年版）》的通知中，2.1.6 中的"氟化氪光刻机"的技术指标已达到晶圆直径 300mm、照明波长 193nm、分辨率≤65nm、套刻≤8nm 的水平。参见 https://wap.miit.gov.cn/zwgk/zcwj/wjfb/tz/art/2024/art_2fd2b3eff1f64c9fa27d635932a464ee.html。可见，与前沿光刻机水平相比，尽管代差不小，但已有一定的基础，乃是中国一重大技术支撑。

国解决了特高压输电的技术问题,为"三条腿"走路打造好了第二条腿,因为,在中国东部沿海经济发达地区,烧油可以转变为用电了,这也是对石油的一种替代方式。第三条腿,是发展电动车技术。在传统意义上,欧美燃油车发动机技术积累已经非常深厚,中国在这方面进行突破难上加难。但是,中国一旦解决了特高压输电问题,发展电动车技术就不仅具有了巨大的市场需求,而且可以避开燃油车发动机技术这个难题,在新赛道上建立起自己独特的优势。最近十多年的发展,证明了这条技术线路是成功的。因此,一方面,随着中国能源特别是石油依赖程度的降低,关键水道对中国的战略意义在一定程度上降低了;另一方面,电动车技术的发展又给中国建立自身优势开辟了新途径。正因为如此,美国重商主义新形态的一个重要策略(依然)是联合盟友,通过加征高额关税等贸易保护主义手段,限制中国电动车、新能源产品等在美国和欧洲等市场上的销售。重要的是,这个策略的效果也是有限的。因为中国本身就拥有庞大的市场,在外循环当中除欧美等之外也是一个大市场;中国只要利用好了这两个大市场,相关技术就能够获得足够多的回报,并且通过内部竞争加快技术迭代升级。美欧等国要想在相关领域通过关税保护来新建这些优势是难以一蹴而就的。

五、大战略与美国重商主义的概略性分析

(一)大战略中的目标排序与美国重商主义

阿特(Robert J. Art)在其所著的《美国大战略》中说了下面这段话:

> 设计大战略,就要周密地思考国家基本利益是什么,为了保卫这些利益,军事力量应当发挥何种作用。为了提出一项美国大战略,我要回答四个根本性问题:第一个问题,美国在世界上的利益是什么,这些利益面临着哪些威胁?第二个问题,美国为了保卫这些利益免受威胁,可以采取哪些可能的大战略模式?第三个问题,这些大战略模式中哪一种能够最好地保卫美国国家利益?第四个问题,为了支持选定的大战略,需要实施什么样的具体政治政策,运用什么样的军事力量?[①]

这段话点出了三个大问题:第一个大问题是,必须明确国家利益究竟是什么;第二个大问题是,究竟什么样的大战略最有利于保卫国家利益;第三个大问题是,

---

① 罗伯特·阿特:《美国大战略》,北京:北京大学出版社,2005年,第2页。

支撑这样的大战略的策略和政策是什么。

美国的重商主义新形态都与这些方面有关。在阐述它们之间的关系之前,我们再来看一看阿特对美国国家利益的具体排序。他说:

> 我假定,美国有以下六项首要的国家利益,第一项是至关重要的国家利益,第二、三项是非常重要的国家利益,最后三项是重要的国家利益:
>
> 第一项,防止对美国本土的进攻;
>
> 第二项,防止欧亚大陆上大国之间爆发战争,并尽量防止可能引起此类战争的激烈的军备竞赛;
>
> 第三项,保证美国的石油供应渠道安全畅通,有能力购买到价格合理的石油;
>
> 第四项,维持一种开放的国际经济秩序;
>
> 第五项,促进世界范围的民主化和人权尊重,防止内战国家的种族清洗或大规模屠杀;
>
> 第六项,保护全球环境不受损害,特别是不受全球变暖和气候巨变带来的各种负面影响。[①]

这里,与美国重商主义新形态及其演变关系最为密切的,是第三项和第四项。

阿特之所以把石油供应渠道看得很重,把它列为第三项,是由于对美国来说,当时页岩油气革命尚未发生,石油供给成为影响美国经济社会生活的一个至关重要的资源;不仅如此,由于新能源技术尚未取得革命性成果,其他不少国家对石油的依赖也成为战略难题。因此,在阿特看来,美国政府应该秉持的观念是,谁控制了全球石油,谁就控制了世界经济;谁控制了世界经济,谁就控制了世界权力;一旦美国做到了这一点,对美国安全来说就是一个极大的助力。

阿特强调的第四项,更显美国重商主义新形态的特质。"冷战"结束后全球化快速发展,这种发展对于美国这个全球经济巨头来说,正好施展其平衡手的作用。美国一些战略界人士和政治人物认为,美国不仅经济体量十分庞大,而且技术层次具有远超潜在战略竞争对手的优势,在这种全球分工体系下,美国完全可以通过维持开放的国际经济秩序,凭借自己作为单极的地位而一直处于有利位置,或者说维持全球"1+N"大国结构;否则,一些国家采用保护主义政策快速发展经济,将因实力快速扩大而成为美国的挑战者。正是在这个意义上,美国政府对于其他国家特

[①] 罗伯特·阿特:《美国大战略》,北京:北京大学出版社,2005年,第7—8页。

别是人口众多的发展中国家的贸易保护主义行为,总是严加打压。

另外,在"1+N"大国结构下,霸权国家最具战略能力,针对小国也是不惜采用战争手段来达到自己的政治经济目的的;但是,霸权国家照样害怕战争。因此,阿特在解释第二项利益时说:"这样的战争会把美国拖入战争泥潭。更有甚者,战争几乎不可避免地威胁到美国贸易,加剧大规模杀伤性武器的扩散,引发严重损害美国影响力的政治变动。"

阿特还是联系各项利益来进行分析的。例如,他在解释第四项利益时说:"一种开放的国际经济秩序有助于促进财富增长,而一旦财富有了增长就会反过来促进第五项和第六项利益的实现。说到底,国家只有富裕了,才更有可能成为稳定的民主国家,也更有可能维持稳定的民主国家……而民主国家反过来更有可能保护人权,更有条件保护他们的环境。"[①]

(二)最优大战略与美国重商主义新形态

我们从霸权角度来理解第二次世界大战结束之后美国的大战略。由此出发,可以对美国政府的行为选择做出符合实际的解释。但是,在美国战略界,提出了多种备选的大战略。阿特在他的著作中就列出了八种,并且从首要目标、可行性、能否有效保护美国利益、成本、是否武力前沿部署、单边主义还是多边主义这六个维度进行了比较(见附录表2)。这种比较中值得注意的是:

第一,存在一个最优大战略。在阿特看来,是选择性干预战略而不是霸权战略或其他战略,才是美国的最优大战略。选择性干预战略的特点是:

> 第一,它是一个混合战略,因为它综合了其他各种大战略的优点。第二,它设定了一系列在当前时期最有效地服务于美国利益的基本目标。第三,它将美国的政治军事资源集中投入那些对美国具有最重要影响的地区。第四,它维持了前沿配置的防御部署,这在和平时期给国家带来了巨大的利益。第五,它对发动战争的时机规定了一套明智的规则。第六,它主张美国领导世界。[②]

在这些特点中,最重要的是第六个,即"美国领导世界"。这其实是在追求霸权永固。正是这一点,必然使得美国政府处于焦虑中,认为始终存在战略竞争者,必须把那样的假想敌抓出来遏制其发展。

[①] 罗伯特·阿特:《美国大战略》,北京:北京大学出版社,2005年,第57页。
[②] 罗伯特·阿特:《美国大战略》,北京:北京大学出版社,2005年,第158页。

附录表 2　　　　　　　　　　美国八种大战略的比较[1]

战略	首要目标	可行性	能否有效保护美国利益	成本	是否武力前沿部署	单边主义还是多边主义
霸权战略	世界霸权,按照美国意图重塑世界	无	否	成本高昂	是	单边主义
地区集体安全战略	防止战争	成问题	否	从中到高	差不多是	多边主义
全球集体安全战略	防止战争	无	否	从中到高	差不多是	多边主义
合作安全战略	防止战争	无	否	从中到高	差不多是	多边主义
遏制战略	遏制任何侵略国家或霸权国家	有	能	从中到高	是	多边主义
孤立主义战略	保持行动自由,置身于多数战争之外	有	否	廉价	不是	单边主义
离岸平衡战略	置身于多数战争之外,消灭崛起中的欧亚大陆霸权国家	有	多数情况下否	从中到高	是又不是	兼而有之
选择性干预战略	防止核生化武器的扩散,维持大国和平,保持能源安全	有	能	不太昂贵	是	兼而有之

第二,从战略相似角度来看,阿特所说的选择性干预战略,与凯南率先命名的遏制战略最为接近。对于遏制战略,前文已有一些论述了。存在这种相似性是有一定的机制基础的,因为在选择性干预战略当中,最重要的一定是那个实力最接近自己的近身战略竞争者。对它进行遏制,使其实力相对自己来说不再增长,或者不以太快的速度增长并且达到最大限度的时候对自己的霸权也不构成致命威胁,那就有利于维持霸权地位。这里不再一一讨论其与美国重商主义之间的关联。

---

[1] 罗伯特·阿特:《美国大战略》,北京:北京大学出版社,2005 年,第 108 页。

附录 4

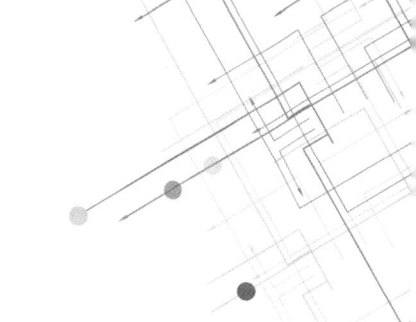

直面美国对华制裁与理性反制裁

美国对华经济制裁已经进入高发期。它针对个人或企业等实体，影响相关产业乃至国民经济，是我国现阶段必须直面的重大考验。这里旨在说明，美国发动经济制裁的基本特征，实施经济制裁的主要机构，经济制裁研究的基本情况，解析美国对华发动经济制裁的复杂心态，揭示美国构建"芯片同盟"和对我国实施芯片制裁的基本逻辑，提出我国通过理性制裁与反制裁以取得有利新平衡的政策建议。

一、美国发动经济制裁乃战略常策

（一）美国发动经济制裁的基本特征

"二战"结束后，登上世界霸主地位的美国变成了"制裁大国"，由它主导实施的经济制裁一度超过全球总数的七成。[①] 截至 2020 年，受到美国制裁的国家和地区超过 80 个。[②] 庞大的经济规模和全球性经济影响，使美国政府自以为可以凭借实力，通过经济制裁实现多重目标。经济制裁是灵活的对外政策工具，发起国在制裁范围、强度、持续时间选择上有很大自由度。通过经济制裁，既可以封锁破坏目标国的经济，也可以起到威慑警告作用；既可以作为武器独立执行对外任务，也可以

[①] 参见加莉·克莱德·霍夫鲍尔、金伯莉·安·艾略特、芭芭拉·奥格：《反思经济制裁》，杜涛译，上海：上海人民出版社，2019 年，第 24—27 页。

[②] 参见 A. Kirilakha et al., "The Global Sanctions Data Base: An Update that Includes the Years of the Trump Presidency", March 2021, http://www.pages.drexel.edu/~cas86/KFSYY-GSDB-Update.pdf, 2021 年 6 月 1 日。

与其他政策配合以实现多重目标;既可以用于推进对外战略,也可以用于向国内民众和国际社会表达立场。在20世纪70年代以前,将近40%的经济制裁是为了"遏制共产主义势力"[①]。此后美国对外经济制裁目标日益多元化。苏联解体后,美国以"改善人权、恢复民主"等为由实施制裁,以加快价值观输出步伐;苏丹、阿富汗、巴基斯坦、巴勒斯坦、马里、加纳等先后被列入"反恐"制裁行列;重点打击伊朗、朝鲜、俄罗斯、委内瑞拉、古巴等国,要求欧盟和联合国加入制裁行列,并且在制裁的持续时间、规模、力度等方面予以特别关注。

(二)美国实施经济制裁的法律依据与执行机构

美国大多数制裁乃总统根据法定授权,通过行政命令实施,在某些情况下国会通过立法对特定国家或个人实施制裁。相关法律主要有《与敌国贸易法》《国际紧急经济权力法》《联合国参与法》,此外还有《全球马格尼茨基人权问责法》《以制裁反击美国敌人法》《出口管制改革法》等。主要执行机构如下。

一是国务院。国务院并非执行对外经济制裁的核心机构,但对美国实施经济制裁政策具有最大影响力。主要机构是经济制裁政策制定与执行办公室(SPI),隶属于国务院反金融威胁和制裁局(TFS),负责制定和实施与外交政策相关的经济制裁,应对来自特定活动和国家的威胁。SPI主要职责:(1)为经济制裁提供国际支持;(2)为实施经济制裁提供外交政策指导;(3)与国会合作起草相关法律;(4)择机取消或扩大制裁。其下属的国防贸易管制理事会(DDTC)根据《国际武器贸易条例》(ITAR),对"美国军需品清单"(USML)中的国防物品实施出口管控,除加、英等国外,对其他国家的相关出口均需申请许可证。[②] 国务院在针对恐怖主义、人权侵犯等制裁领域发挥间接作用,如通过行为识别与指定,为美国财政部下属的海外资产控制办公室(OFAC)等执行机构提供制裁理由。

二是财政部。作为美国最重要的经济制裁机构,财政部下属的OFAC在管理和执行制裁中扮演主要角色。它基于名单进行制裁,制裁范围和对象主要包括"特别指定国民和被封锁人员名单"(SDNs)和"综合制裁名单"(CSL)。前者包括基于某个国家的个人与企业以及不基于某个国家的个人、团体和实体(如恐怖分子、毒品走私者)。后者是除SDNs之外各类制裁名单的综合,主要针对特定团体或特定

[①] 参见加莉·克莱德·霍夫鲍尔、金伯莉·安·艾略特、芭芭拉·奥格:《反思经济制裁》,第24—27页。

[②] 参见 Congressional Research Service, "The U. S. Export Control System and the Export Control Reform Initiative," January 28, 2020, https://fas.org/sgp/crs/natsec/R41916.pdf,2021年6月1日。

国家的特定部门和企业,如与伊朗、叙利亚相关的"海外制裁逃避者名单"(FSE)和与俄罗斯相关的"行业制裁识别名单"(SSI)。凡是进入名单的政府官员、企业和个人,在美国管辖范围内的资产被冻结,禁止美国人与其交易。OFAC 在名单拟定上需要遵循特定流程。从美国政府机构、外国政府、联合国专家小组、媒体和其他报告等渠道获取情报,决定是否将某人或实体纳入名单,最终提交的名单需得到财政部、司法部、国务院以及其他"有保证的美国机构"审查。[①] 此外,财政部下属的金融犯罪执法局(FinCEN)在对外经济制裁中发挥间接作用,主要从美国金融机构收集和分析有关货币与电子金融交易及动向信息,打击国内外洗钱、恐怖主义融资和其他金融犯罪行为。

三是商务部。下属的工业安全局(BIS)编制并根据《出口管制条例》(EAR),在执行经济制裁政策中发挥重要作用。BIS 管控范围包括军民两用物品。EAR 的商业管制清单(CCL)列出受管制的具体项目,涵盖"核技术""材料、化学品、微生物和毒素""材料加工""电子产品""计算机"等十大类,每类又细分为 5 个产品组,每个产品均进行"出口分类编号"(ECCN)并说明管制原因,其与出口目标国的属性共同决定该产品出口的许可证要求。除商业管制清单外,几乎所有美国原产物项也属于 EAR 管控范围,美国基于最终用途和最终用户进行管制。对明确出口至某一用户并被用于某种用途的物项,BIS 实施出口许可证管制。[②] 商业管制清单外的一部分物品被称为"EAR99"物品。它通常由低技术民用消费品组成,大多数情况下出口不需要许可证。BIS 建立三类"黑名单":(1)"被拒绝清单"(DPL),该名单的个人和实体管制最严,禁止以任何形式参与涉及受 EAR 约束的任何商品的相关出口活动。(2)"实体清单"(EL),出口商必须申请许可证,才能向名单中的实体出口受管制的商品。(3)"未经核实清单"(UVL),通常由于难以核实出口物项最终用途,许可证例外不再适用,但出口商要声明最终用途。最终用户审查委员会(ERC)在"实体清单"拟定中发挥重要作用,由商务部(主席)、国务院、国防部、能源部和财政部的代表组成,根据实体违反美国国家安全或外交政策利益的情况,决定是否将其纳

[①] 参见 John Buretta, Megan Lew and Michael Ardeljan, "US Sanctions," August 17, 2020, https://globalinvestigationsreview.com/guide/the-guide-sanctions/first-edition/article/us-sanctions., 2021 年 6 月 1 日。

[②] 参见 Congressional Research Service, "The U.S. Export Control System and the Export Control Reform Initiative"。

入实体清单。①

除上述常设部门外,美国发起经济制裁的配合机构也较多元。(1)司法部与上述三大部门合作,对故意违反出口管制和制裁法律以及其他相关刑法的行为,进行刑事起诉。(2)货币监理署和联邦储备委员会等联邦银行机构,有权对违反美国制裁法律法规的行为实施民事处罚。(3)联邦调查局和国土安全部着重调查外国潜在违反制裁的行为。实施对外制裁时,有时还成立专门机构以推进行动。除国内机构外,美国还习惯于拉拢其他国家或国家集团加入制裁体系,以扩展制裁范围和力度。

(三)美国经济制裁研究的基本情况

彼得森国际经济研究所(PIIE)自20世纪80年代开始研究经济制裁以来,其出版的《反思经济制裁》是该领域的重要著作,经济制裁被视为"贸易与投资"领域的重要话题。在美国战略与国际问题研究中心(CSIS),经济制裁被列入"能源与国家安全"项目,开设"国家安全经济学:胁迫和诱导工具"课程,邀请前高级贸易官员、政策思想家和经济制裁专家举办研讨会,研究经济制裁及其与国际经济政策和国家安全交叉的战略、政策和技术问题。在新美国安全中心(CNAS),"定向制裁:俄罗斯与伊朗""经济国策"等被纳入"能源、经济与安全"项目,2019年7月建立特别工作组,针对"未来美国强制性经济治国方略"进行研究。研究者拥有专业背景,不少人曾在美国联邦机构任职,对经济制裁的实施程序和目标国的一般反应有更深刻的认识。例如,PIIE的高级研究员赫夫鲍尔(Gary Clyde Hufbauer)在美国乔治城大学担任过国际金融外交教授,同时还担任美国财政部负责国际贸易和投资政策的副助理部长;CNAS的研究员哈勒尔(Peter Harrell)曾担任国务院经济和商业事务局的副助理国务卿,直接负责反金融威胁和制裁,并在前国务卿希拉里主导的相关对外经济议题中发挥重要作用;布鲁金斯学会的高级研究员奈夫(Richard Nephew),曾在美国国务院和国家安全委员会任职。

经济制裁研究主要涉及以下科目。(1)分析目标国经济形势,包括经济结构特征、制裁的经济政治影响。彼得森研究所曾开设"朝鲜:见证转型"专栏,对制裁背景下朝鲜的经济、政治、安全状况进行评估。(2)如何增强和扩大经济武器库,使经济制裁更精准、更有效。如针对不同国家采取何种措施能产生最大杀伤力,如何改善美国制裁机制以发挥最大效力。CNAS发布的《增强经济武器库》报告,强调制

---

① 参见 Gibson Dunn, "2019 Year-End Sanctions Update," January 23, 2020, https://www.gibsondunn.com/2019-year-end-sanctions-update/,2021年6月1日。

裁实施过程中可信度和校准、与受监管群体的沟通,以及以威慑为基础进行执法的重要性。[1] (3)如何采用经济制裁实现对外政策目标。布鲁金斯学会举办的"经济制裁:用途评估及对美国外交政策的影响"研讨会,邀请在制裁中东、拉丁美洲和朝鲜方面具有综合背景的专家进行讨论。(4)研判经济制裁走势。新美国安全中心2019年发布了《经济主导地位、金融科技和美国经济胁迫的未来》,提出金融科技发展将对美国对外经济制裁产生影响,比特币等加密货币的崛起使许多国家借助这一新兴工具逃避制裁,给美国制裁的实施带来挑战。[2]

二、中国正成为美国经济制裁的主要对象

(一)对中国日益"关照"

冷战期间,中国遭美国贸易禁运20余年。在20世纪70年代中美关系渐趋正常后,美国对华制裁有所放松,仅作为补充手段表达基本立场。21世纪初,中国经济发展的巨大成就引发美国战略焦虑,但尚未成为重点制裁对象。特朗普执政后,美国对华战略和政策发生转变,将中国视为最主要的战略竞争对手,广泛运用"长臂管辖"经济制裁手段。

特朗普执政初期,对华制裁尚为辅助性,即着眼于中国外部经济活动,以违反美国对其他国家的制裁规定为由,主要由OFAC实施,打击从事相关活动的个人与实体。发动这类制裁不必过于担心中方反应和反制,但影响有限,对制裁规模和对象难以做出灵活调整。最近,美国对华制裁政策发生剧变,更加关注中国内部(新疆、香港、南海等)事务,倾向于以"危害美国国家安全"和"侵犯人权"为由,对中国相关个人和实体施加惩罚和限制。在制裁机构选择上,除通过OFAC采取措施外,美国更多地借助BIS实行出口管制[3],制裁内容增加、频率加快、规模扩大。美国的目的很明确:直接制裁中国相关决策者,在中国内部制造政治混乱,迫使中国妥协;

---

[1] 参见 Elizabeth Rosenberg and Jordan Tama, "Strengthening the Economic Arsenal," December 16, 2019, https://www.cnas.org/publications/reports/strengthening-the-economic-arsenal, 2021年6月1日。

[2] 参见 Peter Harrell and Elizabeth Rosenberg, "Economic Dominance, Financial Technology, and the Future of U. S. Economic Coercion", April 29, 2019, https://www.cnas.org/publications/reports/economic-dominance-financial-technology-and-the-future-of-u-s-economic-coercion. , 2021年6月1日。

[3] 参见 U. S.-China Economic and Security Review Commission, "Timeline of Executive Actions on China (2017 - 2021)," April 1, 2021, https://www.uscc.gov/files/001771, 2021年6月1日。

将众多中国企业和研究机构加入"实体清单",削弱中国综合竞争力,减缓中国前进步伐。

美国拟定"实体清单"时,主要有以下考虑。(1)打击能源与工业领域的大型国企。涵盖石油、交通运输、船舶制造、航空制造等部门,对航空制造企业制裁尤为突出。(2)重点打击新一代信息技术产业领军企业。既包括中兴通讯与华为,也包括中芯国际和诺思等芯片企业,以及商汤科技和科大讯飞等人工智能企业。(3)打击工程技术重要科研机构。如"国防七子"和其他相关高校,国家超算相关中心和中国电子科技集团公司下属研究所等。上述实体是中国工业、军事与科技的中坚力量,美国遏制中国发展、维护霸权地位的战略意图暴露无遗。可以预见,随着中国经济进一步发展,美国将对华发动更多制裁,制裁频率将加快,强度将加大。

(二) 对中国心态复杂

中国综合国力近年日趋逼近美国,美国政府霸权心态更为复杂。(1)密切关注中国对美经济制裁动向。美方认为,中国已将经济制裁加入外交工具箱,关税、出口限制、投资限制、阻止公民旅游、关闭外国公司、煽动公众抵制等已成为经济武器,随着贸易和金融影响力扩大,中国可能对外实行更严厉、更频繁的制裁。① (2)聚焦自身脆弱性,认为美国可能成为中国制裁的标靶。美国在经济上具有脆弱性,中国制裁将瞄准这些弱点,美国必须采取措施应对潜在威胁,密切关注中国制裁实践,发展更精准的对外制裁。② 有研究提出,美国对华金融制裁须十分审慎,正如贸易战,美国制裁势必引起中国反制,这将损害美国利益。③ 中国因新疆问题而对欧洲相关议员和学者实施制裁后,布鲁金斯学会召开"中国制裁欧洲"研讨会,邀请欧洲议会成员和美国国家安全委员会的中国部高级主任,共同讨论该制裁对中欧关系的影响。④

---

① 参见 Gary Clyde Hufbauer and Euijin Jung,"China Plays the Sanctions Game,Anticipating a Bad US Habit," December 14, 2020, https://www.piie.com/blogs/china-economic-watch/china-plays-sanctions-game-anticipating-bad-us-habit,2021 年 6 月 1 日。
② 参见 Richard Nephew,"China and Economic Sanctions: Where Does Washington Have Leverage?" October 8, 2019, https://www.energypolicy.columbia.edu/research/report/china-and-economic-sanctions-where-does-washington-have-leverage,2021 年 6 月 1 日。
③ 参见 Jeffrey J. Schott,"Raising a Caution Flag on US Financial Sanctions against China," January 2021, https://www.piie.com/publications/policy-briefs/raising-caution-flag-us-financial-sanctions-against-china,2021 年 6 月 1 日。
④ 参见 Brookings Institution,"China's Sanctions on Europe," April 8, 2021, https://www.peacefare.net/2021/04/05,2021 年 6 月 1 日。

美方的复杂心态还表现在对供应链和产业链对外依赖情况进行专业评估和压力测试,尽早识别可能被中国制裁的标靶、降低被中国制裁的概率,以减轻遭制裁后的损失。美国地质调查局 2020 年 11 月 30 日发布《美国对国外关键矿产依赖调查报告》,提出美国关键矿产依赖情况、额外风险因素和减轻依赖的策略。[①] 据美国消费者新闻与商业频道(CNBC)报道,美国对华限供芯片后,全球芯片产业生态深刻调整,供应链问题频发,拜登政府针对半导体短缺等进行压力测试。这体现了美国政府建立有弹性、多样化和安全供应链的意愿和努力。

可见,美国一方面在寻找中国经济的弱点,以便通过对华发动精准经济制裁,获取战略利益;另一方面对自身经济脆弱性进行评估和测试,以减轻依赖中方的程度和遭遇中方反制后造成的损失。

三、美国对华芯片制裁的产业链位势分析

半导体行业关联民用和军用两大产业。2019 年数据显示,美国半导体行业的研发支出占销售收入高达 16.4%,中国对应的占比仅为 8.3%。[②] 这是导致该行业中美形成技术代差的重要原因。但是,经过 40 多年去工业化,美国已丧失半导体制造产业链的领先地位。2019 年 4 月美国半导体行业协会(SIA)认为,未来 10 年中国大陆将挤压包括美国在内的全球芯片制造份额(见附录图 2),美国政府对华芯片的产业链"长臂管辖"制裁随之大规模爆发。

(一)中国半导体供需结构失衡

附录表 3 显示,2019 年美国半导体需求占全球 25%,制造能力占全球 13%,尚无制程小于 10nm 的先进半导体制造能力,尽管制程 10—20nm 的半导体制造能力占绝对优势。反观中国大陆,半导体需求与美国相当,但缺乏制程小于 10nm 的先进半导体制造能力,制程 10—20nm 的半导体制造能力也低下,需大量进口。在美方看来,控制中国先进半导体供应链后,中方势必面临"瓶颈",国民经济遭受严重打击。

[①] 参见 Nedal T. Nassar, Elisa Alonso, and Jamie L. Brainard, "Investigation of U. S. Foreign Reliance on Critical Minerals—U. S. Geological Survey Technical Input Document in Response to Executive Order No. 13953 Signed September 30, 2020," https://pubs.usgs.gov/of/2020/1127/ofr20201127.pdf,2021 年 8 月 11 日。

[②] 参见 Semiconductor Industry Association, 2020 Factbook, https://www.semiconductors.org/wp-content/uploads/2020/04/2020-SIA-Factbook-FINAL_reduced-size.pdf,2021 年 8 月 16 日。

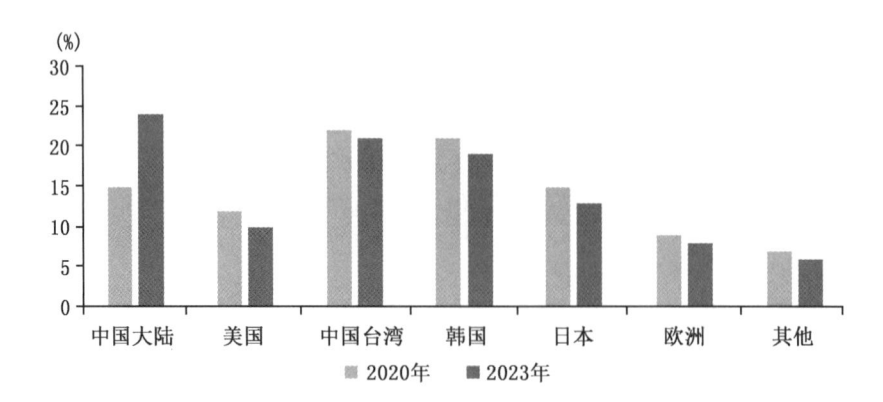

资料来源：SIA, "Winning the Future: A Blueprint for Sustained U. S. Leadership in Semiconductor Technology," https://www.semiconductors.org/w-content/uploads/2019/04/SIA_Winning-the-Future_Refresh_FINAL1.pdf, 2021年6月1日。

附录图2　全球主要国家和地区芯片制造份额预估

附录表3　　2019年全球半导体制造能力分布　　单位：%

分类		美国	中国大陆	中国台湾	韩国	日本	欧洲	其他	占比[1]
存储器件		5	14	11	44	20		4	33
逻辑器件	小于10nm			92	8				2
	10—20nm	43	3	28	5		12	9	8
	28—45nm	6	19	47	6	5	4	13	9
	大于45nm	9	23	31	10	13	6	7	22
分立、模拟、光电、传感器件		19	17		5	27	22	7	26
加总		13	16	20	19	17	8	7	100
需求（按最终用户）		25	24	1	2	6	20	22	100

注：[1] 指全行业占比。

资料来源：Antonio Varas et al., "Strengthening the Global Semiconductor Supply Chain in an Uncertain Era," BEG and BIS, Policy Reports, https://www.semiconductors.org/wp-content/uploads/2021/03/SIA-BCG_Global-Value-Chain_2-pager.pdf, 2021年6月1日。

（二）拖住中国5G步伐以便在6G上实现超越

作为第三次工业革命的引领者，美国在信息技术方面一路深耕，在集成电路技术方面占有绝对优势，取得了军用和民用两个领域的垄断地位。但是，中国志在强军的机械化和信息化建设,以及华为在移动通信技术方面的领先,引发美国战略界的焦虑。

海湾战争首次将信息技术的军事重要性,最具冲击力地呈现在世人面前,中国意识到,军事方面必须完成机械化和信息化建设双重任务[①],走复合发展之路[②],信息技术发展的重要性在中国被提升到新高度。就移动通信技术而言,在1G—3G时代,美、欧、日具有竞争优势,中国从3G时代参与竞争,在4G时代实现并跑,到5G时代取得了领先,代表性企业是华为。美国政府企图从中国5G技术产业链薄弱环节入手,拖住中国前进步伐,在6G时代重回引领者地位。美国政治人物对此毫不讳言。内阁成员司法部长威廉·巴尔(William Barr)2020年2月在"中国行动计划会议"上提出,5G技术处于正在形成的未来技术和工业世界的中心,中国已居领先地位,华为是领先供应商,未来5年将形成5G及应用的全球版图和格局,时间窗口很窄,美国及盟友要迅速行动,共同加快5G技术进步和全方位打压华为。[③]

(三)从薄弱环节入手打击中国领先企业

问题的关键在于,中国5G技术是否全面领先? 在5G技术主要环节中,频谱可用性最具战略意义,与美国主攻毫米波相比,中国主攻厘米波更符合市场实际。在应用生态上,中国在基站建设和网络覆盖上远远走在美国之前,尽管市场深度开发前景尚未得到有力检验。在专利标准上,与4G时代相比,中国进步明显,尽管在授予专利数和专利价值等方面落后于韩国和欧洲。但是中国在关键芯片技术上存在短板,对华为5G基站进行拆解发现,国产芯片制造依赖台积电,仅10%的国产零件不受美方禁令影响。手机出货量比基站建设大几个数量级。在手机芯片制造上,中国明显受制于人。芯片产业链主要包括设计、制造、封测等环节。在芯片设计上,中国可借华为海思、紫光展锐等先进企业跻身前列,但在芯片(特别是14nm制程以下的先进芯片)制造上,最具基础意义的生产设备和材料(如光刻机和光刻胶等)并不具备先进生产能力,以致供应链仰人鼻息。中国在封测环节并不落后,但那是芯片制造环节后面的事。因此,美国认为可以抓住芯片制造环节,对华为添堵设限。这是美国制裁华为的基本逻辑。

[①] 参见《江泽民文选》第3卷,北京:人民出版社,2006年,第157页。
[②] 参见《胡锦涛文选》第2卷,北京:人民出版社,2016年,第451页。
[③] 参见 William Barr, "Remarks as Prepared for Delivery," Washington, D. C., February 6, 2020, https://www.justice.gov/opa/speech/attorney-general-william-p-barr-delivers-keynote-address-department-justices-china,2021年6月1日。

美国政府针对华为 5G 的策略是:第一波,美、加联手进行政治绑架,以试探华为反应;第二波,将华为相关企业列入实体清单,美国供应商限供芯片;第三波,通过胁迫他国供应商,全面断供芯片。美国虚构华为 5G 存在所谓"安全隐患",鼓动盟友和其他国家排斥使用其 5G 技术,通过限制华为国际市场规模,减慢其技术进步速度,窄化其技术升级空间,这是进行市场权力剥夺。美国抓住华为 5G 技术体系的薄弱环节进行芯片制裁,间接移除中国 5G 技术关键支撑,这是进行技术权力剥夺。从美国角度来看,第三波制裁效果已显,华为新增 5G 牌照少,从 2020 年第三季度开始,华为智能手机市场份额直线下降(见附录表 4)。

附录表 4　　2019 年以来各个季度全球智能手机主要供应商市场份额　　单位:%

年份	2019				2020				2021
季度	1	2	3	4	1	2	3	4	1
Samsung(韩国)	21	21	21	18	20	20	22	16	22
Apple(美国)	12	10	12	18	14	14	11	21	17
Xiaomi(中国)	8	9	8	8	10	10	13	11	14
OppO(中国)	8	9	9	8	8	9	8	9	11
VivO(中国)	7	8	8	8	7	8	8	8	10
Huawei(中国)	17	16	18	14	17	20	14	8	4

资料来源:Team Counterpoint,"Global Smartphone Market Share:By Quarter,"https://www.counterpointresearch.com/global-smartphone-share/,2021 年 6 月 1 日。

(四)拖住中国前进步伐与布局相关战略性新兴产业

美国共和党参议员汤姆·科顿认为,让中国企业自由使用美国技术和软件发展芯片相关产业,将成为"绞死美国的绳索"。[①] 与芯片相关的战略性新兴产业有很多,这里仅以人工智能为例。美国政府做出对华芯片制裁的决策,是出于重建技术霸权以维护美国世界霸主的战略考虑。2021 年 3 月,美国国家人工智能安全委员会(NSCAI)发布《最终报告》[②]称,国防和工业至关重要的尖端半导体生产,美国深度依赖外国,供应链非常脆弱,政府应加大投资,加快创新步伐,推动人工智能、机器学习和相关技术发展,满足国家安全和国防等需要。"我们知道竞争者决计利用

[①] 参见观察者网,《美鹰派议员威胁扩大"芯片禁令":"能绞死美国的绳索"不能卖给中国》,https://www.guancha.cn/internation/2021_04_16_587783.shtml,2021 年 8 月 11 日。

[②] 参见 National Security Commission on Artificial Intelligence,*Final Report*,https://www.nscai.gov/2021-final-report/,2021 年 6 月 1 日。

人工智能能力对付我们。我们知道中国决计在人工智能领导地位上超越我们。我们知道人工智能进步建立在自身基础上并且具有显著的先发优势。现在,我们必须行动起来。"报告认为,中国致力于在未来 10 年成为人工智能全球领导者;半导体与人工智能、量子计算、5G 与先进网络、先进制造等关键新兴技术密切相关;为了重建美国人工智能优势,必须以微电子战略为指引,微电子技术必须领先两代,国内尖端制造要多元化,在微电子研究与开发方面要加大投资,对美国制造进行税收抵免和授权。

(五)形成复合同盟

在芯片产业链中,美国在技术、韩国和中国台湾在制造、日本在材料上分别具有领先优势。由于历史地理原因,美国认为日本、韩国和中国台湾具有牵制和围堵中国大陆的重要地缘政治价值。这种重合诱使美国实施战略捆绑。拜登政府加紧推行围堵中国的"印太战略",促成的"芯片同盟"及"美—东(亚)"同盟已被赋予新的地缘政治含义。

四、直面制裁和理性反制裁以形成有利的新平衡

(一)要直面制裁和理性反制裁

目前,美国对华经济制裁策略正向"精准打击,合力而为"方向发展,盯住中国供应链和产业链中的薄弱环节,胁迫盟友联合行动,进行战略性打压。我们要看准大势,稳慎应对,直面美国制裁并且理性反制裁,以形成有利的新平衡。

中国尽管已是全球最大工业国和经济规模第二大国,但是起步低,发展到今天,经济中依然存在不少短板,给美国留下了制裁机会。如今美国加大力度制裁中国,既说明中国经济已发展到一定程度,也说明中国经济发展还不足,还说明越过这个阶段后的态势,将发生于中国有利的新变化。关键是要尽快实现实力地位的转换。我们要深刻认识和灵活运用制裁与反制裁,加大美国经济制裁中国的成本和风险;不断锤炼开放型经济新体制,探索和提供国际协商与合作新机制;通过制裁与反制裁,让美国国家战略与美国利益集团在利益上相互掣肘;同时,尽力分化瓦解美国的"制裁同盟"。

(二)制裁与反制裁的政策建议

一个大国对另一个大国发动经济制裁,另一个大国势必发展相关能力;一旦突破制裁约束,不仅制裁自动失效,更重要的是独立自主的发展能力可以得到大幅度

提升。充分发挥集中力量办大事的社会主义制度优越性,中国能够解决产业链"卡脖子"的"瓶颈"问题。美国对我国发动经济制裁,既是挑战也是机遇,短期对我国高新技术产业产生不利影响,长期将倒逼我国对高新技术产业链自主自控,这需要做好如下工作。

第一,加强学术研究。针对自身及主要目标国和组织,就其经济脆弱性展开仔细调查和科学评估。既做专项研究,也做总体评估,特别是评析制裁与反制裁升级会导致怎样的局面。经济社会薄弱环节最易受到敌方攻击,产生传递性影响。制裁和反制裁都是"双刃剑"。我们要以扎实的学术研究为参考,谨慎发动制裁和反制裁,否则,难以做到精准有效。

第二,降低被制裁风险。一方面针对美国,我们要在若干关键领域培育非对称优势,形成有效威慑,强化美国对我国薄弱环节进行制裁的顾虑。另一方面,我们要增强国民经济的发展韧性,走"更为安全"的发展之路,在锻长板的同时,快速补齐关键短板。建立重要资源和产品全球供应链风险预警系统,加强国际供应链保障合作,扩大战略回旋余地。

第三,推进制度建设。近年来,我国已经陆续推出一些与制裁和反制裁间接相关的法律。自2020年以来,又相继推出多部与之直接相关的法律法规,如《不可靠实体清单规定》《中华人民共和国出口管制法》《阻断外国法律与措施不当域外适用办法》。2021年6月10日正式出台的《中华人民共和国反外国制裁法》是我国为反对外国对中国搞单边制裁、反制外国歧视性措施、应对美国"长臂管辖"的重要法律武器,且在实践中已有所运用。这些重要成果需要在实践中修订补充和积累经验,适时推出新法规,形成完善的法规体系。制定不可靠实体清单和出口管制清单,外交部、商务部、国防部、工业和信息化部等要协同合作。

第四,优化组织支撑。发动经济制裁已成为世界大变局下国际交往的通行做法。我国要在联合国安理会制裁委员会和WTO争端解决机构中发挥积极作用。在国务院统筹下建立联席机制,外交、商务、财政、央行、国安、国防等部门密切配合,形成高效的制裁执行、监督、惩罚、评估机制。考虑采取措施,救助遭外国制裁的个人和实体。定期发布报告,提醒相关个人和实体警惕风险;设立专项资金,对遭到外国制裁的个人和实体进行必要补偿。

第五,加强国际合作。近年来地缘政治格局深度调整,美国加紧构建制裁合作机制,通过"制裁同盟"遏制中国。我们必须妥善应对:宣布美国在联合国授权之外对我国发动制裁皆为非法;明确声明并且树立典型,针对协同美国对我国进行制裁的实体,我国将根据《不可靠实体清单规定》第二条第(二)款等进行反制;更重要的是,通过国际合作缓解制裁冲击和提高反制效果。比如,加深与美国主导的"制裁同盟"中重要成员国的经济和非经济联系,增加它们协同美国对我国进行制裁的成本和风险。

第六,准备主动出击。既然美国利用非对称优势对中国发动经济制裁,必要时中国也可采用类似策略,做好主动出击的准备。(1)宣布这种出击乃是对美国发动制裁的反制裁。(2)这种出击对美国重要部门、行业或供应链将产生重大不利影响。(3)我国对美国全面停供。(4)掐断美国其他供给渠道。(5)我国主动出击后,美国在相当长时期内将难以自给。断供稀土可以作为主动出击的一个备选。策略也很重要,如让对手在某些关键领域留有短板,轻易不触及,关键时放手一击,可收到预期效果。

主要参考文献

[1]《胡锦涛文选》第2卷,北京:人民出版社,2016年。
[2]《江泽民文选》第3卷,北京:人民出版社,2006年。
[3]《列宁选集》(第2卷),北京:人民出版社,1995年。
[4]《马克思恩格斯全集》(第19卷),北京:人民出版社,1965年。
[5]《马克思恩格斯全集》(第19卷),北京:人民出版社,1995年。
[6]《马克思恩格斯全集》(第21卷),北京:人民出版社,1965年。
[7]《马克思恩格斯全集》(第22卷),北京:人民出版社,1965年。
[8]《马克思恩格斯全集》(第23卷),北京:人民出版社,1975年。
[9]《马克思恩格斯全集》(第24卷),北京:人民出版社,1975年。
[10]《马克思恩格斯全集》(第25卷),北京:人民出版社,1975年。
[11]《马克思恩格斯全集》(第3卷),北京:人民出版社,1960年。
[12]《马克思恩格斯全集》(第4卷),北京:人民出版社,1958年。
[13]《马克思恩格斯全集》(第4卷),北京:人民出版社,1965年。
[14]《马克思恩格斯全集》第31卷,北京:人民出版社,1998年。
[15]《马克思恩格斯全集》第49卷,北京:人民出版社,1982年。
[16]《马克思恩格斯全集》第9卷,北京:人民出版社,1961年。
[17]《马克思恩格斯全集》第七卷,北京:人民出版社,1965年。
[18]《马克思恩格斯通信集》第一卷,北京:三联书店,1957年。
[19]J.布鲁姆:《美国的历程》(上),北京:商务印书馆,1988年。
[20]J.W.汤普逊:《中世纪晚期欧洲社会经济史》,北京:商务印书馆,1996年。
[21]J.艾捷尔编:《美国赖以立国的文本》,海南:海南出版社,2000年。
[22]Г.А.德罗波特:《国际政治经济学的几种主要的思想观念》,《国外社会科学》2002年2期。
[23]阿塔克等:《新美国经济史:从殖民地时期到1940年》(上),北京:中国社会科

学出版社,2000年。

[24]埃里克·霍布斯鲍姆:《工业与帝国:英国的现代化历程》,北京:中央编译出版社,2016年。

[25]埃伦·伍德:《资本的帝国》,王恒杰、宋兴无译,上海:上海译文出版社,2006年。

[26]艾尔弗雷德·塞耶·马汉:《海权对历史的影响(1660—1783年)(附亚洲问题)》,北京:海军出版社,2013年。

[27]安东尼奥·塞拉:《略论可以使无矿之国金银充裕的成因》,载于A. E. 门罗:《早期经济思想》,北京:商务印书馆,2011年。

[28]巴里·布赞:《美国和诸大国:21世纪的世界政治》,上海:上海人民出版社,2007年。

[29]保罗·肯尼迪:《大国的兴衰:1500—2000年的经济变革与军事冲突》,北京:中信出版社,2013年。

[30]保罗·肯尼迪:《大国的兴衰》(上),北京:中信出版社,2013年。

[31]保罗·萨缪尔森、威廉·诺德豪斯:《经济学》,北京:商务印书馆,2013年。

[32]边卫红、蔡思影:《美国"双赤字困境"探索——基于美国50年来赤字发展情景分析》,《国际贸易》2018年第8期。

[33]布莱恩·吉米德、唐·耶格:《托马斯·杰斐逊与海盗:美国海权的崛起》,北京:北京联合出版公司,2016年。

[34]查尔斯·A. 比尔德:《美国宪法的经济观》,北京:商务印书馆,2012年版。

[35]陈宝森:《美国的债务经济和全球经济失衡》,《世界经济与政治论坛》2007年第3期。

[36]陈国华译:《大宪章》,北京:商务印书馆,2016年。

[37]陈泰锋:《美国"337条款"特点与本质辨析》,《国际商务研究》2007年第6期。

[38]陈曦文:《英国16世纪经济变革与政策研究》,北京:首都师范大学出版社,2005年。

[39]陈曦文:《英国中世纪毛纺业的迅速发展及其原因初探》,《北京师院学报(社会科学版)》1986年第7期。

[40]程恩富、夏晖:《美元霸权:美国掠夺他国财富的重要手段》,《马克思主义研究》2007年第12期。

[41]崔洪健:《中世纪英国货币治理问题初探——基于英王货币政策的考察》,《北

京理工大学学报(社会科学版)》2014年第6期。

[42]崔丕:《美国的遏制政策与巴黎统筹委员会、中国委员会论纲》,《东北师大学报(哲学社会科学版)》2000年第2期。

[43]大卫·哈维:《新帝国主义》,北京:中国人民大学出版社,2019年。

[44]道格拉斯·欧文:《国富策:自由贸易还是保护贸易?》,上海:华东师范大学出版社,2013年。

[45]邓峰:《论美国关税史的演变》,《东北亚论坛》2005年第1期。

[46]邓久根、贾根良:《英国因何丧失了第二次工业革命的领先地位?》,《经济社会体制比较》2015年第4期。

[47]邓蜀生:《美国与移民:历史、现实、未来》,重庆:重庆出版社,1990年。

[48]迪特·森哈斯:《欧洲发展的历史经验》,北京:商务印书馆,2015年。

[49]丁振辉、夏圆圆:《"双赤字"与美国经济增长:理论、事实与解释》,《世界经济》2012年第12期。

[50]董瑜:《1819年经济危机与美国政治文化的变动》,《史学集刊》2017年第6期。

[51]法兰克尔·奥萨格:《美国90年代的经济政策》,北京:中信出版社,2004年。

[52]樊鹏:《构建合理适度政府规模的经验尺度——基于美中两国的比较分析》,《政治学研究》2015年第2期。

[53]弗雷德里克·皮耶鲁齐、马修·阿伦:《美国陷阱》,北京,中信出版社,2019年。

[54]弗里德里希·李斯特:《政治经济学的国民体系》,北京:商务印书馆,1997年。

[55]符豪、程恩富:《21世纪美国〈每月评论〉的马克思主义政治学研究》,《国外社会科学》2021年第2期。

[56]福斯特:《美洲政治史纲》,北京:人民出版社,1956年。

[57]高海红:《美元汇率和美国"双赤字"》,《国际金融研究》2004年第1期。

[58]关雪凌、张猛:《发达国家跨国公司是如何为国家利益服务的——跨国公司的政治经济学分析》,《政治经济学评论》2014年第3期。

[59]郭继兰:《曼彻斯特学派与英国经济自由主义》,《史学月刊》2010年第6期。

[60]哈·麦金德:《历史的地理枢纽》,北京:商务印书馆,2015年。

[61]哈罗德·福克纳:《美国经济史》(下卷),北京:商务印书馆,1964年。

[62]哈罗德·斯普雷特、玛格丽特·斯普雷特:《美国海军的崛起》,上海:上海交通大学出版社,2015年。

[63]韩东育:《日本对外战争的隐秘逻辑(1592—1945)》,《中国社会科学》2013年

第 4 期。

[64]韩家炳:《美国 1807 年〈禁运法案〉的代价与影响》,《安徽师范大学学报(人文社会科学版)》2003 年第 2 期。

[65]韩拓、贾庆国:《美国崛起时是如何规避"修昔底德陷阱"的?》,《国际观察》2019 年第 2 期。

[66]汉密尔顿、杰伊、麦迪逊:《联邦党人文集》,北京:商务印书馆,2015 年。

[67]何帆、张明:《国际货币体系不稳定中的美元霸权因素》,《财经问题研究》2005 年第 7 期。

[68]何顺果:《关于美国国内市场形成问题》,《历史研究》1986 年第 6 期。

[69]何顺果:《加利福尼亚金矿的发现及其历史意义》,《历史研究》1987 年第 3 期。

[70]何顺果:《特许公司——西方推行"重商政策"的急先锋》,《世界历史》2007 年第 1 期。

[71]何正斌、柴煜:《论经济政策与军事政策的一体性——由重商主义的发展政策引出的话题》,《哈尔滨工业大学学报(社会科学版)》2008 年第 2 期。

[72]亨利·威廉·斯皮格尔:《经济思想的成长》,北京:中国社会科学出版社,1999 年。

[73]亨利·卡门:《黄金时代的西班牙》,北京:北京大学出版社,2016 年。

[74]华民、刘佳、吴华丽:《美国基于美元霸权的金融"核战略"与中国的对策》,《复旦学报(社会科学版)》2010 年第 3 期。

[75]黄晓凤、廖雄飞:《中美贸易失衡主因分析》,《财贸经济》2011 年第 4 期。

[76]吉尔伯特·C. 菲特、吉姆·E. 里斯:《美国经济史》,沈阳:辽宁人民出版社,1981 年。

[77]计秋枫:《近代前期英国崛起的历史逻辑》,《中国社会科学》2013 年第 9 期。

[78]加莉·克莱德·霍夫鲍尔、金伯莉·安·艾略特、芭芭拉·奥格:《反思经济制裁》,上海:上海人民出版社,2019 年。

[79]贾根良、张志:《为什么教科书中有关重商主义的流行看法是错误的》,《经济理论与经济管理》2017 年第 11 期。

[80]贾根良:《李斯特经济学的历史地位、性质与重大现实意义》,《学习与探索》2015 年第 1 期。

[81]贾根良:《美国学派:推进美国经济崛起的国民经济学说》,《中国社会科学》2011 年第 4 期。

[82]贾根良等:《美国学派与美国19世纪内需主导型工业化道路研究》,北京:中国人民大学出版社,2017年。

[83]姜海波:《恩格斯〈国民经济学批判大纲〉研究读本》,北京:中央编译出版社,人民出版社,2014年。

[84]颉普:《评汉密尔顿派和杰斐逊派的斗争》,《兰州大学学报》1988年第2期。

[85]卡洛·M.奇波拉:《欧洲经济史》,第1卷,北京:商务印书馆,1988年。

[86]凯恩斯:《就业利息和货币通论》,北京:商务印书馆,1994年。

[87]凯文·纳里泽尼:《大战略的政治经济学》,上海:上海人民出版社,2014年。

[88]亢梅玲:《中美贸易不平衡原因分析》,《世界经济研究》2006年第4期。

[89]蒯正明:《论新帝国主义的资本积累与剥夺方式》,《马克思主义研究》2013年第12期。

[90]拉尔斯·马格努松:《重商主义:为中文版而作》,载于拉尔斯·马格努松:《重商主义经济学》,上海:上海财经大学出版社,2001年。

[91]兰永海、贾林州、温铁军:《美元"币权"战略与中国之应对》,《世界经济与政治》2012年第3期。

[92]李翀:《超主权国际货币的构建:国际货币制度的改革》,北京:北京师范大学出版社,2014年。

[93]李丹丹:《2009—2013年全球武器装备交易分析》,《飞航导弹》2014年第7期。

[94]李道揆:《美国政府和美国政治》,北京:商务印书馆,1999年。

[95]李剑鸣:《"危机"想象与美国革命的特征》,《中国社会科学》2010年第3期。

[96]李坡、朱启超、张煌:《美军海外基地的源起与发展》,《军事历史研究》2013年第4期。

[97]李庆余:《试论关于美国现代化的第一次大辩论》,《南京社会科学》1995年第2期。

[98]李庆余:《争取大国地位——门户开放照会新论》,《南京大学学报(哲学人文社会科学)》1999年第1期。

[99]李新宽:《国家与市场——英国重商主义时代的历史解读》,北京:中央编译出版社,2013年。

[100]李新宽:《英国重商主义思想的分期问题》,《武汉大学学报(人文科学版)》2008年第6期。

[101]李滋植:《美国现行对外贸易政策剖析》,《国际贸易》1990年第3期。

[102]梁涛:《美元霸权下的"中心—外围"博弈对中国的影响与应对》,《财经科学》2018年第7期。

[103]蔺志强:《一二五八年至一二六七年英国贵族改革运动》,《历史研究》2004年第6期。

[104]刘国柱:《美国国家安全战略的连续性与多变性:21世纪〈美国国家安全战略报告〉比较研究》,《当代世界》2018年第2期。

[105]刘国柱:《西沃德、佩里与美利坚太平洋帝国》,《河北师院学报(社会科学版)》1994年第4期。

[106]刘子奎:《冷战后美国出口管制政策的改革和调整》,《美国研究》2008年第2期。

[107]刘祚昌:《杰斐逊的农业理想国》,《美国研究》1989年第3期。

[108]刘祚昌:《杰斐逊全传》,济南:齐鲁书社,2005年。

[109]卢森贝:《政治经济学史》,北京:三联书店,1959年。

[110]鲁保林:《新帝国主义的形成、特征与积累模式》,《教学与研究》2021年第3期。

[111]罗伯特·阿特:《美国大战略》,北京:北京大学出版社,2005年。

[112]罗伯特·吉尔平:《全球政治经济学:解读国际经济秩序》,上海:上海世纪出版集团,2006年。

[113]罗伯特·特里芬:《黄金与美元危机——自由兑换的未来》,北京:商务印书馆,1997年。

[114]罗德哈梅尔选编:《华盛顿文集》,沈阳:辽宁教育出版社,2005年。

[115]罗恩·彻诺:《汉密尔顿:美国金融之父》,上海:上海远东出版社,2011年。

[116]罗恩·切尔诺:《国家的选择:华盛顿与他的时代》,北京:北京联合出版公司,2014年,第163页。

[117]罗杰·克劳利:《征服者:葡萄牙帝国的崛起》,北京:社会科学文献出版社,2016年。

[118]罗荣渠:《门罗主义的起源和实质——美国早期扩张主义思想的发展》,《历史研究》1963年第6期。

[119]马尔萨斯:《论谷物法的影响:地租的性质与发展》,北京:商务印书馆,1960年。

[120]马克思、恩格斯:《共产党宣言》,北京:人民出版社,2014年。

[121]马克思:《资本论:第一卷》,北京:人民出版社,1963年。

[122]马克思:《资本论》(第一卷),北京:人民出版社,1975年。

[123]马涛:《经济学范式的演变》,北京:高等教育出版社,2017年。

[124]迈克尔·赫德森:《保护主义:美国经济崛起的秘诀(1815—1914)》,北京:中国人民大学出版社,2010年。

[125]梅俊杰:《重商主义真相探解》,《社会科学》2017年第7期。

[126]梅俊杰:《自由贸易的神话:英美富强之道考辨》,北京:新华出版社,2014年。

[127]梅俊杰:《自由贸易的神话:英美富强之道考辨》,上海:上海三联书店,2008年。

[128]孟韵美:《中世纪晚期英格兰羊毛贸易的转型》,《安庆师范学院学报(社会科学版)》2015年第1期。

[129]米尔顿·弗里德曼:《货币的祸害:货币史上不为人知的大事件》,北京:中信出版集团,2016年。

[130]米歇尔·博德:《资本主义史(1500—1900)》,北京:东方出版社,1986年。

[131]尼尔·弗格森:《世界战争与西方的衰落》(下),广州:广东人民出版社,2015年。

[132]钮文新:《美国挑起贸易战背后的战略意图:为美元霸权构筑第二支点》,《中国经济周刊》2018年第43期。

[133]诺姆·乔姆斯基、安德烈·弗尔切克:《以自由之名:民主帝国的战争、谎言与杀戮》,北京:中信出版社,2016年。

[134]彭德雷、周围欢、杨国华:《国际贸易中的"国家安全"审视——基于美国"232调查"的考察》,《国际经贸探索》2018年第5期。

[135]齐晓楠等:《美联储量化宽松政策对中国经济和人民币汇率的影响》,《管理评论》2013年第5期。

[136]钱乘旦:《世界史研究应介入重大问题的讨论与决策——兼谈选题与视角》,《光明日报》2017年2月6日。

[137]钱震旦:《欧洲国家形态的阶段性发展:从封建到现代》,《北京大学学报(哲学社会科学版)》2007年第2期。

[138]乔纳森·休斯、路易斯·凯恩:《美国经济史》,上海:格致出版社、上海人民出版社,2013年。

[139]塞缪尔·莫里森:《美利坚共和国的成长》,天津:天津人民出版社,1980年。

[140]沙丁、杨典求:《中国和拉美的早期贸易关系》,《历史研究》1984年第4期。

[141]沈国兵:《美国出口管制与中美贸易不平衡问题》,《世界经济与政治》2006年第3期。

[142]盛斌、李德轩:《金融危机后的全球贸易保护主义与WTO规则的完善》,《国际经贸探索》2010年第10期。

[143]施诚:《中世纪英国财政史研究》,北京:商务印书馆,2010年。

[144]舒展:《国际金融危机与"新帝国主义"的腐朽表现——兼评列宁的〈帝国主义论〉》,《马克思主义研究》2009年第2期。

[145]斯塔夫里阿诺斯:《全球分裂:第三世界的历史进程》(上),北京:北京大学出版社,2017年。

[146]孙德刚:《论海外军事基地对部署国权力的影响》,《国际论坛》2014年第5期。

[147]孙立祥:《"海外雄飞论"的引领与日本扩张道路的选择》,《华中师范大学学报(人文社会科学版)》2016年第11期。

[148]孙茹:《美国同盟与国际秩序变革——以分担负担为例》,《国际政治科学》2018年第2期。

[149]谭立忠:《全球军贸市场发展特点及趋势》,《飞航导弹》2017年第9期。

[150]田素华:《对外贸易保护与美国经济崛起:1783—1933》,《世界经济与政治论坛》2005年第5期。

[151]托马斯·K.麦格劳:《现代资本主义:三次工业革命中的成功者》,南京:江苏人民出版社,2000年。

[152]托马斯·杰斐逊:《杰斐逊选集》,北京:商务印书馆,2012年。

[153]托马斯·孟:《英国得自对外贸易的财富》,载于A.E.门罗编:《早期经济思想》,北京:商务印书馆,2011年。

[154]托马斯·孟等:《贸易论(三种)》,北京:商务印书馆,1965年。

[155]王佳菲:《美元霸权的谋取、运用及后果》,《红旗文稿》2011年第6期。

[156]王孔祥:《海洋扩张与大陆扩张的历史比较》,《国际关系学院学报》2003年第6期。

[157]王立新:《踌躇的霸权:美国获得世界领导地位的曲折历程》,《美国研究》2015年第1期。

[158]王立新:《踌躇的霸权:美国崛起后的身份困惑与秩序追求(1913—1945)》,北京:中国社会科学出版社,1915年。

[159]王庭东:《美国的"双赤字"及其对世界经济的影响》,《现代国际关系》2005年第5期。

[160]王晓德:《杰斐逊的"自由帝国"观及其影响》,《史学月刊》2011年第1期。

[161]王晓德:《美国:从版图扩张到经济扩张》,《世界知识》2000年第6期。

[162]王晓德:《美国早期历史上的经济民族主义及其影响》,《南开学报(哲学社会科学版)》2006年第1期。

[163]王晓德:《一七七六年"条约计划"及其对美国早期外交的影响》,《历史研究》2010年第5期。

[164]王晓德:《英国对北美殖民地的重商主义政策及其影响》,《历史研究》2003年第6期。

[165]王孝松、刘元春:《出口管制与贸易逆差——以美国高新技术产品对华出口管制为例》,《国际经贸探索》2017年第1期。

[166]魏建国:《论英国1624年〈专利法〉的产生及其意义》,《青海师范大学学报(哲学社会科学版)》2004年第2期。

[167]温强:《浅析肯尼迪政府时期美法在支付领域的矛盾》,《美国研究》2006年第3期。

[168]文礼朋、陈晓律:《19世纪的关税保护与经济增长研究述评》,《贵州社会科学》2012年第7期。

[169]吴庆军:《论美国新帝国主义"新时期"的本质特征》,《海派经济学》2019年第2期。

[170]伍山林:《从战略高度认识与应对中美贸易争端》,《国际贸易》2018年第6期。

[171]伍山林:《大国崛起的经济思想基础:从美国建国初期三份国事报告看汉密尔顿的贡献》,《文汇报》2016年6月17日。

[172]伍山林:《汉密尔顿经济战略思想:美国经济政策的历史与逻辑起点》,《求索》2019年第1期。

[173]伍山林:《贸易自由与自由贸易之思想陈迹》,《文汇报》2016年10月14日。

[174]伍山林:《美国贸易保护主义的根源:以美国重商主义形态演变为线索》,《财经研究》2018年第12期。

[175]伍山林:《收入分配格局演变的微观基础:兼论中国税收持续超速增长》,《经济研究》2014年第4期。

[176]伍山林:《西方经济思想选择性传播》,《文汇报》2018年3月2日。

[177]伍山林:《习近平经济战略思想的三个层面》,《求索》2017年第9期。

[178]伍山林:《中国市场经济地位与美欧日重商主义传统》,《文汇报》2017年2月10日。

[179]习近平:《携手构建合作共赢新伙伴 同心打造人类命运共同体——在第七十届联合国大会一般性辩论时的讲话》,《光明日报》2015年9月29日。

[180]谢富胜:《当代帝国主义研究的三种范式》,《马克思主义研究》2020年第11期。

[181]徐国琦:《威廉·亨利·西沃德和美国亚太扩张政策》,《美国研究》1990年第3期。

[182]许晔、孟弘:《〈瓦森纳协议〉对我国高技术的出口限制》,《科研管理研究》2012年第24期。

[183]薛稷:《空间批判与正义发掘——大卫·哈维空间正义思想的生成逻辑》,《马克思主义与现实》2018年第4期。

[184]雅克·勒高夫:《我们必须给历史分期吗?》,上海:华东师范大学出版社,2018年。

[185]亚当·斯密:《国民财富的性质和原因的研究》(上),北京:商务印书馆,1994年。

[186]亚当·斯密:《国民财富的性质和原因的研究》(下),北京:商务印书馆,1994年。

[187]严中平:《殖民主义海盗哥伦布》,《历史研究》1977年第1期。

[188]杨承训、张新宁:《国际超级金融垄断资本主义盛衰论》,《马克思主义研究》2013年第1期。

[189]杨卫东:《拉美独立运动与美国孤立主义外交的重新界定》,《拉丁美洲研究》2003年第6期。

[190]杨卫东:《论美国开国先辈的大陆扩张思想》,《天津师范大学学报(社会科学版)》2005年第2期。

[191]杨宇田、陈峰:《列入美国技术出口管制部门受限名单的企事业单位分析》,《情报杂志》2018年第10期。

[192]伊曼纽尔·沃勒斯坦:《现代世界体系》(第一卷),北京:社会科学文献出版社,2013年。

[193]伊奈丝·缪拉:《科尔贝:法国重商主义之父》,上海:上海远东出版社,

2012年。

[194]尹翔硕、尹翔康:《贸易保护、技术进步与经济增长——对两段历史经验比较》,《亚太经济》2001年第2期。

[195]于留振:《美国内战期间联邦政府筹措战争资金的政策》,《美国研究》2013年第3期。

[196]于民:《中世纪和近代早期英国关税性质的演变》,《安徽史学》2012年第1期。

[197]余永定、覃东海:《中国的双顺差:性质、根源和解决办法》,《世界经济》2006年第3期。

[198]雨果·格劳秀斯:《论海洋自由或荷兰参与东印度贸易的权利》,上海:上海世纪出版集团、上海人民出版社,2013年。

[199]约翰·菲尔林:《美利坚是怎样炼成的:杰斐逊与汉密尔顿》,北京:商务印书馆,2015年。

[200]约翰·刘易斯·加迪斯:《遏制战略:冷战时期美国国家安全政策评析》,北京:商务印书馆,2020年。

[201]约翰·刘易斯·加迪斯:《论大战略》,北京:中信出版社,2019年。

[202]约翰·罗德哈梅尔选编:《华盛顿文集》,沈阳:辽宁教育出版社,2005年。

[203]詹姆斯·法罗斯:《军工复合体》,《国外社会科学文摘》2003年第3期。

[204]张定胜、成文利:《"嚣张的特权"之理论阐述》,《经济研究》2011年第9期。

[205]张健:《后工业社会的特征研究——基于哲学的视角》,《人文杂志》2011年第4期。

[206]张丽娟、郭若楠:《美国贸易逆差与产业国际竞争力——基于全球价值链分工视角的研究》,《美国研究》2019年第3期。

[207]张少华:《汉密尔顿"工商立国"与杰斐逊"农业立国"之争》,《历史研究》1994年第6期。

[208]张少华:《美国史学界关于汉密尔顿与杰斐逊之争的研究》,《世界历史》1995年第3期。

[209]张燕军:《中东军事现代化进程中的美国因素研究》,《南京政治学院学报》2016年第4期。

[210]张宇燕、高程:《美洲金银与西方世界的兴起》,《社会科学战线》2004年第1期。

[211]张宗华:《试析美国传统外交政策——孤立主义的发展及其在30年代外交中

的运用》,《西北师范大学(社会科学版)》1997年第4期。

[212]赵绩竹:《英国中世纪晚期保护主义货币政策及影响》,《北方论丛》2012年第4期。

[213]赵柯:《德国马克的崛起:货币国际化的政治经济学分析》,北京:中央编译出版社,2015年。

[214]赵柯:《货币国际化的政治逻辑——美元危机与德国马克的崛起》,《世界经济与政治》2012年第5期。

[215]赵晓兰:《从实力地位看美国"门户开放"政策的提出》,《历史教学问题》2000年第6期。

[216]郑家馨:《关于殖民主义"双重使命"的研究》,《世界历史》1997年第2期。

[217]郑如霖:《英国勇于改革的国王:爱德华三世》,《海南大学学报(社会科学版)》1989年第3期。

[218]郑铁桥、乐欢:《美国早期历史上独特的重商主义思想》,《武汉大学学报(人文科学版)》2012年第2期。

[219]中华人民共和国商务部:《关于美国在中美经贸合作中获益情况的研究报告》,2019年6月7日。

[220]钟飞腾:《霸权稳定论与国际政治经济学研究》,《世界经济与政治》2010年第4期。

[221]朱富强:《国家性质与政府功能:有为政府的理论基础》,北京:人民出版社,2018年。

[222]朱国华、陈元芬:《美国关税法337条款与TRIPs协议的相悖性探析》,《暨南学报(哲学社会科学版)》2010年第2期。

[223]左勇华:《新重商主义与美元霸权的失落》,《科学经济社会》2014年第1期。

[224]Andrews D. M., Monetary Power and Monetary Statecraft, in David M. Andrews(eds.), *International Monetary Power*, Ithaca: Cornell University Press, 2006.

[225]Annual Report of the Secretary of the Navy for 1913, Washington D. C.: GPO.

[226]Ashley P., *Modern Tariff History: Germany-United States-France* (Third Edition), New York: E. P. Dutton & Co., 1920.

[227]Bairoch P., *Economics and World History: Myths and Paradoxes*, Chicago: University of Chicago Press, 1993.

[228]Bairoch P., Free Trade and European Economic Development in the 19th Century, *European Economic Review*, vol. 92, 1972.

[229]Bancroft F., *The Life of William H. Seward*, 1, New York and Landon: Harper and Brother, 1900.

[230]Baugh D. A., Great Britain's "Blue-Water" Policy, 1689-1815, *International History Review*, vol. 10, no. 1, 1988.

[231]Beaulieu E. and Cherniwchan J., Tariff Structure, Trade Expansion, and Canadian Protectionism, 1870—1910, *Canadian Journal of Economics*, vol. 47, no. 1, 2014.

[232]Beckett J. V. and Turner M., Taxation and Economic Growth in Eighteenth-Century, *Economic History Review*, vol. 43, 1990.

[233]Bourne E. G., Alexander Hamilton and Adam Smith, *Quarterly Journal of Economics*, vol. 8, no. 3, 1894.

[234]Brander J. A. and Spence B. J., Export Subsidies and International Market Share Rivalry, *Journal of International Economics*, vol. 18, 1985.

[235]Bridenbaugh C., *Cities in Revolt: Urban Life in America, 1743—1776*, New York: Knopf, 1955.

[236]Bureau of the Census, *Historical Statistics of the United States, 1789—1945*, Washington, D. C., 1949.

[237]Calvin C., ed., *The Works of Henry Clay* (Vol. 6), New York: Barnes & Burr, 1963.

[238]Calvin C., *The Works of Henry Clay: Comprising His Life, Correspondence and Speeches*, Vol. 1, New York: Henry Clay Publishing Co., 1897.

[239]Cappon L. J., *The Adams-Jefferson Letters: The Complete Correspondence between Thomas Jefferson and Abigail and John Adams*, North Carolina: University of North Carolina Press, 1987.

[240]Carlos Eduardo van Hombeeck, An Exorbitant Privilege in the First Age of International Financial Integration?, *Journal of International Money and Finance*, 2020, vol. 101。

[241]Coleman D. C., 1956, Labour in the English Economy of the Seventeenth Century, *Economic History Review*, vol. 4.

[242]Colton C., *The Life and Times of Henry Clay*, 2, New York: 1846.

[243]Bureau of the Census, *Historical Statistics of the United States, 1789—1945*, Washington, D. C., 1949.

[244]Colton C., *The Works of Henry Clay*, vol. 2, New York: Barnes & Burr, 1863.

[245]Cooper T., *Lectures on the Elements of Political Economy*, Columbia: The Telescope Press, 1826.

[246]Corden W., The Structure of a Tariff System and the Effective Protection Rate, *Journal of Political Economy*, vol. 74, no. 3, 1966, pp. 221—238.

[247]Curry A., *Hundred Years' War*, New York: St. Martin's Press, 1993.

[248]Cynthia C. N., et al., *Encyclopedia of Tariffs and Trade in U. S. History*, vol. Ⅲ., *The Texts of the Tariffs*, Greenwood Press, 2003.

[249]Dales J. H. The Discoveries and Mercantilism: An Essay in History Theory, *The Canadian Journal of Economics and Political Science*, 1955, 21(2): 141—153.

[250]Daniel A. Baugh, Great Britain's "Blue-Water" Policy, 1689—1815, *International History Review*, vol. 10, no. 1, 1988.

[251]Davis J. H., An Annual Index of U. S. Industrial Production, 1790—1915, *Quarterly Journal of Economics*, vol. 119, no. 4, 2004.

[252]Deane P. and Cole, W. A. *British Economic Growth, 1688—1959*, Cambridge: Cambridge University Press, 1962.

[253]Deane P. and W. A. Cole, *British Economic Growth 1688—1959: Trends and Structure*, Cambridge University Press, 1969.

[254]DeConde A., etc., *Encyclopedia of American Foreign Policy*, vol. 2, New York: Charles Scribner's Sons, 2002.

[255]Dennett T., Seward's Far Eastern Policy, *American Historical Review*, vol. 28, no. 1, 1922.

[256]Dwight D. Eisenhower, Farewell Address, 17 January, 1961.

[257]Eugen W., The Western Tradition, Boston D. C.: Heath and Company, 1959.

[258]Fettweis C. J., *Dangerous Times? The International Politics of Great Power Peace*, Washington D. C. : Georgetown University Press, 2010.

[259]Ford P. L., ed., *The Writings of John Dickinson*, Vol. 1: Political Writings, 1764 – 1774, Philadelphia: The Historical Society of Pennsylvania, 1895.

[260]Frey B. S., Pommerehne W. W., Schneider F. and Gilbert G., Consensus and Dissension among Economists: An Empirical Inquiry, *American Economic Review*, vol. 74, no. 5, 1984.

[261]Frisch M. J., Hamilton's Report on Manufactures and Political Philosophy, *Publius*, vol. 8, no. 3, 1978.

[262]Froman M., The Strategic Logic of Trade: New Rules of the Road for the Global Market, *Foreign Affairs*, vol. 93, no. 6, 2014.

[263]Gardner G. W. and Kimbroung K. P., The Behavior of U. S. Tariff Rates, *American Economic Review*, vol. 79, no. 1, 1989.

[264]Gibb G. S., The Pre-Industrial Revolution in American: A Field for Local Research, *Bulletin of the Business Historical Society*, vol. 20, no. 20, 1946.

[265]Gourinchas, P-O, Rey, H., and Govilot, N, 2010, Exorbitant Privilege and Exorbitant Duty, Working Paper, University of California, Berkeley/London Business School.

[266]Graham F. D., *Protection Tariffs*, New York: Harper & Bros., 1934.

[267]Graham F. D., Some Aspects of Protection Further Considered, *Quarterly Journal of Economics*, vol. 37, no. 1923.

[268]Habib, M. M., 2010,Excess Returns on Net Foreign Assets: The Exorbitant Privilege from a Global Perspective, ECB Working Paper Series 1158, February.

[269]Hamilton A., Madison J. and Jay J., *The Federalist Papers*, New York: Penguin Group Inc. ,1961.

[270]Hamilton A., Madison J. and Jay J., *The Federalist Papers*, Penguin Books Ltd., 2003.

[271] Hamilton J. C. ed. , *The Works of Alexander Hamilton* (Ⅳ), New York: Charles S. Francis & Company, 1851.

[272] Hamilton J. C. , ed. , *The Works of Alexander Hamilton*, Vol. 2, New York: John F. Trow, 1850.

[273] Hansen P. I. , Defining Unreasonableness in International Trade: Section 301 of the Trade Act of 1974, *Yale Law Journal*, vol. 96, no. 5, 1987.

[274] Harlen C. M. , A Reappraisal of Classical Economic Nationalism and Economic Liberalism, *International Studies Quarterly*, vol. 43, no. 4, 1999.

[275] Harold U. F. , The Development of the American System, *Annals of the American Academy of Political and Social Science*, vol. 141, Tariff Problems of the United States, 1929.

[276] Heckscher E. F. , *Mercantilism* (vol. Ⅱ), New York: Carland Publishing Inc. , 1983.

[277] Heckscher E. F. , *Mercantilism*, vol. 1, New York: 1983.

[278] Hirst M. E. , *Life of Friedrich List and Selections from His Writings*, New York: Charles Scribner's Son, 1909.

[279] Hudson Micheal, E. Peshine Smith: A Study in Protectionist Growth Theory and American Sectionalism, PHD Dissertation, New York University, 1968.

[280] Imlah A. H. , *Economic Elements in the Pax Britannica: Studies in British Foreign Trade in the Nineteenth Century*, Harvard University Press, 1958.

[281] Innes S. , *Creating the Commonwealth: The Economic Culture of Puritan New England*, New York: W. W. Norton & Company, 1995.

[282] Irwin D, The Aftermath of Hamilton's "Report on Manufactures", *Journal of Economic History*, vol. 64, 2004.

[283] Irwin D. A. , Free Trade and Protection in Nineteenth-Century Britain and France Revisited: A Comment on Nye, *Journal of Economic History*, vol. 53, no. 1, 1993.

[284] Irwin D. A. , New Estimates of the Average tariff of the United States, 1790—1820, *Journal of Economic History*, vol. 63, no. 2, 2003.

[285]Irwin D. A., Tariff Incidence in America's Gilded Age, *Journal of Economic History*, vol. 67, no. 3, 2007.

[286]Irwin D., Mercantilism as Strategic Trade Policy: The Anglo-Dutch Rivalry for the East India, *Journal of Political Economy*, vol. 99, no. 6, 1991.

[287]Irwin D., Welfare Effects of British Free Trade: Debate and Evidence from the 1840s, *Journal of Political Economy*, vol. 96, no. 6, 1988.

[288]Irwin, D., Did Late-Nineteenth-Century U. S. Tariffs Promote Infant Industries? Evidence from the Tinplate Industry, *Journal of Economic History*, vol. 60, no. 2, 2000.

[289]Irwin, D., Interpreting the Tariff-Growth Correlation of the Late 19th Century, *American Economic Review*, vol. 92, no. 2, 2002.

[290]Ivanona M. N., Hegemony and Seigniorage: The Planned Spontaneity of the U. S. Current Account Deficit, *International Journal of Political Economy*, vol. 39, no. 1, 2010.

[291]Jacks D. S., Christopher M. Meissner and Dennis Novy, Trade Cost, 1870—2000, *American Economic Review*, vol. 98, no. 2, 2008.

[292]Jacks D. S., New Results on the Tariff-Growth Paradox, *European Review of Economic History*, vol. 10, no. 2, 2006.

[293]Janin C., *Gold Dredging in the United States*, United States Department of the Interior, Bureau of Mine, Government Printing Office, 1918.

[294]Johnson M., More Native Than French: American Physiocrats and Their Political Economy, *History of Economic Ideas*, vol. 10, no. 1, 2002.

[295]Kennedy P., *The Rise and Fall of the British Naval Mastery*, London: Macmillan Press, 1983.

[296]Kenwood A. G. and Lougheed A. L., *The Growth of the International Economy 1820—1960*, London: George Allen & Unwin Ltd., 1971.

[297]Kirshner J., Dollar Primacy and American Power: What's at Stake?, *Review of International Political Economy*, vol. 15, no. 3, 2008.

[298]Knight F. H., *On the History and Method of Economics*, The University of Chicago Press, 1956.

[299]Krout J. A., Alexander Hamilton's Place in the Founding of the Na-

tion, *Proceedings of the American Philosophical Society*, vol. 102, no. 2, 1958.

［300］Krugman P. R., Does the New Trade Theory Require a New Trade Policy? World Economy, vol. 15, 1992.

［301］Krugman P. R., Import Protection and Export Promotion: International Competition in the Presence of Oligopoly and Economies of Scale, in Henry K. Kierzkowski, ed., *Monopolistic Competition in International Trade*, Oxford: Oxford University Press, 1984.

［302］Krugman P. R., Is Free Trade Passé? *Journal of Economic Perspectives*, 1987.

［303］LaFeber W., ed., *John Quincy Adams and American Continental Empire: Letters, Papers and Speeches*, Chicago: Quadrangle Books, 1965.

［304］Lehmann S. H. and K. H. O'Rourke, The Structure of Protection and Growth in the Late Nineteenth Century, *Review of Economics and Statistics*, vol. 93, no. 2, 2011.

［305］Levi-Faur D., Friedrich List and the Political Economy of the Nation-State, *Review of International Political Economy*, vol. 4, no. 1, 1997.

［306］Lodge H. C., ed., *The Works of Alexander Hamilton*, v. 4, Knickerbocker Press, 1971.

［307］Lucas, R. E., "Why doesn't Capital Flow from Rich to Poor Countries?", *American Economic Review*, vol. 80, no. 2, 1990.

［308］Martyn H., *Considerations upon the East India Trade*, A. & J. Churchill, 1701.

［309］McCloskey D. N., Britain's Loss from Industrialization: A Provisional Estimate, *Explorations in Economic History*, vol. 8, no. 2, 1970.

［310］McMusker J. J. and Menard R., *The Economy of British America 1607－1789*, Chapel Hill: University of North Carolina Press, 1985.

［311］Miller E., The Fortunes of the English Textile Industry during the Thirteenth Century, *Economic History Review*, vol. 18, no. 1, 1965.

［312］Minicucci S., The "Cement of Interest": Interest-Based Models of Nation-Building in the Early Republic, *Social Science History*, vol. 25, no. 2,

2001.

[313]Morris R. B., Washington and Hamilton: A Great Collaboration, *Proceedings of the American Philosophical Society*, vol. 102, no. 2,1958.

[314]Nef J. U., The Progress of Technology and the Growth of Large-Scale Industry in Great Britain, 1540-1640. *Economic History Review*, 1934, vol. 5, no. 1.

[315]Nettels C. P., British Mercantilism and the Economic Development of the Thirteen Colonies. *Journal of Economic History*, vol. 12, no. 2,1952.

[316]Nettels C. P., British Mercantilism and the Economic Development of the Thirteen Colonies, *Journal of Economic History*, vol. 12, no. 2, 1952.

[317]Nettels, C. P., *The Emergence of National Economy 1775 − 1815*, New York, 1962.

[318]Nye J. V., The Myth of Free-Trade Britain and Fortress France: Tariffs and Trade in the Nineteenth Century, *Journal of Economic History*, vol. 53, no. 1, 1991.

[319]O'Connor M., *Origins of Academic Economics in the United States*, New York: Columbia University Press. 1944.

[320]O'Rourke, K., Tariffs and Growth in the Late 19 Century, *Economic Journal*, vol. 110, 2000.

[321]O'Sullivan J., Annexation, *United States Magazine and Democratic Review*, vol. 17, no. 1, 1845.

[322]Ormrod W. M., *The Reign of Edward Ⅲ*, Yale University Press, 1990.

[323]Ossa R., Trade War and Trade Talks with Data, *American Economic Review*, vol. 104, no. 12, 2014.

[324]Pierce J. R. and P. K. Schott, The Surprisingly Swift Decline of U. S. Manufacturing Employment, *American Economic Review*, vol. 107, no. 7, 2016.

[325]Population Council, Friedrich List on Clobalization versus the National Interest, *Population and Development Review*, vol. 33, no. 3, 2007.

[326]Postan M. M., *The Cambridge Economic History*, vol. 3, Cam-

bridge: Cambridge University Press, 1979.

[327]Pounds N. J. G., *An Economic History of Medieval Europe*, London: Longman, 1994.

[328]Ramaa V., Finance, Imperialism, and the Hegemony of the Dollar, *Monthly Review*, vol. 59, no. 11, 2008.

[329]Report by the NSC on Control of Exports to the Soviet Union and Eastern Europe, 12 December 1947: Foreign Relations of the United States(FRUS), 1948, vol. 4.

[330]Sadorsky P., The Behavior of US Tariff Rates: Comment, *American Economic Review*, vol. 84, no. 4, 1994.

[331]Samuel P. H., *The Response to Industrialism*, 1885—1914, Chicago: University of Chicago Press, 1957.

[332]Scheiber H. N., Vatter H. G. and Faulkner H. U., *American Economic History*, New York: Harper & Row, 1976.

[333]Schularick, M. and Solomou, S., Tariffs and Growth in the First Ear of Globalization, *Journal of Economic Growth*, vol. 16, no. 1, 2011.

[334]Senghass D., Friedrich List and the Basic Problems of Modern Development, *Review*, vol. 14, no. 3, 1991.

[335]Sharrow W. G., William Henry Seward and the Basis for American Empire, 1850—1860, *Pacific Historical Review*, vol. 36, no. 3, 1967.

[336]Shepherd J. F. and G. M. Walton, *Shipping, Maritime Trade, and the Economic Development of North America*, Cambridge: Cambridge University Press, 1972.

[337]Smith P. H., ed., *Letters of Delegates to Congress, 1774—1789*, vol. Ⅲ, Washington D. C.: Library of Congress, 1978.

[338]Smith, E. Peshine, *A Manual of Political Economy*, New York: George P. Putnam & CO., 1853.

[339]Smyth A. H., ed., *The Writings of Benjamin Franklin*, Vol. Ⅴ: 1767—1772, New York: MacMillan Company, 1906.

[340]Stiglitz, J. E., Boats, Planes and Capital Flows, *Financial Times*, 1998—03—25.

[341]Sundararajan V., The Impact of the Tariff on Some Selected Products of the U.S. Iron and Steel Industry, 1870—1914, *Quarterly Journal of Economics*, vol. 84, no. 4, 1970.

[342]Swanson D. F. and Trout A. P. Alexander Hamilton, the Celebrated Mr. Necker, and Public Credit, *William and Mary Quarterly*, vol. 47, no. 3, 1990.

[343]Taussig F. W., *The Tariff History of the United States*, New York & London: Knickerbocker Press, 1923.

[344]Taussig F. W., The Tariff, 1830—1860, *Quarterly Journal of Economics*, vol. 2, no. 3, 1888.

[345]Taussig F., *Tariff History of the United States*, New York and London: Rnickerbocker Press, 1932.

[346]Taussig F., *The Tariff History of the United States*, New York: G. P. Putnam's Sons, 1888.

[347]Tena-Junguito, A., Bairoch Revisited: Tariff Structure and Growth in the nineteenth Century, *European Review of Economic History*, vol. 14, no. 1, 2010.

[348]The White House, National Security Strategy of the United States, Washington D. C., December 2017.

[349]Torrens R., *Letters on Commercial Policy*, London: Longman, 1833.

[350]Tucker, B. M. The Merchant, the Manufacturer, and the Factory Manager: The Case of Samuel Slater, *Business History Review*, vol. 55, no. 3, 1981.

[351]Viner J., Mercantilism Thought, in Douglas A. Irwin(ed.), *Essays on the Intellectual History of Economics*, Princeton University Press, 1991.

[352]Viner J., Power versus Plenty as Objectives of Foreign Policy in the Seventeenth and Eighteen Centuries, *World Politics*, vol. 1, no. 1, 1948.

[353]Viner J., *Studies in the Theory of International Trade*, New York, London: Harper & Brothers Publishers, 1937.

[354]Walling K., Was Alexander Hamilton a Machiavellian Statesman?, *Review of Politics*, vol. 57, no. 3, 1995.

[355]Warner G. ed., *The Libelle of Englyshe Polycye: A Poem on the Use of Sea-Power*, 1436, Oxford: Clarendon Press, 1926.

[356]Wezeman P. D., Aude Fleurant, Alexander Kuimova, Nan Tian and Siemon T. Wezeman, Trends in International Arms Transfers, 2018, SIPRI Fact Sheet, March, 2019.

[357]Whittake E., *Schools and Streams of Economic Thought*, Chicago: Rand Mcnally & Commany, 1960.

[358]Williams W. A. The Age of Mercantilism: An Interpretation of the American Political Economy, 1763 to 1828, *William and Mary Quarterly*, vol. 15, no. 4, 1958.

[359]Williams W. A., *American Russian Relation 1781－1947*, New York: 1952.

[360]Williams W. A., The Age of Mercantilism: An Interpretation of the American Political Economy, *William and Mary Quarterly*, vol. 15, no. 4, 1958.

[361]Wilson C. Treasure and Trade Balances: The Mercantilist Problem. *Economic History Review*, vol. 2, no. 2, 1949.

[362]Wilson C., *Mercantilism*, London: The Historical Association, 1971.

[363]Wood D., *Medieval Economic Thought*, London: Cambridge University Press, 2004.

[364]Wright C., The Origins of American Industrial Success, 1879－1940, *American Economic Review*, vol. 80, 1990.

[365]Wu S., The Mercantilist Root of the United States, Europe and Japan's Refusal to Accept China's Market Economy Status, *World Review of Political Economy*, vol. 9, no. 3, 2018.

[366]Wu Shanlin, Mercantilist Origin of United States' Trade Protection, *China Economist*, vol. 14, no. 5, 2019.

人名对照

阿塔克 Jeremy Atack
艾森豪威尔 Dwight D. Eisenhower
奥沙利文 John L. O'sullivan
爱德华二世 Edware II
爱华德三世 Edward III
巴本 Nicholas Barbon
贝尔 Edward Bell
贝洛赫 Paul Bairoch
比奇洛 Erastus B. Bigelow
布莱恩 James G. Blaine
布兰德 James A. Brander
布林德 Alan Blinder
布雷顿博 Carl Bridenbaugh
布莱特 John Bright
彻诺 Ron Chernow
邓勒特 Tyle Dennet
弗格森 Niall Ferguson
福斯特 William Z. Foster
海 John Hay
怀塔克 Edmund Whittake
科布登 Richard Cobden
克莱 Henry Clay
克鲁格曼 Paul R. Krugman
肯沃德 A. G. Kenwood

弗尔切克 Andre Vltchek
富兰克林 Benjamin Franklin
格劳秀斯 Hugo Grotius
格雷厄姆 Frank D. Graham
格里利 Horace Greeley
哈里森 Benjamin Harrison
汉弗莱斯 David Humphreys
汉密尔顿 Alexande Hamilton
赫德森 Michael Hudson
赫克歇尔 Eli F. Heckscher
华尔顿 Gary M. Walton
华盛顿 George Washington
惠特曼 Walt Whitman
惠特尼 Eli Whitney
吉布 George S. Gibb
杰伊 John Jay
杰斐逊 Thomas Jefferson
卡尔霍恩 John C. Calhoun
凯恩 Louis Cain
凯恩斯 John Maynard Keynes
科尔顿 Calvin Colton
魁奈 Francois Quesnay
克拉克 George R. Clark
克劳利 Roger Crowley

克劳特 J. A. Krout
肯尼迪 Paul Kennedy
库珀 Thomas Cooper
拉法耶特 Marquise de Lafaytte
拉利 Walter Releigh
莱特希泽 Robert E. Lighthizer
劳赫德 A. L. Longheed
勒高夫 Jacques Le Goff
雷蒙德 Daniel Raymod
理查二世 Richaed Ⅱ
李嘉图 David Ricado
李斯特 Friedrich List
列维—佛尔 David Levi-Faur
鲁伊夫 Jacques Rueff
洛克 John Locke
罗威尔 Francis Lowell
马丁 Henry Martyn
马尔萨斯 Thomas R. Malthus
马汉 Alfred Mahan
马克思 Karl Marx
麦迪逊 James Madison
麦克克罗斯凯 Donald N. McCloskey
麦金利 William Mckinley
门罗 James Monroe
米利库克塞 Stephen Minicucci
摩斯 Malcom Moos
孟 Thomas Mun
孟德斯鸠 Charles de Montesquieu
奈夫 John U. Nef

奈特 Frank Knight
欧根 Webe Eugen
帕塞尔 Peter Passell
佩里 Matthew C. Perry
乔姆斯基 Noam Chomsky
塞拉 Antonio Serra
森哈斯 Dieter Senghass
史密斯 Erastmus P. Smith
斯密 Adam Smith
施穆勒 Gustav von Schmoller
斯皮格尔 Henry W. Spiegel
斯莱特 Smauel Slater
斯潘塞 Barbara J. Spence
斯图尔特 Andrew Steward
汤普森 Robert E. Thompson
梯比斯 George Tibbits
托伦斯 Robert Torrens
威廉姆斯 Ralph Williams
威廉姆斯 William A. Williams
维纳 Jacon Viner
伍德 Diana Wood
西沃德 William H. Seward
肖偌 Walter G. Sharrow
谢菲尔德 James F. Shepherd
休斯 Janathan Hughes
亚当斯（老）John Adams
亚当斯（小）John Q. Adams
约翰森 Marianne Johnson
朱姆沃尔特 James P. Zumwalt

后　记

《美国重商主义研究》是我作为课题负责人近年潜心研究欧美（特别是美国）经济战略的一个简要总结。我力求文中立论均具有历史证据的支撑；但是，由于事属初创，并且直陈美国自立国以来200多年经济战略的要害之处，某些立论可能还有待时间检验，通过学术辩论加以修正和完善。在此，我要真诚地说，尽管已经完成了《美国重商主义研究》的写作，但美国重商主义研究实际上只是开了一个头而已，更多更深的工作等着我们去完成。

我就本书主要观点与相关学者交换或征求过意见，得到了很多热情鼓励和无私赞赏；但是，也有几位学者对一些提法持友善保留态度。主要集中在两点。一是对于重商主义，是否可以从经济战略角度做比较宽泛的理解？二是对于美国经济战略，传统认识是否真的具有很大片面性？结合自20世纪以来经济思想史和经济史等领域的一些新成果，以及课题组成员对相关问题所做的长时段和跨学科研究，我是持肯定态度的。把握美国国家战略中的重商主义特质，形成了本书的基调；并且，以这种眼光考察美国政府当前推出的经济政策的历史、逻辑和战略根源，又是可以深化我们对其本质的认识的。

同时，我的研究又是以中华民族伟大复兴作为最终目的的。这样的研究必须具有坚实的历史基础、理论支撑以及正确的战略方向；我要特别指出的是，在历史时空视域下，中国现在正走近世界舞台中央，已经完全可以多一份自信和淡定了。但是，越是在这个时候，中国面对的困难就越多越大。因为美国的战略焦虑也是随着中国国力的增强而加大的；并且，为了解除因霸权根基动摇而产生的战略焦虑，美国会不顾国际关系基本准则，采用各种各样的战略手段来对中国发展进行阻碍和干扰。自2018年以来针对中国采取的一系列贸易保护主义和霸凌主义手段，就是美国政府在这种背景下做出的战略选择。

我研究美国重商主义是有多重目的的。如清晰阐明美国自建国以来经济战略的重商主义本质及其发展轨迹；正确理解美国当前经济政策的历史、逻辑和战略根源；

为中国制定对美经济政策提供参考。对于这些方面,我在发表的相关论文中已经谈了一些看法;本书在适当的地方才略有涉猎。必须说明的是:(1)近年关于美国重商主义课题的合作者,如伍抱一、周瑞、盛晓宙等诸位研究者,对本书的编写也有一些贡献。我在此表示感谢。(2)除了原来提交结项的报告外,我又做了一定的修改和增删。最主要的修改是参考文献原来是按章排列的,现在改为统排;第四章第四节的代表人物思想介绍,又增加了史密斯、马汉两人;另外,增加了四个附录。

总之,由于事属初创,又加其他事务缠身,书稿未及充分修改,可商榷之处甚至差错,必然在所难免,恳望各界读者不吝批评指正。我的邮箱是 wslin530@163.com;凡关批评指正,有件必复。在此,我先表示衷心感谢!

伍山林

2024 年 9 月 15 日